高等教育公共基础课精品系列规划教材

新编大学生军事教程

主　编　黄自力

编　委　霍向阳　李　伟

　　　　练黎旋　宋国宁

北京理工大学出版社

BEIJING INSTITUTE OF TECHNOLOGY PRESS

内 容 简 介

本书根据《中华人民共和国国防教育法》、国家国防动员委员会颁发的《全民国防教育大纲》和中华人民共和国教育部、中国人民解放军总参谋部、中国人民解放军总政治部 2007 年重新颁发的《普通高等学校军事课教学大纲》规定的课程内容组织编写。书中包括国防基本知识、军事思想、战略环境、军事高技术等。本书紧扣大纲要求，结构合理，体系完整，内容全面，简单易懂又不失逻辑性，是大学生军事理论教学的必备教材。

图书在版编目（CIP）数据

新编大学生军事教程 / 黄自力主编 . —北京：北京理工大学出版社，2018.8 重印

ISBN 978 - 7 - 5682 - 4418 - 3

Ⅰ.①新…　Ⅱ.①黄…　Ⅲ.①军事科学 - 高等学校 - 教材　Ⅳ.①E

中国版本图书馆 CIP 数据核字（2017）第 178742 号

出版发行 / 北京理工大学出版社有限责任公司

社　　址 / 北京市海淀区中关村南大街 5 号

邮　　编 / 100081

电　　话 / （010）68914775（总编室）
　　　　　　（010）82562903（教材售后服务热线）
　　　　　　（010）68948351（其他图书服务热线）

网　　址 / http：//www.bitpress.com.cn

经　　销 / 全国各地新华书店

印　　刷 / 北京富达印务有限公司

开　　本 / 787 毫米 × 1092 毫米　1/16

印　　张 / 19.5　　　　　　　　　　　　　　责任编辑 / 王晓莉

字　　数 / 446 千字　　　　　　　　　　　　文案编辑 / 王晓莉

版　　次 / 2018 年 8 月第 1 版第 3 次印刷　　责任校对 / 周瑞红

定　　价 / 39.80 元　　　　　　　　　　　　责任印制 / 施胜娟

和平与发展是当今世界的主题，和平与发展需要有巩固的国防做保证。世界上很多国家十分重视国防教育，把学生军事训练作为强化全民国防观念、振奋民族精神、激发生存意识、提高国际竞争能力的战略性手段。

在高等学校学生中开展军事课教学，是我国加强国防建设的本质要求，是坚持现代条件下人民战争的必要途径，也是国家培养人才的战略需求。当前，我国的综合国力正在稳步提升，高等教育已经步入大众化阶段，正在由精英化的专业教育逐步转向大众化的通识教育、素质教育。高校学生的军事课教学，是高校素质教育的必要组成部分，它既能体现人才培养和国防后备力量建设的和谐统一，增强学生的国防观念和国防意识，培养大学生的基本军事技能，又能有力地促进大学生素质的全面提高。

大学生是中华民族优秀青年的代表，也是构建社会主义和谐社会的生力军。通过军事课教学，可以使大学生掌握基本军事技能和军事理论，增强国防观念，树立国家安全意识，加强组织性、纪律性，培养爱国主义、集体主义、革命英雄主义精神和艰苦奋斗、吃苦耐劳的作风，磨炼顽强的意志品质，激发战胜困难的信心和勇气，树立正确的世界观、人生观和价值观。

2007 年 3 月 22 日，教育部和总参谋部、总政治部联合颁发《学生军事训练工作规定》，学生军训工作进入全面普及阶段。按新大纲要求，结合军队改革和建设实际，我们重新编订了这本教材，使其结构更为合理、内容更具时代性、可读性和适用性更强。

本教材编写过程中参考了不少教材、专著、论文以及相关资料，在此，向作者们表示衷心的感谢。

编　者
2017 年 5 月

目 录

第一章

中国国防

国无防不立，民无兵不安。作为一个国家、一个民族，最重要的无非两件大事，一个是发展问题，一个是安全问题。国防，是人类社会发展与安全需要的产物，它是关系到国家和民族生死存亡、荣辱兴衰的根本大计。作为中华民族的一员，关注国防、了解国防、建设国防，是我们义不容辞的责任。通过本章的学习，使大家了解国防的含义，弄清国防与国家的关系，了解我国国防历史，从中获得启迪；熟悉新中国国防建设取得的伟大成就，增强自豪感和自信心，培养爱国主义精神，关心、支持国防建设，为国防建设做贡献。

第一节　国防概述

一、国防的含义

国防是国家为防备和抵抗侵略，制止武装颠覆，保卫国家的主权、统一、领土完整和安全而进行的军事及与军事有关的政治、经济、外交、科技、教育等方面的活动。维护国家安全利益是国防的根本职能；捍卫国家主权、领土完整和防止外来侵略、颠覆，是国防的主要任务。

国防是阶级斗争的产物，伴随着阶级和国家的形成而产生，只要世界上有国家存在，国防就会存在。在人类社会发展的不同阶段中，在不同阶级专政的国家中，国防具有不同的特征。奴隶社会和封建社会，国防的职能是将各阶级维持在一定的"秩序"范围之内；资本主义社会，国防的职能是用军队保护和扩大商品生产与贸易，对外进行疯狂掠夺；人类历史上诞生社会主义国家之后，国防有了新的阶级内涵，其职能是确保各民族的平等生存、发展，抵抗外来侵略，维护世界和平。

衡量一个国家国防力量的强弱，军事力量不是唯一标准，还涉及这个国家的政治、经济、文化、科技、外交等方方面面。尤其是人类历史进入 21 世纪的今天，人类社会的一切都是建立在社会化大生产、大经济的基础上的，社会已经成为一个诸方面紧密相关的有机整体，国防只有成为这个有机整体的不可分割的一部分，才可能具有无穷的威力。因此，我们要树立大国防观，将国防建设融入整个国家乃至人类发展的大环境中进行思考、规划。

现代国防是对传统国防的继承和发展，是一种全新的国防观念和国防实践活动。现代国防绝非单纯的武力较量，而是在综合国力的基础上，以军事手段为主，在政治、经济、科技、外交、文化等多种手段配合下进行的总体较量。

二、国家与国防

国防是国家的重要组成部分。国家与国防密不可分，相辅相成。国家与国防的关系主要表现在以下三个方面：

（一）国防是随着国家产生而产生的

国防是伴随着国家的产生而出现的，古往今来，任何一个国家都需要建立巩固的国防。有国无防就不能立国，国防薄弱就无力抵御外来的侵略。原始社会末期，奴隶主阶级为维护其统治，开始组建军队、设立法令、建立监狱。人类社会自出现国家以后，真正意义上的国防也随之产生。伴随着人类社会的发展和演进，国防的内容、功能等不断丰富和完善，领域不断扩展，并逐渐融入与军事相关的各种庞大而复杂的社会体系。

（二）国防为国家利益服务

国防为国家和民族提供安全保障，并为国家和民族的利益服务。主权国家在国际战略格局中求得安全、和平、生存、发展，这是一个格局的基本利益。这一利益的获得依赖于国防的有力保障。如果没有坚强的国防，国家将陷入战争与动乱之中，经济建设无法正常进行，维护国家利益也就无从谈起。所以，国防是为国家利益服务的。国防不仅主要担负国家的对外职能，防御国外敌人的颠覆活动和可能的侵略，保卫国家主权、领土完整和安全，而且担负对内职能，维护国家内部的安定团结和经济建设的顺利进行。

（三）国家的性质、制度，决定着国防建设

国防是为维护国家利益服务的，不同性质的国家有着不同的利益目标，而各种利益目标又是由国家的性质、制度和政策决定的。这种不同的利益目标决定和影响着国防建设的内容。因此，国防建设最终是由国家的性质、制度和政策决定的。

三、国防的地位和作用

任何一个国家，从它诞生之日起，首要的任务就是固疆强国、抵御外来侵略、巩固新生的政权、保证国家的生存与发展。国防在国家的职能中，地位和作用十分重要，它与国家利益休戚相关，关系到国家安危、荣辱和兴衰。

（一）国防是国家安全的重要保障

有国就得有防，国与防不可分割。国防的根本目的是维护国家的主权、安全和稳定。为了保障国家安全，促进国家发展，各国都从本国的实际出发，努力加强国防建设，同时在国

民中普遍进行有关维护国家安全的国防教育，使国民树立爱国主义和维护国家根本利益的观念，保障国家的安全，为国家的发展创造有利的环境和条件。

（二）国防是国家独立自主的前提

"民无兵不安，国无防不立。"没有一个强大的国防，就没有国家的主权独立，人民的幸福和民族的振兴也就没有保障。近代中国之所以屡遭列强蹂躏，其根本原因就在于有国无防或防而不固。沉重的历史教训告诉我们，国家的独立自主、民族的兴旺发达，离不开全民族的尚武精神，离不开具有强大战斗力的国防军和后备力量，一句话，离不开强大的国防。

（三）国防是国家繁荣发展的重要条件

一个国家只有建设了相应的国防，国家的其他建设事业才能顺利进行。如果没有巩固的国防，不仅国家政权无法得到巩固，经济发展的目标也难以实现。同时，国防建设对经济和其他各项建设事业还具有巨大的促进作用，国防建设的需求可以拉动国民经济的发展，国防工业和科技的发展可以延用于民用领域。因此，国防和政治、经济、外交等相互促进，国防建设的发展是国家繁荣发展的一个重要条件。

四、现代国防的主要特征

现代国防是对传统国防的继承和发展，是一种全新的国防观念和新的国防实践活动。其特征主要表现在以下三个方面：

（一）现代国防是国家综合国力的体现

现代国防的主体是军事力量，但它还包括与国防相关的非军事力量，如政治、经济、外交、科技、文化，等等。它不仅依赖于国家的现实实力，还依赖于国家的潜力以及将潜力转化为现实实力的能力。诸如国土面积、地理位置、自然资源、生产能力、人口数量和质量、科技和文化水平、交通运输、通信状况、国家政策、管理能力、国际关系和国际地位等。如何充分运用本国所具有的各种条件，并在战时尽快而有效地使其转化为战争能力，是一个国家综合国力强弱的重要体现。

（二）现代国防既是一种国家行为又是一种国际行为

一个国家想要持续发展，重要条件之一是巩固国防。国防巩固，政府才能集中精力制定正确的政策，才能调动一切人力、物力进行经济建设，人民才能安居乐业。然而经济全球化的发展趋势，使得国家的发展离不开国际环境。世界的和平与稳定、经济的繁荣与衰退，都是一个国家持续发展的相关因素。当世界尤其是周边国家局势动荡时，该国必须在国防方面给予更多的关注，如果他国以武力相向，该国就必须进行国防动员以迎接外来挑战。可见，现代国防作为一种国家基本行为的同时，也日益成为一种国际行为。

（三）现代国防具有多层次目标

国际政治、经济在现代国防上打下的烙印越来越深刻。由于各国的利益不同，特别是经济利益不同，因此所制定的战略也各有不同，再加上各国军事实力和综合国力的差异，就使得现代国防呈现多层次的目标体系。

从范围上分，现代国防目标可分为自卫目标、区域目标和全球目标。

自卫目标。着眼于维护国家主权和领土完整。

区域目标。将防卫目标锁定在本国及周边区域。

全球目标。出于保护本国利益或称霸世界的企图，将国防的目标对准全世界，维护和平、稳定和消除战争危险，或进行侵略扩张。

还可以从内涵上对国防目标层次进行分类。一种是基于保证国家生存、民族独立型的国防，称为生存目标；另一种是国家生存无忧，民族独立无虑，其目标是争取一个适合国家发展的空间，称为发展目标。总的来说，国防因国家性质、制度、国力及其推行政策不同而具有不同特征。所有国防的着眼点都是捍卫和扩大国家利益。

五、中国国防历史

我国国防的历史源远流长。公元前 21 世纪，伴随着奴隶制国家夏的出现，作为抵御外来入侵和讨伐他国的工具——国防便产生了。在人类社会的历史长河中，神州大地先后经历了奴隶社会、封建社会、半殖民地半封建社会和社会主义社会。国防也经历了无数个强盛与衰落的交替，从而给我们留下了宝贵的国防遗产和深刻的历史教训。

（一）古代国防

我国古代的国防从公元前 21 世纪夏王朝的建立到 1840 年鸦片战争，共经历了近 4000 年的漫长历史。其间，中华民族经历了无数次战争的锤炼，形成了强大的民族凝聚力，培育出了自强不息、前仆后继、不畏强暴、卫国御敌的尚武精神，最终成为一个多民族的大疆域国家。

1. 古代的国防政策和国防理论

大约在公元前 21 世纪，中国古代社会开始由原始氏族公社制社会进入奴隶制社会，出现了国家。从此，作为抵御外来侵犯和征伐别国的武备——国防的雏形便产生了。随后的几千年征战中，为了保家卫国，逐渐形成了我国古代的国防政策和国防理论。

春秋战国时期，由于各诸侯国之间连年征战，国防观念迅速得到强化，虽然当时的诸子百家在政治和哲学主张方面各放异彩，但在国防方面却一致，形成了诸如"义战却不非战""非攻兼爱却不非诛""足食足兵""以正治国，以奇用兵""富国强兵""文武相济""尚战、善战、慎战""不战而屈人之兵"等思想，表明春秋战国时期对武备和国防的重视，而且国防思想已经上升到理论的高度，全面奠定了古代军事思想的基础，标志着我国古代军事思想在这个时期已经基本成熟。主要表现为军事学术极为活跃。现存最早、影响最深的奠基之作《孙子兵法》就是这个时期的杰出代表作，其他影响较大的还有《吴子》《孙膑兵法》《司马法》《尉缭子》《六韬》等十多部。在几千年军事历史中一直被视为兵学经典的 7 部著作中，有 5 部产生在这个时期。诸子百家的大量军事论述，共同形成了我国军事学术史上的第一个高峰，为我国国防理论打下了坚实的基础。在此基础上也形成较为完整的战争观，并提出了普遍的战争指导原则。如孙子的"知彼知己，百战不殆""未战先算""伐谋伐交，不战而胜""以智使力"等指导原则。这些指导原则概括精辟，到现在仍具有极为重要的指导意义。总结出一整套治军方法，形成了比较合理的军队编制结构；重视改善武器装备，研制出种类繁多的兵器装备，明确提出把军队的教育训练当作治军的首要任务，以此来提高部队的素质。

历史进入秦、汉、隋、唐、五代时期，中国国防建设有了进一步的发展。公元前230年至公元前221年，秦国经过10年的统一战争，先后兼并六国，结束了历史上长期分裂的局面，第一次建立起中央集权的封建国家，标志着中国封建社会进入一个新的历史阶段。随后的唐、汉两朝是中国封建社会的盛世，军事上也处于开疆拓土的鼎盛时期。至10世纪中叶的近1300年间，中国古代国防政策和国防理论得到了进一步的丰富和发展。主要表现为：开始全面整理兵书，初步形成古代军事学术体系。通过三次大规模的整理，形成了研究军事战略的"兵权谋"，研究战役、战术的"兵形势"，研究军事天文、气象的"兵阴阳"，研究兵器、装备的制造和运用技巧的"兵技巧"，共四大类，构成一个较为完整的军事学术体系。另外，战略思想趋于成熟，战略防御思想得到进一步完善。

宋朝至清朝前期是中国封建地主阶级没落时期，但军事上进入冷、热兵器并用时代，因此，国防政策和国防理论也有相当的发展。武学开始纳入国家教育体系。北宋初期采用了以文制武，将中从御，结果导致了重文轻武，国防衰落。宋仁宗时期，开办了"武学"，后又设武举，为军队培养、选拔了大批军事人才，同时也繁荣了军事学术。明清两朝将武举推向更深层次，甚至出现文人谈兵、武人弄文的局面，大量军事著作面世，军事思想研究向体系化发展。

从总体上来说，我国古代国防理论主要有"以民为本""居安思危"的国防指导思想；"富国强兵""寓兵于农"的国防建设思想；"爱国教战""崇尚武德"的国防教育思想；"不战而胜""安国全军"的国防斗争策略等。在这些思想和策略的指导下，华夏大地消除了无数次外敌入侵带来的战祸，为中华民族的繁衍生息、国家的发展提供了基本的生存条件，甚至使国防出现了"中国既安，四夷自服"的辉煌。

2. 古代的兵制建设

兵制即我们常说的军事制度，也称军制，是国家或政治集团组织、管理、维持、储备和发展军事力量的制度。我国古代的兵制建设主要包括军事领导体制、武装力量体制和兵役制度等内容。

在军事领导体制上，夏、商、西周时期，一般由国王亲自掌握和指挥，没有形成专门的军事领导机构。春秋末期，实现将相分权治国，以将（将军）为主组成军事指挥机构。战国时期，将军开始独立统兵作战。秦国一统天下之后，设立了专门管理军事的机构，太尉为最高的军事行政长官。隋朝设立了三省六部制，设兵部专门主管军事。宋朝则设置枢密院作为军事领导的最高机构，主官用文官担任，主要目的是防止"权将"拥兵自重。枢密院有权调兵却无权指挥，将军有权指挥却无权调兵，形成枢密院和将军相互牵制的局面。各朝代在军事领导体制方面的做法虽各有千秋，但皇权至上，军队的最终调拨使用大权始终是掌握在皇帝手中的。

在武装力量体制上，秦朝之前武装力量结构单一，一个国家通常只有一支国家的军队。从秦朝开始，国家的政治制度逐渐完善，生产力不断发展，因而，各个朝代根据国家的状况和国防的需要以及驻防地区和担负任务的具体情况，将军队区分为中央军、地方军和边防军三种，并对军队的编制体制、屯田戍边、兵役军赋、军队调动、军需补给、驿站通道、军械制造和配发等都做了具体的规定，并以法律的形式颁布执行，如唐代的《卫禁律》《军防令》等。

在兵役制度上，随着各个历史时期的政治、经济、人口状况和军事需要而发展变化。奴隶社会时期，生产力低下，人口稀少，战争规模小，主要实行兵民合一的民军制度。封建社会时期，民军制度逐渐演变为与当时历史条件相适应的兵役制度，如秦汉时期的征兵制、三国两晋南北朝时期的世兵制、隋唐时期的府兵制、宋朝的募兵制、明朝的卫所兵役制等。

3. 古代的国防工程建设

我国古代为抵御外敌的侵犯，巩固边疆海防，修筑了数量众多、规模庞大的国防工程，如城池、长城、京杭运河以及海防要塞等。

我国古代国防工程建设中，城池的建设时间最早、数量最多。城池建筑最早始于商代，随后，城池建设规模不断扩大，结构日益完善，一直延续到近代。因此，在我国古代战争中，城池的攻守作战成为主要样式之一。

长城是城池建设的延伸和发展。春秋战国时期长城的建筑已经开始，秦始皇统一六国之后，为了巩固国防，防御北方匈奴的南侵，于公元前214年开始将秦、赵、燕三国北部的长城连为一个整体，形成西起临洮（今甘肃岷县），北傍阴山，东至辽东的宏伟工程。后经各朝代多次修建连接，至明代形成了西起嘉峪关，东至山海关，全长12700余里①的万里长城。

京杭大运河是我国古代兴建的伟大水利工程。隋炀帝时期，征调大量人力物力，将原有的旧河道进行拓宽和连贯，形成北起通州（今北京通州区），南至杭州，全长1794千米的大运河，把南北许多州县连成一线，成为军事交通和"南粮北运"的大动脉，具有重大的军事和经济作用。

古代海防建设是从明朝开始的。14世纪，倭寇频繁袭扰我沿海地区，明朝在沿海重要地段陆续修建了以卫城、新城为骨干，水陆寨、营堡、墩、台、烽堠等相结合的海防工程体系，为抗击倭寇的入侵起到了重要作用。

4. 古代国防的兴衰

古代国防的兴衰是与各朝代的政治、经济、军事状况密切相关的。纵观我国几千年的国防史，不难发现，当统治阶级处于上升时期，政治开明、经济繁荣、军事强大、民族团结、国家统一的时候，国防就强盛；当统治阶级走下坡路，政治腐败、经济衰落、军事羸弱、民族分裂、国内混乱的时候，国防就削弱，就崩溃。

从整个历史来看，我国古代前期，即从春秋战国到秦汉、盛唐，国防日趋发展，不断强盛以至于发展到鼎盛。其后期，即从中唐到两宋，到晚清，我国国防便日趋衰败，以至于一触即溃，不可收拾。其间，虽然盛唐之前有两晋的糜烂，中唐以后有明清中前期的振作，但从整体上来看，我国古代国防事业的基本趋势是由弱到强，再从强盛走向衰落。

---

① 1里 = 500米。

从汉、唐、明、清等几个大的历史朝代看，国防事业也都是由兴而盛，由盛及衰。其间固然不乏极盛之前的短暂衰落，衰败之后的一时复兴，但终其一朝由盛及衰的基本趋势是没有改变的。

（二）近代国防

我国近代的国防是屡弱、衰败和屈辱的。1840年西方殖民主义者凭借船坚炮利的优势，攻破了清王朝紧锁的厚重国门，对中华民族实行残酷的殖民统治。在西方殖民主义者的侵略面前，腐朽的统治者奉行的国防指导思想却是"居安思奢""卖国求荣"；执行的国防建设思想乃是"以军压民""贫国臃兵"；倡导的国防教育思想却是"愚兵牧民""莫谈国事"；制定的国防斗争策略甚至是"不战而败""攘外必先安内"。其结果是有国无防，国家沦为殖民地半殖民地，人民惨遭蹂躏和屠杀。

1. 清朝后期的国防

1644年，清军大举入关，问鼎中原，最终建立大清王朝。从顺治开始，经康熙、雍正、乾隆和嘉庆五代，经历了177年，是清朝的兴盛时期。但是经过"康乾盛世"之后，政治日趋腐败，国防日益疲弱。1840年鸦片战争爆发，西方殖民主义者大举入侵，从此清王朝一蹶不振，江河日下，有国无防，内乱丛生，外患不息，逐步沦为半殖民地半封建社会。

（1）清朝的武备

清朝的武备包括军事领导体制、武装力量体制和兵役制度等方面。

在军事领导体制方面，1840年以前，大清王朝先后设立了议政王大臣会议、兵部和军机处，作为高层军事决策和领率机构。鸦片战争后，开始实施"洋务新政"，成立了总理衙门。八国联军入侵中国后，清朝统治者深感军备落后，企图通过改革军制来强军安国，遂改总理衙门为外务部，撤削原有的兵部，成立陆军部。

在武装力量体制方面，清军入关之前，军队是八旗兵；入关后为弥补兵力的不足，将投降的明军和新招募的汉人单独编组，成立了绿营；1851年以后，为镇压太平天国运动，咸丰号召各地乡绅编练乡勇，湘军和淮军逐渐成为清军的主力；中日甲午战争之后，开始编练新军。

在兵役制度方面，八旗兵实行的是兵民合一的民军制。清朝规定：所有十六岁以上的满族男子都是兵丁，不满十六岁的则编为养育兵，作为后备兵源。绿营兵虽是招募而来，但入伍后即编入兵籍，其家属随营居住，实际上绿营兵是职业兵，直到年满五十岁才解除兵籍。湘军和淮军是由地方乡勇逐渐发展起来的部队。太平天国运动被镇压后，湘军、淮军取代八旗兵和绿营兵成为清军的主力。甲午战争中，湘、淮军大部分溃散，清朝开始"仿用西法，编练新兵"。新军采用招募制，在入伍的年龄、体格及识字程度方面均有比较严格的要求。

（2）清朝的疆域和边海防建设

清朝初期重视边海防建设。在同国内割据势力的斗争中制止了分裂，促进了国内各民族的团结，维护了国家的统一；在与外部侵略势力的斗争中，捍卫了国家的领土主权。这一时期疆域西至今巴尔喀什湖、楚河、塔拉斯河流域、帕米尔高原；北到戈尔诺阿尔泰、萨彦岭；东北到外兴安岭、鄂霍茨克海；东面到海，包括台湾及其附属岛屿；南到南海诸岛；西南到广西、云南、西藏，包括拉达克地区，建立了一个空前统一、疆域辽阔的多民族封建专制国家。从道光年间开始，政治日益腐败，边海防逐渐废弛。清军的精华北洋水师"日久玩生，弁兵于操驾事宜，全不练习，遇放洋之时，雇佣舵工，名为舟师，不谙水务"。边防废弛，海防要塞火炮年久失修，技术性能落后，炮弹威力很小，而且射程相当近。西方殖民主义者乘虚而入，以坚船利炮打开了中国封闭的国门。19 世纪中叶以后，香港、澳门、台湾、澎湖被英、葡、日占领，东北乌苏里江以东、黑龙江以北及西北今国界以外的广大地域被沙俄侵占，帕米尔地区被俄、英瓜分，拉达克则被英国属克什米尔吞并。

（3）"五次"对外战争

1840 年，英帝国主义以清王朝禁烟为由，对中国发动了战争，史称鸦片战争。1842 年，战败的清王朝被迫在英国的军舰上签订了我国历史上第一个丧权辱国的不平等条约《中英南京条约》。中国的领土和主权遭到破坏，开始沦为半殖民地半封建社会。

1856—1860 年，英国不满足它已获得的利益，联合法国，分别以"亚罗号事件"和"马神甫事件"为借口，对中国发动了第二次鸦片战争。战败的清王朝被迫与英国签了中英《天津条约》，与法国签订了中法《北京条约》，此时的沙俄趁火打劫，强迫清政府签订了《瑷珲条约》。中国的领土主权进一步遭到破坏，半殖民地程度加深。

19 世纪 80 年代初，法国殖民主义者在完全占领越南后，开始觊觎我国西南地区。1884 年至 1885 年中法交战，爱国将领冯子材率领的清军奋勇杀敌，在刘永福黑旗军的配合下痛击法军，取得了镇南关大捷，由此导致法国茹费里内阁倒台。但是腐败的清政府却一味苟且偷安，李鸿章认为法国船坚炮利，强大无敌，中国即便一时而胜，难保终久不败，不如趁胜而和。因此，清政府和法国签订了《中法新约》，将广西和云南两省的部分权益出卖给了法国，使中国不败而败，法国不胜而胜。清政府的腐败无能暴露无遗。

1895 年日本以清朝出兵朝鲜为由发动了甲午战争。北洋水师全军覆没，清政府被迫与日本签订了《马关条约》，中国被进一步肢解，中国半殖民地程度加深，民族危机加剧。

1900 年，英、美、德、法、俄、日、意、奥八国，以保护在华侨民"利益"为借口，组成联军，发动侵华战争。战败的清政府被迫与八国签订了《辛丑条约》。这个条约从政治、经济、军事各方面都扩大和加深了帝国主义对中国的统治，并表明清政府已完全成为帝国主义统治中国的工具。中国完全沦为半殖民地半封建社会。

从 1840 年鸦片战争到 1911 年辛亥革命这 70 多年间，清政府与列强签订了大大小小数百个不平等条约，割让领土近 160 万平方千米，共赔款 2700 万元，白银 7 亿多两（不含利息）。如把利息计算进去，仅《辛丑条约》中规定的"庚子赔款"本息就达 9 亿 8000 多万两。当时，在 1.8 万多千米的海岸线上，大清帝国竟找不到自己享有主权的港口。国家有海无防，有边不固，绝大部分中国领土成了帝国主义的势力范围——俄国在长城以北；英国在长江流域；日本在中国台湾、福建；德国在山东；法国在云南。中华民族美丽富饶的国土被践踏得支离破碎。

2. 民国时期的国防

1911 年暴发的辛亥革命，虽然推翻了清朝的统治，彻底废除了封建专制制度，建立了"中华民国"，但并没有改变中国任人宰割的历史。帝国主义通过扶植各派军阀作为自己的代理人，加紧对中国进行控制掠夺；各派军阀争权夺利，混战不已，中国依然是有边不固，有海无防，人民有家难安。

（1）军阀混战与中华民族的觉醒

1911 年的辛亥革命，终于推翻了几千年的封建统治，但由于革命不彻底，仍没有使中国摆脱半殖民地半封建的状况，帝国主义依然在华夏大地上横行无忌，他们为维护其在华利益，纷纷扶植自己的代理人。先有袁世凯称帝，后是张勋复辟，各派军阀以帝国主义为靠山，割据称雄，混战不休。直、皖、奉三大派系军阀先后窃取中央政权，贿选国会议员和总统，出卖国家和民族利益。"二十一条"的签订和"巴黎和会"中国外交的失败，充分暴露出北洋政府的腐败无能，使中国面临被帝国主义进一步瓜分的命运，激起了中华民族同仇敌忾、共御外侮的决心和勇气。以五四运动为标志，中国反帝反封建的资产阶级民主革命发展到一个新阶段。1921 年 7 月，中国共产党成立，把中国人民的救亡图存斗争推向新的阶段，中国工人阶级开始以自觉的姿态登上了历史舞台。

（2）日本的入侵及中国人民的抗战

1931 年 9 月 18 日，日本发动了"九一八事变"。面对日本帝国主义的野蛮侵略，蒋介石却奉行"攘外必先安内"的方针，一味奉行不抵抗政策，出卖民族利益，使东北大片国土迅速沦陷。1937 年 7 月 7 日，日本发动"卢沟桥事变"，进一步扩大了对中国的侵略，中华民族到了生死存亡的紧要关头。中国共产党高举团结抗日的旗帜，肩负起救民族于危难的神圣使命，领导全国各族人民进行了艰苦卓绝的八年抗战，终于取得了我国近代历史上第一次抗击外敌侵略的完全胜利。

（3）解放战争及新中国的成立

抗日战争胜利后，中国人民迫切需要一个和平安全、休养生息的环境，中国共产党顺民心，从民愿，不计前嫌，准备与国民党第三次携手，合作建国。但蒋介石背信弃义，妄图消灭中国共产党及其所领导的军队，经过四年的解放战争，中国人民终于推翻了蒋家王朝，结束了一百多年来中华民族有国无防的屈辱历史。

（三）国防历史的启示

数千年的国防历史带给我们的启示主要有以下几点：

1. 经济发展是国防强大的基础

经济是国防的物质基础，国防的强大有赖于经济的发展。早在春秋时期齐国的政治家管仲就提出"富国强兵"的思想，孙子则更直接地指出："兵不强则不可以摧敌，国不富不可以养兵，富国是强兵之本，强兵之急。"这一观点抓住了国防强大的根本所在。我国古代，凡是有作为的政治家、军事家和王朝，无不强调富国强兵。秦以后的汉、唐、明、清各代前期国防的强盛，都是与民休养生息、发展经济的结果。与此相反，以上各朝代的衰败，也都由于经济的衰落导致国防的孱弱。无数历史史实证明，经济发展是国防强大的基础。

2. 政治开明是国防巩固的根本

政治与国防紧密相关，国家的政治是否开明、制度是否进步，直接关系到国防能否巩固，只有良好的政治才是固国强兵的根本。

纵观我国数千年的国防历史，我们不难发现，凡是兴盛的时期和朝代，都十分注意修明政治，实行较为开明的治国之策。原本西陲小国的秦国，从商鞅变法开始，修政治，明法度，发展生产，繁荣经济，国防日渐强大，为并吞六国奠定了坚实的基础；大唐初建之时，满目疮痍，百废待兴，正是由于制定并实施了一系列开明的政治制度，国家很快从隋末的战争废墟中恢复过来，很快成为国力昌盛、空前统一的大唐帝国。凡是衰落的时期和朝代，无不因为政治腐败而导致国防孱弱。唐朝中期以后，两宋乃至于晚清都是如此。

3. 国家的统一和民族的团结是国防强大的关键

翻开几千年的国防史，人们都会发现这样一个规律：凡是国家统一、民族团结的时期，国防就巩固、就强大；凡是国家分裂、民族矛盾尖锐的时期，国防就孱弱、就颓败。

晚清时期，在西方列强的进攻面前，清政府不仅不敢发动反侵略战争，不依靠、不支持人民群众进行战争，反而认为"患不在外而在内""防民甚于防火"，对人民群众自发组织的反侵略斗争实行残酷的镇压，最终造成在对外作战中屡战屡败，割地赔款，逐步沦为半殖民地半封建社会。

历史的教训最为深刻，经验弥足珍贵，值得我们永远记取。

第二节　国防法规

国防法规是调整国防和武装力量建设领域各种社会关系的法律规范的总和。在中国特色社会主义建设的新形势下，在依法治国的大环境中，国防法规对于加强国防和军队信息化建设，做好新时期军事斗争准备，将发挥越来越重要的作用。

一、国防法规的特性

国防法规是国家法律的组成部分，是由国家制定或认可的，并由国家强制力保证其实施的行为规范。国防法规具有法律的一般特性，同时，还具有区别于其他法规的特殊性质，主要表现在四个方面：

（一）调整对象的军事性

法律是调整社会关系的行为规范，不同的法律规范用来调整不同领域的社会关系，国防法规所调整的是国防和武装力量领域的各种社会关系，包括军队内部的社会关系、武装力量内部的社会关系、武装力量与外部的社会关系。这些带有军事性的社会关系是国防法规特有的调整对象，是其他任何法律规范所不能代替的，这是国防法规特性的一个基本表现。调整对象的军事性并不意味着国防法规只管军队，不管地方。国防是国家行为。国防和武装力量建设及斗争领域的社会关系是军事性的，但这些社会关系所涉及的行为主体并不都是军队和军人，政治、经济、外交、科技、教育等各个部门和社会各阶层人士都与国防有关。因此，一切社会团体和个人都必须按照国防法规的要求，履行自己的国防义务。

（二）公开程度的有限性

一般的法律都是公开的，以便全体公民熟悉和遵守。从整体上看，国防法规也有公开性，但与其他法律相比，国防法规的公开程度比较低。一些涉及军事机密的国防法规只限于有关人员知晓，如关于作战、训练、军队编制和国防科研等方面的法规都具有保密性。为加强国防法制建设，对于能够公开的国防法规应积极宣传，力求人人皆知；对于不能公开的国防法规应严格保密，以维护国家的安全利益。

（三）司法适用的优先性

国防法规优先适用，是指在解决与国防利益、军事利益有关的法律问题时，如果国防法规和普通法规都有相关的规定，要以国防法规的规定作为评判是非的标准和采取行动的准则。优先适用不是指先后顺序，而是一种排他性的单项选择。在涉及国防利益、军事利益的案件中，只适用国防法规，不适用普通法。而在司法程序上实行"军法优先"。

（四）处罚措施的严厉性

国防法规所保护的国防利益，是关系国家兴衰存亡的、最根本的国家利益，因而对危害国防利益的犯罪实行比较严厉的处罚。如《中华人民共和国刑法》（以下简称《刑法》）规定，抢劫罪通常处 4 年以上 10 年以下有期徒刑；而冒充军警人员抢劫的，抢劫军用物资的，处 10 年以上有期徒刑、无期徒刑或者死刑。同一类型的犯罪，战时的处罚要更严厉一些。《刑法》、《中华人民共和国兵役法》（以下简称《兵役法》）都有战时从重处罚的规定。如平时应征公民拒绝、逃避征集的，在 2 年内不得被录取为国家公务员、国有企业职工，不得出国或者升学，还可以处以罚款，而战时要依法追究刑事责任。

二、国防法规体系

我国的国防法规体系完备，内容丰富，按调整领域可以划分为 14 个门类：国防基本法类，国防组织法类，兵役法类，军事管理法类，军事刑法类，国防经济法类，国防科技工业法类，国防动员法类，军人权益保护法类，军事设施保护法类，特区驻军法类，紧急状态法类，战争法类，对外军事法类。现概要介绍几部重要的国防法律法规。

（一）《中华人民共和国国防法》

《中华人民共和国国防法》（以下简称《国防法》）共 12 章 70 条，基本内容包括：总则，国家机构的国防职权，武装力量，边防、海防和空防，国防科研生产和军事订货，国防经费和国防资产，国防教育，国防动员和战争状态，公民、组织的国防义务和权利，军人的义务和权益，对外军事关系，附则。

（二）《中华人民共和国兵役法》

《兵役法》，共 12 章 74 条，基本内容包括：总则，平时征集，士兵的现役和预备役，军官的现役和预备役，军队院校从青年学生中招收的学员，民兵，预备役人员的军事训练，普通高等学校和普通高中学生的军事训练，战时兵员动员，现役军人的待遇和退出现役的安置，法律责任，附则。

（三）《中华人民共和国军事设施保护法》

《中华人民共和国军事设施保护法》（以下简称《军事设施保护法》）共 8 章 37 条。内容包括：总则，军事禁区、军事管理区的划定，军事禁区的保护，军事管理区的保护，未划入军事禁区、管理区设施的保护，管理职责、法律责任以及附则等。

三、公民的国防权利和义务

（一）公民的国防权利和义务的特征

公民是指具有一国国籍，根据宪法和法律规定享有权利、担负义务的自然人。《中华人民共和国宪法》（以下简称《宪法》）规定："凡具有中华人民共和国国籍的人都是中华人民共和国公民。"

1. 广泛性

享有国防权利的主体十分广泛。享有国防权利的主体，包括占我国人口绝大多数的工人、农民、知识分子等在内的全体社会主义劳动者，以及拥护社会主义制度的爱国者和拥护祖国统一的爱国者。

公民享有国防权利的范围极其广泛。我国公民享有国防权利的范围包括国防建设和国防斗争两个方面，涉及与国防活动有关的政治、军事、经济、科技、教育、文化、外交等社会活动的各个领域，表现为对国防有关的政治事务、经济事务、文化事务、社会事务的参与和管理。

2. 现实性

我国公民国防权利的现实性，是指《宪法》赋予公民的各种权利是真实的，是完全可以实现的。国家为公民国防权利的实现从制度上、法律上和物质上给予保障。为此，国家以《宪法》为依据制定了一系列国防法律法规。公民享有的各项权利，不仅要有法律的保障，而且要有物质上的保证。只有国家提供物质保证，才能使公民国防权利得以行使。在我国，国家每年都要提供数量可观的物资和财政拨款，保证国民在履行国防义务的同时享有充分的国防权利。

3. 公平性

公民平等享有国防权利。我国公民不分民族、种族、性别、职业、宗教信仰、教育程度、财产状况和居住期限均平等地享有法定的国防权利。国家对公民的国防权利，予以有效的保障，不允许侵犯公民的国防权利。任何人不得有超越《宪法》和法律的特权。公民平等地承担国防义务。对法定的各项国防义务，每个公民必须自觉地履行，决不允许只享有国防权利而不履行国防义务的现象存在。司法机关在适用法律上要一律平等。国家对宪法和法律赋予公民的权利平等地予以保护，对任何人违反宪法、法律直至构成犯罪的行为，都要平等地追究法律责任。

4. 一致性

公民既要享有国防权利，同时又要履行国防义务。公民在享有、行使国防权利的同时，必须遵守宪法和法律，不得以非法的方式谋取权力或权益；公民国防权利与义务带有双重性，国防义务是公民的国防权利，国防权利又是国民的国防的义务；公民的国防权利和义务彼此促进，相辅相成，公民享有的国防权利越广泛，越能提高公民建设国防、保卫祖国的积极性与创造性；公民履行国防义务的自觉性越高，越有利于国防建设事业的发展，国家的安全就越能有效地得到保障。公民国防权利和义务可以相互转化。如公民有服兵役的义务，此时，公民是义务的主体，而国家是享有权利的主体；国家有对服兵役的军人的优抚义务，此时，公民成为享有权利的主体，而国家是义务的主体。

（二）公民的国防义务与权利的基本内容

1. 国防义务

（1）兵役义务

我国《国防法》规定："依照法律服兵役和参加民兵组织是中华人民共和国公民的光荣义务。"我国《兵役法》规定："中华人民共和国公民不分民族、种族、职业、家庭出身、宗教信仰和教育程度，都有义务依照本法的规定服兵役。"根据我国《兵役法》，公民履行义务兵役主要有服现役、服预备役和接受军事训练三种形式。

（2）接受国防教育的义务

每一个公民要按照国家的规定，通过一定形式来接受国防教育，增强国防观念，并把它当作自己的光荣职责。我国公民有义务接受国防理论、军事知识、军事法制、国防历史、国防精神、国防体育等内容的教育。

（3）保守国防秘密的义务

《中华人民共和国保密法》规定："一切国家机关、武装力量、政党、社会团体、企业事业单位和公民都有保守秘密的义务。"我国《国防法》规定："公民和组织应当遵守保密规定。不得泄露国防方面的国家秘密，不得非法持有国防方面的秘密文件、资料和其他秘密物品。"泄露国防秘密、危害国防安全与利益者，应当承担相应的法律后果。

（4）保护国防设施的义务

所谓国防设施是指国家直接用于国防目的的建筑、场地和设备。我国公民和组织对国防设施要履行不同的保护义务。不履行国防设施保护义务的，将受到法律的追究。

（5）协助国防活动的义务

我国《国防法》规定，公民和组织协调国防活动的主要义务有：开展经常性的拥军优属工作，特别是对现役军人及家属的优待；为武装力量活动提供便利条件的义务；支前参战的义务。

2. 国防权利

（1）对国防建设提出建议的权利

《国防法》规定："公民和组织有对国防建设提出建设的权利。"这一规定是公民依《宪法》享有对国家事务的建议权在国际建设方面的体现。

（2）制止、检举危害国防行为的权利

《国防法》规定："公民和组织有对危害国防的行为进行制止或检举的权利。"这一规定，是对《宪法》关于公民有维护国家安全、荣誉和利益的义务和关于公民检举权规定在国防方面的体现。

（3）国防活动中经济损失补偿的权利

《国防法》规定："公民和组织因国防建设和军事活动在经济上受到直接损失的，可以依照国家有关规定取得补偿。"国防活动中经济损失的补偿,仅限于直接的经济损失,而不包括间接的经济损失和非经济的损失,且对直接经济损失的偿付,视情况可以是全部的,也可以是部分的。

第三节　国防建设

国防建设是国家为提高国防实力而进行的各方面建设的总称。内容涉及武装力量建设,边防、海防、空防及战场建设,国防科技与国防工业建设,国防法制建设,国防动员建设,以及与国防相关的交通、能源、通信建设等多个方面。经过 60 多年的努力,我国国防建设取得了举世瞩目的成就,为国家建设和发展做出了巨大贡献。

一、国防领导体制

国防领导体制,是国家谋划、决策、指挥、协调国防建设和军事斗争的组织体系及相应制度,包括国防领导机构的设置、职权划分和相互关系等,是国家体系和军事组织体系的重要组成部分。一般设有最高统帅、最高国防决策机构、国家行政机关中管理国防事务的部门和武装力量领导指挥系统等。根据宪法、国防法和有关法律,我国建立和完善了国防领导体系,对国防活动实行高度集中统一的领导。

(一) 国防领导体系的历史发展

中华人民共和国成立以来,为使国防领导体制适应国家政治、经济和科技的发展,特别是适应军事发展和保障国家安全的需要,对国防领导体制进行了多次调整改革,使之在实践中不断发展和完善。

中华人民共和国成立之初,根据有关法律的规定,设立中央人民政府革命军事委员会,作为国家最高军事领导机关,统一管辖并指挥中国人民解放军及其他武装力量。1954 年,第一届全国人民代表大会通过并颁布的《宪法》规定,中华人民共和国主席统率全国武装力量,担任国防委员会主席,不再设立中央人民政府革命军事委员会。一届人大一次会议决定,设立国防委员会和国防部,撤销中国人民解放军总司令的设置。同年 9 月 28 日,中共中央政治局通过决议,在中央政治局和书记处下设党的军事委员会,担负整个军事工作的领导。中央政治局、书记处和军事委员会有关军事工作的决定,对内以军事委员会(简称军委)的名义下达,对外以国务院或国防部的名义下达。1958 年 7 月,中央军委扩大会议通过决议规定,中央军委是中共中央的军事工作部门,是统一领导全军的统帅机关,军委主席是全军统帅,下设总参谋部、总政治部、总后勤部;国防部是军委对外的名义,军委决定的事项,凡需经国务院批准或需用行政名义下达的,由国防部部长签署对外发布。

1982 年,第五届全国人大五次会议通过的第四部《宪法》规定:"设立中华人民共和国中央军事委员会,领导全国的武装力量。中央军事委员会继续存在,以其职能和国家中央军委完全相同。"这表明中央军委同时有两个名义:一个是中共中央军委,一个是国家的中央军委,从而确立了党和国家高度集中统一的行使领导职权的国防领导体制。

（二）中华人民共和国国防领导职权

1. 中共中央的国防领导职权

中国共产党作为执政党，是领导中国社会主义事业的核心力量。中共中央在国家生活包括国防事务中发挥着决定性的领导作用。有关国防、战争和军队建设的重大问题，由中共中央、中央军委、中央政治局及其常务委员会做出决策并通过必要的法定程序，作为党和国家的统一决策贯彻执行。《中国人民解放军政治工作条例》规定："中国人民解放军必须置于中国共产党的绝对领导之下，其最高领导权和指挥权属于中国共产党中央委员会和中央军事委员会。"

2. 全国人民代表大会及其常务委员会的国防职权

中华人民共和国全国人民代表大会是最高国家权力机关。它在国防方面的职权主要有：决定战争与和平的问题；制定有关国防方面的基本法律；选举中央军事委员会主席，根据中央军事委员会主席的提名，决定中央军事委员会其他组成人员；应当由全国人民代表大会行使的国防方面的其他职权。

全国人民代表大会常务委员会在国防方面的职权主要有：在全国人民代表大会闭会期间，决定战争状态的宣布；决定全国总动员或者局部动员；行使《宪法》规定的国防方面的其他职权。

3. 国家主席在国防方面的职权

中华人民共和国主席在国防方面的职权主要有：根据全国人民代表的决定和全国人民代表大会常务委员会的决定，宣布战争状态；根据全国人民代表大会决定和全国人民代表大会常务委员会的决定，发动动员令；公布全国人民代表大会及其常务委员会制定的有关国防方面的法律；根据全国人民代表大会常务委员会的决定，授予在国防方面的国家勋章和荣誉称号；根据全国人民代表大会常务委员会的决定，批准和废除同外国缔结的有关国防方面的条约和重要协定。

4. 国务院在国防方面的职权

中华人民共和国国务院是最高的权力的执行机关，是最高国家行政机关。它在国防方面的职权是领导和管理国防建设事业，包括：编制国防建设发展规划和计划；制定国防建设方针、政策和行政法规；领导和管理国防科研生产；管理国防经费和国防资产；领导和管理国防经济动员工作和人民武装动员、人民防空、国防交通等方面的工作；与中央军事委员会共同领导中国人民武装警察部队、民兵的建设和征兵、预备役工作以及边防、海防、空防的管理工作；法规规定的与国防建设事业有关的其他职权。

5. 中央军事委员会在国防方面的职权

中华人民共和国中央军事委员会是最高国家军事机关，负责领导全国武装力量。其职权主要包括：统一指挥全国武装力量；决定军事战略和武装力量的作战方针；领导和管理中国人民解放军的建设；根据宪法和法律制定军事法规，发布决定和命令；决定中国人民解放军的体制和编制；依照法律、军事法规的规定，任免、培训、考核和奖惩武装力量成员；批准武装力量的武器装备体制和武器装备发展规划、计划，协同国务院领导和管理国防科研生产；会同国务院管理国防经费和国防资产；法律规定的其他职权。

中央军事委员会实行主席负责制，中央军委主席即为全国武装力量的统帅。中央军委组成人员为：中央军委主席，副主席若干人，委员若干人。

二、新中国国防建设的主要成就

旧中国有国无防，国门洞开，受尽了帝国主义列强的侵略欺凌，中国人民为此付出了惨重的代价，经历了 100 多年丧权辱国的屈辱历史。新中国成立后，经过 60 多年的努力，国防建设取得了举世瞩目的巨大成就。

（一）中国人民解放军的现代化、正规化和革命化建设取得突破性进展

新中国成立后，中国人民解放军不断向现代化、正规化和革命化迈进。特别是改革开放以来，我国国防实力得到进一步加强，国防现代化建设，尤其是军队建设有突破性进展，取得了一系列重大成就。1949 年 10 月 1 日，当毛泽东主席在天安门向全世界庄严宣告中华人民共和国成立时，中国人民解放军就迈出了建设诸军兵种合成军队的坚实步伐。当时的中国人民解放军基本是一支单一的以步兵为主的陆军。海军、空军仅仅刚具雏形，而陆军中的炮兵、装甲兵、工程兵、通信兵等技术兵种所占比例非常小。经过 60 多年艰苦努力，中国人民解放军实现了由单一陆军向诸军兵种合成军队的发展，不仅掌握着种类比较齐全的常规武器装备，而且拥有了具有一定威慑力的原子弹、氢弹等尖端武器装备。进入新世纪新阶段，中国人民解放军开始把军事斗争准备的立足点放在打赢信息化条件下局部战争的需要，努力发展高技术"撒手锏"武器；在改革调整体制编制方面，中国人民解放军进一步压缩规模，优化诸军兵种比例结构，完善体制，使军队体制编制更加适应现代联合作战的需要；在改革教育训练方面，部队训练从难从严、从实战出发加大了实战力度，院校人才培养体系实现了整体转型，军官队伍学历层次得到大幅提高。走进 21 世纪的中国人民解放军，将继续优化体制编制，更新教育训练内容和手段，改善武器装备，加强军队的质量建设，提高诸军兵种的合成化水平，向精兵、合作和高效的方向发展。

（二）形成门类齐全、综合配套的国防科技工业体系

国防科技是衡量一个国家综合国力的重要标志之一，也是国防现代化建设的重要方面。新中国成立以来，我国的国防科技工业从无到有，从小到大，从落后到先进，建立起了包括电子、船舶、兵器、航空、航天和核能等门类齐全、综合配置的科研实验生产体系。取得了一大批具有国内、国际先进水平的科研成果，为我军现代化建设和切实增强我国的综合国力做出了重要贡献。在军事电子方面，逐步建立了具有相当规模、门类齐全的新兴工业部门，特别是在指挥信息系统、情报侦察、预警探测、电子对抗和通信等方面，为我军提供的各种新式装备和产品，进一步增强了部队侦察、通信指挥和作战能力；在船舶工业方面，先后自行制造了核动力潜艇、常规动力潜艇、导弹驱逐舰、导弹护卫舰、导弹快艇航空母舰等，以及各种辅助船舶和新型鱼雷、水雷、反水雷武器等新装备；在兵器工业方面，研制生产了一大批具有先进性能的装甲车辆、火炮、弹药、轻武器、军用光电器材和综合火控、指挥系统

等新型武器装备，为我军现代化做出了重要贡献；在航空工业方面，已能够生产先进的歼击机、歼击轰炸机、轰炸机、直升机、运输机、教练机等，基本满足了空军作战和飞行训练的需要；在航天科技工业方面，拥有地地、地空、海空和空空导弹武器系统，运载火箭、各种应用卫星的研制和实验能力以及各种应用卫星的发射能力，在世界高科技领域占有一席之地；在核工业方面，我国不仅可以生产制造原子弹、氢弹，还掌握了核潜艇技术，形成了我国的核威慑力量，在和平利用核能方面，我国也取得了突破性进展。

（三）国防后备力量建设取得长足发展

党和国家十分重视国防后备力量建设。特别是党的十一届三中全会以来，党中央、国务院、中央军委明确提出了"精干的常备军和强大的后备力量相结合，是建设现代化国防的必由之路"基本方针，使我国国防后备力量建设进入了新阶段。一是实现了指导思想的战略性转变，走上了相对和平时期稳步发展的轨道。当前，更加明确地提出民兵工作要以更好地适应新时期军事战略方针和适应发展社会主义市场经济的新形势为指导。二是确立并实行了民兵与预备役相结合的制度，初步形成了具有中国特色的国防后备力量体系，并下大力气重点抓基干民兵队伍建设和预备役队伍的建设，加强了训练，改进了武器装备，使我国后备兵员的整体素质较之过去有明显的提高。三是注重宏观指导，合理布局，边海防、大中城市和重点地区的民兵工作得到加强。四是民兵、预备役部队在参战支前、保卫边疆、发展生产、扶贫帮困、抢险救灾、维护社会治安等方面发挥着重要作用，为国家的改革、发展和稳定做出了巨大的贡献。五是健全了国防动员机构。为了保证国家在一旦发生战争的情况下，能很快由平时状态转入战时状态，调动足够的人力、物力和财力应付战争，我国于1994年成立了国防动员委员会，下设人民武装动员、国防经济动员、人民防空动员、交通战备动员等办公室，负责指导、协调全国的后备力量建设和国防动员工作。军队从总参谋部到各军区、集团军、师（旅）、团均设有动员机构或动员军官。省军区、军分区、人武部既是同级党委的军事部门，又是政府的兵役机关，是兼后备力量建设与动员工作于一体的机构。六是加强了国防教育，学生军训工作全面展开，发展形势良好。2007年，教育部、总参谋部、总政治部下发了《学生军事训练工作规定》，对军训工作指导思想与方针、组织领导与实施、军事技能训练和军事理论教学、军事教师和派遣军官、学生军事训练保障、奖励和惩处等问题进行明确规定，为各级教育行政部门、军事机关、普通高等学校、高中阶段学校和承训部队组织实施学生军事训练工作提供了基本依据，进一步加强学生军事训练工作制度化、规范化建设，确保学生军事训练工作的正常开展。2013年，教育部、总参谋部、总政治部又下发了《关于全面提高学生军事训练质量的通知》，强调充分认识新形势下提高学生军事训练质量的重要意义，严格执行学生军事训练教学大纲规定要求，大力推进学生军事训练工作创新发展。

三、国防政策

国防政策，是国家进行国防建设和国防斗争的基本行为准则。国家的一切国防活动以及与国防有关的其他活动，都必须以国防政策为依据。中国始终坚定不移地奉行防御性的国防政策，中国庄重承诺：绝不搞扩张，绝不侵略他国，永远不称霸，做负责任、讲和平、守信用的地区大国。但中国在遭受侵略时，保留使用各种手段进行反击的权利。中国国防建设的目标和任务是：维护国家的核心利益不受侵犯，为全面建设小康社会提供坚强保障。中国国防作为人民安居乐业、社会稳定的坚强后盾，是为中国营造安全的和平环境的中坚力量。中国进行国防现代化建设，建立强大的国防，是宪法赋予中国义不容辞的责任与义务，是13亿中国人民生存与发展的安全保障，是天经地义的神圣事业。

新世纪新阶段中国的国防政策，主要包括以下内容：

（一）维护国家安全统一，保障国家发展利益

防备和抵抗侵略，确保国家领海、领空和边境不受侵犯。反对和遏制"台独"分裂势力及其活动，防范和打击一切形式的恐怖主义、分裂主义和极端主义。人民解放军坚决履行新世纪新阶段的历史使命，为中国共产党巩固执政地位提供重要力量保证，为维护国家发展的重要战略机遇期提供坚强安全保障，为维护国家利益提供有力战略支撑，为维护世界和平与促进共同发展发挥重要作用。不断提高应对多种安全威胁、完全多样化军事任务的能力，确保能够在各种复杂形势下有效应对危机、维护和平，遏制战争、打赢战争。

（二）实现国防和军队建设全面协调可持续发展

坚持国防建设与经济建设协调发展的方针，把国防和军队现代化建设融入经济社会发展体系之中，使国防和军队现代化进程与国家现代化进程相一致。全面加强军队的革命化、现代化、正规化建设，科学统筹中国特色军事变革与军事斗争准备、机械化建设与信息化建设、诸军兵种作战力量建设、当前建设与长远发展、主要战略方向建设与其他战略方向建设。深化体制编制和政策制度调整改革，注重解决体制机制上制约军队发展的深层次矛盾和问题，着力推进军事组织体制创新和军事管理创新，提高军队现代化建设的效益。

（三）加强以信息化为主要标志的军队质量建设

坚持以机械化为基础，以信息化为主导，推进信息化和机械化复合发展，实现军队火力、突击力、机动能力、防护能力和信息能力整体提高。实施科技强军战略，依靠科技加快战斗力生成模式的转变。提高武器装备和国防科技的自主创新能力，力争在一些基础性、前沿性、战略性技术领域取得重大突破。加紧构建适应信息化战争需要的联合作战指挥体制、训练体制和保障体制，加强诸军兵种的综合集成建设。实施人才战略工程，培养大批适应军队信息化建设、胜任信息化条件下作战任务的高素质新型军队人才。提高训练的科技含量，创新训练内容、方式和手段。

（四）贯彻积极防御的军事战略方针

立足于打赢信息化条件下的局部战争，着眼维护国家主权、安全和发展利益的需要，做好军事斗争准备。创新发展人民战争的战略思想，坚持军事斗争与政治、经济、外交、文化、法律等各领域斗争的密切配合，综合利用各种手段和策略，主动预防、化解危机，遏制冲突和战争的爆发。逐步建立集中统一、结构合理、反应迅速、权威高效的现代国防动员体

系。以联合作战为基本作战形式，发挥诸军兵种作战优长。陆军逐步推进由区域防卫型向全域机动型转变，提高空地一体、远程机动、快速突击和特种作战能力。海军逐步增大近海防御的战略纵深，提高海上综合作战能力和核反击能力。空军加快由国土防空型向攻防兼备型转变，提高空中打击、防空反导、预警侦察和战略投送能力。第二炮兵逐步完善核常兼备的力量体系，提高信息化条件下的战略威慑和常规打击能力。

（五）坚持自卫防御的核战略

中国的核战略贯彻国家的核政策和军事战略，根本目的是遏制他国对中国使用或威胁使用核武器。中国始终奉行在任何时候、任何情况下都不首先使用核武器的政策，无条件地承诺不对无核武器国家和无核武器地区使用或威胁使用核武器，主张全面禁止和彻底销毁核武器。中国坚持自卫反击和有限发展的原则，着眼于建设一支满足国家安全需要的精干有效的核力量，确保核武器的安全性、可靠性，保持核力量的战略威慑作用。中国的核力量由中央军事委员会直接指挥。中国发展核力量是极为克制的，过去没有，将来也不会与任何国家进行核军备竞赛。

（六）营造有利于国家和平发展的安全环境

按照和平共处五项原则开展对外军事交往，发展不结盟、不对抗、不针对第三方的军事合作关系。参与国际安全合作，加强与主要大国和周边国家的战略协作和磋商，开展双边或多边联合军事演习，推动建立公平、有效的集体安全机制和军事互信机制，共同防治冲突和战争。支持按照公平、合理、全面、均衡的原则，实现有效裁军和军备控制，反对核扩散，推进国家核裁军进程。遵守联合国宪章的宗旨和原则，履行国际义务，参加联合国维和行动、国际反恐合作和救灾行动，为维护世界与地区和平稳定发挥积极作用。

第四节　当代大学生与国防教育

《中华人民共和国国防教育法》（以下简称《国防教育法》）规定，普及和加强国防教育是全社会的共同责任。学校国防教育是全民国防教育的基础，是实施素质教育的重要内容。高校是培养强大国防预备役力量的重要阵地。现代高技术战争，需要高质量、高素质的兵员和强大的预备役力量，而军校的培养远远不能满足现代战争的需要。作为培养高级专业技术人才的高校，理所应当承担这份责任和义务。

一、我国高校国防教育的历史与现状

高校国防教育是学校国防教育的组成部分，也是我国实行全民国防教育的重要环节，国家教育行政部门多次以法规的形规定了必须把国防教育纳入学校教育和教学体系之中，其中包括高等院校。《国防法》《兵役法》《国防教育法》和 2006 年教育部、总参谋部、总政治部新修订并于 2007 年 9 月开始实施的《普通高等学校军事课教学大纲》（以下简称新《大纲》），是普通高等学校实施学生军事技能训练和军事理论教学的基本依据。新《大纲》明确界定了高校军事课的课程目标为以国防教育为主线，以军事理论教学为重点，通过军事教

学，使学生掌握基本军事理论与军事技能，增强国防观念和国家安全意识，强化爱国主义、集体主义观念，加强组织纪律性，促进综合素质的提高，为中国人民解放军训练储备合格后备兵员和培养预备役军官打下坚实基础。新《大纲》强调指出，军事课（含军事理论教学和军事技能训练）列入普通高等学校的教学计划，是普通高等学校本、专科学生的必修课，考试成绩记入学生档案，学校应当按照本《大纲》组织实施军事课教学，严格考勤考核制度。普通高校本、专科的军事理论课教学时间为 36 学时，军事技能课训练时间为 2 ~ 3 周。

从制度上看，新中国成立以来我国普通高校国防教育的发展经历了四个阶段：从 1949 年 10 月至 1955 年 6 月为第一阶段，以宣传教育为主，动员和鼓励学生参军或支前；从 1955 年 7 月至 1957 年 6 月为第二阶段，主要以培养预备役军官为目标，实施以军事训练为主要内容的国防教育；从 1957 年 6 月至 1984 年 6 月为第三阶段，在复杂多变的国际国内环境中实践全民皆兵，大学建立民兵组织，学生成为普通民兵，采取包括到部队学军在内的各种形式进行国防教育；从 1984 年 7 月至现在为第四阶段，对高校学生进行普及性的国防教育。高校国防教育在经历宣传动员学生参军或支前、培养预备役军官、学生民兵训练之后，最终定位于对高校学生的普及性国防教育上。我国学生军训工作自 1985 年开始试点以来，已经走过 28 年发展历程，取得了显著成绩。目前，全国已有 2000 所高等学校、22000 所高级中学开展学生军训工作，年参训学生达 1700 多万人，基本实现了国家确定的所有高等学校、高级中学开展学生军训的目标。然而，各地的学生军训工作发展不平衡，一些地方和学校存在着军事理论教学时间不足、以讲座代替军事理论教学，军事训练偏训漏训，单纯追求汇报演示效果，重视队列课目偏废其他课目，以及消极保安全取消实弹射击训练等问题。对此，2013 年 10 月，教育部、总参谋部、总政治部联合下发《关于全面提高学生军事训练质量的通知》，要求军地各级有关部门和单位进一步落实《学生军事训练工作规定》，推动学生军训工作创新发展，确保学生军训时间、内容、效果落实。

二、对大学生加强国防教育的必要性

（一）国防教育有利于增强大学生的国防观念

国防观念关系到国家的存亡，民族的兴衰，世界上许多国家都非常重视国防教育，极力宣扬"大国防"观念，动员全民投入和关切国防事业。因此，高校开展国防教育，培养学生的国防意识，既是维护国家安全的思想基础，又是推动民族发展兴盛的精神动力。我国自改革开放以来，经济上取得了长足的发展，人民生活水平有了显著的提高，然而，忧患意识日渐淡薄，国防意识、国防观念也淡化了。尤其是在青年大学生中还占有相当大的比例。他们对我国的安全环境和安全形势，知之甚少；对西方敌对势力一直对我"西化""分化"的图谋认识不清；对恐怖主义、民族分裂主义、极端宗教主义的破坏的危害性认识不足。面对新的形势，我们必须保持清醒的头脑，严肃认真地对待国防教育问题，切实把大学国防教育放在重要的地位。

（二）国防教育有利于增强大学生的民族凝聚力和向心力

民族的凝聚力和向心力，是一个国家和民族的兴盛与发展的基本条件。高校国防教育能够使学生把民族的共同利益放在至高无上的地位，能够和全国人民团结一心共同抵御外来侵略颠覆的威胁，能够为民族的共同利益不惜牺牲个人或局部利益。这样，就能在爱国主义的伟大旗帜下把大家紧紧地团结起来，使中华民族具有坚不可摧的伟大力量。青年是祖国的未来，民族的希望。青年大学生尤其如此，他们是民族的脊梁。加强对大学生的国防教育，尤其是爱国主义教育（国防教育的核心），能极大地激发青年大学生的民族自豪感和爱国热情。在青年大学生的鼓舞和带动下能凝聚全中华民族的意志和力量，任何困难都能战胜和克服。

（三）国防教育有利于提高大学生的身心素质和科学文化素质

高校国防教育，主要以理论教学和军事训练为主。在教学方面，由于现代战争是高技术条件下的局部战争，它不仅是综合国力的较量，也是科技实力的较量。军事科学能增加大学生的科技知识，使他们了解现代科技前沿，了解国际形势，开阔视野，培养其忧患意识、爱国意识，并使其智力、心理得到协调发展。在军事训练方面，主要是集中一定的时间，对大学生强制性进行队列、射击实战以及体能等方面的军事技能训练，其目的就是要通过亲身体验，使他们感受到部队严明的组织纪律、雷厉风行的生活作风、不畏艰难的吃苦意识，从而培养他们的团队意识、集体观念，锻炼健壮的体魄，培养健康的心理素质，养成正确的生活习惯，并掌握基本的军事技能。这样，通过军事理论学习和军事训练，能提高大学生的心理素质和科学文化水平，练就其健康的体魄，丰富其人格修养、情感意识和道德素质。

（四）国防教育有利于培养国防后备人才，促进国防现代化

我国国防建设一直坚持走精干的常备军和强大的后备力量相结合的道路，这也是我国新时期国防建设的根本指导思想。大学生作为一个特殊的社会群体具有较高的科学文化素质，易于掌握现代科技知识。如果抓好这个群体的国防教育，我们便储备了一大批具有较高科学文化素质而又掌握了一定军事技能的高素质的国防后备力量。为此，必须对大学生进行军事理论教学和必要的军事训练，以便必要时为部队输送高技术军事人才，成为战时扩建、组建部队的骨干，为打赢未来高技术局部战争创造条件，为国防建设和军事斗争准备提供有力保障。

三、国防教育对大学生素质的积极影响和作用

（一）借助国防教育之"魂"帮助克服大学生民族精神之"松"

要克服精神上的"松"，用民族精神重塑当代大学生的头脑，就必须加强高校的国防教育。党的十七大提出："用以爱国主义为核心的民族精神和以改革创新为核心的时代精神鼓舞斗志。"国防教育是弘扬民族精神的最好途径。20世纪30年代初至60年代，毛泽东从中国革命生活中体验，并在思想和理论上概括出中华民族精神的两大精髓：一是永不屈服的革命精神；二是自力更生、艰苦奋斗的自强不息精神。他在革命历程中培育了井冈山精神、长征精神、延安精神、西北坡精神等，在延安时期又具体形成了白求恩精神、张思德精神、愚

公移山精神、南泥湾精神等。改革开放以来，邓小平以改革、开放、创新、求实和建设现代化为中华民族的时代主题，以新科技革命、知识经济和全球化发展趋势为旋律，将马克思主义、毛泽东思想内化为邓小平理论，成为当代中华民族的精神支柱。江泽民同志一直强调要弘扬民族精神，激发民族自豪感，提高民族自信心，增强民族凝聚力。他说："在现代化建设的过程中，还会有这样那样的困难，特别需要发扬大庆精神。""长征这种精神，无论岁月如何更替，条件如何变化，都要发扬光大。""要把长征精神作为加强社会主义精神文明建设的重要动力，作为在全体人民特别是青少年中进行理想信念和思想道德教育的重要内容。"胡锦涛号召全党要牢记"两个务必"，坚持立党为公，执政为民。面对"非典"疫情和自然灾害，他强调指出中华民族是具有伟大精神的民族，越是困难的时候，越是要大力弘扬民族精神，越是要大力增强中华民族的凝聚力。而"九八"抗洪精神、抗击"非典"精神、载人航天精神、青藏铁路精神、抗击冰雪精神、汶川抗震救灾精神，这些新时代民族精神的形成和弘扬，进一步丰富了民族精神的内涵。人民军队是民族精神的继承者，更是培育者；是弘扬者，更是发展者。对国防教育"魂"的借重，就是要帮助大学生坚定政治信仰，激发爱国热情。

（二）借助国防教育之"严"帮助克服大学生纪律之"散"

没有规矩不成方圆。任何成功的教育和管理都离不开严格的纪律。在人类群体当中，灌输纪律观念和执行纪律条文最为成功的典型莫过于军队。当它具有严明纪律的时候，它的战斗力便锐不可当。我国南宋时期的"岳家军"军纪严明，他们冻死不拆房、饿死不掳掠、夜宿不入宅，深受人民群众的拥戴，所向无敌，令金军闻风丧胆，获得了"撼山易，撼岳家军难"的美誉。明朝抗倭名将戚继光治军严明，其惩舅斩子的故事就是严厉治军的典型写照，从而造就了一支令倭寇闻风丧胆的"戚家军"。从严治军历来是中国人民解放军的优良传统。《三大纪律八项注意》在军队建设史上独具特色，短短60余字，包含了政治纪律、军事纪律、群众纪律等深刻的内容，要求极其严格，由此铸造了一支钢铁长城般的军队。对大学生进行遵守纪律的教育，必须在实践中进行。而军训的实践活动是加强组织性、纪律性的有效途径。对大学生进行纪律条令、队列条令、内务条令三大条令教育，真正让每位大学生认识到人民解放军正因为有铁的纪律，才能战无不胜，养成团结紧张、严肃活泼的作风。

（三）借助国防教育谋略之"深"帮助克服大学生思想力之"浅"

国防教育中的谋略教育是提高大学生思想力的重要手段。古人云：不谋万世者，不足谋一时；不谋全局者，不足谋一域。谋略，是广博知识基础上形成的深谋远虑的本领。很多军事上的谋略已经被广泛地应用在各个领域。如《孙子兵法》，在20世纪60年代，被日本引进了企业管理。日本学者村山孚说："日本企业的生存和发展有两个支柱，一个是美国的现代管理制度，一个是《孙子兵法》的战略和策略。"日本的"经营之神"松下幸之助，公开宣称《孙子兵法》是他们成功的法宝。他说："中国古代先哲孙子，是天下第一神灵。我公司职员必须顶礼膜拜，对其兵法认真背诵，灵活应用，公司才能兴旺发达。"美国通用汽车公司董事会主席罗杰·史密斯说他成功的秘诀就是"从《孙子兵法》一书中了学了许多东西，使他获得了一个战略家的头脑"。在高校国防教育中，要求学生在认识客观对象时，善于从总体与部分、长远与短暂、表层与里层、实体与环境等各个方面做细致的分析，通过比较与权衡，做出合乎实际的精当判断，并提出相应的行动规则与计划。军事谋略在思维特征上表现出的宏观性、唯物性、辩证性、创新性、预见性、正确性，对大学生思想力的培养具有重大的帮助。

（四）借助国防教育技艺之"精"帮助克服大学生创新能力之"缺"

智育工作要转变教育观念，改革人才培养模式，积极实行启发式和讨论式教学，激发学生独立思考和创新的意识，高等教育要重视培养大学生的创新能力、实践能力和创业精神，普遍提高大学生的人文素养和科学素质。智育工作的重心就在于激发创新意识，培养创新能力。国防教育对于推进这一重心工作，具有重要的作用，因为国防教育所依托的学科体系是军事科学。现代军事科学是一门范围广博、内容丰富的综合性科学。军事斗争的对抗性、残酷性和复杂性，孕育了军事思维的创造性特点。所谓"胜战不复"，就是这个道理。创造性思维是创新意识和创新能力的源泉和动力。所以，"学生学习军事科学，不仅有利于开阔眼界，扩大知识面，而且有利于学生打破专业学习的思维定式，拓展思维空向，进一步提高学生的创造力和综合思维能力，促进'智育'的发展。"同时，军事科学知识也是每一个公民所必须具备的基本知识和技能。科学家钱学森说过："一个科学家，如果没有军事知识，那么他不是一个完善的科学家。"

（五）借助军营文化之"美"帮助克服大学生审美能力之"俗"

军营文化就是为一定时期社会政治经济状况所决定的，由军队性质和根本职能所要求的，军队特有的政治信仰、价值观念、心理素质、思维方式等观念文化与组织制度、学习教育、娱乐活动等实体文化的总和。它不同于人们片面理解的娱乐文化，而是一种价值观念的系统结构。军营文化作为军队的现实存在，具有与军队同样长久的历史，一部军队发展史同时也是军营文化发展的历史。我国军队的性质决定了我军军营文化具有以下五个特征：一是奉献之美。不管是革命战争年代"保家卫国""疆场建功"的奋不顾身以殉国家之急，还是和平建设年代"抗震救灾""抗洪抢险"的一马当先以保人民之利，无不体现出军人那种无私的奉献牺牲精神，这是最崇高的美。二是阳刚之美。阳刚是军人的气质，蕴含着军人意志刚强、处事果断、机智勇敢、胸怀博大等品质。三是朴实之美。体现在样式上不崇尚浮丽而崇尚庄重、生动活泼，在设施上不追求奢华而讲究因地制宜，在内容上不务时髦而满足官兵需求实用。四是整齐之美。体现在外在的歌声的整齐、步伐的整齐、方队的整齐、内务的整齐，内在的政治方向的一致、目标任务的一致等。五是高昂之美。军人的身上始终体现出积极向上、健康有益、催人奋进、朝气蓬勃的精神面貌。大学生通过军训时与部队官兵生活在一起、训练在一起，耳闻目睹，身临其境，前所未有地体验到军人之美，通过军事理论的教学深刻地理性认识到军人之美，对提高大学生的审美能力大有裨益。

（六）借助《中国人民解放军内务条令》（以下简称《内务条令》）标准之"高"帮助克服大学生劳动能力之"弱"

教育与生产劳动相结合是马克思主义教育学说的基本原理，马克思恩格斯大量论述了劳动是人类社会赖以生存和发展的基础。毛泽东更是一贯主张"教育同生产劳动相结合""知识分子要劳动化"。中共中央在《关于进一步加强和改进学校德育工作的若干意见》中明确指出"教育与生产劳动相结合，是坚持社会主义教育方向的一项基本措施"。随着社会的发展，劳动教育（本文的劳动特指体力劳动）在当代大学生身上却表现出四个缺陷：一是劳动观念淡薄；二是劳动行为懒惰；三是劳动能力低下；四是不尊重劳动成果。现行的教育体制和高校的教学设置的缺陷使国防教育对大学生的劳动教育更能够体现出良好的效果：解放军自力更生、丰衣足食的优良传统能够加强大学生劳动观念的树立；《内务条令》的学习能够纠正大学生劳动行为的懒惰现象；军训期间要求每人每天必须亲力亲为高标准的内务整理能够逐步提高大学生的劳动能力；解放军的"三大纪律八项注意"可以帮助大学生加强尊重他人劳动成果的意识。

四、大学生参军入伍最新政策解读

依法服兵役是中华人民共和国每一个公民义不容辞的责任和义务。军营是一所培养人才的大学校，是一座锻炼人才的大熔炉。当兵的历史是一笔不可多得的宝贵财富。参军报国既是磨砺人生、实现理想抱负的重要途径，更是热爱祖国的高尚行为。谁选择了军营，谁就选择了光荣，选择了责任。广大适龄青年朋友们，好男儿，当兵去！

（一）大学生应征入伍条件

1. 征集对象

征集对象以高中（含职高、中专、技校）毕业以上文化程度的青年为主，优先批准学历高的青年入伍，优先批准应届毕业生入伍。征集的非农业户口青年，应具备高中毕业以上文化程度；征集的农业户口青年，应具备初中毕业以上文化程度。尽量多征集高中以上文化程度青年入伍。征集的女青年，为普通高中应届毕业生和普通高等学校全日制应届毕业生及在校生。已被普通高等学校录取及正在高校就学的学生应征并且符合条件的，可以批准入伍。

2. 年龄条件

男青年：截至年底为18～20周岁，高中毕业文化程度以上可放宽到21周岁，普通高等学校在校生可放宽至22周岁，高职（专科）毕业生可以放宽到23周岁，本科及以上学历毕业生可放宽到24周岁。女青年：为18～19周岁，普通高等学校在校生可放宽到20周岁，普通高等学校应届毕业生可放宽到22周岁。根据本人自愿，可征集年满17周岁的高中应届毕业生入伍。

3. 身体基本条件

身高：男性160厘米以上；女性158厘米以上。体重：标准体重＝（身高－110）千克。

男性不超过标准体重的 30% , 不低于标准体重的 15% , 女性不超过也不低于标准体重的 15% 。视力: 大学生右眼裸眼视力不低于 4.6 , 左眼裸眼视力不低于 4.5 , 具体身体条件要符合国防部颁布的"应征公民体格检查标准"和有关规定。

4. 政治条件

符合应征公民政治考核要求和有关规定。

(二) 大学生应召入伍程序

1. 网上报名

男性在校大学生应当在每年 8 月 5 日前, 按照要求, 上网登录大学生预征报名系统, 进行网上报名 (网址: http://www.gfbzb.gov.cn), 并下载打印"高校在校生预征报名登记表""应征入伍高校在校生学费补偿国家助学贷款代偿申请表", 及时交学校武装部审核登记。报名信息可在 8 月 5 日前自行更改。难以自行参加网上登记报名的, 可由应征地征兵办协助报名。

2. 体格检查

应征在校学生按照兵役机关通知要求, 在学校有关部门的组织下, 到指定地点参加体格检查。未参加统一体检的, 每年 8 月 20 日之前, 到院校武装部报名登记另行组织体检。

(三) 经济待遇不吃亏

1. 补偿学费

国家对应征入伍服义务兵役的高校学生在校期间缴纳的学费实行一次性补偿, 对获得的国家助学贷款实行代偿, 退役后复学或入学的实行学费减免。本专科每人每年不超过 8000 元, 研究生每人每年最高不超过 12000 元。

2. 优待金

大学生被批准从长沙市入伍, 一次性发放两年优待金共计 30000 元。

3. 奖励金

进入新疆、西藏地区服役的大学生士兵, 一次性发放奖励金 10000 元。

4. 现役军人生活待遇

义务兵第一年军衔级别为列兵, 每月津贴 750 元, 第二年晋升上等兵, 每月津贴 850 元。士官基本工资 (未包括地区生活、高山海岛、骨干津贴等补助), 下士第一年为 4100 元左右每月, 中士为 5200 元左右每月, 上士为 6200 元左右每月, 四级军士长为 7200 元左右每月。士兵提干基本工资正排职 5800 元左右每月, 副连职 6300 元左右每月 (不含补助、补贴)。

5. 士兵退役金

自主就业的退役士兵根据服役年限领取一次性退役金。退役金数额 = 退役金标准 × 服现役年限。退役金标准是根据国民经济发展水平、全国职工年平均工资收入和军人职业特殊性等因素确定，并及时调整。如 2011 年退役金基本标准是每服现役满 1 年 4500 元。获得荣誉称号或者立功的退役士兵，按照规定比例予以增发。

另外，地方政府可以根据当地实际情况给予经济补助，经济补助标准及发放办法由省、自治区、直辖市人民政府规定。

（四）部队发展有前途

1. 士兵提干

获得全日制本科学历、学位，表现特别优秀，年龄不超过 23 周岁，入伍一年半以上，获得所在部队团以上单位推荐，符合以上条件的大学毕业生士兵在部队可以提干。

2. 报考军校

未完成学业的在校大学生士兵，截至每年 1 月 1 日，年龄不超过 23 周岁，士兵服役满一年；士官满两年，可以报考军校；全日制专科毕业生士兵，可参加全军本科招生考试，录入军校培训两年，毕业合格的列入年度生长干部毕业学员分配计划。

3. 保送入学

大学毕业生士兵参加优秀士兵保送入学对象选拔，年龄放宽 1 岁，同等条件下优先推荐。大学毕业生士兵保送入学对象具有本科以上学历的，安排 6 个月任职培训；具有专科学历的，安排 2 年本科层次学历培训。

4. 选取士官

军队十分重视大学生士兵的培养使用，优先在大学生士兵中选取士官，优先安排他们参加专业技术培训和高技能培养。掌握了一技之长，便为今后就业打下坚实基础。

（五）就学就业有保障

1. 保留学籍

未完成学业的大学生士兵，保留学籍，补偿学费，退伍后可继续完成学业且补偿学费最高 8000 元/学年。

2. 考试加分

报考公务员，服役时间计入参加工作时间，在同等条件下加 10 分优先录取；参加政法干警招录培养体制改革试点考试，教育考试笔试成绩总分加 10 分。退役后三年内参加全国硕士研究生招生统一入学考试，初试总分加 10 分。

3. 免试入学

退役大学生士兵立二等功及以上奖励具有本科学历的，退役后免试（指初试）攻读硕士研究生。具有高职（高专）学历的，退役后免试入读成人本科。

4. 放宽退役大学生士兵复学转专业限制

大学生士兵退役后复学，经学校同意并履行相关程序后，可转入本校其他专业学习。

5. 考研列入"退役大学生士兵"专项硕士研究生招生计划

国家每年安排一定数量专项计划，专门面向退役大学生士兵招生。专项计划规模控制在

5000 人以内，在全国研究生招生总规模内单列下达，不得挪用。

6. 免费培训

大学生士兵退役 1 年内，由县级以上地方人民政府退役士兵安置工作主管部门组织免费参加教育和职业技能培训，并推荐就业。

7. 计划安置

大学生改选士官且服役满 12 年或荣立二等功以上奖励的，由当地政府纳入安置计划安排工作。入伍前是国家机关、社会团体、企业事业单位工作人员或者职工的，退出现役后可以选择复职复工，其工资、福利和其他待遇不得低于本单位同等条件人员的平均水平。

8. 报考公务员

大学生士兵退役后报考公务员，服役时间计入参加工作时间，在同等条件下加 10 分。

9. 创业免税

自主就业的退役士兵由部队根据服现役年限给予一次性退役金，地方人民政府根据当地实际情况给予经济补助且免征个人所得税。从事个体经营的，按照国家规定给予税收优惠、小额担保贷款扶持、财政贴息，免收 3 年的管理类、登记类和证照类的行政事业收费。

（六）当兵的十大好处

1. 一副素质过硬的强健体魄

火热军营中的队列、体能、战术等科目，是力与美的完美体现，是爆发力和持久力的有机结合。部队严格的训练，能练就阳刚的气质、敏捷的反应、矫捷的身型和结实的肌肉。

2. 一批感情深厚的亲密战友

部队是个大家庭，战友来自四面八方、五湖四海，从素不相识到同吃一锅饭、同住一间房、同站一班岗，几年来的摸爬滚打、朝夕相处、同甘共苦，培养了兄弟一般深厚的感情。

3. 一段丰厚宝贵的经历

绿色军营学习、训练、生活等丰富的阅历能够培养造就军人的独立生活能力、吃苦耐劳精神、感恩担当品质，成为受益终身的立身之根、做人之道、成业之本。

4. 一份社会认可的工作履历

与同龄人相比，当过兵的人纪律性强、责任心强，能吃大苦，肯干累活，为人踏实，值得信任。退伍军人在就业时，军旅生涯被视为地方政府和企业、事业单位十分认可的工作经历。

5. 一次弥足珍贵的学习机会

军营是所"大学校"，每年都要选送学兵到院校、厂家、集训队等培训单位学习驾驶、炊事、修理、卫生救护等"军地两用"技能，掌握一技之长，为将来走向社会打下专业和实践基础。

6. 一个提升能力的成长平台

部队是座"大熔炉","冬练三九,夏练三伏",寒风咆哮中纹丝不动,炎炎烈日下挥汗如雨,高强度训练,能够锤炼青年人坚忍不拔的意志,有了这份吃苦的经历,碰到再苦再累的事情也能轻松面对。

7. 一次改变命运的难得机遇

当兵之后,人生轨迹会随之改变。有的通过当国防生、考军校、直接提干等途径成为一名军官;有的成为士官,成为部队建设的中坚力量;有的通过部队几年的培养锻炼,退伍后成为乡村干部、企业老板、致富带头人,甚至直接考取国家公务员。

8. 一笔走向社会的创业资金

随着国家退役军人安置政策调整,国家正逐步提高退役军人安置经费标准。这为现役士兵走向社会、创业发展提供了原始积累。

9. 一份全家受惠的政治荣誉

一人当兵,全家光荣。国家为保障军人权益专门出台了相关政策,即使以后退伍、转业回地方,也比其他人有就业优势和政策优惠。

10. 一段刻骨难忘的美好回忆

军营里有欢笑,也有泪水;有成长的烦恼,也有成功的喜悦。正是因为生命中有了当兵的历史,我们的回忆才变得美好和珍贵;正是因为生命中有了当兵的历史,才不会感到后悔。

第五节 中国武装力量

武装力量,是国家各政治集团所拥有的各种武装组织的总称。一般以军队为主体,由军队和其他正规与非正规的武装组织构成。武装力量是国防力量的主体。

一、中国武装力量概况

1. 中国武装力量领导体制

①全国人民代表大会:全国人民代表大会决定战争和和平的问题。全国人民代表大会常务委员会决定战争状态的宣布,决定全国总动员或者局部动员,并行使宪法规定的国防方面的其他职权。

②国家主席:国家主席根据全国人民代表大会的决定和全国人民代表大会常务委员会的决定,宣布战争状态,发布动员令,并行使宪法规定的国防方面的其他职权。

③国务院:国务院领导和管理国防建设事业。

④中央军事委员会:中华人民共和国中央军事委员会和中国共产党中央军事委员会领导并统一指挥全国武装力量。

⑤中国人民解放军原来实行中央军事委员会领导下的总参谋部、总政治部、总后勤部和总装备部负责体制。2016年1月11日,按照军委管总、战区主战、军种组建的总原则,优

化军委机关职能配置和机构设置，将总部制改为多部门制，由原来的"四总部"，改为军委办公厅、军委联合参谋部、军委政治工作部、军委后勤保障部、军委装备发展部、军委训练管理部、军委国防动员部7个部（厅）、军委纪律检查委员会、军委政法委员会、军委科学技术委员会3个委员会、军委战略规划办公室、军委改革和编制办公室、军委国际军事合作办公室、军委审计署、军委机关事务管理总局5个直属机构共15个职能部门。其中，军委联合参谋部，是我军联合作战体制的重要组成部分，主要履行作战筹划、指挥控制和作战指挥保障，将极大地提高军队的联合作战水平。军委政治工作部，着眼于贯彻新形势下政治建军的要求，主要履行全军党的建设、组织工作、政治教育和军事人力资源管理等职能，将大大加强党对军队的绝对领导。军委后勤保障部，主要履行全军后勤保障规划计划、政策研究、标准制定、检查监督等职能，有助于构建与联合作战体制相适应，统分结合、通专两线的后勤保障体制。军委装备发展部，主要履行全军装备发展规划计划、研发试验鉴定、采购管理、信息系统建设等职能，有助于构建由军委装备部门集中统管、军中具体建管、战区联合运用的体制架构。

　　由四总部改为15个职能部门，看似数量上增加了，但实际上机构更加精简、职能更加专业。这样的调整有利于坚持党对军队绝对领导和军委集中统一领导，有利于军委机关履行战略谋划和宏观管理职能，有利于加强权力运行的制约和监督。

二、中国武装力量的构成

　　中国武装力量由中国人民解放军现役部队和预备役部队、中国人民武装警察部队和民兵构成，担负着保卫祖国、抵抗侵略、巩固国防、维护国家安全的神圣任务。

（一）中国人民解放军

　　中国人民解放军是建立于1927年8月1日，中国共产党缔造和领导的、全心全意为人民服务的军队，是武装力量的主体。解放军由现役部队和预备役部队组成，总员额保持在230万以内。其中，现役部队是国家的常备军，包括陆军、海军、空军、火箭军和战略支援部队，主要担负防卫作战任务，必要时可以依照法律规定协助维护社会秩序，中央军委通过军委联合参谋部、军委政治工作部、军委后勤保障部、军委装备发展部等15个职能部门对全军实施作战指挥和建设领导。预备役部队是以现役军人为骨干、预备役人员为基础，按规定体制编制组成的部队。预备役部队列入人民解放军序列，平时归省军区（卫戍区、警备区）建制领导，战时动员后归指定的现役部队指挥或单独遂行作战任务。

　　（1）陆军现役部队

　　陆军是以步兵、装甲兵、炮兵为主体，主要在陆地上遂行作战任务的军种。陆军是陆战场上决定胜负的主要力量。它具有强大的火力、突击力和快速的机动能力。既能独立作战，又能与海军、空军联合（协同）作战。陆军自1927年8月1日诞生以来，在80多年的发展进程中，为新中国的成立立下了汗马功劳。新中国成立后，陆军继续在保卫祖国、维护社会安定与稳定、维护世界和平等方面再立新功。中国人民解放军陆军现有13个集团军，番号分别为：陆军第七十一、七十二、七十三、七十四、七十五、七十六、七十七、七十八、七十九、八十、八十一、八十二和八十三集团军。

（2）海军现役部队

海军是以舰艇部队为主体，主要在海洋遂行作战任务的军种。它具有在水面、水下和空中作战的能力。海军既能联合（协同）其他军种作战，又能单独实施海上作战。我国海军于1949年4月23日成立，自诞生之日起便担负起了保卫我国海防的任务。有效地维护了祖国领海主权和海洋权益，为保卫祖国万里海疆做出了重大贡献。目前，我国海军已成为一支装备齐全、技术密集、多兵种合成、初具现代化作战能力的近海防御力量。

（3）空军现役部队

空军是以航空兵为主体，主要遂行空中作战任务的军种。它具有高速机动、远程作战和猛烈突击的能力。空军既能与陆军、海军和第二炮兵联合（协同）作战，又能独立实施作战。我国空军成立于1949年11月11日，经过60年的建设和发展，中国人民解放军体制编制在精干合成、效能方面不断改进，武器装备现代化水平逐步提高。空军在国土防空、抗美援朝、援越抗美等作战中，取得了辉煌战绩，为保卫祖国和社会主义建设做出了重大贡献。

（4）火箭军现役部队

中国人民解放军火箭军是中国人民解放军新的军种，由第二炮兵更名而来，于2015年12月31日正式成立，这是党中央和中央军委着眼实现中国梦强军梦做出的重大决策，是构建中国特色现代军事力量体系的战略举措，必将成为中国军队现代化建设的一个重要里程碑，载入人民军队史册。

中国人民解放军火箭军前身第二炮兵，成立于1966年7月1日，由毛泽东主席批准，周恩来总理亲自命名，始终由中央军委直接掌握，是中国实施战略威慑的核心力量，主要担负遏制他国对中国使用核武器、遂行核反击和常规导弹精确打击任务。这支掌握着"大国利剑"的神秘部队从诞生伊始便肩负着保障中华民族根本生存利益的重任，可以说，对于潜在的敌对势力而言，"二炮"堪比古希腊神话中的"达摩克利斯"之剑，是震慑敌人最有力的撒手锏。

在2015年12月31日之前，中国人民解放军由陆军、海军、空军三个军种和第二炮兵一个独立兵种组成，"二炮"虽然与陆海空三军同为正大军区级，但是相比陆海空三军的军种身份，"二炮"的兵种身份还是有所不同的。但是，作为直属中央军委掌控的战略部队，"二炮"除了身穿陆军制服外，实际上和陆军集团军没有关联，之所以使用"二炮"的名称，主要是成立之初考虑到保密等问题的需要。

2015年12月31日，中央军委举行仪式，将第二炮兵正式命名为"中国人民解放军火箭军"部队，并授予军旗，第二炮兵也由原来的战略性独立兵种，上升为独立军种。从"二炮"到"火箭军"，这反映了中国核力量的发展历程。第二炮兵更名为火箭军有几点考虑：第一，"二炮"是在特定历史条件下的一种命名方式，长期以来，"二炮"实际上担负的是一个军种的职能任务，这次更名为火箭军可以做到实至名归；第二，更名为火箭军，显示出中国军队更加开放，更加自信，更加透明，改名更加清晰完整地展示它的形象，显示了中国军队的自信、开放、透明。

中国人民解放军火箭军是我国战略威慑的核心力量，是我国大国地位的战略支撑，是维护国家安全的重要基石。中国始终奉行不首先使用核武器的原则，坚持自卫防御的核战略，核力量始终维持在维护国家安全需要的最低水平，中国的核政策和核战略是一贯的，没有任何变化。火箭军全体官兵要把握火箭军的职能定位和使命任务，按照核常兼备、全域慑战的战略要求，增强可信可靠的核威慑和核反击能力，加强中远程精确打击力量建设，增强战略制衡能力，努力建设一支强大的现代化火箭军。

（5）战略支援现役部队

中国人民解放军战略支援部队于 2015 年 12 月 31 日正式成立，是中国陆、海、空、火箭之后的第五大军种。

中国人民解放军战略支援部队是维护国家安全的新型作战力量，是我军新质作战能力的重要增长点，主要是将战略性、基础性、支撑性都很强的各类保障力量进行功能整合后组建而成的。成立战略支援部队，有利于优化军事力量结构、提高综合保障能力。

过去我军情报工作由总参下属的情报部门负责。通常意义上的情报获取，主要通过分析公开资料、派遣谍报人员等方式获取外军信息；技术侦察工作，主要通过电子侦察站、电子侦察卫星、电子侦察机等手段获取敌方雷达和无线电通信信号，经处理分析获取信息；电子对抗力量包括电子对抗团、电子侦察机等，负责干扰敌方雷达和通信；网络攻防力量指黑客部队；心理战力量包括最近服役的心理战飞机等，可通过网络、电视和广播方式对敌方广大区域实施心理战。电子战这类部队的共同特点，首先是都不直接参战，而是为作战部队提供信息支持和保障；其次是不适合专门隶属某一军种，但又无法与各军种脱离关系，电子侦察机、心理战飞机等表现得尤其明显；最后是行动具有战略意义，可以对国家博弈、战争进程等产生重大影响。

在调整军委总部体制、实行军委多部门制、形成军委管总格局过程中，出于精简机构和人员、理顺指挥关系等方面的考虑，决定将总部直属的情报、技侦、电子对抗、网络攻防、心理战、通信等方面力量分离出去，建立新的指挥和管理体制。将它们整合到一起，称"战略支援部队"最为合适。新成立的战略支援部队包括情报、技术侦察、电子对抗、网络攻防、心理战五大领域，特种作战、后勤保障和装备保障更多属于战役层面的内容，是否包括在内还有待确认。

战略支援部队属于独立军种部队，按照军种主建的原则，仅负责相关部队的军政管理工作，不具备作战指挥功能。

（6）中国人民解放军战区

2016 年 2 月 1 日，中国人民解放军战区成立大会在北京举行，习近平向各战区授予军旗发布训令，正式建立中国人民解放军战区。中国人民解放军战区是东部战区、南部战区、西部战区、北部战区、中部战区五个战区的总称，为正大军区级，由中央军委建制领导。

战区作为本战略方向的唯一最高联合作战指挥机构，按照平战一体、常态运行、专司主营、精干高效的要求，履行联合作战指挥职能，担负应对本战略方向安全威胁、维护和平、遏制战争、打赢战争的使命。

①战区划分。

中国人民解放军东部战区：

与原南京军区辖区相同，加上军区内的东海舰队、空军、火箭军、武警，司令部驻南京，陆军机关驻福州。负责领导和指挥江苏、福建、浙江、上海、安徽、江西的所属武装力量。

中国人民解放军南部战区：

包括原广州军区（除去湖北省）和原成都军区的云南、贵州两省及辖区内的南海舰队、空军、火箭军、武警，司令部驻广州，陆军机关驻南宁。负责领导和指挥广东、广西、湖南、云南、贵州、海南的所属武装力量及解放军驻港、澳部队。

陆军下辖3个集团军，分别是原广州军区的第41、第42集团军以及原成都军区的第14集团军。

中国人民解放军西部战区：

由原成都军区（剔除云南、贵州两省）和兰州军区（除去陕西省）合并而成，包括辖区内的空军、火箭军、武警，机关驻成都。领导和指挥四川、甘肃、宁夏、青海、新疆、西藏、重庆的所属武装力量。

中国人民解放军北部战区：

包括原沈阳军区辖区与原济南军区的山东和原北京军区的内蒙古自治区再加上北海舰队及辖区内的空军、火箭军、武警，司令部驻沈阳，陆军机关驻济南。负责领导和指挥辽宁、山东、黑龙江、吉林、内蒙古的所属武装力量。

中国人民解放军中部战区：

包括原北京军区，剔去原属北京军区的内蒙古、加上原属济南军区的河南、原属兰州军区的陕西和原属广州军区的湖北，司令部驻北京，陆军机关驻石家庄。负责领导和指挥北京、河北、天津、河南、山西、陕西、湖北的所属武装力量。

②战区与军区的不同。

战区和大军区主要在以下7个方面有所不同。第一是体制不同，大军区是以陆军为主体的编制体制，战区则是集多军种编成的联合作战指挥体制；第二是职能不同，以往的大军区担负着"战"和"建"这样一个双重职能，作为战区主要担负战略方向联合作战指挥职能，"战"的职能更加突出；第三是任务不同，大军区担负局地的作战训练教育管理等任务，战区主要担负联合作战指挥任务；第四是权限不同，大军区主要指挥区域内的陆军部队，战区则是中央军委派出的战略方向指挥机构；第五是要求不同，大军区担负的战和建的任务比较广泛，战区则要求要一门心思、聚精会神、专司主营作战和指挥问题；第六是指挥不同，大军区接受军委和总部指挥，战区则直接接受中央军委指挥，听令于军委来指挥战区部队的作战行动；第七是训练不同，大军区要按照军事训练大纲负责从兵一直到师旅团部队的训练，战区则主要负责战役指挥机构和按照实战化、实案化要求检验联合体系的作战能力，战区的战役指挥训练要特别强调增加训练的频度、强度和力度。

③成立意义。

调整划设战区，组建战区联合作战指挥机构，是党中央、中央军委和习主席着眼实现中国梦强军梦做出的战略决策，是全面实施改革强军战略的标志性举措，对确保军队能打仗、打胜仗，有效维护国家安全，具有重大而深远的意义。

五大战区更加着重于把陆军、海军、空军和火箭军等整合在一起，构建军队联合作战体系，实现跨区兵种在战区内的联合协同作战，增加机动力和联合指挥作战的能力，使中国人民解放军变成一支专业化武装部队。

④建设目标。

坚决贯彻党在新形势下的强军目标，坚决贯彻新形势下军事战略方针，坚决贯彻军委管总、战区主战、军种主建的总原则，建设绝对忠诚、善谋打仗、指挥高效、敢打必胜的联合作战指挥机构。

（7）中国人民解放军预备役部队

中国人民解放军预备役部队，是以现役军人为骨干、预备役人员为基础，按照军队统一的编制组织起来，以便战时实施成建制快速动员的重要组织形式。中国人民解放军预备役部队于1983年组建，1997年3月颁布的《国防法》，正式确立了预备役部队在中国人民解放军中的法律地位。中国人民解放军预备役部队是中国人民解放军的重要组成部分，是国防建设的重点。

中国人民解放军预备役部队按现役部队种类进行分类，配备相应武器装备。平时依照法律规定，担负抢险救灾、协助维护社会秩序、应付突发事件和参加国家经济建设等任务。战时根据国家需要，成建制快速动员转为现役部队，执行作战、勤务保障等任务。

人民解放军预备役部队，根据军队建制实行统一的编制，编有预备役师、旅、团，并建有相应的领导机关。主要按地域进行编组，以省建师、以地（州、市）建旅（团）或跨地（州、市）建师（旅）、跨县（市、区）建团。人民解放军预备役部队的现役军人主要担任各级军政主官、部门主要领导和专业技术骨干；预备役军官主要从退伍军人、人民武装干部、民兵干部及与军事专业对口的技术人员中选拔；预备役士兵主要从退伍士兵、基干民兵和与军事专业对口的人员中选编。

（二）中国人民武装警察部队

中国人民武装警察部队是在新中国成立后逐步发展起来的。1950年，为保证武装力量更好地履行对内职能，统一组建中国人民公安部队。1975年，将原来由县市公安部队改编的解放军地方部队仍交给公安部门改为人民警察。1983年4月，武警总部成立。1984年5月，由最高国家权力机关——全国人民代表大会通过的《兵役法》，正式确立了中国人民解放军、中国人民武装警察部队和民兵组成的武装力量新体制。

《国防法》规定，人民武装警察部队担负国家赋予的安全保卫任务，维护社会秩序。主要职能作用是：第一，维护国家主权和尊严。人民武装警察部队主要是通过执行边境武装警卫勤务、边防检查勤务、安全检查勤务、海上巡逻勤务来履行这一职能的。第二，维护社会治安。作为公安机关的一部分，人民武装警察部队担负着用公开武装的形式预防和镇压敌对势力的破坏，应付各种紧急意外情况，维护社会治安的任务。第三，保卫党政领导机关、重要目标和人民生命财产的安全，主要通过执行警卫勤务、守卫勤务、消防工作、反恐怖活动来实现。

人民武装警察部队属于国务院编制序列，由国务院、中央军委双重领导，实行统一领导管理与分级指挥相结合的体制。人民武装警察部队设总部、总队、支队三级领导机关。各级机关设司令部、政治部、后勤部。武警总部是武警部队的领导指挥机关，领导管理武警内卫部队的军事、政治和后勤工作，对列入武警部队序列的其他部队的军事、政治、后勤工作进行指导。

中国人民武装警察部队依其任务不同分为三类：

第一类，内卫部队。这是武警部队的主要组成部分，受武警总部的直接领导管理。其主要任务：一是承担固定目标执勤和城市武装巡逻任务，保障国家重要目标的安全；二是处置各种突发事件，维护国家安全与社会稳定；三是支援国家经济建设和执行抢险救灾任务。

第二类，列入武警序列由公安部门管理的部队。其中，边防部队主要担负边境检查、管理和部分地段的边界巡逻以及海上缉私；消防部队主要担负防火灭火任务；警卫部队主要担负党和国家领导人、省市主要领导及重要来访外宾警卫任务。

第三类，列入武警序列受国务院有关业务部门和武警双重领导的部队。这些部队既担负经济建设任务，同时又负有维护国家安全和社会稳定的任务。其中，黄金部队主要担负黄金地质勘查、黄金生产任务；水电部队主要承担国家能源重点建设项目，包括大中型水利、水电工程以及其他建设任务；交通部队主要担负公路、港口及城建等施工任务；森林部队主要担负东北、内蒙古、云南森林的防火灭火，以及维护林区治安、保护森林资源的任务。

（三）中国民兵

《国防法》规定："民兵在军事机关的指挥下，担负战备勤务、防卫作战任务，协助维护社会秩序。"为确保完成这一任务，必须确立有关民兵的各项基本制度。新时期的中国民兵建设，已经取得了很大成绩，以法律的形式确立了在国务院、中央军委领导下的民兵组织领导体制。全国的民兵工作由总参谋部主管；各大军区按照上级赋予的任务，负责本区域的民兵工作；省军区、军分区、县（市）人民武装部是本地区的军事领导指挥机关，负责本区域的民兵工作。地方各级人民政府，对民兵工作实施原则领导，对民兵工作实施组织和监督。中国民兵的作用主要表现在三个方面：积极参加社会主义现代化建设，带头完成生产任务；担负战备勤务，保卫边疆，维护社会治安；随时准备参军作战，抵抗侵略，保卫祖国。

1. 民兵制度

民兵区分为基干民兵和普通民兵。28岁以下退出现役的士兵和经过军事训练的人员，以及选定参加军事训练的人员编入基干民兵组织。其余18～35岁符合服兵役条件的男性公民，编入普通民兵组织。女民兵只编基干民兵，人数控制在适当的比例内。陆海边疆、少数民族地区和城市有特殊情况的单位，基干民兵的年龄可适当放宽。民兵必须是身体素质良好、政治可靠的人员。《兵役法》规定，实行民兵与预备役相结合的制度。一是规定基干民兵为一类预备役，普通民兵为二类预备役；二是把参加民兵组织和服预备役年龄、政治、身体条件一致起来；三是在有民兵组织的地方，在基层工作上把两者结合起来，使基层民兵组织成为预备役的基本组织形式。对于未编入民兵组织但符合民兵条件的，进行预备役登记。

2. 民兵的编组

一般以乡（镇）、行政村和厂矿企业为单位，按照民兵人数多少分别编为班、排、连、营、团。基干民兵、普通民兵，男民兵、女民兵应分别编组。行政村一般编民兵连（营），领导本村的基干民兵和普通民兵。县、乡（镇）所属企业单位，凡人员比较稳定，行政、党团组织比较健全，可建立民兵组织，属乡（镇）武装部直接领导。乡（镇）编基干民兵营或连，领导全乡的基干民兵。城市民兵的编组，大型厂矿企业可以车间、分厂为单位编组，中小企业可实行跨车间、班组编组。

3. 民兵训练

民兵干部和基干民兵的训练原则上由县（市、区）人民武装部组织实施。根据训练大纲的要求，干部训练时间为 30 天，一般在一年内完成；民兵训练时间为 15 天，一次完成。通过训练，干部具备相应的军事技能和组织指挥能力，并提高开展本职工作的能力；民兵学会使用手中武器装备，掌握基本军事技能；分队能担负一般战斗任务。民兵干部主要进行本级指挥和教学法训练，基干民兵主要进行技术和战术基础训练。专业技术兵的训练时间，根据训练民兵的需要，一般目前已建设了许多县级民兵训练基地，民兵大部分在基地实施集中训练。根据需要，还组建了一批专业技术训练中心。这些基地和中心都达到了能吃、能住、能训练的要求。在训练手段上，大力推广电化教学和模拟训练，实施形象、直观教学，训练质量有较大提高。

三、中国人民解放军的编成和使命

（一）陆军

1. 陆军的编成

我国陆军由步兵、装甲兵、炮兵、防空兵、陆军航空兵、工程兵、通信兵、防化兵、电子对抗兵和专业部（分）队等组成。

陆军的基本建制为集团军、师（旅）、团、营、连、排、班。团以上大多采用合成编制。如集团军通常下辖若干个步兵师（旅）及装甲师（旅）、炮兵师（旅）、防空旅、陆航旅（团）、工兵团、通信团和各种保障部（分）队等。

（1）步兵

步兵是以枪械、小口径火炮、导弹和装甲车辆为基本装备，主要在陆地遂行作战任务的兵种。按机动和战斗方式，分为徒步步兵、摩托化步兵和机械化步兵。

（2）装甲兵

装甲兵是以坦克为基本装备，主要遂行地面突击任务的兵种。它具有较强的火力、快速的机动能力和较好的装甲防护能力，是陆军主要的火力突击力量。它可单独或协同其他军种作战。

（3）炮兵

炮兵是以火炮、火箭炮、地地战役战术导弹和反坦克导弹等为基本装备，主要遂行地面火力突击任务的兵种。它是陆军主要的火力突击力量，可单独或协同步兵、装甲兵和其他兵种作战。

（4）防空兵

防空兵是以地空导弹、高射炮和高射机枪等为基本装备，主要遂行地面防空作战任务的兵种。包括地空导弹、高射炮、雷达和电子对抗部队等。它可单独或在合成军队编成内遂行防空作战任务。

（5）陆军航空兵

陆军航空兵是以军用直升机为基本装备的兵种。它具有空中机动、空中突击和空中保障能力，主要遂行以航空火力支援地面作战和机降的作战任务，由直升机飞行部队和直升机飞行保障部队等组成。

（6）工程兵

工程兵是担负工程保障任务的兵种。它主要遂行构建工事，修建道路、桥梁、渡场、港口、机场，设置、排除障碍物，实施工程伪装，消除核化生物武器袭击后果等任务。由工兵、舟桥、伪装、建筑、工程维护和给水工程等专业部队组成，是军队遂行工程保障任务的技术骨干力量。按隶属关系分为预备工程兵和队属工程兵。装备有地雷、爆破、筑路、渡河、桥梁、伪装、野战供水、工程侦察等器材和工程机械设备。

（7）通信兵

通信兵是担负军事通信任务的兵种。它主要遂行保障军队通信联络，建立和管理军队指挥自动化系统，组织实施观通、导航等任务。由固定通信、野战通信、通信工程、指挥自动化、观通、导航和军邮等专业部队组成。

（8）防化兵

防化兵是担负防化保障与喷火、发烟任务的兵种。主要遂行实施核观测、化学观测、化学和辐射侦察；组织部队和人民实施核化生物武器防护以及消除袭击后果；实施喷火、施放烟雾等任务。由防化、喷火和发烟等部队和分队组成。

（9）电子对抗兵

电子对抗兵是应用电子对抗装备遂行电子对抗、电子侦察和电子干扰任务的部队和分队的统称。它包括雷达对抗部队和通信对抗部队。主要遂行单独或协同作战任务。

2. 陆军的使命

陆军的使命是抗击外敌入侵，保卫国家领土主权，维护国家和平统一和社会稳定。

（二）海军

1. 海军的编成

海军由水面舰艇部队、潜艇部队、海军航空兵、海军岸防兵、海军陆战队等兵种和各专业勤务部队组成。

军委海军机关设有司令部、政治部、后勤部、装备部。

海军的编制序列为军委海军、舰队、海军基地、舰艇支队、舰队航空兵和水警区等。

（1）水面舰艇部队

水面舰艇部队是以水面舰艇为基本装备，在水面遂行作战任务的兵种。它包括水面作战舰艇部队、登陆作战舰艇部队和勤务舰艇部队，可攻击海上、沿岸和一定纵深内的目标，参与夺取制海权、登陆反登陆、封锁反封锁和保护或破坏海上交通线作战等，具有独立作战和合同作战的能力。

（2）潜艇部队

潜艇部队是以舰艇为基本装备，主要在水下遂行作战任务的兵种。它包括战略导弹潜艇部队和攻击舰艇部队，可攻击大中型舰艇、潜艇和陆上战略目标，攻击和封锁港口、基地，破坏海上交通线，以及实施侦察、反潜、布雷、巡逻和运送人员物资等。

（3）海军航空兵

海军航空兵是以飞机为基本装备，主要在海洋和濒海上空遂行作战任务的兵种。它包括岸基航空兵和舰载航空兵，可攻击海上、空中目标，袭击敌方，保护己方海军基地、港口、沿海机场和海上交通线，争夺海洋战区和濒海战区的制空权与制海权，空中掩护，支援海上舰艇作战等。

（4）海军岸防兵

海军岸防兵是以岸舰导弹和岸炮为基本装备，部署在沿海重要地段、岛屿，主要遂行海岸防御作战任务的兵种。它包括海岸导弹部队和海岸炮兵部队，可突击海上舰船，保卫基地、港口和沿海重要地段，扼守海峡、水道，掩护近岸海上交通线和舰船，支援岛岸和要塞守备部队作战等。

（5）海军陆战队

海军陆战队是以两栖作战武器为基本装备，主要遂行登陆作战任务的海军兵种。它可单独或配合其他军兵种实施登陆作战，参加海军基地、港口和岛屿的防御作战及特种作战等，通常由陆战步兵、炮兵、装甲兵、工程兵及侦察、通信等部（分）队组成。

2. 海军的使命

防御外敌海上入侵，收复敌占岛屿，保卫我国领海主权，维护祖国统一和海洋权益。

（三）空军

1. 空军的编成

空军由航空兵、地空导弹兵、高射炮兵、空降兵、雷达兵，以及通信兵与气象、电子对抗等其他专业勤务部队组成。

军委空军机关设有司令部、政治部、后勤部、装备部。

空军的编制序列为军委空军、军区空军、空军基地、航空兵师、防空兵师（旅）、飞行学院、雷达旅（团）等。

（1）航空兵

航空兵是以军用飞机和直升机为基本装备，主要遂行空中作战和保障任务的兵种。它是空军的主要兵种，通常包括歼击、歼击轰炸、强击、轰炸、侦、运输航空兵和其他专业航空兵等。

歼击航空兵，是以歼击机为主要装备，主要遂行空战任务的航空兵。通常用于反敌航空侦察、抗敌空袭、争夺制空权和实施空中掩护等，必要时也可用于突击地面、水上目标。

歼击轰炸航空兵，是指以轰炸机为基本设备，主要遂行攻击地面、水上和空中目标任务的航空兵。通常用于攻击和轰炸敌战役、战术纵深内的目标，参加争夺制空权斗争等。

强击航空兵，是以强击机为基本装备，主要遂行低空、超低空攻击地面和水上目标任务的航空兵。通常用于攻击敌战术纵深和浅近战役纵深内的小型活动目标，以航空火力支援地面、海上作战。

轰炸航空兵，是以轰炸机为基本装备，主要遂行轰炸地面或水面、水下目标任务的航空兵。通常用于摧毁与破坏敌战略和战役纵深目标，参加争夺制空权斗争等。

侦察航空兵，是以侦察机为基本装备，遂行空中侦察任务的航空兵。主要用于查明敌方的目标和电磁信息以及敌区的地形、天气等情况，为己方各军兵种部队的作战行动提供航空侦察情报资料。

运输航空兵，是以运输机为基本装备，遂行空中运输任务的航空兵。主要用于空运人员、装备和物资，保障部队空中机动、空降作战等。

其他专业航空兵部队，是以专业飞机与设备为基本装备，遂行专业任务的航空兵部队。如电子干扰机、空中加油机、空中预警机部队等。

（2）地空导弹兵

地空导弹兵是以地空导弹武器系统为基本装备，遂行地面防空作战任务的兵种。主要用于要地防空和争夺制空权斗争等。

（3）高射炮兵

高射炮兵是以高射炮武器系统为基本装备，主要遂行地面防空作战任务的兵种，通常用于要地防空和争夺制空权斗争，必要时也遂行歼灭地面、水面目标的任务。

（4）空降兵

空降兵是以降落伞和陆战武器为基本装备，以航空器为运输工具，主要遂行伞降和机降作战任务的兵种。通常用于空降到重要目标或地域，突击敌部队、指挥机构、重要军事设施和后方供应系统，以及支援在敌后作战的部队行动等。

（5）雷达兵

雷达兵是以对空情报雷达为基本装备，主要遂行对空中目标探测和报知空中情报任务的兵种。通常用于对空警戒侦察，保障有关机构对航空器飞行的指挥引导和实施航空管制等。

（6）通信兵与气象、电子对抗等其他专业勤务部队

通信兵与气象、电子对抗等其他专业勤务部队是以专业和特种设备为基本装备，主要遂行为空军作战部队的作战行动提供专业勤务保障任务的兵种或部队。

2. 空军的使命

组织国土防空，夺取制空权，独立或联合（协同）其他军种作战，保卫祖国领土、领空、领海主权和国家利益，维护国家统一和安全，保障我国改革开放和经济建设的顺利进行。

（四）火箭军

1. 火箭军的编成

火箭军由地地近程、中程、远程和洲际导弹部队及各种保障部队等组成。

军委火箭军机关设有司令部、政治部、后勤部、装备部。

火箭军的编制序列为火箭军、火箭军基地、导弹旅、营等。

地地战略导弹是从陆地发射，主要打击陆地战略目标，射程在 1000 千米以上的导弹。按飞行轨迹分为地地导弹战略导弹和地地巡航战略导弹；按战斗部装药分为地地核战略导弹和地地常规战略导弹；按射程分为地地洲际战略导弹、地地远程战略导弹和地地中程战略导弹。

地地常规导弹是从陆地发射，战斗部装药为常规炸药，主要打击陆地目标，必要时也可打击水上目标；通常以中、近程打击为主，必要时也可打击远程或洲际目标。

火箭军导弹射程包括近程（1000 千米以内）、中程（1000～3000 千米）、远程（3000～8000 千米）和洲际（8000 千米以上）。

2. 火箭军的使命

火箭军是我国核力量的主体，肩负着威慑和实战双重使命。

威慑即平时遏制敌国可能对我国发动核战争和局部入侵，打破敌核讹诈，为我国的和平外交政策服务；战时遏制常规战争升级为核战争。

实战即在我国遭受到核突袭时，根据需要对敌实施坚决、及时和有效的核反击，打击敌国战略目标；发挥战役战术常规导弹的突击作用，赢得信息化条件下局部战争的胜利。

（五）战略支援部队

中国人民解放军战略支援部队于 2015 年年底成立，是维护国家安全的新型作战力量，是我军新质作战能力的重要增长点，包括情报、技术侦察、电子对抗、网络攻防以及心理战五大领域。中国人民解放军战略支援部队的主要任务是支援战场作战，在侦察、预警、通信、指挥、控制、导航、数字化海洋、数字化地球建设等方面发挥重要作用，使我军在航天、太空、网络和电磁空间战场取得局部优势，以保证作战的顺利进行。例如，对作战目标进行探测、侦察以及将其信息回传；承担导航任务，对北斗卫星及其他太空侦察手段进行管理；承担电磁空间和网络空间的防御任务等。

第六节　国防总动员

国防动员又称战争动员，是指国家由平时状态转为战时状态所采取的，对人力、财力和物力进行统一调动的紧急措施。一般分为总动员和局部动员。总动员是指在全国范围内实施的国防动员。局部动员是指在局部地区、某些部门或者担负作战任务的部队中实施的国防动员。国防动员通常包括武装力量动员、财政金融动员、人民防空动员、交通运输动员等。

一、武装力量动员

武装力量动员是战争动员的核心内容，是战时扩充军队进行战争的基本手段。在现代信息条件下，无论是全面战争还是局部战争，做好武装力量动员，对夺取战略主动和优势，把握战争进程和结局，都具有极为重要的影响。

（一）动员部署

动员部署通常是在国家发动动员令，宣布战争状态的情况下进行的。在正式发动动员令之前，根据需要，党和国家的最高军事领导可预先发出号令，使军队和有关方面从精神上、物质上、组织上做好必要的准备。《兵役法》规定："在国家发布动员令以后，各级人民政府、各级军事机关必须实施动员。军队的军区、军兵种、部队及各级军事工作机关、各级地方党委、人民政府，在接到上级动员令后，要迅速向所属单位和预备役人员通报动员令，收拢预备役人员，各部队根据上级下达的动员计划和预先号令，拟制本级的扩编实施计划，做好实施动员的准备。"

（二）兵员集结

在国家和各级动员令下达后，动员工作进入实施阶段。这个阶段首当其冲的工作，就是把处于分散、流动状态的预备役人员，特别是首批征召对象迅速收拢、集结起来，做好向部队输送和组织民兵参战的准备。组织兵员集结的主要工作有：制定兵员集结实施方案；下达兵员集中通知；开设兵员集中站；请领和调用武器装备和作战物资；做好兵员运输保障准备；组织安全保卫；完成预备役部队建制调整；做好武装民兵的工作等。

（三）输送交接

战时征集的兵员集结后，省军区、军分区、人民武装部门要在动员领导机构的统一领导下，与有关部门密切协作，按照兵员运输计划，运用一切可能使用的运输工具和方式，尽快将补充部队的兵员输送到上级指定的地点，与接收部队做好交接。输送工作主要包括：建立输送指挥机构；征租用运输工具；进行运输编组；做好安全教育；严密组织警戒等。

战时兵员动员的形式不同，采用的交接方法也不同，必须在上级规定的时间和地点交接，既要交接清楚，又要简化手续。补入部队的兵员交接，应由兵员动员机关派出干部将所征集的兵员运到部队，与部队办好兵员移交手续；预备役部队转为现役部队、地方部队升为野战部队和组建新的部队时的交接，一般由省（自治区、直辖市）或县（市、区）的动员机构或地方军事部门与相对应的接收部队办理交接手续。

（四）做好持续动员准备

战争过程中的武装力量动员是分期分批持续进行的。为保证不间断的动员，各级动员部门和兵役机关在完成战争初期的动员任务后，应在各级动员领导指挥机构的统一领导下，与有关部门一起认真总结经验，并立即做好持续动员的准备。在每批动员任务完成后，要根据情况做好以下工作：调整各级动员机构；掌握和分析动员潜力和各方面的条件，修订持续动员计划和保障方案；广泛深入地进行宣传教育，做好应征民兵预备役人员家属的思想工作以及优抚工作；做好民兵预备役组织整顿，调整队伍；加强对民兵预备役人员的政治思想教育和军事训练，随时准备按照上级命令进行持续动员。

二、财政金融动员

财政金融动员自产生之日起，就执行着将一部分国民经济实力转化为战争实力的职能。财政动员是国家为保障战争和应付突发事件需要，对部分社会产品进行分配和再分配而形成的分配关系。战争一旦爆发，财政收入即可能锐减，而支出则会激增，财政上供给和需求之间通常会出现不平衡。财政动员就是为了稳定国民经济、支持战争筹集和提供资金，尽可能把财政预算上的不平衡控制在一个合理范围内。金融动员是国家运用金融手段筹集并合理分配战争费用的活动。其主要任务是保证作战部队货币供应，保证民转军企业获得必要的资金贷款，保持金融货币市场稳定。现代战争对财政金融动员的依赖越来越大，因此，财政金融动员的地位和作用也越来越突出。

（一）财政动员

财政动员是战争财力筹措最基本的途径。通过财政手段筹措战费，主要包括动用国家财政储备、战时调整国家预算、调整战时税收等方法。

1. 动用国家财政储备

国家财政储备，是和平时期将国民收入通过财政手段进行的积累，通常以战争物资和战争储备金的形式储存起来，以备战争以及其他紧急需要。国家财政储备规模有严格限制，用以保障战争需要的作用有限，但它能在战争初期缓解国家财政面临战争破坏、战费激增的困难，故世界各国都十分重视战前的财政储备。

2. 战时调整国家预算

战时国家预算，是国家战时财政收支分配的计划，它是有计划地筹集和供应战争财力的一个最基本的手段。现代战争耗费直线上升，调整国家预算、扩大军事支出在财政支出中的比重是必然的。一般说来，战时国家预算调整的范围和幅度视战争规模和对国家安全威胁程度而定。从实际情况来看，战时需求千变万化，战时国家预算的调整比较频繁。

3. 调整战时税收

税收是国家凭借行政权力参与社会产品分配的一种方式。它是财政收入的基本途径，也是筹措战争费用的又一方式。在战时财政金融动员中，国家运用税收这个经济杠杆筹措战争费用时，不仅强调了税收的强制性、无偿性，同时也突破了平时征税标准的限制，常采取提高税率、增加税种、降低起征点和免征额等方式进行征税，如对市场价格上升的消费品可按国家标准征战时附加税；对某些需要限制生产的商品可提高税率等。

（二）金融动员

金融动员，即国家运用金融手段筹集并分配战争费用的活动，主要通过金融机构进行。一般说来，金融机构包括两大类：一类是银行机构，主要有中央银行、商业银行等；一类是非银行机构，主要有投资公司、保险公司、租赁公司、证券公司、基金组织等。金融机构根据国家金融动员法规和计划，一方面利用信用业务吸收社会闲散资金，直接为国家提高战争经费；另一方面运用调整功能管理和控制金融市场，促进战时经济发展。通过金融手段筹集战费主要包括信用筹款和发行货币等具体方法。

1. 信用筹款

信用筹款是战时筹措经费的有力手段。信用筹款的主要形式是发行公债，公债包括国内公债和国外公债。国内公债是向国内人民举债，国外公债是向他国举债。发行公债筹措军费有许多优点。首先，能够迅速筹集到大量财力。战时发行公债能在短时期内筹措到巨额财力，满足战时财力急需。其次，发行公债易于为人民所接受。公债是一种信用形式，是国家向国民或国外借款，战后不仅要还本而且应支付利息，其信用形式容易得到认可。

2. 发行货币

战争时期，由于财力消耗剧增，战时预算赤字庞大，为了弥补战费消耗和赤字，国家不得不增发货币。参战国大多采取向银行透支的办法，即增加财政性货币发行来解决财政危机。激发货币能够迅速筹集到部分财力，具有速度快、方法简便、量大等特点，但是其危害也十分明显，超发的货币由于没有与之相对应的商品参加流通，必然导致货币贬值，出现通货膨胀，从而直接影响社会生活的稳定。由于战争是压倒一切的，国家安全利益是头等大事，权衡利弊，以通货膨胀、物价上涨为代价换取对战争的财力支持，最终夺取战争的胜利，是值得的。

（三）辅助动员

财政金融动员的辅助方法，包括运用价格杠杆调整国民收入分配、动员国民捐献财资和寻求利用国外资源。在财政动员和金融动员足以保证迅速增加战争费用支出的情况下，可以采取辅助动员方法，满足战时需求。

1. 利用价格杠杆

价格是商品价值的货币表现。价格杠杆的再分配作用是通过有意识地提高或降低价格，使价格与价值相背离，影响居民生活的实际利益，形成国民收入在各利益主体之间的再分配。因此，调整战时价格成为筹措战费的又一途径。利用价格杠杆筹措战争经费，主要是有计划地提高非生活必需品的价格，增加国家财政收入，提高诸如电器、小汽车、化妆品的价格有利于集中财力。

2. 向国家捐献财资

动员国民为战争捐献财物，不仅能够起到财力动员的作用，而且是一种号召全民关心战争、支持战争、履行国民义务的精神动员，对于激发国民的爱国热情和增强必胜信念具有深远意义。捐献活动的开展程度和效果大小取决于全民对战争的态度以及政治发动程度。捍卫国家主权的正义战争，可以得到国民的广泛理解和支持。我国在抗美援朝时期，全民以高涨的爱国热情，掀起了捐献飞机支援战争的活动，捐款额可以购买 3710 架米格战斗机，对抗美援朝战争胜利起到了重要作用。

三、人民防空动员

人民防空动员简称人防动员，是指国家为了适应战争需要，发动和组织人民群众防备敌人空袭，减少空袭损失、消除空袭后果所进行的活动。随着现代科学技术的飞速发展，各种新式空袭兵器不断出现，空袭反空袭已成为现代战争的主要作战样式之一。做好人民防空动员对于增加国家总体防御和打赢能力具有重要的战略意义。

（一）人民防空动员内容

人防动员内容，一般包括群众防护动员、人防专业队伍动员、人防工程物资技术保障动员、人防预警保障动员等。

1. 群众防护动员

人民群众是人防动员的主要对象，是防空袭斗争中的重要依靠力量。群众防护动员在战争中具有重要的战略地位。组织和发动居民与敌人进行空袭斗争，可以有效地保护人民生命财产安全，对于保障军队兵力补充和国民经济各部门的劳动力具有直接影响。实施群众防护动员的主要任务是组织和发动居民防备敌人空袭，与敌人的空袭做斗争，尽量避免和减少空袭所造成的人员生命和财产损失。其内容包括：在平时对居民进行人防知识的宣传教育和防空训练，构筑防护工事及掩体，对人员、重要经济目标、牲畜、粮食和水源进行必要的防护准备；战时根据防空袭警报适时进行人员疏散隐蔽，在有放射性物质、毒剂沾染的情况下，对受染地面、建筑物、水源、粮食和衣物进行消毒和消除，实施灯火管制等。

2. 人防专业队伍动员

人防专业队伍动员，是根据城市防空袭斗争的需要，组织各种防护专业技术分队有针对性地消除空袭后果的行动。人防专业队伍动员是人防动员的重点，是进行防空袭斗争的骨干力量。现代空袭兵器的发展以及空袭手段的增多，增大了战争的突然性、破坏性和残酷性，加之现代城市以及重要战略目标各种设施配置十分集中，在遭受空袭的情况下，必将伴随出现火灾、水灾以及建筑物倒塌、水电中断、交通堵塞、人员伤亡等情况。要有效地控制和迅速消除其影响，就必须建立一支精干的、具有良好专业素质的人防专业队伍，战时组织动员人防专业队伍实施抢险、抢救、抢修和消防，消除空袭后果，支援城市防卫作战，最大限度地减少损失，尽快恢复生产和生活秩序。

3. 人防工程物资技术保障动员

人防工程物资技术保障动员，主要是指为了满足战争中人民群众防空袭的需要，筹措和调用工程技术装备、个人防护器材、防火灭火器材、医疗器材、粮食、水、燃料等采取的措施。人防工程物资技术保障动员是人民群众进行防空袭斗争的基础和条件，是实施有效防护、减少空袭损失的必要措施，对夺取防空斗争胜利有极大作用。在信息化战争条件下，人民防空对工程物资技术的依赖性越来越大，不仅工程物资技术保障品种的数量增多，质量要求也更高，因此，只有做好工程物资技术保障动员，才能适应现代防空袭斗争的需要。

4. 人防预警保障动员

人防预警保障动员，是获取人防所必需的情报，为顺利地组织民众防护和进行紧急抢险抢救做好准备的动员。其主要内容包括：平时规划和实施通信和警报网的建设；组织对空观察；战时及时向有关部门了解和向人防系统通报空中情况，按规定适时发放空袭预警、警报和解除警报信号，加强警报系统的防护，确保连续报警能力。

（二）人民防空动员基本要求

高技术兵器在战争中的广泛运用使现代空袭出现了许多前所未有的特点，对人防动员提出了新的更高的要求。

1. 充分准备，积极防护

现代空袭具有突然性强、命中精度高、突击威力大、破坏性严重等特点，要求人防动员必须预先有计划，充分准备，积极预防。战略空袭已由过去的单一武器、单一兵种空袭发展到多种武器、多军兵种全过程连续突袭，而且空袭威力大、精度高、杀伤力、破坏力大，空袭行动的准确性、有效性和破坏性给人防动员带来极大的困难，人防动员将面临异常复杂的局面，没有周密的计划和充分的准备，必将导致严重的后果。所以，人防动员必须贯彻平战结合的原则，把握好从平时准备到战时实施的每一个环节。平时立足于战时最困难的情况进行计划，战时防止在敌人的空袭下出现军队瘫痪、社会混乱、经济崩溃、束手待毙的境地。人防部门必须继续周密、精确地计划和准备，以适应人防动员的需要。特别是对各种复杂情况，必须预定各种处置方案，拟制具体内容和行动步骤，以指导人防动员的顺利实施。

2. 统筹安排，保障重点

现代高技术战争空袭取向的多维性、综合性更为明显，人民防空既要防敌人常规性武器的袭击，又要防核化生物武器的攻击；既要防敌高空、中空的来袭，又要防敌低空、超低空的来袭；既要对战前空情适时进行预测与预报，又要及时进行全面防护的准备；既要组织消除空袭后果的各种活动，又要组织群众进行后方防卫和支援部队防空作战。因此，必须统筹安排可能动用的人力、财力、物力，不能顾此失彼。由于人防动员的涵盖面较宽，各方面担负的任务、所处的战场环境及时间要求不同，人民防空还必须根据实际情况区别对待，确保重点。战时人防动员应坚持以居民群众和重要经济目标为防护重点，否则，战争潜力因空袭受到了严重破坏，后果将不堪设想。

3. 快速行动，走、藏、打、消相结合

现代信息化条件下的战争，节奏加快，突然性增强，要求人防动员必须快速反应、快速行动，否则就有可能给人民的生命财产和国民经济造成严重损失。因此，人防动员必须按照主动、安全、有效、就近原则以最快的速度进行，在尽可能短的时间里完成各种防护保障任务，尤其是临战动员，从下达命令到组织人员疏散、工厂搬迁、战略物资转移、人防专业队伍组建训练、消除空袭后果等，都要以最快的速度进行，各项动员工作稍有迟缓，就可能陷入困境，以至影响整个战争的结局以及国家的安危。所以，人防动员必须在最短时间内完成。注意抓好走、藏、打、消四个相互关联的环节，做到走得了、藏得住、打得准、消得快，这样才能尽可能减少各方面的损失，最大限度保存战争潜力。

4. 全民动员，统一指挥

现代空袭火力已具备对前方和后方同时攻击的能力，空袭范围、规模空前扩大，前后方的界限日趋模糊，人防动员成为全国范围的行动，不可避免地把社会的各个单位、部门以至家庭、群体和个人都紧密联系在一起，因此，为了做好人防动员，必须依靠军队和全社会各方面的力量共同实施。人防组织工作非常复杂，对行动要求很高，在组织实施人防动员中必须加强统一指挥，形成整体人防力量。在社会主义市场经济条件下，要依靠国家的行政权威以及完善的法规制度来保障人防动员工作的进行，保证各项人防任务和行动的落实。要在各级地方党委的领导下，在发挥政府各部门职能的基础上，建立精干、高效、指挥灵活的组织机构，统一组织人防动员工作，以人防专业队伍为骨干，充分发动和依靠广大人民群众，依靠社会各种力量，调动各方面的积极性，与敌人的空袭做斗争。在进行防空袭斗争中，使人人明确自己的岗位、任务、应负的责任和行动要求。

四、交通运输动员

交通运输动员是国家为了适应战争需要，组织和利用各种交通路线、设施和工具，进行人员、物资、装备输送的活动。其任务是：统筹各种交通运输线路、设施，保障军队机动、兵员和武器装备的补充、军工生产、军品供应、军民疏散、工厂搬迁，以及其他人员、物资的前送后运等。交通运输动员对于保障战争需要和夺取战争胜利具有重要影响。在现代战争中，交通运输动员对战争的准备和实施、对整个国家战时的经济活动和社会行为有着重要的影响。交通运输动员涉及面广，但最基本的内容包括铁路、公路、水路、航空、管道五种运输方式的动员。

（一）铁路运输动员

铁路运输动员，是指组织和利用铁路、列车及有关设施进行人员、物资、设备等输送所采取的措施。铁路运输具有运载量大、速度快、效率高、通用性好的特点，可担负远距离、大运量的运输任务，是在战略、战役后方实施大规模运输的主要手段。它在国家交通运输中占有重要地位，是现代战略运输的基本网路。高效进行铁路运输动员，最大限度地发挥铁路运输优势，才能提高运输效率，迅速而及时地将各种物资运送到战场。

（二）公路运输动员

公路运输动员能力受公路网络化程度、路况、汽车数量和质量、驾驶人员的数量和质量等因素的制约，受油料保障和零配件的制约。做好公路运输动员，主要是采取一切组织和技术管理措施提高战时公路运输的保障能力，包括：加强战场公路网建设，使之密度相当、布局合理，保障各战区、各战略战役方向和后方之间道路通畅；组织民间运力参加军事运输，按照运输任务的性质、时限和数量准备运输工作；战时应根据运输任务的性质、道路条件、气候变化、车辆状况等正确计划和使用车辆，准备装卸场地、设备和人员，部署交通调整勤务，注意装、运、卸紧密衔接，保障车辆能够正常运行。

（三）水路运输动员

水路运输动员，是指组织和利用水上航线、船舶和其他浮运工具以及有关设施，进行人员、物资、装备等输送所采取的措施。水上运输具有运量大、成本低、隐藏安全、航线不易破坏等特点，是海上作战和江河水网地区部队机动和物资供应的主要手段。1950年中国人民解放军在海南岛登陆中，使用2100多艘船舶输送作战部队和大批物资，保障了登陆作战的胜利。做好水路运输动员，不仅对支援岛屿作战和海疆防御作战以及海外物资的相互支援起着重要的作用，而且是铁路运输、公路运输方式的重要补充。

（四）航空运输动员

航空运输动员，是指组织利用飞机和其他航空运输工具，以及空中航线和有关设备，进行人员、物资、装备等输送所采取的措施。航空运输具有快速、灵活、一般不受地形条件限制等特点，适用于紧急情况下输送人员、物资，特别是在水路和陆路受阻的情况下，航空运输是完成前送后运任务的主要手段。在现代战争中，战场情况复杂，时间要求紧迫，航空运输是争取时间、保障部队快速实施机动并夺取战争主动最有效的措施。

（五）管道运输动员

管道运输动员，是指组织利用输送管线力量、器材和设施，进行流体物资输送所采取的措施。管道运量大、损耗小、成本低、比较安全可靠、不易受气候影响，是满足现代战争对流体物资需要最理想的运输手段。管道运输动员能力受管线数量和质量的限制，它只能在已铺设有管道的有限范围内进行。对于战略运输，平时必须根据战时动员需要，向预设战场方向铺设输送管道，完善各种管理技术设施，加强防护措施，以提高管道运输的能力。战时组织管道运输动员时，必须根据上级的指令编制运输计划，加强技术管理、运行调度和通信联络，确保管道运输畅通。

思考题

1. 国防的目的是什么？
2. 现代国防有哪些基本特征？
3. 回顾我国的国防历史，并阐述其对我们有哪些启示。
4. 新中国的国防建设取得了哪些主要成就？
5. 《国防法》确认的我国国防活动的基本原则有哪些？
6. 公民、组织的国防义务和权利有哪些？
7. 学生军事训练的意义是什么？
8. 国防教育的目的、方针和原则是什么？

第二章

军事思想

军事思想来源于军事实践，又给军事实践以理论指导，并随着战争和军事实践的发展而发展。军事思想的正确与否，直接关系到军事实践的成效，关系到战争的胜败。不同的时代、阶级、国家和人物有着不同的军事思想。在和平时期，军事思想的发展应适应社会生产力和科学技术的发展，积极探索军事领域出现的新情况和新问题，努力使军事思想适应新的历史条件，以保证它对未来战争发挥正确的理论指导作用。本章主要介绍中国古代军事思想、毛泽东军事思想、邓小平新时期军队建设思想、江泽民国防和军队建设思想、胡锦涛国防和军队建设思想，以及习近平关于国防和军队建设重要记述等内容。

第一节　军事思想概述

一、军事思想含义

军事思想是关于战争、军队和国防等基本问题的理性认识，是人们长期军事实践经验的高度总结和理论概括，它来源于军事实践，又给军事实践以理论指导，并随着战争、军队和国防实践的发展而发展。军事思想通常表现为军队和国防建设、军事斗争准备与实践的指导理论和原则，是军事科学的重要组成部分。军事思想揭示战争的本质、战争的基本规律及进行战争的指导规律，阐明军队和国防建设、军事斗争准备与实施的基本理论和原则，为人们研究和解决军事问题提供总体性理论依据。

军事思想内容可分为两个层次：一是军事哲学层次上的内容，主要有战争观、军事问题的认识论和方法论；二是军事实践层次上的内容，主要包括指导军事斗争的基本方针和原则、军队建设的基本方针和原则、国防建设的基本方针和原则等。

二、军事思想的特征

军事思想是一定社会历史条件下的产物，受当时社会政治、经济、文化、科技、地理以及人们的世界观和认识水平等因素的制约和影响。不同的军事思想表现出的特征有所不同，但总体而言，所有的军事思想都具有一些共同的基本特征，主要表现在以下五个方面。

（一）阶级性

军事思想来源于人们的军事实践。在阶级社会中，不同阶级的人们由于立场、观点和方法的不同，对战争性质、本质和规律的认识不完全相同。阶级社会的战争是私有制和阶级的伴随物，军事思想作为人们解决军事问题的理论武器，必然打上深刻的阶级烙印。人们为了各自阶级的利益，所奉行和推崇的军事思想必然反映各个阶级对战争和军队建设的认识和立场。因此，不同的阶级、国家或政治集团必然有不同的军事思想。

（二）时代性

任何一种军事思想都是一定历史发展阶段的产物。不同历史时期的战争表现出不同的战争形态和战略战术、不同的军队组织和编制原则等时代特征。这种不同时代的特征往往最能反映当时社会的物质生产水平。军事思想所反映的这些特征又代表了它所在时代的生产力的发展水平。

（三）继承性

每一种军事思想，都是某一历史时期、某一民族或某一区域内战争实践经验的总结和理论概括，都具有一定的客观性和科学性，都包含着一些共同的规律和原理。历史上一些伟大的军事家和军事理论家之所以能够创造出伟大的军事思想，不仅由于他们有一定的战争和军事实践，还在于他们大量吸收和借鉴了前人和别人的军事思想。所以，历史上所形成的具有规律性的军事原则、概念和范畴才得以流传下来为后人所用，并不断地加以丰富和发展。

（四）实践性

军事思想是军事实践的产物，受军事实践的检验，并随着军事实践的发展而发展。军事实践是检验军事思想是否正确的唯一标准。战争有许多不确定因素，尤其是现代战争。要想适应军事技术高速发展对军事变革带来的影响，在平时就必须通过军事训练、演习、试验、数学模拟等方法提出新的军事思想和原则，并根据情况的不断发展变化随时加以补充和修正，以求尽量接近战争实际。

（五）创造性

军事思想是最活跃、最富有创新色彩的一门科学。军事史上简单沿用以往战争指导原则去指导现实的军事斗争，都以严重失误乃至失败而告终。历史上大凡有建树的军事家，都善于根据发展变化的军事斗争实际不断发展和更新军事思想，创立新的军事原则。军事思想发展史证明，战争的胜利总是属于那些敢于迎接现实军事斗争挑战、勇于变革的军事家。

三、军事思想的科学体系

（一）军事思想科学体系构成

在《中国军事百科全书》中，军事思想是一个知识门类，下设马克思、恩格斯、列宁、斯大林军事理论和毛泽东军事思想，军事辩证法，中国历代军事思想，外国军事思想四门学科。

马克思、恩格斯、列宁、斯大林军事理论和毛泽东军事思想，主要介绍马克思列宁主义军事理论、毛泽东军事思想、邓小平新时期军队建设思想、江泽民国防和军队建设思想、胡锦涛国防和军队建设思想，包括形成过程、基本内容、历史地位和科学价值等。毛泽东军事思想凝聚了以毛泽东为代表的中国共产党领导广大军民长期奋斗的集体智慧，包括周恩来、朱德等中国无产阶级军事家的军事思想。

军事辩证法是军事科学与军事哲学相结合的产物，以介绍军事领域矛盾运动的一般规律和主观指导的思维法则为基本内容，为人们研究和解决军事问题提供认识论和方法论工具。

中国历代军事思想，系统阐述中国古代和近代的军事思想发展过程、主要内容概述，力图揭示中国古代军事思想和中国近代军事思想的发展规律。

外国军事思想包括世界上一些有代表性的国家及著名军事将帅、著名军事著作等的军事思想。

（二）军事思想在军事科学体系中的地位与作用

军事思想在军事科学体系中处于基础性地位，与其他军事学科的关系是一般与特殊、共性与个性的关系。军事思想是从军事实践活动的全过程研究战争、军队和国防问题的总体性规律，各门具体学科研究的是军事领域的某个侧面、某个部分或某个阶段的规律。依照辩证唯物主义观点，一般存在于特殊之中，共性存在于个性之中，对各门具体学科的研究成果进行抽象思维就可以得出一般的共性的认识，也是更概括、更高、更本质的认识，从而上升到高层次理性认识的军事思想，即对战争和军事领域矛盾运动一般规律的认识。同时，各具体学科也离不开军事思想所揭示的一般规律的指导。由特殊到一般，再由一般到特殊，是人们认识深化不可或缺的循环往复的两个过程。军事思想是军事科学的综合性基础理论门类，它既对军事科学其他门类的研究与发展具有总体指导作用，又从军事科学其他门类中汲取营养，使自身不断发展。

第二节　中国古代军事思想

中国古代军事思想是中国奴隶社会、封建社会时期各阶级、集团及军事家和军事论著者对于战争与军队问题的理性认识，受社会政治、经济、文化、战争、兵器等诸多因素影响，有一个产生、发展的过程。与外国军事思想相比，中国古代军事思想成熟较早，内容丰富，成就突出。它不仅是培育古代名将的甘露、指导古代战争夺取胜利的武器和法宝，也对世界军事思想的发展产生了积极影响，尤其对毛泽东军事思想的形成产生了重要的影响。

一、中国古代军事思想发展概况

与社会形态相适应，中国古代军事思想经历了萌生时期、形成时期、充实提高时期和系统完善时期四个发展阶段。

（一）中国古代军事思想的萌生时期

大约在公元前21世纪至公元前8世纪，夏、商、西周时期是中国古代军事思想的萌芽和产生时期。

从夏王朝正式建立奴隶制国家开始，私有制已经确立，阶级已经形成，军队已经出现并且成为国家机器中重要的组成部分，到西周时已有师、旅、卒、两、伍等编制，战争成为阶级斗争的最高形式。作战方式有步战、车战，多为"堂堂之阵"的正面交锋，如鸣条之战、牧野之战等。通过战争实践，作为观念形态的军事思想开始萌芽，人们开始探讨军队的多寡、武器的数量和质量与战争胜负的关系，并初步认识到审势而动、量力而行，众可以胜寡、强可以胜弱的规律。这一时期军事思想的主要内容是：

①在对战争的看法上强调天命、伸张正义和保民。《尚书》中提出以天命作为出兵征战之由，以"恭行天之罚""吊民伐罪""保民"为号召，军事决策和行动要以天象和占卜的吉凶定取舍。

②在军队管教上强调齐众以律。"师出以律，失律凶地""尚桓桓"，以成威武之师；严赏罚，"用命赏于祖，弗用命戮于社"。

③在作战指导上以重礼、信、仁、义为主导思想。主张"以礼为固，以仁为胜""不穷不能，成列而鼓"。

④在战争实践中已注意到以谋取胜。鸣条之战、牧野之战都采取了阴蓄其力、剪敌羽翼、运用间谍、侦察敌情、掌握时机、攻其心腹等方略。《军志》和《军政》中有"允当则归""见可而进，知难而退""先人有夺人之心，后人有待其衰""地利为宝"等谋略思想的记载。

⑤在作战思想上强调整体作战，相互配合。在商周时期的战争实践中，运用了"五兵五当，长以卫短，短以救长，迭战则久，皆战则强"的整体作战思想，注意到前锋和主力、车兵与徒兵的配合及阵法的应用。

（二）中国古代军事思想的形成时期

公元前8世纪至公元前3世纪的春秋战国时期，是中国古代军事思想的形成时期。在奴隶社会向封建社会过渡时期，社会处在大动荡、大分化、大变革的历史条件下，各诸侯国之间争霸、兼并、统一的战争异常频繁激烈。不仅战争规模日益扩大、参战兵种多，而且使用兵力、兵器也大量增加，战争指挥复杂，学术上出现了百家争鸣的局面，有力促进了中国古代兵学的发展。这时，人们对于军事思想的认识已经不再停留在感性认识阶段，而是上升到了理性认识阶段，大量的军事理论著作应运而生。被誉为兵经的《孙子》的问世，标志着中国古代军事思想的成熟。其后相继产生的《吴子》《孙膑兵法》《尉缭子》《六韬》等兵书，使中国古代军事思想体系更完备、内容更丰富。至此中国古代兵学理论体系已基本确立。

1. 对战争本质的认识逐步深化，形成了较完整的战争观

（1）关于战争爆发的原因

《吕氏春秋》中的"荡兵"是论述战争起因问题的专篇，作者提出"兵之所自来者上矣，与始有民俱"的观点。认为战争由来已久，是从人的争斗本性发展起来的，是私斗的扩大。韩非从社会政治、经济生活的角度探讨战争的起因，认为"人民众而财货寡，事力劳而供养薄，故民争"。战争是因为人口不断增多，财物相对较少，人们为了争夺生存条件所发生的争斗引起的。他进一步分析了战争产生的阶级根源，指出"统治阶级与广大人民的关系，是建立在利益对立基础之上的，战争的危机随时潜伏在社会之中"，认为"世兵道有三：有为利者，有为义者，有行岔者"。这一时期的兵学家和思想家试图从物质原因上探讨战争起因，认识到战争是社会矛盾激化的产物，在研究战争本质问题上迈出了重要一步。

（2）关于战争性质和对待战争的态度

对战争性质的认识，我国古代兵学家经历了一个由浅入深、由表及里的认识过程。到了这一时期人们对战争性质的认识已经开始由感性上升为理性。春秋时期人们认识到"师直为壮，屈为老""夫武、禁暴、战兵、保大、定功、安民、和众、丰财者也"。认为战争有"曲"与"直"之分，有"有道"与"无道"之别，不同性质的战争会因为民众的支持和反对而影响到战争的结局。战国时期的兵学家将战争区分为"义"和"不义"，指出"禁暴救乱曰义""义者，兵之首也"，并由此确定对战争的基本态度。"杀人安人，杀之可也；攻其国爱其民，攻之可也；以战止战，虽战可也""兵者，所以诛暴乱，禁不义也"。此外，诸子百家对战争也表明了不同的观点和态度。法家主张重耕战，提倡以战争手段实现统一。儒家提倡义战，《孟子》提出"得道者多助，失道者寡助"。墨家主张兼爱非攻，区分诛无道与攻无罪。道家认为兵凶战危，"兵者不祥之器"，诅咒战争，但为了反对弱肉强食，提出"抗兵相加，哀者胜矣"。《孙子》提出"兵者，国之大事，死生之地，存亡之道，不可不察也"。纵横家主张用战争"并天下，凌万乘，诎敌国，制海内"，等等。

（3）关于决定战争胜负的因素

这一时期的兵学家们十分重视政治、经济、军事和民心、士气等因素的综合作用。《孙子》将其概括为道、天、地、将、法"五事"；吴起认识到政治因素在国防中的重要意义，强调"在德不在险"；《管子》认为战争是力量的竞赛，"国富者兵强，兵强者战胜"，国力的强弱直接影响战争的胜负。战国时期兵学家们提出军事改革要求，主张废除世卿世禄制，奖励军功，尤重耕战，强调富国强兵，"显耕战之士"，把富国视为强兵之本、之先、之急，即"甲兵之本必先于田宅"。

2. 形成系统的建军理论

春秋战国时期，诸侯兼并，大国争霸战争的威胁促使各国逐渐加强军队建设来保卫自己。战国时期的军事理论著作几乎都有论述治军问题的专篇，系统的军队建设理论得以形成。

（1）"以治为胜"的军队教育训练思想

根据当时战争需要，兵学家们提出了"以治为胜"的质量建军思想，强调把军队教育

成"明礼义、知荣辱、明法令、知进退的军队，使其居则有礼，动则有成，进不可当，退不可追……"。教育训练要严格，"教戒为先"，军令素行；作战要讲求阵法，方圆曲直各种阵法"每变皆习，乃授其兵"；武器装备要精良，"教器备利，则有制也"。

（2）"令之以文，齐之以武"的军队管理思想

孙武认为管理军队应恩威并重，同时强调以仁为本、赏罚严明。《尉缭子·攻权》中提出"善将者，爱与成而已"，要爱护士卒，甘苦与共；《孙武·地形》主张"视卒如爱子"；《国语·齐语》主张"居同乐，行同和，死同衰"；《孙膑兵法·将德》提出赏罚要有信，"赏不逾日，罚不还面"；《六韬·将威》强调"杀贵大，赏贵小""刑上极，赏下通"和军同欲。

（3）任人唯贤的选将任将思想

《孙子》提出将帅必须具备"智、信、仁、勇、严"的条件。《吴子》要求将帅应文武兼刚柔，具备"理、备、果、戒、约"的素质；《尉缭子》强烈批评世将制度，提出将帅要有"威、惠、机、战、攻、守、无过"等全面修养；《六韬》不仅考虑将帅个人的条件，而且强调统帅机关整体素质的互补和提高；《韩非子》主张从基层中选拔有实战经验的人为将领，等等。

3. 提出一系列战争指导和作战原则

（1）形成了不战而屈人之兵的全胜战略

《孙子》在对以往战争实践和军事理论总结研究的基础上，提出了以智驭力、以柔克刚，不战而屈人之兵的全胜战略模式。确立了在战略谋划中应努力追求"兵不顿而利可全"的理想目标，提出了"伐谋""伐交"和"谋形造势"的全胜战略手段。孙子以后的兵学家对这一战略推崇备至，在理论和实践上有不同程度的发展和应用。

（2）进攻战略思想和作战原则极大发展

为适应当时兼并和争霸战争的需要，进攻战略受到人们普遍重视。《孙子》《吴子》《孙膑兵法》《尉缭子》《六韬》等大量论述了进攻战略的"为客之道"，强调在情况了解上要"知彼知己"，在战略目标选择上要先弱后强、攻敌要害；在战略方向上要避实击虚；在战略时机上要争取先机之利，攻其无备、出其不意；在战略行动上要速战速决；在兵力使用和战术变换上要集中兵力，奇正迭用，因利争权，出奇制胜，等等。

（3）重视谋略，强调"庙算"和先计后战

春秋时期的战争指导者已能成功制定和运用军事与政治谋略。重信义的观念逐步被"战阵之间，不厌诈伪"所代替。《孙子》阐述了用兵的"诡道""诈立"特征和实施的方法；强调主动惑敌和因情用兵；提出了致人而不致于人、示形、任势、我专敌分、兵情主速、奇正相生、避实击虚、攻其无备、因敌制胜等基本原则。战国时期伐谋、伐交思想有了新的发展。注重联盟战略、纵横捭阖、分化敌对力量，强调必攻不守、先机制敌、灵活应变等。

（4）提出并发展了骑战、城战及不同地形、气象条件下作战的原则

《吴子》《六韬》和《孙膑兵法》中对骑兵的地位、作用、特点进行了理论概括，其中"十胜""九败"和"用骑十利"已比较系统。在"攻城围邑"和"救守"之法上，也有习用器械、集兵攻城、错绝其道、阻缓攻虚、守不失险、守必出之、中外相应等主张和论述。

《墨子》中的《备城门》，专论守城之法，对守城设施、布局和器械制作、使用等均有详细论述，形成了"以**伤**敌为上"的守城思想，其基本观点可概括为：依靠军民，争取外援，充分发挥守城器械的作用，完善环城防御体系，独立作战，长期坚守，乘机出击的原则。

4. 奠定了古代军事哲学思想的基础

《孙子》反对战争的不可知论，认为战争可先知、先算、先胜，提出了"知彼知己，百战不殆"的观点；注重人事，反对"取于鬼神""象于事""验于度"；注重趋利避害，从总体上多方面观察战争，体悟到了军事领域中许多矛盾对立及转化现象，提出了虚实、奇正、分合、攻守等一系列反映战争运动本质的矛盾现象和矛盾范畴。战国时的兵家更注重对"战道"的探讨，并将其视为决定战争胜负的根本。同时对军事领域内的诸矛盾关系，如军事与政治、军事与经济的认识也更为广泛深入。

先秦是中国古代军事思想史上极为辉煌的时期，以《孙子》为代表的一大批系统而完整的军事理论著作问世，百家争鸣、"境内皆言兵"兴盛局面的出现，内容丰富、体系完整、哲理深刻的论兵言论的流传，使中国古代军事思想在世界军事思想发展史上占有极其重要的历史地位。

（三）中国古代军事思想的充实提高时期

从公元前3世纪末至公元10世纪中期，中国社会主要经历了秦、汉、三国、两晋、南北朝、隋、唐和五代等几个大的封建王朝。这是封建社会发展的上升时期，也是中国古代军事思想的充实提高时期。

1. 战略思想日趋完善

先秦兵书中已经提出的若干战略思想，奠定了中国古代战略理论的基础。秦至五代时期，战略思想在先秦高度发达的基础上，运用更加灵活，理论日趋完善。

（1）军政并举的战略观

军政并举的战略观，是西汉在总结秦王朝猝亡的历史教训中得出的。西汉政权建立后，为了长治久安，认真总结秦代二世被灭亡的历史教训，主张德治义化、富国强兵、强边固防紧密结合。认为要使天下长治久安，就必须文武并用。"地广人众，不足以为强；坚甲兵利，不足以为胜；高城深池，不足以为固；严令繁刑，不足以为威。为存政者，虽小必存；为亡政者，虽大必亡。"在统一和分裂的历史演进中，秦至五代时期的统治者、军事家在对儒、道思想进行兼收并蓄中，形成军政并举的战略观，有力地推动了战略思想的丰富和发展。

（2）注重战前的战略谋划

楚汉战争中，萧何向刘邦提出了"就国汉中，还定三秦，以图天下"的战略方针。东汉邓禹向刘秀提出的"延揽英雄，务悦民心，立高祖之业，救万民之命"的"定天下之策"，既是政治战略，也是军事战略。三国时期，诸葛亮的《隆中对》是战略决策的经典之作，是战略思想日臻完善的重要标志。《隆中对》不仅明确提出了战略上遵循的基本方针，而且提出了一个完整、周密的战略计划。其内容包括战略形势的判断、主要战略方向的选定和战略手段的运用等，如"跨有荆益"的战略基地建设思想、联孙抗曹的外交策略思想，以及等待时机成熟后从宛洛、秦川两个战略方向实施进攻的进军部署。由于这一战略思想的贯彻实施，改变了封建割据的混战形势，形成了魏、蜀、吴三足鼎立的战略格局。

（3）以奇用兵的战略进攻思想

秦汉以来，很多军事家在以奇制胜方面发展了先秦兵家的思想，共同的特点是将以奇用兵的思想运用到战略层次，并在战略指导上日臻完善和成熟。楚汉战争刘邦先忍辱退处汉中，为了养精蓄锐实施战略退却，以待军事力量准备和战争时机成熟的时候悄然出击，出奇用兵，打得楚军一败涂地，在敌后开辟战场，实施战略迂回，以扩大战场地幅，达成了战役的突然性。这在先秦是没有的。三国时期，诸葛亮的《隆中对》提出了立足荆益，积蓄力量逐鹿中原的战略计划，其中每一步都体现了奇正的变化。唐代著名兵学家李靖依据当时的战争经验，结合理论与实践，对奇正作了系统辩证的阐述，揭示了"奇正相变"乃是"奇正"理论的精髓。在战略进攻中，运用"奇正相变"之术，关键在于以奇用兵，争取战略上的突然性和出其不意。以奇用兵的战略进攻思想，是这一时期战略思想成熟和发展的具体体现。

（4）安守本土的战略防御思想

自秦始皇统一中国后，每个朝代面临的主要威胁均是北方的少数民族。安守本土的战略防御思想是在消除边患的军事斗争中，针对少数民族强悍的骑兵而提出来的。安守本土战略防御思想是"释远谋近"思想的具体表现。《黄石公三略》认为："释近谋远者，劳而无功，释远谋近者，佚而有终。佚政多忠臣，劳政多怨民。故曰，务广地者荒，务广德者强，能有其有者安，贪人之有者残。残灭之政，累世受患。造作过制，虽成必败。"由此得出结论：凡是放弃内政而远谋他国土地的，结果会劳而无功，凡是放弃远征而图治国内的，最终会安逸善终。安守本土战略防御思想反映了中华民族长期以来反对侵略扩张，求和平、谋统一等传统文化思想在军事战略上的积淀。

2. 提出了长治久安国防指导思想

根据当时大一统的政治局面及周边形势，先后有秦朝修筑万里长城的"用险制塞"；汉朝组建大规模骑兵集团的"以骑制骑"和军屯实边；隋至唐初将全国划分为若干个军事战略区，采取重首轻足、中外相维的兵力部署等原则，对后世均有较大影响。这一时期的国防思想主要体现在以下几点：

（1）"安不忘危，治不忘乱"思想

自秦朝就开始强调"安不忘后，盛必虚衰"，即使处于和平环境，也不能开夷狄之隙，亏中国之固，要谋及子孙后世，谨防"无边亡国"。到唐朝时，唐太宗经常与大臣们讨论如何确保国家长治久安的问题，认为搞好国防建设是和平时期治国安邦的根本任务，要做到这一点，必须首先树立居安思危的思想，只有做到"安不忘后，治不忘乱，虽知今日无事，亦须思其始终"，才能保持常备不懈，建立强大的国防。

（2）"民为邦本，本固邦安"思想

这一时期的国君和兵学家认为"天下之患，在于土崩""民困而主不恤，下怨而上不知，俗已乱而政不修"，就必然会导致民众反抗，天下大乱。隋唐五代的统治者一般都把争取民众拥护的问题作为加强国防的根本性措施。唐太宗以隋亡为鉴，指出："甲兵武备诚不可阙，然炀帝甲兵岂不足邪？卒亡天下。"他认为，只要执政者实行仁政，使百姓安居乐业，就是国家可靠的"甲兵武备"。由于其认识到民心向背直接关系国防的强弱，故在执政中注意实行薄赋敛、轻刑罚，内修政治、外抚诸族的政策，赢得了民众拥护，从而开创了唐朝繁荣昌盛的局面。

（3）"文武并兴，农战兼务"思想

当时的统治者已认识到天下长治久安要靠文武并用才能实现，指出"治天下之大具有二：文与武也。用武则先威，用文则先德，威德足以相济，而后王道备矣"，认为发展农业经济是富国强兵的基础，从而鼓励耕织，发展生产，重农贵粟，强本抑末。各个王朝都坚持了"文武并兴，农战兼务"的方针，以利实现富国强兵，做到"居则足食，动则足兵，兵足则威，食足则固，威则暴乱息，固则教化成"。

（4）"备边御戎"思想

《全后汉文》二十六卷及《西域议》认为，"边境者，中国之唇齿，唇亡则齿寒，其理然也"。《盐铁论·险固》指出"有备则制人，无备则制于人"。统治者为消除边患，维护边境安全，都把加强边防作为国防建设的重要内容，先后采取了筑城守边、屯垦戍边、徙民实边相结合的措施，以加强边防。陆贽以史为鉴，深刻阐明了加强边防的重要性和具体措施。指出："备边御戎，国家之董事；理兵足食，备御之大经。"他认为，只要"修封疆，守要害，堑溪隧，垒军营，谨禁防，明斥候，务农以足食，练卒以蓄威"，就能"守则固，战则强"，永保边防安全。

（四）中国古代军事思想的系统完善时期

形成军事思想体系的形成是建立在广泛、科学整理研究前人军事思想典籍的基础之上形成了中国古代军事思想体系。兵书的整理和研究是以兵书数量的不断增加和军事思想的逐渐积淀为基础的。对先秦兵书进行大规模的整理始于西汉。鉴于秦代焚书之弊，西汉官府对兵书的整理出现高潮，先后对兵书进行了三次大规模的整理。

第一次整理是军事家张良、韩信奉命"序次兵法"。西汉初期，由于秦始皇焚书和秦末战乱，天下图书散乱，兵书损失严重。汉高祖命张良、韩信广泛搜集兵书，进行系统整理。他们当时对搜集到的182家兵书"删取要用"，作序录评鉴，按一定顺序编排，"定著三十五家"，供西汉政府和军队学习参考。

第二次整理是军政官杨仆奉命纪奏《兵录》。汉武帝即位后，在全国发起了一场大规模的求书运动。命军政官杨仆负责整理兵书，杨仆在对现有兵书进行整理的同时，"捃摭遗逸"，多方搜集散佚兵书，最后将其整理编成我国最早的兵书书目——《兵录》。这次对兵书的系统整理编目，奠定了古代图书编目的基础，《汉书·艺文志·兵书略》所载书目就是在吸收《兵录》整理成果的基础上而形成的。

第三次整理是步兵校尉任宏被诏令编纂《兵书略》。在汉武帝大规模整理图书之后，汉成帝命步兵校尉任宏负责整理研究兵书。任宏收兵书53家790篇，图43卷，并对每部兵书进行深入研究整理，分类编排，将兵书区分为兵权谋、兵形势、兵阴阳、兵技巧四大门类。《兵书略》是我国最早的兵书分类目录。秦至五代时期，全面继承先秦军事思想，利用和平发展的有利时机，在对先秦兵书进行系统全面整理和深入思考的基础上，形成了史论结合研究兵学的优良传统。对军事典籍进行了系统整理和科学分类，开创了兵、儒、道合流研究军事问题的先例，促进和完善了中国古代军事思想体系的形成。

二、《孙子兵法》简介

《孙子兵法》又称《吴孙子兵法》《孙武兵法》或《孙子》，作者为春秋末期孙武。《孙子兵法》享有"兵经""武经"等美誉，是世界现存最古老且最著名的兵书，至今仍有诸多方面的现实价值，被人们广泛深入研究。

（一）作者简介

孙武，字长卿，大约为春秋末期齐国乐安（今山东惠民）人，与孔子同代。他的祖先姓陈，是陈国（今河南淮阳）人。陈厉公之子陈完因战乱到齐国避乱，被齐桓公授之以主管手工业的官。后来改姓为田，叫田完。几代后成为齐国新兴势力的代表。田完的第五代孙田书（孙武的祖父）因作战有功被齐景公赐姓为孙，并将乐安封给田书，故田书又称孙书。孙武的前辈田穰苴著书《司马法》，孙武的后代孙膑著书《孙膑兵法》。当时的齐国是一个群英荟萃的地方，如齐国的鼻祖姜太公、后来的管仲都是历史上著名的军事家。这种世家及社会环境熏陶对孙武研究兵法起到很大的影响。后因齐国发生内乱，孙武出走到了吴国，经吴王重臣伍子胥推荐被吴王委任为将。孙武为将后，为吴国立下了汗马功劳。据《史记》记载，孙武助吴王"西破强楚，北威齐晋，南服越人"，并于公元前482年取代了晋国的霸主地位。孙武在吴国有着三十年的戎马生涯。据传孙武后来飘然归隐，终老于山林之中。

（二）《孙子兵法》主要内容

《孙子兵法》共13篇、图9卷、6100余字，分为三个部分。第一部分由《计》《作战》《谋攻》《形》《势》和《虚实》组成，侧重论述军事学的基础理论和战略战役问题。第二部分由《军争》《九变》《行军》《地形》和《九地》组成，侧重论述战术问题。第三部分由《火攻》和《用间》组成，论述了战争中的两个特殊问题。

第一篇《计》。《计》是孙子兵法全书的总纲，讲了两个主要问题，一是战争是关系国家生死存亡的大事，必须十分慎重，认真对待。二是在发动战争之前，应该判断、"计算"能否取胜，尔后决定是否开战，并提出了"攻其不备，出其不意"的军事名言。

第二篇《作战》。本篇主要论述战争应当速战速决，不可持久不决。其论据是：战争要消耗大量资财，久战会导致国穷民困。"钝兵挫锐，屈力殚货"，从而引起他国趁机干涉，战争就会失败，国家就会陷入灾难。因此，不仅要设法使战争速胜，而且主张要"因粮于敌"。要将缴获的敌战车和兵员补充自己的军队，求得"胜敌而益强"。

第三篇《谋攻》。本篇提出了以"不战而屈人之兵"为战争的最高理想，并以"伐谋""伐交"和"兵不顿而利可全"为"谋攻"决策的原则。在谋划战争策略时，应以不花或少花代价取得战争全胜为最佳选择。在不可能不战而胜，必须用兵交战时，就要按照敌我兵力对比情况决定采取的战法，即"十则围之，五则攻之，倍则分之，多则能战之，少则能守之，不若则能避之"。在提出了制订战争计划的原则后，孙子还提出了谋划战争时必须遵守"知彼知己，百战不殆"的原则，指出"不知彼，不知己，每战必殆"。这是本篇中最有价值的思想，也是孙子兵法中最重要的一条原则。

第四篇《形》。本篇主要论述的是"先为不可胜，以待敌之可胜"的战争原则。用压倒优势的兵力攻击敌人（以镒称铢），以达到"自保而全胜"的目的。主张"先胜而后求战"，预料有胜利把握时才战，反对"先战而后求胜"。

第五篇《势》。本篇论述的是"战势"，即战争双方按照各自的作战企图调动和部署军队而形成的一种战争状态。孙子认为"战势不过奇正"，奇和正的变化却是无穷的。他要求指挥官应善于造成奇势，这种势就像从高山上向下滚圆石一样，能以猛烈的冲击力突然给敌人以致命的打击。

第六篇《虚实》。本篇主要论述"致人而不致于人"的原则。即要争取主动，避免被动。孙武不仅强调主动地位的重要性，还提出了争取主动和保持主动权的许多方法，其中最主要的是调动敌人，使敌按我之意图行动，陷敌于被动不利地位并暴露其虚弱部位；自己则保持行动的秘密和迅速，做到使敌人找不到我、打不着我，然后避其实击其虚。《计》篇中所说的"诡道"对此做了较充分的阐述。

第七篇《军争》。本篇论述的是两军对进相互攻战的法则。孙武在这里着重讲了"以迂为直，以患为利"的攻战原则，强调采取迂回战法。通向敌军的直路往往是敌人防守严密的方向或其主力所在，如果直接前进攻击，常常会受阻而不得进或要花很大代价才能攻破它；倘若能避开正面，从敌不注意的侧翼绕过去，就比较容易击败敌人。从取胜的效果看，比直接进攻取胜快。这就叫作"以迂为直"的"迂直之计"。孙武要求将领要了解敌情、地形；要设法利诱敌人；要用诡诈行为迷惑敌人，并善于对敌实施攻心战。

第八篇《九变》。本篇主要论述在作战指挥上，如何根据敌情、我情、地形等不同而变换战法，灵活机动地打击敌人。指出将领性格上的缺点"将有五危"，会成为招致失败的根源，应善于利用敌将领性格上的缺点促使其犯错误。

第九篇《行军》。本篇主要论述军队处于各种不同的地形环境中应遵守的行军、驻止和作战原则。在论述了山地、河川、沼泽、平地四种地形上作战行动原则和"六种"（绝涧、天井、天牢、天罗、天陷、天隙）不可靠近的险恶地形后，详细讲述了对 32 种敌人活动情况的判断，指出：作战不可轻敌，不可不认真观察敌情、地形就鲁莽冒进；要善于判明敌情，集中兵力战胜敌人。本篇最后提出，对自己的军队要"令之以文，齐之以武"才能保证必胜。

第十篇《地形》。主要论述不同地形对军事行动的影响。强调将领必须懂得"料敌制胜，计险厄远近"之道。提出将领要以"进不求名，退不避罪"的精神敢于负责，对战与不战自主做出决定，并提出了如何带兵的原则（爱兵与严格要求相结合；赏与罚相结合），最后再次强调"知彼知己，百战不殆"的重要性。

第十一篇《九地》。本篇主要论述了九种不同作战地区的用兵原则后，提出了将领应掌握的统帅艺术，即沉着冷静、幽深莫测、严肃整治，使军队"齐勇若一"，携手"若使一人"。将其投在危险境地，也能死战求存；在发现敌方有隙可乘之时，集中兵力首先夺取或打击敌要害，猛冲猛击。

第十二篇《火攻》。本篇论述的是以火助攻的方法。《火攻》是古代战争中威力极强的败敌取胜手段。孙武重视火攻，但他把《火攻》只作为辅助方法，强调要与兵攻密切配合，否则进攻也是不能成功的。所以他提出"必因五火之变而应之"，即利用火攻所引起的敌情变化适时指挥军队发起攻击，以发展和扩大战果。此外在本篇末尾，孙武还特别强调国君和将帅对战争要慎重从事。指出，"主不可以怒而兴师，将不可以愠而致战"，应切实掌握"合于利而动，不合于利而止"的"安国全军之道"。孙武这一慎战思想，与其"兵者，国之大事""不可不察"重视战争的思想是一致的。它警告战争指导者切不可凭感情用事，轻率决定战争行动。这种慎战、重战思想是先秦进步军事思想的共同特点之一。

第十三篇《用间》。本篇论述的是使用间谍获取敌方情报的重要性和方法。孙武在篇头指出，战争对国家的人力物力消耗巨大，胜败关系国家存亡，如果不先知敌情就贸然兴兵出战，实在是"不仁"之极。要保证战争取胜，必须"先知"敌情。"先知"则"不可取于鬼神，不可象于事，不可验于度，必取于人，知敌之情者也"。用间是先知的重要途径。

（三）《孙子兵法》涵盖的主要军事思想

《孙子兵法》主要涵盖了以下军事思想，也是《孙子兵法》的精华所在。

1. 安国全军的重战、慎战、备战思想

（1）重战思想

《孙子兵法》开篇就指出："兵者，国之大事，死生之地，存亡之道，不可不察也。"战争是国家的大事，关系到军民生死、国家存亡，是不可不认真研究的。《十一家注孙子》说，"兵之外死，国家存亡，是故兵败长平则赵亡"。四大文明古国之一的古巴比伦公元前729年就已不复存在，就是因战败而亡。可见战争实在是"不可不察也"。孙武总结春秋末期一些国家强盛、一些国家灭亡的经验和教训，提出"兵者，国之大事"的著名论断，这对于人类认识战争的实质是一个巨大贡献。

（2）慎战思想

孙武指出："亡国不可以复存，死者不可以复生，故明君慎之，良将警之。"三国时期刘备为报私仇率兵而起，结果兵败夷陵。伊拉克对国际社会未做充分估计，草率发起入侵科威特战争，结果使伊拉克国民深陷苦难之中，可谓战而不慎。孙武主张"非利不动，非得不用，非危不战"，这些观点至今仍具有很重要价值。

（3）备战思想

在备战问题上，孙武主张"用兵之法，无恃其不来，恃吾有以待也；无恃其不攻，恃吾有所不可攻也"。欧洲的瑞士近两百年无战事，除了它长时间是中立国外，很大程度上还在于它有很强的战争潜力；科威特富得流油，但战备思想松懈，结果被自己的阿拉伯兄弟赶出家园。战争的立足点要放在事先做好充分准备，严阵以待，使敌人不敢轻易向我发动进攻的基点上。

2. 以"道"为首的战争制胜思想

孙武认为，影响战争制胜的因素是多方面的。他在《计》篇中明确指出，要从"道、天、地、将、法"五个方面，即五事来分析研究、探讨战争胜负的可能性，并从"七计"即七个方面的比较中来判明战争胜负属于谁。这七个方面是："主孰有道；将孰有能；天地孰得；法令孰行；兵众孰强；士卒孰练；赏罚孰明"。这些影响战争胜负的因素绝不是等量齐观的，其中必有一种因素是起主导和决定性作用的，孙武认为这个起主导和决定性作用的因素就是"道"，并将其列为五事之首。什么是"道"？孙武解释："道者，令民与上同意也。"很显然这个"道"属于政治范畴。孙武把"道"作为战争胜负的首要条件，并在《形》篇中提出"修道而保法，故能为胜败之政"。这些观点和立论，很自然地触及了战争的本质问题，即战争与政治的关系问题。

3. "知彼知己，百战不殆"的战争指导思想

"知彼知己，百战不殆，不知彼而知己，一胜一负，不知彼，不知己，每战必殆。"孙武用简明扼要的语言指明了战争指导者了解敌我双方情况与战争胜负的关系，从而揭示了指导战争的普遍规律。这一思想是极富科学价值的。自有战争以来，古今中外的战争指导者皆不能违背这一规律。毛泽东对此曾有过高度评价，他在《论持久战》一文中指出："战争不是神物，乃是世间的一种必然现象，因此孙子的规律，'知彼知己，百战不殆'，乃是科学的真理。"这一规律从哲学上讲是实事求是的、朴素的唯物主义思想；从战争理论上讲是分析判断情况的根本规律；从指导战争的意义上讲是先求可胜的条件、再求必胜之机的重要抉择。

4. 以谋略制胜为核心的用兵思想

谋略，是指用兵的计谋。《孙子兵法》军事思想的核心是谋略制胜。战争不仅是军事力量的竞赛，而且是敌我双方政治、经济、外交等综合实力的斗争和较量，也是双方军事指挥艺术的较量，即斗智。孙武谋略制胜思想突出体现在以下几个方面。

（1）"庙算"制胜

"多算胜，少算不胜，而况于无算乎！吾以此观之，胜负见矣。"庙算胜利主要是指战前要从战争全局上对战争诸因素进行分析对比，决定打还是不打，怎么打，在什么时间、地点打，打到什么程度，如何进行战争准备和后方保障。做到有预见、有计划、有保障，心中有数，也就是说，先求"运筹帷幄之中"，后才能"决胜于千里之外"。

（2）诡道制胜

"兵者，诡道也。"用兵打仗是一种诡诈行为，要依靠诡诈多变取胜。如果能较熟练地运用诡道，造成敌人的错觉和过失，创造战机，就能陷敌于被动，这种例子举不胜举，如马陵道之战、诸葛亮的"空城计"、日本偷袭珍珠港、诺曼底登陆等。孙武将诡道归纳为十二法："能而示之不能，用而示之不用，近而示之远，远而示之近，利而诱之，乱而取之，实而备之，强而避之，怒而挠之，卑而骄之，佚而劳之，亲而离之，攻其无备，出其不意，此兵家之胜，不可先传也。"其核心是攻其不备，出其不意。

（3）"不战而屈人之兵"

"故百战胜，非善之善者也；不战而屈人之兵，善之善者也。"在战争中，百战百胜，并不是好中最好的，不战而使敌人屈服才是好中最好的。所以，孙武主张"上兵划谋；其次伐交；其下攻城"。战国时期，秦统一六国就是采用"远交近攻"策略配合外交手段和军事进攻而达成的。西方大国提出的核威慑、不战而胜等观点，都是来自孙武的"全胜"思想。应当指出的是，"全胜"或不战而胜思想是要以强大的武力做后盾的，如果没有强大的军事力量，就不可能达到"全胜"和不战而胜的目的。

5. 文武兼施、恩威并用的治军思想

孙武指出："卒未亲附而罚之则不服，不服则难用也；卒已亲附而罚不行，则不可也。

故令之以文，齐之以武，是谓必取。"将帅还没有取得士卒的爱戴和拥护就去惩罚他们，他们就不会心服，心不服就很难使用他们去作战。将帅已经取得了士卒的爱戴和拥护，而纪律不能严格执行，也不能用他们去作战。因此，一方面要用体贴和爱护使他们心悦诚服；另一方面要用严格的纪律使他们行动整齐。这样才能战必胜。平素命令之所以能贯彻执行，都是由于将帅与士卒相互依赖的缘故。

《孙子兵法》的科学价值和历史功绩是不可磨灭的，但是由于它诞生在2500多年前的古代，难免存有时代和阶级的局限性。主要表现在：战争观方面未能区分战争的性质；治军方面主张愚兵政策；军队补给方面的抢掠政策以及作战原则方面存在的某些片面性等。所有这些缺陷或问题都是我们在学习和运用《孙子兵法》时应注意克服和弥补的。但我们绝不能在认识上对这部伟大著作求全责备，因为这不仅仅是春秋战国时期军事思想中最光辉灿烂的杰出代表，它还具有超越时间和空间的科学价值，是我国乃至世界最宝贵的文化遗产之一。

（四）《孙子兵法》的影响

1. 《孙子兵法》是中国古代军事思想的经典

《孙子兵法》不仅成书年代最早，而且在内容上也较之"武经七书"中的《吴子》《司马法》《六韬》《尉缭子》《三略》《李卫公问对》要全面系统。唐太宗李世民说："朕观诸兵书，无出孙武"；曹操说："吾观兵书战策多矣，孙武所著深矣"；明代茅元仪说，"前孙子者，孙子不遗，后孙子者，不遗孙子"；民主革命先行者孙中山说，"就中国历史来研究二千多年的兵书，有十三篇，那十三篇兵书便成立了中国的军事哲学"。毛泽东称孙子是"大军事家"。他在自己的著作中多次引用《孙子兵法》的观点。在《论持久战》一文中，他指出："中国古代大军事家孙武子书上'知彼知己，百战不殆'这句话，是包括学习和使用两个阶段而说的，包括从认识客观实际中的发展规律，并按照这些规律去决定自己行动克服当前敌人而说的。"告诫人们不要轻看这句话。

2. 《孙子兵法》在国外也备受推崇

《孙子兵法》于唐初时传到了日本。日本人将孙武推崇为"百世兵家之师"，将其著作称为"东方兵学的鼻祖""兵学圣典"和"世界古代第一兵书"。清朝时《孙子兵法》传到欧洲，西欧的战略家们对之爱不释手。拿破仑在作战中经常披阅《孙子兵法》。发动第一次世界大战的德皇威廉二世，在战败后的流亡生活中读到《孙子兵法》后叹息地说："可惜二十年前没有看到这本书。"

第三节　毛泽东军事思想

毛泽东是伟大的马克思主义者，伟大的无产阶级革命家、战略家、军事家和理论家，是中国共产党、中国人民解放军和中华人民共和国的主要缔造者和领导者。在长期的革命斗争中，以毛泽东为代表的老一辈革命家，凝聚全党全军的集体智慧，创造性地形成了毛泽东思想。

一、毛泽东军事思想的科学含义和特色

（一）毛泽东军事思想的科学含义

毛泽东军事思想是以毛泽东为主要代表的中国共产党人关于当代中国革命战争、革命军队和国防问题的科学理论体系。它是毛泽东思想的重要组成部分，是马克思列宁主义原理同中国革命战争具体实践相结合的产物，是中国人民革命战争、军队建设和国防建设及国家防卫实践经验的科学总结和理论升华，是中国共产党人集体智慧的结晶。

1. 毛泽东军事思想是马列主义普遍原理与中国革命战争和国防建设实践相结合的产物

列宁、斯大林开创了工人武装通过城市起义取得政权的先例。以毛泽东为代表的中国共产党人根据中国大革命夭折的教训，建立了我党领导的以农民为主体的新型人民军队，开辟了以农村为根据地、走农村包围城市的革命道路，将马列主义的普遍原理与中国革命战争的具体实践科学地结合起来，在这种结合中，产生了第一次历史性的飞跃，从而形成了具有中国特色的完整科学的军事思想体系——毛泽东军事思想。因此，可以说毛泽东军事思想是马克思列宁主义普遍原理与中国革命战争具体实践相结合的第一次历史性飞跃的产物，是马克思列宁主义军事理论在中国革命战争实践中的具体运用和发展。这就是说，毛泽东军事思想是马克思列宁主义的，但又不是马克思列宁主义的简单照搬，而是中国化的马克思列宁主义军事理论。

2. 毛泽东军事思想是中国革命战争、反侵略战争、人民军队和国防建设实践经验的科学总结

中国的革命战争主要包括国共合作的北伐战争、土地革命战争、抗日战争、解放战争。中国革命战争规模之巨大、情况之复杂、道路之曲折、形式之多样、内容之丰富，不仅在中国历史上是空前的，在世界历史上也是罕见的。通过这些战争的武装斗争，我党领导中国人民推翻了旧中国的反动政权，粉碎了外敌入侵，捍卫了民族独立，建立了新中国，并通过抗美援朝战争和边境自卫反击作战巩固了国防，维护了国家安宁和世界和平。理论来源于实践而又被实践检验证明是正确的才是科学的理论。毛泽东军事思想不是个别天才头脑里主观臆造的理论概念，不是先于中国革命战争实践的秘密产物，而是以毛泽东为代表的中国共产党人对中国革命战争实践经验的科学总结，是来源于中国革命战争实践而又被中国革命战争实践证明是正确的科学理论。

3. 毛泽东军事思想是毛泽东思想的重要组成部分

党的十一届六中全会通过的《关于建国以来党的若干历史问题的决议》指出，毛泽东思想主要内容的基本点：一是关于新民主主义革命的理论；二是关于社会主义革命和社会主义建设的理论；三是关于革命军队的建设和军事战略的理论；四是关于政策和策略的理论；五是关于思想政治工作和文化工作的理论；六是关于党的建设理论。其中第三点就是军事思想。在取得全国政权前的 22 年，军事斗争是我们党的工作重心，占有最突出的地位。毛泽东和他的战友们以极大的精力研究军事以指导战争，因而军事著作很自然地在他的著作中占有大量篇幅和重要地位。毛泽东在指导战争的过程中，将军事、政治、哲学、经济、文化、

党的建设熔于一炉，因而在他的其他部分论著中也不可避免地大量论及军事斗争问题。蕴藏在毛泽东军事思想中的许多原理，也经常被毛泽东引申到重大的政治、经济等理论著作中。毛泽东对军事实践活动倾注了大量的精力，指导战争又是他一生中最辉煌的经历，因而其军事思想部分必然在其整个思想体系中占有重要的位置。国外众多著名军事理论研究者普遍认为，共产党军事思想的最好阐述见诸中国。

4. 毛泽东军事思想是以毛泽东为主要代表的中国共产党集体智慧的结晶

毛泽东军事思想虽然以毛泽东的名字命名，但它不是毛泽东一个人智慧的产物，而是中国共产党人集体智慧的结晶。这是因为中国革命战争及其人民军队的创建是在以毛泽东为代表的中国共产党人共同领导下进行的。加之毛泽东在指导中国革命战争过程中，不仅能听取各战略区指挥员的意见，而且善于把各战略区作战、建军的经验教训上升到理论高度加以认真总结和抽象。所以，毛泽东在 1942 年延安整风时说，毛泽东思想不是我一个人的思想，是千百万先烈用鲜血写出来的，是党和人民的集体智慧。

由此可见，毛泽东军事思想既是中国共产党人集体智慧的结晶，又同时反映了毛泽东个人的知识、智慧和贡献，而且是其中的杰出代表。正因为如此，如同用马克思的名字来命名马克思主义这个科学理论一样，中国共产党也以毛泽东的名字来命名这一中国化的马克思主义军事理论——毛泽东军事思想。

（二）毛泽东军事思想的特色

1. 符合中国国情的特色

在半殖民地半封建的中国，没有民主制度，没有民族独立，帝国主义和中华民族的矛盾、封建主义和人民大众的矛盾是社会的主要矛盾，中国绝大多数人口是农民，帝国主义和封建主义的薄弱环节在农村。针对这种特殊的国情，毛泽东创造性地运用马克思列宁主义基本原理于中国革命战争的实际，没有照搬俄国"十月革命"在城市举行武装起义的经验，而是成功地探索出一条崭新的以农村包围城市的革命道路，解决了中国建设人民军队、进行人民战争的一系列重大理论与实践问题。

毛泽东军事思想并不是马克思主义军事思想理论的简单阐述，更不是马克思主义军事理论在中国的照搬，而是将马克思主义基本原理与中国革命战争实践相结合创造出来的。毛泽东军事思想的基本理论，完全符合中国的国情，具有中国特色，是马克思主义军事理论在中国的具体化。

2. 丰富多样的实践特色

毛泽东在领导中国革命战争和国防建设的实践中，经历了从没有军队到创建军队和发展壮大军队的实践；经历了土地革命战争、抗日战争、解放战争和抗美援朝战争以及边境自卫反击作战的实践；经历了同国内反动派、日本帝国主义、号称世界第一流的美帝国主义军队作战的实践；经历了实行战争和进行国防建设与防止战争的实践。在长达半个世纪的时间里，毛泽东从指导战争与国防建设实践中总结经验，上升为理论，并经过实践、认识、再实践、再认识的多次反复过程，成为指导中国革命战争不断取得胜利的理论科学。

3. 高度思辨的哲学特色

毛泽东运用马克思主义辩证法深刻地阐明了军事领域中的辩证规律，对若干范畴，诸如军事与政治、军事与经济、武器与人、战略上藐视敌人与战役战术上重视敌人、保存自己与消灭敌人、进攻与防御、内线与外线、持久与速决、主动与被动、集中与分散、计划性与灵活性、运动战与阵地战、正规战与游击战、歼灭战与消耗战等，都做了生动辩证的论述与分析。

毛泽东把马克思主义哲学精髓熟练地运用于军事，善于从世界观和方法论的高度分析战争中的各种矛盾和问题，从而揭示了中国革命战争的发展规律，从哲学高度回答和解决了战争的战略指导与策略运用以及战役战术和军队指挥等重要问题，形成了具有哲学特色的军事思想。毛泽东关于战争与国防问题的大量论著，其中有的不仅是重要的军事论著，而且是重要的哲学论著。

4. 共同创造的集体特色

对于毛泽东军事思想的形成，毛泽东个人做出了主要的第一位的贡献，党和军队的许多领导人，也对毛泽东军事思想的形成与发展做出了多方面的贡献。1927 年党独立领导武装斗争的初期，各地党和红军领导人就在各自的斗争实践中，探索和总结创建人民军队、进行革命战争的经验教训，提出了许多有关革命战争的战略战术和建军原则。1935 年党的遵义会议以后建立了以毛泽东为核心的中央领导集体，党关于军事工作的重大决策都经过了党中央领导集体讨论，集中了集体智慧。党的许多领导人和军队高级指挥员们，在不同时期、不同工作岗位上，表现了高超的军事指挥艺术和军事工作才能。他们具有丰富的实践经验和高超的军事理论水平，撰写了许多军事论著，从各方面充实阐释、丰富了毛泽东军事思想。

5. 批判吸收的借鉴特色

毛泽东在指导中国革命战争实践活动及其经验总结和理论概括中，都注重借鉴吸收中国古代军事精华，以达到古为今用的目的。在毛泽东的军事著作中，不仅大量引用了古代大量的战例，而且对中国古代军事思想做了深刻的阐述，将"知彼知己，百战不殆""兼听则明，偏信则暗""避其锐气，击其惰归""将欲取之，必先与之""运用之妙，存乎一心"等观点用于中国革命战争的实践。另外，毛泽东在其军事著作中，还引用了公元 16 世纪拉丁系国占领南美、第一次世界大战、第二次世界大战和俄国"十月革命"后苏联内战等十余个战例，涉及 20 多个国家的战争情况。这些外国的战争史和军事理论，对毛泽东军事思想中关于战争和政治的辩证关系，积极防御与持久作战的方针，避免不利条件下的战略决战，争取主动等以弱胜强的战争指导理论的形成和发展都起到了一定程度的借鉴作用。

二、毛泽东军事思想的产生、形成和发展

毛泽东军事思想的产生、形成和发展，是同中国革命战争的发生、发展和胜利，以及新中国成立后的国防建设和军事斗争联系在一起的。

（一）毛泽东军事思想的萌芽

毛泽东军事思想的萌芽阶段是在大革命时期。在党的一大通过的党纲中明确提出了用革

命手段推翻旧政权的历史任务。1924 年，国共第一次合作，大批共产党人进入黄埔军校与国民革命军学习和工作，在军队中创建了政治工作和党代表制度，并逐步掌握了部分军队和民众武装，先后参加了广东战争和北伐战争，开始懂得了武装斗争的重要性。在此期间，毛泽东在广州主持第六届农民运动讲习所时向学员们指出："搞革命就是刀对刀，枪对枪，要推翻地主武装团防局，必须建立农民自己的武装，刀把子不掌握在自己人手里就会出乱子。"他还在《湖南农民运动考察报告》中明确指出了无产阶级领导农民进行革命斗争的重要性，并提出："推翻地主武装，建立农民武装；推翻封建统治，建立农民政权。"

在中国革命历史发生转折的紧要关头，毛泽东于 1927 年 7 月 4 日在中共中央常委扩大会议上，针对党内一些同志的右倾主张提出了"上山可造成军事势力的基础"。同年 8 月，在党的"八七会议"上，毛泽东提出"今后要非常注意军事，须知政权是由枪杆子中取得的"。这些都为毛泽东军事思想产生奠定了基础。

（二）毛泽东军事思想的形成

毛泽东军事思想的初步形成是在土地革命战争时期。1927 年 8 月 1 日，我党在南昌发动起义，打响了反对国民党反动派的第一枪。随后，根据"八七会议"的精神，我党在全国各地领导了规模不等的武装起义。9 月，毛泽东领导了湘赣边界的秋收起义。在起义受挫时，毛泽东毅然改变了攻打长沙的计划，率领余部向反动派统治薄弱的农村进军。在井冈山地区开展游击战争，发动农民土地革命，建立工农民主政权，成功地创建了我国第一个革命根据地。1928 年 4 月，朱德、陈毅率领南昌起义保留下来的部分部队到井冈山与毛泽东会师，壮大了革命力量。这期间，毛泽东总结"工农武装割据"的经验，先后写了《中国的红色政权为什么能够存在？》《井冈山的斗争》《关于纠正党内的错误思想》和《星星之火，可以燎原》等著作，在实践中找到了以农村为根据地，建立工农武装，开展游击战争，以农村包围城市的中国革命的成功之路。

毛泽东提出的以农村根据地为依托，把武装斗争和土地革命结合起来，发动广大农民开展广泛的人民战争，以及"党指挥枪"的原则，标志着毛泽东人民军队和人民战争思想开始产生。在粉碎国民党"围剿"的过程中，他总结出了诱敌深入的方针和游击战术，随后又将游击战向运动战发展，提出了"诱敌深入"的方针，逐步形成了红军作战以积极防御为核心的战略战术，从而奠定了我军战略战术的第一块基石。1936 年 12 月毛泽东在《中国革命战争的战略问题》一文中阐明了无产阶级对待战争的根本观点和研究指导战争的基本方法，深刻分析了中国革命战争的特点和规律，系统论述了中国革命战争的战略指导问题，确立了积极防御的基本原则。随后毛泽东发表了《实践论》《矛盾论》等包含丰富军事内容的重要哲学著作，以军事辩证法观点系统回答了中国革命战争的战略和策略问题。

（三）毛泽东军事思想科学体系的建立

毛泽东军事思想科学体系是在抗日战争时期建立起来的。1938 年毛泽东在《抗日游击战争的战略问题》《论持久战》《战争和战略问题》等军事名著中，阐明了抗日游击战争的战略地位和整套人民战争战略战术原则的理论。1944 年毛泽东、周恩来合著的《关于军队政治工作问题》报告，对我党我军的政治工作进行了系统总结，进一步阐明了我军政治工作的性质、方向、任务和方法。1945 年党的六届七中全会做出的《关于若干历史问题的决议》总结了革命战争的历史经验，系统阐述了人民军队的建设和军事战略理论。毛泽东在七大所做的《论联合政府》报告中，全面阐述了人民军队的建军宗旨和人民战争的基本内容。此外，这一时期毛泽东军事思想还展现于毛泽东其他著作中，如毛泽东的《和英国记者贝兰特的谈话》《论新阶段》等。至此，毛泽东军事思想的内容基本上包括了毛泽东战争观和战争方法论、人民军队、人民战争、人民战争的战略战术和国防建设等，形成了一个完整的科学体系。

（四）毛泽东军事思想的全面成熟

毛泽东军事思想的全面成熟是在解放战争时期。在战争指导问题上，毛泽东相继发表了《抗日战争胜利后的时局和我们的方针》《以自卫战争粉碎蒋介石的进攻》《集中优势兵力，各个歼灭敌人》《大举出击，经略中原》《将革命进行到底》等大量文章和电文，不仅发展了战略防御和运动战理论，而且创造了战略反攻、战略进攻、战略决战和战略追击等系统理论。

（五）毛泽东军事思想在社会主义时期进一步丰富完善

新中国成立以后，毛泽东军事思想又取得了进一步丰富和完善，为我国国防现代化建设提出了新任务，并制定了一系列原则和方针，从而使我国国防事业的发展进入了一个新的历史阶段。

1. 抗美援朝战争时期

抗美援朝战争是一场挫败强敌的反侵略战争，其间毛泽东先后发表了《给中国人民志愿军的命令》《采取轮番作战的方针》《对美英军目前应实行战术的小包围，打小歼灭战》《祝贺中国人民志愿军的重大胜利》《抗美援朝的伟大胜利和今后的任务》等著作和电文，提出并阐述了现代条件下进行反侵略战争和建军的一系列理论原则。在这场战争中，我军以劣势装备战胜了世界一流装备的美军，初步取得了现代条件下作战的新经验。毛泽东根据这场战争的特点，提出和解决了现代条件下进行国际主义行动的局部战争的方针、政策和作战原则。如志愿军出国作战的政策纪律；军事打击和政治斗争紧密结合；利用初战的突然性夺取先机之利；对战斗力较强的美军实行战术小包围和打小歼灭战；讲究打坦克、反空袭、反空降、反登陆作战的方法；以"零敲牛皮糖"的原则不断歼灭和消耗敌人有生力量；依托坑道工事进行坚守防御；以战术、战役的反击大量歼灭敌人；重视兵力、火力对比和军队的伪装隐蔽；建立强大的后勤保障，等等。

2. 社会主义革命和社会主义建设时期

在社会主义革命和社会主义建设时期，毛泽东提出了建设现代化、正规化的国防军，以抵御外敌入侵的历史任务，并确立了向国防科技尖端发展的战略，使我军进入了建军的高级阶段。毛泽东还特别强调要研制尖端武器，要搞好"两弹一星"，要提高国防实力，否则"落后就要挨打"，就要被"开除球籍"。因此他说："我们不但要有更多的飞机大炮，而且还要有原子弹。在今天这个世界上，我们要不受人家欺侮，就不能没有这个东西。"在加强我军现代化、正规化建设的同时，毛泽东领导并制定了积极防御的战略方针；强调后备力量建设；强调现代化条件下的人民战争；强调帝国主义是现代化战争的主要根源；提出了三个世界划分的理论和建立反帝、反霸统一战线的策略；要求平战结合，加强三线建设，做好长期反侵略战争的准备等。

党的十一届三中全会后，我党结合新的历史条件，继承和发展了毛泽东军事思想。

三、毛泽东军事思想的科学理论体系

毛泽东军事思想具有完备的体系，内容极为丰富，主要由无产阶级的战争观和方法论、人民军队、人民战争、人民战争的战略战术和国防建设五部分组成。

（一）无产阶级的战争观和方法论

毛泽东运用辩证唯物主义与历史唯物主义，研究并指导中国革命斗争问题而形成的战争观和方法论是毛泽东军事思想的理论基础。毛泽东军事思想对战争起源、战争性质、战争目的、现代战争根源，以及对战争的态度、作战指导、国防与军队建设等问题都做了唯物辩证论述。

1. 坚持正确的战争观

在阶级社会中，战争是用以解决阶级和阶级、民族和民族、国家和国家、政治集团与政治集团之间在一定发展阶段上的矛盾的一种最高的斗争形式。战争是政治性质的行为，自古以来没有不带政治性质的战争。然而，战争不等于一般的政治，而是流血的政治。政治发展到一定的阶段，再也不能前进了，于是利用战争以扫清政治道路上的障碍。历史上的战争分为正义和非正义两大类，一切进步的，符合人民利益、推动社会向前发展的战争是正义战争，一切违背人民根本利益、阻碍社会向前发展的战争是非正义战争。共产党人反对一切阻碍进步的非正义战争，支持进步的正义战争，根本目的是最终消灭一切战争，实现人类永久和平。

2. 认识与掌握战争规律

战争同其他客观事物一样，存在着内部矛盾运动发展的规律。战争规律分为一般规律和特殊规律。存在于一切战争之中的诸如敌我、攻防、进退、胜败等相互联结又相互斗争的矛盾运动发展的本质性规律，是战争的一般规律。不同时间、地域和性质的战争各有其特殊性，存在着不同于其他战争的特殊规律。一般战争规律寓于特殊战争规律之中。战争规律不是一成不变的，随着客观物质条件的发展，战争规律也不断发展。

3. 遵循战争规律，解决指导战争的问题

使主观指导和客观实际相符合是正确指导战争的前提和基础。熟识敌我双方各方面的情况，找出其行动规律，并且运用这些规律于自己的行动中，是正确进行战争指导的基本方法。

此外，毛泽东的战争观和方法论还运用于正确处理国防建设和军队建设中的各种矛盾关系。经济建设是国防建设的物质基础。在相对稳定的和平时期，国防建设必须服从经济建设，国防建设与经济建设之间也需要正确解决需要与可能、战时与平时、军用与民用等方面的矛盾关系，这是搞好国防建设，促进国民经济协调发展的重要前提。

（二）人民军队思想

中国革命的主要组织形式是军队。在中国，没有一支人民的军队，便没有人民的一切。毛泽东从中国革命战争的实际需要出发，提出必须把建立一支人民的军队作为武装斗争的首要问题。要建设一支无产阶级性质的新型人民军队，必须确立和坚持一系列基本的建军原则。

1. 紧紧地和人民站在一起，全心全意地为人民服务是人民军队的唯一宗旨

在建立全国政权之后，人民军队既是保卫社会主义制度的钢铁长城，又是建设社会主义物质文明和精神文明的重要力量。

2. 党对军队的绝对领导是人民军队建军的根本原则

中国人民解放军是中国共产党缔造和领导的执行革命政治任务的武装集团，在党与军队的关系上只能是党指挥枪，而绝不允许枪指挥党。

3. 强有力的革命政治工作是人民军队的生命线

政治工作应坚持以马克思列宁主义为指导，根据中国共产党在不同历史时期的总任务，以及由此规定的军队的具体任务而展开。政治工作应服务于军队的革命化、现代化、正规化建设，从思想上、政治上、组织上保证党对军队的绝对领导，保证军队内部的团结和军政、军民团结，保证军队战斗力的提高和各项任务的完成。

4. 加强军事建设是人民军队履行自身职责的重要保证

毛泽东强调，人民军队要由低级阶段不断向高级阶段发展。革新军制离不开现代化，要贯彻精兵的原则，以精简、统一、效能、节约和反对官僚主义为目的，使体制编制从带游击性的旧阶段逐步发展到更带正规性的新阶段。要高度重视武器装备的发展，适时进行整训，努力提高军队的文化素质以及指挥员的军事理论和作战指挥水平，不断提高战斗力。

（三）人民战争思想

毛泽东把马克思列宁主义的历史唯物主义原理创造性地运用于中国革命战争实践，创立了一整套具有中国特色的人民战争理论。

1. 依靠人民群众进行战争

毛泽东指出，革命战争是群众的战争，只有动员群众才能进行战争，只有依靠群众才能进行战争。

2. 建立农村革命根据地

毛泽东认为，在半殖民地半封建的中国，帝国主义、封建地主阶级和官僚资产阶级，在很长一个时期里势力非常强大，并且控制着中心城市，实行法西斯统治。因此，中国革命的武装斗争首先从城市开始不能取得胜利。中国革命应当走先占领农村，以农村包围城市，最终夺取城市的道路。

3. 建立三结合的武装力量体制

人民军队是实行人民战争的骨干力量，必须按照无产阶级的建军原则建立一支强大的人

民军队。同时，根据不同的任务特点和要求将人民军队划分为野战军和地方军，并同游击队与民兵有机地结合起来形成三结合的武装力量体制。

4. 把武装斗争同其他斗争形式结合起来

只有武装斗争，而无其他斗争形式相配合，还不是全面的、彻底的人民战争。因此，要在进行武装斗争的同时，在政治、经济、思想、文化等多条战线上以各种形式广泛全面地展开对敌斗争。

（四）人民战争的战略战术

毛泽东根据中国革命战争规律和特点，领导人民军队和人民群众在同强大敌人进行长期革命战争的实践中，为了达到以弱胜强、克敌制胜的目的，创造了极具中国特色的、从实际出发，以机动灵活为主要特点的战略战术理论，其内容极为丰富精彩。

1. 战争的目的是保存自己、消灭敌人

毛泽东认为，保存自己、消灭敌人是战争的最高目的，古今中外，概莫能外。在二者的关系中，消灭敌人是主要的，保存自己是第二位的，只有大量地消灭敌人，才能有效地保存自己；保存自己的目的在于消灭敌人，而消灭敌人又是保存自己最有效的手段。

2. 战略上藐视敌人，战术上重视敌人

毛泽东指出，在战争中，要认识到反动势力是反人民的、落后的、腐朽的力量，是纸老虎，终究要走向灭亡，因而在战略上、在全局上要藐视它，树立斗争的勇气和胜利的信心。但同时也要看到反动势力又是活生生的真老虎，暂时强大，并且不会自行灭亡，因此在战术上又要重视它，对每一局部、每一场作战要采取谨慎的态度，讲究斗争艺术，运用适当战法，集中全力战胜它。

3. 实行积极防御，反对消极防御

毛泽东指出，积极防御又叫作攻势防御、决战防御，消极防御又叫作专守防御、单纯防御。消极防御实际上是假防御，只有积极防御才是真防御，才是为了反攻和进攻的防御。中国革命战争应当采取积极防御的战略方针，在战略上把防御和进攻辩证地统一起来。

4. 集中优势兵力，各个歼灭敌人

毛泽东强调，在战略上敌强我弱、敌优我劣的条件下，为了改变敌我进退、攻防和内外线的形势，将被动转为主动，要贯彻在战略上"以一当十"、在战术上"以十当一"的思想，实行集中优势兵力、各个歼灭敌人的作战原则。

5. 适时进行战略转变，灵活运用各种作战形式

毛泽东指出，适时进行军事战略的转变，对于战争的坚持、发展和胜利具有重要的意义。战略转变通常反映在运动战、阵地战、游击战三种作战形式的转换上。他强调，运用作战形式必须适时得体、巧妙结合，根据战争各时期、各阶段、各地区敌我力量的不同情况，灵活地选择主要作战形式，并且把这三种作战形式有机地结合起来。

6. 不打无准备之仗，不打无把握之仗

毛泽东从中国革命战争敌强我弱的客观条件出发，把不打无准备之仗、不打无把握之仗

作为一条重要的军事原则，强调每仗均应力求有充分准备，力求在敌我条件对比上确有胜利的把握。

7. 执行有利决战，避免不利决战

毛泽东指出，决战是解决两军之间胜负问题的根本方式，也是战争或战役中最激烈、复杂多变的时节，要选准决战的时机，一切有把握的战役和战斗应坚决地进行决战，一切无把握的战役和战斗则应避免决战。

8. 力争战争的主动权，正确把握灵活性和计划性

主动权是军队的自由权。军队如果被逼处于被动，不恢复主动，就会失败。因此，要力争主动，力避被动。

（五）国防建设思想

新中国成立后，毛泽东在领导党和人民进行社会主义革命和社会主义建设的过程中，在正确分析国际战略形势和国家安全环境的基础上，提出了一系列关于加强国防建设和保卫国家安全的原则、目标、计划和措施，逐步形成了关于建设现代化国防和保卫国家安全的理论，有力地指导了国防现代化建设和多次自卫反击作战。

1. 必须建立巩固的国防

为了有效地抵御外来反动势力的侵略，保卫人民的胜利成果，保证社会主义革命和社会主义建设顺利进行，获得了胜利的中国人民一定要建立巩固的国防。在英勇的、经过考验的人民解放军的基础上，人民武装力量必须保存和发展起来，不仅要有强大的陆军，而且要有强大的海军和强大的空军。

2. 实行积极防御的战略方针

我国是社会主义性质的国家，不会侵略别国。我国奉行和平外交政策，主张与不同社会制度的国家和平共处，以和平共处五项基本原则来建立国与国之间的关系，以谈判的方式而不是战争的方式来解决国际争端。据此，我国国防执行的是积极防御的战略方针。

3. 建设一支强大的国防军

建设一支强大的国防军，以保卫我国社会主义建设，抵御外来侵略，是和平时期人民军队建设的总方针和总任务。相对稳定和平时期的军队建设，必须继承和发扬我军的优良传统，全面加强军队的现代化建设，建立正规化制度，发展现代军事理论，培养适应现代战争的合格人才。

4. 建立独立完整的国防科技和国防工业体系

为了给军队现代化建设提供强大的技术和物质基础，必须建立独立、完整的国防科技和国防工业体系。

5. 建设强大的国防后备力量

要从总体上加强国防后备力量建设，以适应未来战争的需要；民兵是巩固国家政权的重要力量之一，要将民兵同预备役结合起来；大力开展国防教育，抓好对青少年的军训工作。

四、毛泽东军事思想的历史地位

以毛泽东为主要代表的中国共产党人，在长期的中国革命战争和军队建设过程中，把马克思列宁主义军事理论同中国革命战争具体实践相结合，形成了当代最先进的军事科学——毛泽东军事思想。它深刻地提示了战争的本质和基本规律，全面回答和解决了当代面临的一系列重大军事问题，创造性地丰富和发展了马克思列宁主义军事理论，指导中国革命战争取得了伟大胜利。毛泽东军事思想在中国乃至世界军事史上独树一帜，占有极其重要的历史地位。

（一）毛泽东军事思想创造性地丰富和发展了马克思主义军事理论

中国革命战争是中外历史上最宏伟的一场人民革命战争，以毛泽东为代表的中国共产党人，为了正确指导这场战争，一方面，完全忠实于马克思列宁主义的基本原理，用它的立场、观点、方法认识和解决革命战争中的实际问题；另一方面，又完全从中国的实际情况出发，独立地、创造性地解决革命战争中的实际问题。因而，毛泽东军事思想是对马克思军事理论创造性地运用和发展，极大地丰富和发展了马克思主义军事理论。

（二）毛泽东军事思想是中国革命战争胜利和国防现代化建设的理论指南

先进的军事思想一旦被群众所掌握，就会产生巨大的物质力量。毛泽东军事思想是中国革命战争的光辉记录，中国革命战争的胜利正是在它的指引下取得的。发生在 20 世纪前叶的中国革命是中国历史上的一个伟大事件，要在这一场史无前例的革命战争中取得胜利，没有先进的军事理论作指导，是不可能的。正如邓小平所说的："没有毛主席，至少我们中国人民还要在黑暗中摸索更长的时间。""毛主席最伟大的功绩就是把马克思列宁主义的原理同中国革命的实际结合起来，指出了中国夺取革命胜利的道路。"新中国成立以来，他又指引全中国人民取得了国防现代化建设、抗美援朝战争和边境自卫反击战的伟大胜利。实践证明，以毛泽东军事思想为指导，革命战争就胜利，国防现代化建设就发展，毛泽东军事思想是中国革命战争胜利和国防现代化建设的指南。

（三）毛泽东军事思想在世界上具有广泛影响

由于毛泽东军事思想科学地揭示了革命战争的客观规律，因而受到了为民族独立和解放而斗争的第三世界国家人民的重视，他们十分注意吸取和运用毛泽东军事思想。阿尔及利亚军民在反对法国殖民主义的武装斗争中，曾经从《中国革命战争的战略问题》一书中吸取力量，经过 7 年多的战争，终于战胜法国殖民主义者，赢得了民族独立。莫桑比克、津巴布韦、几内亚等国的自由战士，运用毛泽东人民战争理论，结合本国实际情况，在农村建立根据地，组织民兵、游击队和正规军，开展游击战争，最后取得了独立。国外一些军事理论家、评论家对毛泽东军事思想给予了高度评价。美国前国务卿基辛格在《核子武器与外交政策》一书中说："关于共产党军事思想的最好阐述，不见诸苏联的著作，而见诸中国的著作。""毛泽东基于大家熟悉的列宁主义学说，即战争是斗争的最高形式，研究出一套军事理论。这套理论表现出高度的分析力、罕有的洞察力……"英国军事评论家巴特曼在《在东方的失败》一书中指出："毛泽东是掌握打开这个时代军事奥秘之锁的全套钥匙的一个时代的人物。"1972 年 2 月，美国总统尼克松访华与毛泽东会见时发自内心而非客套地说："主席的著作推动了一个民族，改变了整个世界。"毛泽东军事著作已成为各国军事家必读的经典，有的国家还把毛泽东军事思想列为军事院校的必修课。毛泽东军事思想已经成为世界军事领域共同的财富，在世界军事思想史上占有重要的地位，是当代世界具有最大影响的军事思想。

第四节　邓小平新时期军队建设思想

邓小平新时期军队建设思想是邓小平理论的重要组成部分，是邓小平建设有中国特色社会主义理论的基本理论、基本路线和基本方针在军事领域的展开和延伸，是对毛泽东军事思想在新的历史时期的继承和发展，是当代中国的马克思主义军事理论。

邓小平以一个伟大的无产阶级军事家、战略家的远见卓识，针对军事战线面临的新形势、新任务，深入分析和平的发展趋势和战争的潜在危险、国家的根本利益和国家的安全需要、武装力量的建设和运用等一系列问题，从不同侧面揭示新时期军队建设和军事斗争的规律，提出了一系列极其重要而又相互联系的军事理论观点。这些军事理论观点构成了一个科学理论体系，其主要内容是关于相对和平时期人民军队建设的理论，其核心就是走有中国特色的精兵之路，建设一支强大的现代化、正规化革命军队。

一、邓小平新时期军队建设思想的主要内容

（一）现代战争理论

战争与和平问题是马克思主义军事理论的一个重要内容，它涉及人类命运和文明发展的大问题，也是制约军事战略、国防建设和军队建设，乃至影响国家内外政策的基本问题。邓小平依据马克思主义基本原理，对新的世界形势进行了全面而深刻的观察和分析，提出了现代战争的新理论，极大地丰富和发展了马克思主义的战争理论。其主要内容如下：

1. 和平与发展是当今世界的两大主题

20 世纪 80 年代以后，邓小平依据对国际形势的观察和对世界主要矛盾的分析，做出了和平与发展是当代世界两大主题的科学论断，其基本观点：第一，维护世界和平是全世界人民的共同愿望，是各国谋求发展、友好合作，促进共同繁荣必不可少的条件，也是当今世界不可逆转的历史潮流。第二，促进发展成为当今世界各国面临的共同课题和任务。广大发展中国家在取得政治独立后，面临的主要任务是发展民族经济和科学技术，提高人民的物质文化生活水平，并以经济上的发展来巩固政治上的独立。即使是发达资本主义国家，在科学技术高速发展的新形势下，也面临着再发展的问题。因此，促进发展既是发展中国家的迫切要求，也是发达国家面临的重要课题。第三，在和平与发展中，发展是核心问题，如果没有发展，和平就没有基础，因此，发展更带有根本性和长远性。第四，争取世界经济发展，就必须反对霸权主义，维护世界和平，建立合理的国际政治、经济新秩序，促进世界经济的繁荣，促进世界的和平与稳定。

2. 世界大战可以避免，但战争危险依然存在

基本观点：第一，由于世界上一切爱好和平的国家和人民的共同努力，和平力量的发展超过了战争力量的发展，在各种制约战争因素的共同作用下，使推迟乃至避免世界大战成为可能。第二，具有发动世界大战能力的两个超级大国的力量呈相对均势，双方的战略扩张屡屡受挫，在没有完成全球战略部署的情况下，谁也不敢轻易发动战争。因而在较长时间内不发生大规模世界大战是可能的。第三，世界大战可以避免，但战争危险依然存在，和平是相对的。第四，世界战争可以避免并不是指一切战争都可以避免，在大战打不起来的情况下，局部战争和地区冲突成为战争的主要形式。第五，缓和也并不是没有斗争，在缓和的背后，掩盖着一些国家从过去军备竞赛、争取军事优势为主，转向争夺包括经济、科技、军事等在内的综合国力的优势。

3. 霸权主义是当代战争的主要根源

要维护和平、制止战争，就要反对霸权主义。20世纪80年代末期，世界形势发生了急剧变化，苏联解体结束了两个超级大国对峙争霸的局面。但是，霸权主义的影响依然存在。邓小平明确指出，"当今世界不安宁来源于霸权主义的争夺""霸权主义是战争的根源"。他还对现代战争的根源做了具体的分析，指出只有对外奉行霸权主义的国家，才是现代战争的根源，并强调指出："我们的政策要着眼于反对霸权主义，维护世界和平；谁搞霸权主义就反对谁，谁搞战争就反对谁。"他提出了解决国际争端、维护世界和平的新思路，这就是从维护国家的根本利益这个大局出发，兼顾国家的发展需要和维护国家主权的需要。在坚持和发展和平共处五项原则的基础上，提出了"一国两制"的新构想和解决国际争端的新办法。

（二）军事战略理论

1. 在新的历史时期，必须继承和发展积极防御的战略思想

邓小平关于继承和发展积极防御的战略思想着重强调了以下基本精神：一是强调了寓攻于防、攻防结合这种积极防御战略思想的基本精神。他指出："积极防御本身就不只是一个防御，防御中有攻进。"二是强调要充分重视战争准备。他说："仗总有可能有一天要打起来。我们绝对不能浪费时间，要加紧备战工作，特别是要训练干部学会指挥现代战争。"三是强调坚持后发制人的基本精神。指导新时期军事斗争，既要慎重，又要坚决，实施有理、有利、有节的斗争，始终掌握战略上的主动权。四是强调持久作战的基本精神。对我军来说，坚持持久作战，不仅是战胜强敌所必需的，而且也具备这方面的许多有利条件。

2. 必须坚持积极防御的战略方针

一是坚持积极防御战略方针，既是我们社会主义国家性质和人民军队的本质决定的，也是保卫国家安全、维护国家利益、夺取战争胜利所必需的。二是坚持积极防御战略方针，必须立足以劣势装备战胜优势装备之敌。要根据变化了的新情况研究军队的编成和适应现代战争需要的军队体制编制。要抓好训练，提高部队的军政素质，这是以劣势装备战胜优势装备之敌的重要保证。三是坚持积极防御的战略方针，在军事上必须适应客观的发展变化，保持战略指导上的灵活性，以适应不同对象、不同方向、不同样式和不同规模的局部战争与武装冲突的需要，从而更加有效地捍卫国家领土、主权和海洋权益，维护国家安全和世界和平。

3. 必须坚持人民战争

邓小平继承和发展毛泽东人民战争思想，提出了适应现代技术特别是高新技术条件下的人民战争理论。一是在现代条件下，必须坚持人民战争。实行人民战争是由我们所进行的战争的正义性决定的，是以人民群众是历史的创造者这一历史唯物主义原则为理论基础的，科学技术的发展和武器装备的更新，只是改变了战争的物质条件，只能影响战争的进程，而绝对不能改变战争的性质和人民群众在战争中的决定作用。二是坚持人民战争并不是不要国防和军队现代化。邓小平在强调必须坚持现代条件下人民战争的同时明确指出，搞人民战争并不是不要国防和军队现代化，而是要把坚持现代化条件下的人民战争同国防和军队现代化结合起来，作为一个完整的战略问题加以考虑。三是实行现代条件下的人民战争必须根据发展变化了的情况，努力研究新情况、总结新经验、探讨新战法、概括新理论，发展人民战争的战略战术，以适应现代条件下人民战争实践的需要。

（三）国防建设理论

1. 从国际国内形势和社会主义建设全局出发，做出了国防建设、军队建设指导思想实行战略性转变的重大决策

党的十一届三中全会后，邓小平从国际国内形势发展变化和我国社会主义建设全局出发，做出了国防建设和军队建设指导思想实行战略性转变的重大决策，要求我国的国防建设和军队建设的指导思想必须从立足于早打、大打、打核战争的临战状态转变到和平时期的建设轨道上来。并按照战略性转变的要求，逐步确立了国防建设和军队建设的一系列方针和原则，从而使我国的国防建设、军队建设走上了和平时期健康发展的正确轨道。

2. 从国情、军情实际出发，提出了有中国特色的国防现代化目标

邓小平从我国国情和军情出发，在设计整个国家发展战略的基础上，对国防现代化的发展目标和发展途径做出了精心策划。他指出，按国家总体发展战略要求，我国国防现代化的发展目标是：充分利用世界大战可以避免、国际形势趋于缓和的有利时机，随着国民经济的不断发展，努力加强国防建设，力争到21世纪中叶，即中华人民共和国成立一百周年的时候，使我国的国防综合实力接近或赶上当时世界其他军事强国，能在维护国家安全利益和维护世界和平中发挥更加积极的作用。

3. 明确提出要把保卫国家的主权和安全作为国防现代化建设的根本任务

国家主权和安全是国家的根本利益。因此，必须把它作为国防建设的根本任务。在国家以经济建设为中心，实行改革开放的新的历史时期，国防建设的着眼点必须放在为国家的经济建设提供一个和平稳定的安全环境上。

4. 明确提出了实现国防现代化建设目标的原则、途径和措施

一是必须从中国的实际出发，始终把基本点放在独立自主、自力更生上，国防现代化不可能依靠别人来实现。当然，在科学技术高速发展的今天，学习和借鉴外国的经验并为我们所用也是不可少的。二是必须正确处理国防建设与国家经济建设的关系，国防建设要服从和服务于国家经济建设这个大局，又要在经济发展的基础上加强国防建设。三是要从国家经济

建设和国防建设的需要出发，调整国防工业体系，走军民结合、平战结合的发展道路。四是要坚持控制数量、提高质量的方针，按照"控制数量，提高质量，抓好重点，打好基础"的十六字方针，建设强大的高质量的国防后备力量队伍。五是加强全民国防教育，增强国防意识和观念，使全国人民在任何情况下都始终保持较强的国防观念。

（四）军队建设理论

1. 建设一支强大的现代化、正规化的革命军队

一是在军队的革命化建设方面，要坚持中国共产党对军队的绝对领导，坚持全心全意为人民服务的根本宗旨，始终保持人民军队的无产阶级性质；要加强政治思想工作，坚持用马克思列宁主义、毛泽东思想和党的路线、方针政策教育部队，使全军指战员成为贯彻执行党的路线、方针、政策的模范；要注意研究新情况，坚持在新的历史条件下继承和发扬人民军队的优良传统和作风。二是在军队现代化建设方面，强调要在国民经济不断发展的基础上逐步改善和发展武器装备，缩小我军同发达国家军队在武器装备方面的差距；要把教育训练提高到战略地位，培养和造就符合现代战争需要的军事人才。三是在军队正规化建设方面，强调完善各种规章制度，加强对全军指战员的法制教育，真正实现依法治军、从严治军，使部队建设和管理走向正规化轨道。

2. 新时期军队建设要以现代化为中心

军队现代化建设是人民解放军全部工作的中心，是现代战争提出的必然要求。军队的一切工作和改革都要服从和服务于现代化建设，都要紧紧围绕这个中心。在这方面邓小平着重强调了以下主要观点：一是以现代化为中心，是现代战争的客观需要同我军现代化水平还较低的矛盾所决定的，是从实际出发得出的正确结论；二是以现代化为中心，就要坚持我军战斗队的根本职能，坚持以战斗力作为我军建设和改革的出发点和落脚点，作为检验我军各项工作的基本标准；三是以现代化为中心，就要积极稳妥地进行改革。军队的改革必须符合军队的基本特点，有利于军队实现革命化、现代化、正规化建设的发展目标，有利于提高战斗力，有利于保持军队的高度集中统一和稳定。

3. 注重质量建设，坚持走有中国特色的精兵之路

进入新的历史时期以后，邓小平着眼于我国的国情、军情，始终把精简部队数量作为提高军队战斗力、改善武器装备、实现精兵合成的前提和先决条件，充分体现了注重质量建设、走精兵之路的思想。其主要内容：一是加强政治建设，坚持党对军队的绝对领导，保证军队在政治上永远合格；二是精简整编，优化组织机构，实现人与武器的最佳结合；三是坚持独立自主、自力更生的方针，积极发展和改善我军的武器装备；四是把军队教育训练提高到战略地位，通过严格的教育训练来提高军队的素质和战斗力；五是坚持依法治军、从严治军，加强部队管理；六是加强后勤建设，提高现代战争的后勤保障能力；七是加强军事科学研究，发展我国军事科学，充分发挥军事理论的先导作用。实践证明，邓小平提出以精简整编和体制改革为突破口，以精兵合成、平战结合、提高效能为原则，通过抓编制、抓装备、抓合成、抓教育训练、抓后勤建设和军事理论研究来实现我军的现代化，深刻地反映了新时期军队建设的基本规律，为我军的质量建设指明了方向，开辟了道路。

二、邓小平新时期军队建设思想的地位和作用

（一）邓小平新时期军队建设思想是毛泽东军事思想的继承和发展

邓小平作为党的第二代领导集体的核心，早期对毛泽东军事思想的形成和发展做出了重大贡献，著名的刘邓大军转战南北，功勋卓著，是毛泽东军事思想的胜利实践。进入新时期后，他又以无产阶级革命家的创新精神和战略家的远见卓识，在领导全党和全国人民进行新的伟大长征中，探索和规划了新时期我国国防和军队建设的发展战略，丰富和发展了毛泽东军事思想。

从继承意义上说，正是因为毛泽东军事思想是马克思主义军事理论和中国革命战争实践相结合的产物，是中国革命战争和人民军队建设基本规律的理论表现，所以邓小平总是站在坚持和捍卫毛泽东军事思想的立场上。邓小平军事理论的每一条基本原则都体现着毛泽东军事思想，整个理论体系都闪耀着毛泽东军事思想的光辉。

从发展意义上说，毛泽东军事思想主要是以战争和革命为主题的时代，在半封建半殖民地这样一个大国，在进行阶级解放战争和民族解放战争直至夺取政权的斗争中形成的，它是那样一个时代、那种斗争环境的军事运动规律的理论表现。邓小平新时期军队建设思想，则是在以和平与发展为主题的时代，在经济比较落后的一个大国中，进行建设有中国特色社会主义的过程中形成的，它是这个时代环境中军事运动规律的理论表现，并带有强烈的自身特色。因此说邓小平新时期军队建设思想是毛泽东军事思想发展的一个崭新的阶段，是富有时代精神的马克思主义军事理论。

（二）邓小平新时期军队建设思想是邓小平理论的重要组成部分

邓小平军事理论是邓小平理论和中国军队建设实际相结合的产物，是邓小平理论在军队建设领域的体现和落实。一是"解放思想，实事求是"是建设有中国特色社会主义理论的精髓，也是邓小平军事理论的基础。二是"一个中心，两个基本点"的基本路线是邓小平理论的核心内容，构成了邓小平军事理论的灵魂。军队是执行党的政治任务的武装集团，执行和捍卫党的基本路线是新时期军队义不容辞的责任，按照基本路线来建设军队就成了天经地义的事情。三是以经济建设为中心，解放和发展社会主义生产力是邓小平理论所规定的根本任务，规定了军队在积极搞好自身建设的同时要服从国家建设这个大局，在这个大局下行动。后者同时也为建设现代化、正规化革命军队提供物质保证。

（三）邓小平新时期军队建设思想是新时期军事斗争和军队建设的科学指南

邓小平新时期军队建设思想作为邓小平理论的重要组成部分是一个完整的科学体系，是对马列主义军事理论和毛泽东军事思想在新的历史条件下的创造性运用和发展。它既有中国特色，又有普遍指导意义，是新时期军事斗争和军队建设的科学指南。

首先，邓小平新时期军队建设思想揭示了相对和平时期国防和军队建设的基本规律。如和平时期国防和军队建设同经济建设相互作用的基本规律；国防和军队建设各要素和各方面工作相互作用与影响的基本规律；军队建设中数量与质量相互制约与转化的基本规律，和平

时期军队战斗力生成的基本规律；综合国力同军队战斗力之间相互转化与促进的基本规律等。

其次，邓小平新时期军队建设思想符合我军的实际，具有鲜明的中国特色和强大的生命力。它坚持把当今世界各国国防和军队建设的一般规律和原则同我国我军的实际情况有机结合，把我军传统的经验或原则同新情况有机结合，紧紧抓住我军建设亟待解决的一系列重大理论和实际问题，为我军建设指明了方向。

最后，邓小平在确定把建设具有中国特色的现代化、正规化革命军队作为我军建设的总任务、总目标，并强调要以现代化为中心时，实际上就把按照现代和未来战争的客观要求全面加强军队建设作为了我军建设的基本着眼点和落脚点。同时，他在指导我国国防和军队建设的过程中，自始至终贯穿着要全面提高我军实行现代条件下人民战争能力的重要思想。这从根本上进一步奠定了邓小平军事理论在我国新时期军事斗争和军队建设中的指导地位。

第五节　江泽民国防和军队建设思想

江泽民国防和军队建设思想是以江泽民为代表的当代中国共产党人关于国防和军队建设的基本观点。它着眼于时代特点、社会历史条件和我国安全环境的发展变化，坚持和运用毛泽东军事思想、邓小平新时期军队建设思想，围绕如何积极推进中国特色的军事变革，解决好人民军队打得赢、不变质两大历史性课题，结合新实践，研究新情况，总结新经验，探索新规律，针对加强我国国防建设和军队建设提出了一系列新思想、新观点、新论断，形成了新的科学理论体系。

一、江泽民国防和军队建设思想的主要内容

（一）高举邓小平理论伟大旗帜，确立邓小平军事理论在新时期军队建设中的指导地位

江泽民在党的十五大政治报告中提出："中央建议十五大在党章中把邓小平理论确立为党的指导思想，明确规定：中国共产党以马克思列宁主义、毛泽东思想、邓小平理论作为自己的行动指南。这是我们党经过近二十年改革开放和社会主义现代化建设的成功实践做出的历史决策。"邓小平新时期军队建设思想是毛泽东军事思想与新时期军队建设实际相结合的产物，是邓小平理论的重要组成部分。它反映了新时期军队建设的根本规律，是新的历史条件下军队建设和改革的根本依据和指导思想。按照邓小平设计的军队建设蓝图，走有中国特色的精兵之路，全面提高军队战斗力，更好地履行维护国家安全和社会稳定的神圣使命。

（二）正确认识战争与和平问题，抓紧做好军事斗争准备

江泽民把对战争与和平关系的科学认识和对世界形势的正确判断作为进行重大军事决策的重要依据，强调要用辩证的观点从战略上正确认识和判断形势。他指出当前世界总的形势趋于缓和，求和平、求稳定、谋发展已成为各国人民的共同心愿。广大发展中国家力量正在壮大，大国之间的关系正在进行深刻调整，一些区域性国际组织在国际事务中发挥着越来越

重要的作用，多极化发展不可阻挡。世界大战在今后一个较长时期内可以避免，争取一个良好的国际环境和周边环境是可以实现的。但是，霸权主义和强权政治依然存在，领土、民族、宗教等矛盾错综复杂，局部战争和武装冲突时有发生，国际恐怖主义活动加剧，世界并不安宁，因此，在集中精力进行经济建设，加快发展的同时，必须保持高度警惕，坚决维护国家安全和国家利益。要从长计议，有计划、有步骤地推进国防和军队现代化建设，抓紧做好军事斗争准备，特别要努力发展具有我军特色的作战理论，加快"撒手锏"武器装备和新装备形成战斗力的步伐。大力提高诸兵种的联合作战能力，以有效地维护领土主权完整，实现祖国的完全统一。

（三）国防建设必须服从国家经济建设大局，形成国防建设与经济建设相互促进、协调发展的机制

江泽民强调，把经济建设搞上去和建立强大的国防是中国现代化建设的两大战略任务。国防建设与经济建设的关系是指导新时期国防和军队建设必须正确处理和把握的重大关系之一，能否处理好这一关系，事关国家发展和安全大局。国防和军队建设要紧密配合这个大局，必须在集中力量进行经济建设的同时努力加强国防建设，使国防建设在国家财力增加的基础上不断有所发展。军队的现代化关系着国家主权和安全、民族尊严和人民的根本利益，必须建设一支强大的人民军队。如果国防和军队建设跟不上去，建设社会主义现代化强国的整个战略目标就不可能实现。随着经济的发展，国家要逐步加大国防和军队建设投入。军队要吃"皇粮"，绝不能搞经营性生产活动，必须形成国防建设与经济建设相互促进、协调发展的机制。

（四）坚持党对军队绝对领导的根本原则，始终保持人民军队的性质、本色和作风

江泽民指出，人民军队能不能保持自己的性质，能不能使军队牢牢地掌握在忠于党、忠于人民、忠于祖国、忠于社会主义的人手中，这是关系到政权安危和社会主义事业成败的大问题。中国人民解放军是执行中国共产党政治任务的武装集团，它的宗旨是全心全意为人民服务，无论是过去推翻三座大山，还是社会主义革命和建设，都是为这个目的服务的。人民解放军要永远保持人民军队的性质，以中国共产党的宗旨为宗旨，继承和发扬老红军的好传统、好作风。保持人民军队的性质、本色和作风，最重要的就是要坚持党对军队的绝对领导。军队在任何时候、任何情况下，都要坚决听从党中央、中央军委的指挥，保证党在思想上、政治上、组织上牢牢掌握军队，保证枪杆子永远掌握在忠于党、忠于人民的人手中。

（五）贯彻积极防御战略思想，用新时期积极防御战略方针统揽军队各项建设和一切工作

江泽民在主持军队工作时，十分重视军事战略方针的指导作用，强调军事战略归根结底是治国之道。军事战略必须与整个国家的政治、经济、外交密切协调。实行积极防御的军事战略，不仅继承了人民解放军的传统，也符合现阶段中国的国情、军情，有利于在政治上和外交上保持主动。同时，也应随着形势的发展变化赋予积极防御军事战略新的内容。要根据国际战略环境和战争形态及作战样式的新变化，重点准备应付现代技术特别是高新技术条件下的局部战争。人民解放军的各项建设和一切工作，包括军事训练、政治工作、后勤保障、装备工作和国防科研等，都要在新时期军事战略方针的指导和总揽下，立足于打赢现代技术特别是高新技术条件下的局部战争，周密规划、全面部署和深入展开，为确保这一战略方针的实现做好各方面的充分准备。

（六）按照"五句话"的总要求，全面加强军队革命化、现代化、正规化建设

江泽民指出，人民军队的革命化、现代化、正规化建设相互联系、相互促进，不能把它们割裂开来、对立起来，必须统一考虑、全面推进。革命化决定着军队现代化的性质和方向，同时也为军队现代化提供强大的精神动力，因而必须把革命化放在首位。当前人民解放军面临的主要矛盾是现代化水平与现代战争需要还不相适应。提高军队战斗力的主要任务是解决现代化问题。军队建设必须坚持以现代化为中心，军队的全部工作都要围绕现代化来展开。正规化是现代化建设的必然要求，从一定意义上讲，没有军队的正规化，就没有军队的现代化。要按照"政治合格，军事过硬，作风优良，纪律严明，保障有力"的总要求，加强军队的全面建设，使革命化、现代化、正规化建设的目标贯彻到军队各项工作中去，把人民解放军建设成为能够经得起任何风浪考验，无论在什么情况下都能完成自身使命与任务的威武之师、文明之师、正义之师。

（七）坚持把思想政治建设摆在全军各项建设的首位，保证在政治上永远合格

江泽民指出，思想政治建设是人民军队的根本建设和特有优势。搞好军队的思想政治建设，是搞好军事训练、后勤保障以至整个军队现代化建设的重要基础。军队在任何时候都必须把思想政治建设摆在各项建设的首位，在纷繁复杂的国际环境和深刻的社会变革中，确保军队始终置于党的绝对领导之下，确保人民军队的性质永远不变。

（八）实施科技强军战略，推动军队建设由数量规模型向质量效能型、由人力密集型向科技密集型转变

江泽民指出，科技进步是经济和社会发展的重要动力，也是人民解放军现代化的重要动力。全军要坚定不移地贯彻科技强军战略，切实把军队战斗力的增长转到依靠科技进步上来。正确处理军队数量和质量的关系，坚持走有中国特色的精兵之路至关重要。随着科学技术日新月异的进步以及由此带来的世界军事变革的加速发展和武器系统效能的空前提高，加强军队质量建设愈来愈重要、愈来愈迫切。当前，我军处在机械化任务尚未完成，同时又要努力向信息化过渡的特殊阶段，必须把质量建设作为实现军队现代化的基本指导方针，努力实现跨越式发展，完成我军机械化和信息化建设的双重任务。

（九）高度重视人才培养，努力造就高素质的新型军事人才

江泽民指出，人才为政事之本，也是建军之本。没有一大批高素质的人才，无法掌握新的武器装备，无法创造和运用新的战法，也就不可能赢得未来战争的胜利。军队现代化建设越发展，对高素质新型军事人才需求就越大。人才培养是长期任务，又是当务之急，必须坚

持人才培养先行，宁肯让人才等装备，也不能让装备等人才。要适应军队现代化建设和未来战争需要，努力培养和造就一大批高素质的复合型指挥人才、智囊型参谋人才和专家型科技人才。

（十）坚持依法治军、从严治军，努力提高军队正规化水平

江泽民指出，提高军队正规化水平，必须坚持依法治军。军队要适应国家民主法制建设的发展，自觉贯彻依法治军的方针，把国防和军队建设纳入法制化轨道。必须抓紧军事立法工作，逐步建立适应社会主义市场经济发展要求、符合现代军事发展规律、能够体现人民军队性质和优良传统的军事法规体系，使军队的各项工作都有章可循、有法可依。

（十一）坚持和发展人民战争思想，大力加强国防后备力量建设

江泽民指出，紧紧依靠广大人民群众，历来是人民军队最深厚的力量源泉，无论武器装备如何发展，战争形态如何变化，人民战争都是克敌制胜的法宝。现代条件下的人民战争与过去历次革命战争相比，形式和内容都会有所变化。人民战争的战略战术也要向前发展，好的传统要继续坚持，具体打法要根据历史条件的变化不断创新。要在加强军队建设的同时高度重视国防后备力量的建设，做到平时少养兵，战时多出兵。国防后备力量建设要适应未来军事斗争的特点和发展社会主义市场经济的要求，注重提高质量，完善组织体制及相关的政策制度。预备役部队和民兵保持适度规模，优化结构，提高快速动员能力和训练水平，真正做到招之即来，来之能战。要按照"平战结合，军民结合，寓兵于民"的方针，进一步调整和完善国防动员体制，提高国防动员能力。

（十二）在坚持优良传统的基础上大胆改革创新，不断增强军队建设的生机和活力

江泽民指出，改革是军队发展的强大动力。中国人民解放军在长期实践中形成和发展起来的优良传统，如坚持党的绝对领导，坚持全心全意为人民服务的宗旨，坚持团结统一，坚持严格的组织纪律，坚持艰苦奋斗、实事求是、群众路线的作风，等等，集中体现了人民军队的性质和本色，是巩固和提高战斗力的根本保证。在继承和发扬这些优良传统和作风的基础上，必须根据新的历史条件大胆改革创新，这样军队才能始终保持旺盛的生机和活力。要按照"精兵、合成、高效"的原则，把人民解放军建设成为一支规模适度、结构合理、指挥灵便的现代化军队。军队的现代化建设和改革创新必须面向世界，跟上世界军事变革和发展的潮流，积极借鉴各国军队特别是发达国家军队现代化建设的有益经验，有选择地引进先进的技术装备和管理方法。

二、江泽民国防和军队建设思想的地位和作用

江泽民国防和军队建设思想，坚持、丰富和发展了毛泽东军事思想、邓小平新时期军队建设思想，是新时期我军建设、国防建设的理论和行动指南，具有深远的历史意义和现实指导作用。

（一）坚持党对军队的绝对领导

始终坚持党对军队的绝对领导。江泽民再三强调，党对军队的绝对领导是我军根本的建

军原则，是人民军队永远不变的"军魂"，党的旗帜就是军队的旗帜，党的方向就是军队的方向。全军各级干部特别是高级干部，要旗帜鲜明地抵制"军队非党化""军队非政治化""军队国家化"的论调，保证军队在任何时候都要坚决听从党中央、中央军委的指挥，保证枪杆子永远掌握在忠于党的人手中。

（二）确立了新时期军队建设的总方针

为了全面加强我军革命化、现代化、正规化建设，江泽民根据新的历史条件，创造性地提出军队建设必须按照"五句话"的总要求实施，使我军建设总目标与全军上下经常性的实践活动有机结合起来，使总目标具体化为全军官兵的行动准则。按照"五句话"的总要求，使我军革命化、现代化、正规化建设的目标贯彻到军队各项工作中去，把我军建设成为一支能够经得起任何风流考验的、无论在什么情况下都能完成自身使命与任务的人民军队。

江泽民强调，军队要实现现代化，走精兵之路，必须依靠科学技术进步，提高军队的科学技术水平，适时提出了新时期军队建设必须贯彻"科技强军"的战略思想。与此同时，江泽民和中央军委做出了"军队建设逐步由数量规模型向质量效能型、人力密集型向科技密集型转变"的重大决定，使我军建设从此走上了一条健康发展的道路。

（三）制定了新时期军事战略方针

海湾战争结束后，江泽民和中央军委及时地对现代科学技术、高技术局部战争和可能的对手进行了深入的研究，认为现代技术特别是高技术条件下局部战争将成为今后战争的主要形态，我军的建设、战略战术的研究、军事斗争的准备，其基点都应放在打赢现代技术特别是高技术条件下的局部战争上。根据这一判断和中国国情、军情，江泽民和中央军委制定了新时期积极防御的军事战略方针，并要求全军建设所有工作都必须在新时期军事战略方针的统揽下进行，所有的工作都必须紧紧围绕打赢现代技术特别是高技术条件下的局部战争进行。

（四）理顺了国防经济建设与国民经济建设的关系

江泽民支持中央军委工作后不久，就支持确定了国防建设与经济建设两头兼顾的方针，强调指出，经济建设与国防建设是中国社会主义现代化建设的两大战略任务，处理好两者关系，事关国家发展和安全大局。提出国防建设与经济建设要相互促进、协调发展；军队要吃"皇粮"，不能经商、不能走自己养自己的道路，不能搞什么自我发展，必须坚持以经济建设为中心，国防建设必须服从国家经济建设大局；必须在集中力量进行经济建设的同时，加强国防建设，使国防建设在国家财力增长的基础上不断有所发展；必须充分利用国家改革开放和现代化建设创造的有利条件，逐步形成国防建设与经济建设相互促进、协调发展的机制。

江泽民通过自己创造性的实践，坚持、继承和发展了毛泽东军事思想、邓小平新时期军队建设思想，极大地丰富了无产阶级军事思想宝库。在军事领域提出了与国家现代化建设进程相适应的发展目标和步骤，提出了新时期军队建设以政治为主要内容的具有崭新时代特征的理论。江泽民国防和军队建设思想是我军新时期军队建设的指导思想和行动指南，是我军走有中国特色精兵之路的强大理论武器。

第六节　胡锦涛国防和军队建设思想

21世纪，中国的发展进入了一个重要的战略机遇期。胡锦涛国防和军队建设思想，是新世纪新阶段用科学发展观统筹国防和军队现代化建设，打赢信息化战争的军事指导理论，是继承和发展毛泽东军事思想、邓小平新时期军队建设思想和江泽民国防和军队建设思想的创新成果，是科学发展观在国防和军队建设领域的展开和延伸，集中反映了新形势新任务下对国防和军队建设的新要求。胡锦涛国防和军队建设思想，高屋建瓴，总览全局，内涵丰富，思想深刻，具有重大而深远的指导意义。

一、胡锦涛国防和军队建设思想的主要内容

（一）进一步认清新世纪新阶段我军肩负的历史使命

新世纪新阶段我军应肩负的历史使命是：为党巩固执政地位提供重要力量保证，为维护国家发展的重要战略机遇期提供坚强的安全保障，为维护国家利益提供有力战略支撑，为维护世界和平与促进共同发展发挥重要作用。

胡锦涛在党的十七大报告中指出，着眼全面履行新世纪新阶段我军的历史使命，军队建设必须坚持的指导思想和根本要求是：必须坚持以毛泽东军事思想、邓小平新时期军队建设思想、江泽民国防和军队建设思想为指导，把科学发展观作为国防和军队建设的重要指导方针，贯彻新时期军事战略方针，加快中国特色军事变革，做好军事斗争准备，提高军队应对多种安全威胁、完成多样化军事任务的能力，坚决维护国家主权、安全、领土完整，为维护世界和平贡献力量。

（二）坚持在国防和军队建设中贯彻落实科学发展观

要坚持十六大提出的国防建设与经济建设协调发展的方针，坚持以人为本，坚持全面、协调、可持续发展，不断提高国防和军队现代化建设的质量和效益，为建设一支同我国地位相称、同国家安全和发展利益相适应的军事力量创造持续发展的条件。胡锦涛在党的十七大明确指出，新世纪新阶段，贯彻落实科学发展观，推进国防和军队现代化建设又好又快地发展，必须是融入国家现代化战略全局、与国家安全和发展利益相适应的发展，是注重全面建设、革命化现代化正规化相统一的发展，是坚持以人为本、推动军队建设和促进官兵全面发展相一致的发展，是走中国特色精兵之路、速度质量效益相协调的发展。

（三）切实加强和改进思想政治工作

要始终坚持党对军队的绝对领导的根本原则和人民军队的根本宗旨，保证军队履行好保卫国家安全、捍卫国家主权和领土完整的神圣使命，始终不渝地坚持"三个代表"重要思想在军队建设中的指导地位；教育全军官兵坚定理想信念，树立正确的世界观、人生观、价值观；要围绕军事斗争准备深入开展思想政治工作，要在全军深入进行强化战斗精神、提高

打赢能力教育，使广大官兵真正搞清楚"为什么要准备打仗、准备打什么仗、怎样准备打仗"这个重大问题，引导官兵牢固树立敢打必胜的坚定信念，自觉担负起党和人民赋予的光荣使命；必须紧跟时代发展和形势任务变化对思想政治工作提出的新要求，加强军队党组织能力建设，坚持围绕中心抓党建，把先进性贯彻和体现到党的思想、组织、作风、制度建设等各个方面；扎实深入地做好保持共产党员先进性、军队历史使命、理想信念、战斗精神和社会主义荣辱观教育活动；领导机关和党员干部要带头讲党性、重品性、做表率。

（四）继续加紧推进军事斗争准备

坚持以新时期军事战略方针统揽全局，用军事斗争准备这个龙头带动和促进各项建设和工作；要把军事斗争准备作为最重要、最现实、最紧迫的战略任务抓得紧而又紧，必须以只争朝夕的精神争分夺秒地干、夜以继日地干，绝不能有半点迟缓和懈怠，确保一旦有事军队能够有效地履行使命；各项准备工作一定要很深入、很扎实、很具体，要实施集中统一领导，实行严格的责任制；部队战备训练、武器装备发展、战场设施建设、后勤和装备保障、战时政治工作以及国防动员等各个领域、各个环节的具体准备工作，都要有时间节点、有质量标准、有检查方法，做到责任到人，落实到位；我们要从国际国内大局出发，用更加宽广的战略眼光来审视国防和军队建设问题，确立国防和军队建设的目标和任务，建设信息化军队，打赢信息化战争；以增强打赢信息化条件下局部战争的能力为核心，不断提高应对多种安全威胁、完成多样化军事任务能力，确保我军能够在各种复杂形势下有效应对危机、维护和平，遏制战争、打赢战争。

（五）坚持不懈地把中国特色军事变革推向前进

要密切观察世界新军事变革的趋势，主动适应世界军事发展的潮流，从国情、军情出发，真正走出一条有中国特色军事变革的路子，努力夺取国际军事竞争的战略主动权；要增强使命感和责任感，解放思想，与时俱进，只争朝夕，埋头苦干，不断深化中国特色军事变革，努力实现我军现代化建设跨越式发展；必须高度重视军队建设的战略筹划，搞好顶层设计，要坚持以新时期军事战略方针为依据，以作战需求为牵引，紧紧围绕军事斗争准备来展开，贴近未来作战实际，确定军队建设的战略布局，尽快提高我军在信息化条件下作战的能力；要正确处理机械化和信息化的关系，坚持以机械化为基础，以信息化为主导，推动机械化和信息化的复合发展；要以解决制约军事斗争准备和军队现代化建设的突出矛盾和问题为突破口，优化战略资源配置，集中抓好武器装备、作战力量、人才队伍、体制编制和政策制度等重点建设和改革，通过局部跃升带动整体协调发展；要坚持积极稳妥的原则，坚持一切从实际出发，统筹考虑需要和可能、当前和长远的关系以及各军兵种、各战略方向的相互关联，注重实效，把握好改革时机和力度，看准一项改革一项，成熟一项推广一项；中国特色军事变革也面临改革管理方式、创新管理机制的重要任务；必须坚持发扬艰苦奋斗精神，始终贯彻勤俭建军的方针。胡锦涛在党的十七大报告中指出，适应世界军事发展趋势和我国发展新要求，军队要积极推进军事理论、军事技术、军事组织、军事管理创新。

（六）从严治军，努力提高军队的正规化建设水平

要适应军队现代化发展，大力促进军队正规化建设；要坚决贯彻从严治军方针，把从严

治军作为一项全局性、基础性、长期性工作抓紧不放；要高度重视法规建设，自觉按照依法治军的要求，把军队建设逐步纳入法制化的轨道；要严格执行条令条例和各项规章制度，认真抓好作风纪律养成，切实解决管理松懈、作风松散、纪律松弛的问题，确保部队高度稳定和集中统一，不断提高部队的正规化建设水平；从严治军要从领导机关抓起，从领导干部特别是高中级干部做起，努力为部队做好样子。

（七）推进机械化条件下军事训练向信息化条件下军事训练转变

胡锦涛在2006年的全军军事训练会议上明确要求，加强新世纪新阶段军事训练，要着眼有效履行我军历史使命，以新时期战略方针为统揽，立足机械化信息化复合发展的实际，推进机械化条件下军事训练向信息化条件下军事训练转变。他指出，军事训练是军队和平时期最基本的实践活动，与军队建设的各领域、各方面都具有广泛而深刻的联系。并指出，军事训练对于创新军事理论、推动体制编制调整改革、牵引武器装备发展、培养高素质军事人才具有十分重要的作用。一定要把军事训练摆在战略地位，作为部队的经常性中心工作，集中精力，切实抓好；要加大对军事训练的投入，提高训练保障标准，改善训练保障条件；要坚决纠正降低训练标准和难度、消极保安全的不良倾向，坚持从难从严、从实战出发进行训练，在贴近实战的环境和条件下摔打磨炼部队。

（八）高度重视做好抓基层、打基础的工作

各级党委要按照《军队基层建设纲要》（以下简称《纲要》）确立的标准和要求，紧密结合部队实际，全面加强基层建设，推动基层建设可持续健康发展；要切实端正基层建设的观念、思路、方法和作风，用《纲要》规范抓基层建设的工作秩序，严格按《纲要》指导和开展工作，建立起科学的抓基层建设的工作机制；各级党委要经常分析基层建设形势，盯住薄弱环节做工作，下大力气解决长期困扰基层建设的突出矛盾和问题；一定要树立长期打基础、反复抓落实的思想，持之以恒地做好经常性、基础性工作。加强基层建设，最重要的是加强党支部建设，要坚持用"三个代表"重要思想指导基层党支部建设，不断增强党支部解决自身问题、领导基层全面建设和带领官兵实行作战任务的能力，真正使党支部充分发挥坚强战斗堡垒的作用，带动和促进基层建设全面进步、全面过硬；要坚持以人为本，心系基层，情系官兵，真心实意地为基层办实事、解难事、做好事。

（九）进一步发扬求真务实的科学精神和作风

全军各级要增强求真务实的自觉性，坚持重实际、干实事、求实效，努力推动军队建设和改革各项工作的落实；要进一步端正工作指导思想，牢记我们干工作的根本出发点是为了党和人民的事业、为了军队建设和改革的发展，切实摆正个人与组织、个人与广大官兵的关系，把对上负责和对下负责一致起来；要树立正确的政绩观，自觉地用是否有利于部队建设的发展进步、有利于部队战斗力的提高、有利于解决官兵的实际问题来衡量和检验自己的工作，坚决反对搞花架子、假把式；要结合新的形势和任务，在加强部队思想政治教育的针对性、实效性上下功夫，在抓基层、打基础上下功夫，在克服形式主义、官僚主义上下功夫，把从严治军真正落到实处；要建立健全科学的干部实绩评价标准体系，使干部的工作成绩得

到全面、客观、公正的评价，调动他们坚持求真务实的积极性和主动性；军队是要打仗的，我们抓各项工作，任何时候都要硬碰硬、实打实，来不得半点漂浮和虚假，否则一旦打起仗来就要吃大亏，就会付出惨痛代价。胡锦涛还在多个场合强调发扬我军听党指挥、服务人民、英勇善战的优良传统。

（十）国防与经济建设一定要协调发展

要在经济发展的基础上，努力建设一支同中国地位相称、同中国安全和发展利益相适应的军事力量，有效维护国家安全统一，确保全面建设小康社会的顺利推进；实现国防和军队现代化建设又好又快地发展，必须坚持军民结合、寓军于民的方针，把国防和军队现代化建设深深融入经济社会发展体系之中，统筹国防资源和经济资源，注重国防经济和社会经济、军用技术和民用技术、军队人才和地方人才的兼容发展，进一步形成国防建设和经济建设相互促进、协调发展的良好局面；能利用民用资源的就不自己铺摊子，能纳入国家经济科技发展体系的就不另起炉灶，能依托社会保障资源办的事都要实行社会保障；要尽可能把国防科学技术研究纳入国家科学技术中长期发展规划，广泛吸纳成熟的民用技术，提高武器装备的创新发展能力；要加大依托国民教育培养军事人才和从社会引进专业技术人才的工作力度，更好地满足军队建设日益增长的高素质人才需求；国防动员是实现军民结合、寓军于民的重要组织形式和桥梁，要通过国防动员推进军队后勤保障和其他社会保障的社会化，大力加强民兵和预备役部队建设，突出抓好高新技术武器装备动员和综合保障动员建设，巩固军政军民团结，切实增强打赢信息化条件下的人民战争的整体实力。胡锦涛在党的十七大报告中强调，国防和军队建设在中国特色社会主义事业总体布局中占有重要地位；必须站在国家安全和发展战略全局的高度，统筹经济建设和国防建设，在全面建设小康社会进程中实现富国和强军的统一。

二、胡锦涛国防和军队建设思想的地位和作用

（一）拓展了三代领导人军事思想的内容

三代领导人的军事思想是中国国防和军队建设各个时期取得重大成就的创新理论。新世纪新阶段，国防和军队现代化建设应如何建设和发展，同样需要党的创新理论进行指导。胡锦涛用科学发展观指导国防和军队建设的思想，指明了新时期新阶段国防和军队现代化建设的方向，确定了坚持以人为本的战斗力生成模式的有效途径，明确了我军新时期新阶段的历史使命，规范了国防和军队建设的基本要素，是实施新军事变革、提高信息化作战能力、维护国家安全环境、加强国防和军队现代化建设的纲领，极大地丰富了三代领导人军事思想的内容。

（二）为国防和军队建设提供了理论遵循

进入新世纪新阶段，中国国防和军队建设所处环境和形势任务发生了重大变化，既面临难得的发展机遇，也面临严峻的挑战。胡锦涛国防和军队建设思想提出了要充分把握在中国经济实力、科技实力、国防实力和民族凝聚力不断增强的基础上，大力推进国防和军队建

设，不断增强应对危机、维护和平、遏制战争、打赢战争的能力，切实把国防和军队建设转入全面协调可持续发展的轨道，做到国防建设和经济建设全面协调发展。

（三）为解决国防和军队建设与发展的现实问题和矛盾开辟了途径

新世纪新阶段是中国国防和军队现代化建设的关键时期，中国特色军事变革和军事斗争准备面临的任务非常繁重和艰巨。胡锦涛国防和军队建设思想，为国防和军队建设转变发展观念、创新发展模式、提高发展质量提供了新思路和新方法。只有在国防和军队建设中全面落实科学发展观，坚持面向未来、着眼全球、解放思想、更新观念，才能解决国防和军队建设中面临的现实问题和矛盾，保证国防和军队建设健康、有序、高效地发展。

（四）是我军履行新世纪新阶段历史使命的重要保证

用科学发展观指导国防和军队建设，首先要明确新世纪新阶段我军肩负的历史使命。胡锦涛在深刻洞察国际战略形势与中国安全环境、科学判断国家发展和军队建设所处历史方位的基础上，提出了我军新世纪新阶段的历史使命。"三个提供一个发挥"的历史使命，深刻揭示了军队的职能和任务必须与党的历史任务相一致，军事战略必须与国家战略相协调，军队建设和改革必须与世界军事发展趋势相符合的客观规律。胡锦涛国防和军队建设思想进一步指明了国防和军队建设的发展方向，为我军履行历史使命提供了重要保证。

（五）为加快我军战斗力生成模式转变提供了强大的思想武器

新世纪新阶段我军要加速推进中国特色军事变革，完成机械化和信息化双重任务，实现军队现代化的跨越式发展，不断探索国防和军队建设与发展的特点与规律，更加科学地把国防和军队建设推向前进。胡锦涛国防和军队建设思想深刻揭示了军队建设的主体和动力源泉，提出了一定要充分调动广大官兵的积极性、创造性，坚持以人为本，尊重官兵的主体地位，创新培养人才，增强官兵的科技素质、战略素质和思想政治素质，维护官兵的合法权益，不断发送官兵的物质文化生活，促进战斗力生成模式的转变，凝聚巨大的战斗力，为打赢信息化局部战争做好准备。

胡锦涛国防和军队建设思想，对开创国防和军队建设的新局面、实现国防和军队现代化建设的全面协调可持续发展、全面落实科学发展观指导国防和军队现代化建设具有重大的现实意义和历史意义。

第七节　习近平关于国防和军队建设重要论述

党的十八大以来，习近平高度重视国防和军队建设，着眼坚持和发展中国特色社会主义、实现中华民族伟大复兴的中国梦，对加强国防和军队建设做出一系列重要论述，提出一系列重大战略思想、重大理论观点、重大决策部署，深刻阐述了国防和军队建设带根本性方向性全局性的重大问题。习近平关于国防和军队建设重要论述立意高远、内涵丰富、博大精深，涉及国际国内安全形势、思想政治建设、军事斗争准备、作风纪律建设、基层建设、军队改革等多个重要领域。强军目标是习近平关于国防和军队建设重要论述的核心之点，是我们党在新形势下建军治军的总方略。

一、习近平关于国防和军队建设重要论述的科学含义

习主席国防和军队建设重要论述，是习主席系列重要讲话精神的"军事篇"。这一重要论述，着眼坚持和发展中国特色社会主义、实现中华民族伟大复兴的中国梦，对国防和军队建设做出一系列重要论述，提出了一系列重大战略思想、重大理论观点、重大战略部署。它鲜明回答了在世界形势发生深刻复杂变化、我国全面建成小康社会进入决定性阶段新的历史条件下，建设一支听党指挥、能打胜仗、作风优良的人民军队的重大历史课题，深刻阐明了新形势下国防和军队建设一系列根本性方向性全局性的重大问题，为在新的起点上加快推进国防和军队现代建设提供了科学指南。

习主席国防和军队建设重要论述具有鲜明的时代性。在新的历史起点上加强国防和军队建设面临着一系列亟待回答的时代性课题。比如，如何创新战略指导，如何建设与我国国际地位相称、与国家安全和发展利益相适应的巩固国防和强大军队，如何深化国防和军队改革、构建中国特色现代军事力量体系等，都对党的军事指导理论的创新发展提出了新的要求。习主席国防和军队建设重要论述，正是把握时代条件、发展环境、使命任务的新变化，对国防和军队建设的时代性课题做出的全面回答。它充分体现了我党把握时代脉搏推进军事理论创新和实践创新的高度自觉。

习主席国防和军队建设重要论述实现了党的军事指导理论的与时俱进。它总结运用国防和军队建设的基本经验，自觉遵循我军建设的科学指导原则，与时俱进地对新的历史条件下国防和军队建设的战略地位、使命任务、建设目标、强大动力和根本保证等问题做出全面深刻的阐述，提出了一系列富有创造性的重大战略思想。习主席国防和军队建设重要论述，根本着眼点是为实现中国梦提供坚强力量保证，重要基点是创新发展军事战略指导，核心思想是实现党在新形势下的强军目标，鲜明指向是维护国家主权、安全、发展利益。习主席国防和军队建设重要论述，既充分体现了马克思主义关于军事问题的基本立场观点方法，又深刻揭示了中国特色强军之路的特点规律，把我党对军事问题的认识与时俱进地提高了一个新水平。

二、习近平关于国防和军队建设重要论述的主要内容

（一）关于国际战略形势和国家安全环境

习主席指出，世界形势正在发生冷战结束以来最为深刻复杂的变化，我国安全和发展形势更趋复杂，各种可以预料和难以预料的风险挑战将会增多。世界依然面临着现实和潜在的战争威胁。霸权主义、强权政治和新干涉主义有所上升，地区冲突和动荡此起彼伏，恐怖主义、海盗活动层出不穷，核安全、能源安全、网络安全形势严峻，贸易战、汇率战轮番出现。各种国际力量都想在乱中求变、乱中谋利，围绕权力和利益再分配的斗争十分激烈。国际竞争的"丛林法则"并没有改变。大国关系进入全方位角力新阶段。世界范围内领土主权争端、大国地缘竞争、军事安全较量、民族宗教矛盾等问题更加凸显，保护主义、民粹主义、狭隘民族主义升温，地区热点问题此起彼伏，传统安全威胁和非传统安全威胁相互交

织，导致局部动荡频繁发生，和平发展道路坎坷不平。尽管国际形势急剧变化，但和平与发展的时代主题没有变，世界多极化和经济全球化深入发展的大趋势没有变，国际力量对比有利于保持世界形势总体稳定的大环境没有变，和平、发展、合作、共赢的时代潮流更加强劲。

我国前所未有地靠近世界舞台中心，前所未有地接近实现中华民族伟大复兴的目标，前所未有地具有实现这个目标的能力和信心。随着我国快速发展壮大，一些西方国家的焦虑感不断上升，千方百计对我国进行牵制和遏制。我国地缘战略环境日趋复杂，某些域外大国为强化对亚太地区的战略控制，推进亚太"再平衡"战略，一些国家频频对我国核心利益发起挑战，不断在钓鱼岛、南海等岛屿归属和海域划界问题上挑起事端，企图联手对我，侵蚀侵犯我国领海主权和海洋权益，家门口生乱生战的可能性增大。两岸关系持续朝着缓和方向发展，但影响台海局势稳定的根源并未消除。民族分裂势力暴力倾向进一步加剧，反恐斗争形势严峻复杂，暴力恐怖活动范围不断扩大。反渗透、反分裂、反颠覆斗争尖锐复杂。新一轮科技革命和产业变革正在孕育兴起，世界新军事变革加速发展，战争形态正在加速向信息化战争演变。新军事变革对我国加强国防和军队建设提供了难得的历史机遇，同时也提出了严峻挑战。

（二）关于总体国家安全观与国防和军队建设重要地位作用

习主席指出，当前我国国家安全内涵和外延比历史上任何时候都要丰富，时空领域比历史上任何时候都要宽广，内外因素比历史上任何时候都要复杂。要高度警惕国家被侵略、被颠覆、被分裂的危险，高度警惕改革发展稳定大局被破坏的危险，高度警惕中国特色社会主义社会发展进程被打断的危险。最重要的是坚持总体安全观，以人民安全为宗旨，以政治安全为根本，以经济安全为基础，以军事、文化、社会安全为保障，以促进国际安全为依托，走一条中国特色国家安全道路。

贯彻落实国家总体安全观，必须既重视外部安全，又重视内部安全；既重视国土安全，又重视国民安全；既重视传统安全，又重视非传统安全；既重视发展问题，又重视安全问题；既重视自身安全，又重视共同安全，构建集政治安全、国土安全、军事安全、经济安全、文化安全、社会安全、科技安全、信息安全、生态安全、资源安全、核安全等于一体的国家安全体系。军事安全在国家安全中占有极为重要的地位，军事手段在维护国家安全中发挥着至关重要的作用。要树立底线思维，始终立足最复杂最困难的情况，着眼最严重的事态谋划和推进国防和军队建设。

习主席指出，国防和军队建设，必须放在实现中华民族伟大复兴这个大目标下来认识和推进，服从好服务于国家和民族最高利益，为实现中国梦提供坚强力量保证。实现中国梦对军队来说就是要实现强军梦。建设与我国国际地位相称、与国家安全和发展利益相适应的巩固国防和强大军队，为在中国特色社会主义道路上实现中国梦提供重要力量支撑和坚强安全保证。军队要担当起维护国家主权、安全、发展利益的重大责任，坚持军事斗争准备龙头地位不动摇，全面提高信息化条件下威慑和实战能力，以坚决有力的军事斗争有效维护我国战略利益。努力推动国防实力和经济实力同步发展，实现富国和强军的统一。同心协力做好军民融合发展这篇大文章。不断谱写军民鱼水情时代新篇章。加强遂行多样化军事任务能力建设，履行好维护国家安全和社会稳定的重要职能，发挥战斗队工作队生产队作用，促进社会稳定和长治久安。

（三）关于实现党在新形势下的强军目标

习主席在十二届全国人大一次会议解放军代表团全体会议上强调，"建设一支听党指挥、能打胜仗、作风优良的人民军队，是党在新形势下的强军目标。"这一重大战略思想，总结党建军治军成功经验，适应国际战略形势和国家安全环境发展变化，着眼于解决军队建设所面临的突出矛盾和问题，集中体现了人民军队的性质、宗旨、根本职能和作风，体现了新形势新任务对军队建设的新要求，为在新的起点上加快推进国防和军队现代化进一步指明了方向。党在新形势下的强军目标，是习主席国防和军队建设重要论述的核心思想，揭示了强军梦的本质属性，拎起了国防和军队建设的总纲。

听党指挥、能打胜仗、作风优良，三者相互联系、密不可分，统一于建设强大人民军队的实践，体现了坚持根本建军原则、军队根本职能、特有政治优势的高度统一，体现了永远站在人民立场、捍卫人民根本利益的本质要求，明确了强军目标图、路线图、展开图。实现强军目标必须紧紧扭住强军之魂、强军之要、强军之基，坚持走中国特色强军之路，按照"三位一体"要求全面加强军队建设。

听党指挥是灵魂，决定军队建设的政治方向。我军能够战胜一切敌人而不被敌人所压倒，坚持听党指挥是我军的建军之魂、强军之魂。这是我们党长期执政、国家长治久安的根本法宝，也是一切敌人最惧怕我们的一点。任何时候任何情况下，我军都必须铸牢听党指挥这个强军之魂。新形势下，我们要坚持党对军队的绝对领导的根本原则和人民军队的根本宗旨不动摇，始终忠于党、忠于社会主义、忠于祖国、忠于人民，做到绝对忠诚、绝对纯洁、绝对可靠。

能打胜仗是核心，反映军队的根本职能和军队建设的根本方向。我军现代化水平与国家安全需求相比差距还很大，与世界先进军事水平相比较差距还很大，我军打现代化战争能力不够，各级干部指挥现代战争能力不够，这些问题依然很现实地摆在我们目前，我们必须扭住能打仗、打胜仗这个强军之要。新形势下，必须强化官兵当兵打仗、带兵打仗、练兵打仗思想，牢固树立战斗力这个唯一的根本标准，保持箭在弦上、引而待发的高度戒备状态，发扬我军大无畏的英雄气概和英勇顽强的战斗作风，提高我军信息化条件下威慑和实战能力。

作风优良是保证，关系军队的性质、宗旨、本色。作风优良是我军的鲜明特色和政治优势，必须把作风建设作为军队一项基础性长期性工作抓紧抓实。当前，保持优良作风必须着力解决作风方面的突出问题，下大力气整肃军纪，坚决反对形式主义、官僚主义、享乐主义和奢靡之风，旗帜鲜明地反对腐败、反对特权，认真解决管理松懈、作风松散、纪律松弛问题，做到信念不动摇、思想不松懈、斗志不衰退、作风不涣散。

（四）关于从思想上政治上建设和掌握部队

习主席指出，思想政治建设是我军的根本建设，必须始终摆在部队各项建设首位来抓，确保部队绝对忠诚、绝对纯洁、绝对可靠。面对新的形势和任务，必须把从思想上政治上建设掌握部队的工作抓得紧而又紧，确保部队建设坚定正确的政治方向，确保我军永远立于不败之地。政治工作是我军的生命线。新形势下，军队所处环境和官兵成分结构发生深刻变化，军队建设、改革和军事斗争准备任务艰巨繁重，越是在这样的情况下，加强思想政治建设这一条越是要反复讲、坚持讲。抓住思想政治建设这一条，我军就能把党的政治优势和组织优势转化为制胜优势，就能获取战胜一切敌人的强大力量。

思想政治建设的根本，是毫不动摇地坚持党对军队的绝对领导。坚持党对军队绝对领导，是我军的立军之本和建军之魂。在这个根本原则上，我们要头脑特别清醒、态度特别鲜明、行动特别坚决，绝不能有任何动摇、任何迟疑、任何含糊。要加强军魂教育，坚定党对军队绝对领导的政治自信和政治自觉，在思想上政治上行动上始终同党中央保持高度一致，真正把党对军队绝对领导的根本原则和制度贯彻到军队建设发展各领域、部队完成各项任务全过程。当前，军队思想政治建设就是要紧紧围绕强军目标来进行，使思想政治建设成为实现这一目标的强大推力和助力。坚持不懈地抓好中国特色社会主义理论体系武装。积极培育和践行社会主义核心价值观和当代革命军人核心价值观。抓思想政治建设，必须把培育战斗精神、培养战斗作风突出出来。要继承我军政治工作的优良传统，也要推进新形势下思想政治工作创新发展，增强主动性、针对性、实效性。

（五）关于按照打仗标准搞建设抓准备

习主席强调，能打仗、打胜仗是强军之要。必须强化战斗队思想，坚持全部心思向打仗聚焦、各项工作向打仗用劲，始终坚持用打仗的标准搞建设抓准备，切实提高我军信息化条件下威慑和实战能力，确保部队招之即来、来之能战、战之必胜。

要牢固树立战斗力这个唯一的根本的标准。习主席强调，这里的"唯一"，是指军队各项建设和工作具体指标和要求不尽相同，但衡量标准只有一个；这里的"根本"，是指战斗力标准在军事实践活动中起基础性和支配性作用，总览全局、贯通全程。牢固树立战斗力这个唯一的根本标准，目的就是强化带兵打仗、指挥打仗的思想，推动全军形成能打仗、打胜仗的正确导向。把战斗力标准提高到"唯一""根本"的高度加以强调，是对军队建设规律的深刻揭示，是对我军建设指导原则的进一步升华。

要创新和发展军事战略指导。习主席指出，军事战略是管总的，对军队建设和军事斗争准备具有引导和牵引作用。军事战略科学准确，就是最大的胜算；军事战略失误，必然导致方向性全局性失误。积极防御的军事战略方针，是由我国社会主义性质和国家根本利益决定的。军事战略的生命力在于创新。近年来，国际战略形势和战争形态深刻演变，我国国家安全问题范围和领域不断扩大，我军担负的职能任务不断拓展，军事力量运用日益常态化，运用方式越来越多样化。这就要求我们毫不动摇坚持积极防御军事战略方针的同时，丰富和完善积极防御战略思想的内涵，与时俱进加强军事战略指导，探索形成与时代发展同步、与国家安全需求相适应的军事战略体系。

要大力发展高新技术武器装备。习主席深刻指出，打现代战争，人还是决定性因素，但武器装备的作用也绝不能低估。现代高新技术武器装备是大国地位的重要支撑，是维护国家安全的利器。面对国家安全需求的新变化，既要敢于亮剑，也要重视铸剑，切实把武器装备搞上去。我们要加快高新技术武器装备建设步伐，发展与我国国际地位相称、与国家安全需求相适应的新型"撒手锏"装备，在世界军事高新技术领域占有一席之地。要针对作战任务、作战对手、作战环境，根据未来可能打什么仗、怎样打仗、跟谁打仗考虑和安排武器装备体系、规模、结构，避免决策的随意性和发展的盲目性。要坚持自力更生的方针，在发展武器装备上不能被动地跟着强敌走。大力推进科技进步和创新，大幅提高国防科技自主创新能力。坚持有所为有所不为，在一些关键领域形成打赢能力。

要提高军事训练实战化水平。习主席指出，能打仗、打胜仗，最重要的是提高实战化水平。要扎实开展实战化军事训练，坚持仗怎么打兵就怎么练，打仗需要什么就苦练什么，部队最缺什么就专攻什么，在近似实战的环境下摔打磨砺部队。改变训练条件与实战要求不相适应的状况，不断提高部队复杂困难条件下遂行任务的能力。下决心解决训风演风考风不实的问题，端正训练指导思想，坚决贯彻训战一致原则，引导部队大胆训练、科学训练、安全训练，坚决纠正练为看、演为看和以牺牲战斗力为代价消极保安全等不良现象。

（六）关于把作风建设作为基础性长期性工作抓紧抓实

习主席强调，作风问题关系军队生死存亡，必须把作风建设作为军队一项基础性长期性工作抓紧抓实。必须以踏石留印、抓铁有痕的韧劲，把军队的作风建设不断引向深入，贯彻到军队建设各领域和全过程，以作风的根本好转为强军兴军提供坚强保证。大力弘扬艰苦奋斗的光荣传统，永远保持革命战争时期那么一股劲、那么一种革命精神、那么一种拼命精神，始终坚持勤俭办一切事业，始终保持坚定的革命意志和旺盛的战斗精神，着力整治慵懒散奢等不良作风。要下大力气整肃军纪，坚决杜绝有法不依、执法不严、违法不究的现象。认真贯彻整风精神，重点解决"四风"方面的突出问题，要从思想根子上抓起，重点突出坚定理想信念、践行根本宗旨、加强道德修养。要旗帜鲜明反对腐败，切实加强军队反腐倡廉建设，坚持反腐倡廉常抓不懈、拒腐防变警钟长鸣，不断取得反腐败斗争的新成效。

开展党的群众路线教育实践活动，是解决作风问题的战略性举措。新形势下必须增强坚持党的群众路线的政治自觉、行动自觉，着力在纠正官兵反映强烈的突出问题上见到成效，在解决深层次矛盾和问题上见到成效，在构建规范化、制度化的长效机制上见到成效。形成优良作风不可能一劳永逸，克服不良作风也不能一蹴而就。作风建设要经常抓深入抓持久抓，必须自上而下、以上率下，构建规范化制度化长效机制，以愚公移山精神，发扬宜将剩勇追穷寇的劲头，在抓常、抓细、抓长上下功夫，做到持之以恒、锲而不舍，善始善终、善做善成。

（七）关于建设高素质军事人才和干部队伍

习主席指出，实现强军目标，必须要有一大批高素质、敢于担当的建军治军骨干。要把干部队伍建设作为关系军队建设全局、关系未来战争胜负的大事来抓，坚持正确选人用人导向，实施人才强军战略，努力推动人才队伍建设整体水平有一个跃升。要把听党指挥、能打胜仗、作风优良的目标要求，贯彻体现到干部队伍建设和人才工作的方方面面，作为衡量和选用干部的标准，转化为干部工作的制度安排，为实现强军目标提供坚强的组织保证和人才支撑。搞现代化建设、抓军事斗争准备，固然有经费和装备上的问题，但核心的问题是人才。军队打现代化战争的能力不够、各级干部指挥现代战争的能力不够，说到底是人才队伍能力素质不够。要有强烈的忧患意识、紧迫意识，切实按照能打仗、打胜仗的要求，大力实施人才战略工程，把人才队伍建设紧紧抓在手里，切实抓出成效。要坚持德才兼备、以德为先，坚持五湖四海、任人唯贤。坚持从政治上考察和使用干部，确保枪杆子始终掌握在忠于党、经得起风浪考验的可靠人手中。坚持大范围遴选交流干部，坚决防止和克服本位主义，防止和克服搞"小山头""小团体"。要高度重视优秀年轻干部培养选拔工作，确保军队各级领导班子始终充满活力、后继有人。要树立注重基层、注重实干、注重官兵公认的导向，营造风清气正的环境，不要因为选人用人的问题挫伤广大官兵的积极性。反对任人唯亲，反对找关系、跑门路，反对打招呼、递条子，反对一切形式的跑官要官。要加强法规制度建设，使干部工作和干部队伍建设进一步走上规范化、法制化轨道。

习主席指出，要把联合作战指挥人才、新型作战力量人才培养作为重中之重。面对新的形势和要求，我们必须把培养部队急需人才作为战略问题来抓，投入更大精力，集中更多资源，采取超常措施，创新培养模式。进一步走开军队院校教育、部队训练实践、军事职业教育三位一体的人才培养路子，提高人才培养质量。坚持院校优先发展战略，推动军队院校建设有一个新的更大发展。院校教育必须与时俱进，坚持面向战场、面向部队，围绕实战搞教学、着眼打赢育人才，使培养的学员符合部队建设和未来战争需要，向着部队、实战、未来贴近再贴近。要加大院校教员同部队、机关干部交流力度，全面提高师资队伍整体素质，以教学水平不断提高促进人才培养质量不断提升。要把优秀人才放在关键岗位上，在完成急难险重任务中经风雨、受历练。要把军事职业教育作为提升军事人才职业特质、专业品质、创新素质的重要途径，切实打牢履职尽职的知识、能力基础。

（八）关于按照全面进步的要求抓基层打基础

习主席指出，各级要强化强基固本思想，牢固树立大抓基层的鲜明导向，扎实打基础，反复抓落实，推动基层建设全面进步、全面过硬。基层官兵处在强军实践的第一线，是部队建设的主体，是战斗力的巨大力量源泉。离开了基层官兵的积极性创造性，部队各项建设和工作的发展进步就成了无源之水、无本之源。要始终把工作重心放在基层，遵循内在规律、改进工作指导，提高抓建基层的科学化水平。加强基层建设，关键在党支部。抓基层党支部建设，要在强化组织功能上下功夫。要下大力气整治发生在士兵身边的不良行为、不正之风，努力营造风清气正、和谐纯洁的良好环境。既要切实为基层官兵排忧解难，又要下大力气克服骄娇二气，防止条件好了吃苦精神退化、战斗意志松懈的问题。大力发扬尊干爱兵、官兵一致的优良传统，密切官兵关系、兵兵关系，巩固和发展团结友爱和谐纯洁的内部关系。

（九）关于深化国防和军队改革

改革开放是党在新的时代条件下带领人民进行的新的伟大革命。国防和军队改革是全面改革的重要组成部分，也是全面深化改革的重要标志。习主席指出，军队要跟上中央步伐，以逢山开路、遇河架桥的精神，坚决推进军队各项改革，为实现强军目标提供强大动力和体制机制保证。实现强军目标是一项具有很强开拓性的事业，面临大量新情况新问题，必须勇于探索、大胆创新，抓住时机加快改革步伐，否则就难以有大的发展、大的作为。这些年，我军改革迈出了新步伐，取得了显著成效，但领导管理体制不够科学、联合作战指挥体制不够健全、力量结构不够合理、政策制度改革相对滞后等深层次矛盾和问题还没有得到有效解决。必须因势而谋，应势而动，顺势而为，乘势而上，深入推进中国特色军事变革，缩小同世界强国在军事实力上的差距，努力掌握军事竞争战略主动权。

要坚持用强军目标审视改革、以强军目标引领改革、围绕强军目标推进改革，主要解决制约国防和军队建设的体制性障碍、结构性矛盾和政策性问题，深入推进军队组织形态现代化。改革不是改向、变革不是变色。改革是要更好坚持党对军队的绝对领导，更好坚持人民军队的性质和宗旨，更好坚持我军的光荣传统和优良作风。要把改革主攻方向放在军事斗争准备的重难点问题上，放在战斗力建设的薄弱环节上，让一切战斗力要素的活力竞相迸发，让一切军队现代化建设的源泉充分涌流。要掌握好改革节奏，控制好改革风险，有力有序推进改革。

（十）关于全面加强军队党的建设

习主席指出，搞好军队党的建设，是军队建设发展的核心问题，是军队全部工作的关键，关系到我军性质宗旨，关系到部队战斗力。我们正在进行具有许多新的历史特点的伟大斗争，这对全面推进党的建设新的伟大工程提出了新的更高要求，必须把军队党的建设摆在更加突出的位置，坚持党要管党、从严治党，重点在铸牢党对军队绝对领导的军魂上下功夫，在坚定理想信念上下功夫，在培育战斗精神、提高战斗力上下功夫，在强化党的组织上下功夫，在改进作风、弘扬正气上下功夫，全面加强军队党的思想建设、组织建设、作风建设、反腐倡廉建设和制度建设，为实现党在新形势下的强军目标提供坚强思想和组织保证。

三、习近平关于国防和军队建设重要论述的地位和作用

习近平关于国防和军队建设重要论述是习近平系列重要讲话精神的重要组成部分，是对毛泽东军事思想、邓小平新时期军队建设思想、江泽民国防和军队建设思想、胡锦涛国防和军队建设思想的继承和发展，是新形势下加快推进国防和军队现代化的科学指南。主要回答了在世界形势发生深刻复杂变化、我国全面建成小康社会进入决定性阶段的新的历史条件下，为什么要强军、强军目标是什么、怎样走中国特色强军之路等重大课题，赋予了党的军事指导理论新的时代内涵。这些重要论述，充分体现了以习近平同志为总书记的党中央放眼世界的战略视野、居安思危的战略清醒、强军兴军的战略筹划，抓住了建设强大军队的关键和要害，具有深邃的战略意蕴、重大的理论价值和强烈的现实指向，为在新的历史起点加快推进国防和军队现代化指明了正确方向，提供了根本遵循。

毛泽东军事思想、邓小平新时期军队建设思想、江泽民国防和军队建设思想、胡锦涛国防和军队建设思想、习近平关于国防和军队建设重要论述，都是马克思主义军事理论中国化的创新成果。这些重要军事思想，为统一全军意志和行动提供了坚强有力的思想指导，对军队建设和蓬勃发展起到了根本的引领作用，是我军前进的灯塔、胜利的旗帜，是强军兴军的科学指南。

思考题

1. 军事思想的含义是什么？怎样理解军事思想的地位和作用？
2. 什么是马克思主义战争观？你是怎样理解的？
3. 《孙子兵法》涵盖的军事思想有哪些？
4. 毛泽东军事思想的主要内容有哪些？它的科学含义及特色是什么？
5. 邓小平新时期军队建设思想的主要内容有哪些？
6. 江泽民国防和军队建设思想的主要内容有哪些？
7. 我军新世纪新阶段历史使命的具体内容是什么？
8. 习近平关于国防和军队建设重要论述的主要内容有哪些？

第三章

战略环境

任何国家都处在生存与发展的特定的战略环境之中，战略环境如果不利，国家的生存就要受到威胁，经济与社会的发展也必然受到一定的影响。当今世界，各种斗争错综复杂，风云变幻莫测。只有密切关注战略环境的发展变化才能根据这种变化的特点和规律，以及主客观条件的实际情况，适时调整自己的战略，才能争取和维护有利于和平与发展的战略环境，实现国家安全的战略目标。

第一节　战略环境概述

一、战略的含义、特点及基本构成要素

（一）战略的含义

战略，亦称军事战略，是对军事斗争全局的筹划和指导。其基本含义是，战略指导者基于对军事斗争赖以进行的主客观条件及其发展变化的规律性认识，全面计划、部署、指导军事力量的建设和运用，以保证有效地达成既定的政治目的。战略是国家根本性的军事政策，是军事活动的主要依据，是运用军事力量支持和配合国家进行政治、经济、外交斗争的重要保障。战略全方位、全过程地指导战争与军事活动的全局。战略正确与否决定战争的胜负，事关国家和民族的荣辱兴衰。

战略在军事斗争的实践中产生，也在军事斗争实践中不断发展、深化。长期以来，战略一直运用于军事领域，但近年来被其他领域使用得越来越广泛，军事领域的战略，即军事战略。军事战略可按不同的标准划分类型。按社会历史时期划分，可分为古代战略、近代战略、现代战略；按作战性质划分，有进攻战略和防御战略；按使用武器的类型划分，有常规战争战略和核战争战略；按军种划分，有陆军战略、海军战略和空军战略；按作战持续时间划分，有速决战略和持久战略，等等。

（二）战略的特点

军事战略因其特定的研究对象、内容和表现形式而具有自身的特征，主要体现在以下几点：

1. 全局性

全局性是战略的首要特征。全局指的是国家（集团）整个军事斗争的全局，战略是国家（集团）关于军事问题的最高决策，处于军事领域的最高层次。全局是可以区分层次的，凡是相对独立的，具有照顾各个方面、各个部分、各个阶段性质的事物，都可以称为全局。作为国家（集团）的军事战略，它的全局有其特定的对象和范围。战略对军事斗争全局的指导，往往是通过对全局具有决定影响的关键问题的筹划和解决来实现的。这个关键就是全局的重心，是主要矛盾所在，战略指导者最要紧的，就是要把注意力放在关照全局上面，处理好全局中的各种关系。

2. 对抗性

军事斗争是一种有组织、有计划的暴力行为，是敌对双方以军队或其他武装组织为骨干而展开的激烈较量。战略对军事斗争的筹划和指导是伴随这种较量进行的，因此对抗性是它的一个显著特点。战略本身所具有的政治性质，是其对抗性产生和依存的基础。从本质上说，军事斗争是具有政治目的的行动，任何战略都具有鲜明的政治性和对抗性。政治性既是战略根本性质的最高表现，又是其对抗内容的最集中反映。战略的对抗性在实践中主要表现为针对国家安全所面临的威胁，全面筹划和运用国家的军事力量去夺取军事斗争的胜利。

3. 谋略性

谋略是指挥员基于客观情况而提出的计谋和策略。战略是主客观结合的产物，是人的自觉能动性的高度体现，是指导军事斗争取得胜利的一个重要因素，也是战略的一个突出的特点。从本质上看，它是政治的选择，有严格的规定性，但从实践意义上讲，它又是手段的选择，有高度的灵活性。任何战略都体现着一定的谋略思想，我国古代兵书《孙子兵法》就是一部充满谋略思想的经典之作，它明确指出："兵者，诡道也。"主张"上兵谋"，把以智谋取胜定为用兵之上策。

4. 相对稳定性

战略随着军事斗争的发展而发展，依照军事斗争情况的变化而改变，没有一成不变的战略。然而，由于战略处于军事领域的最高层次，指导范围广，影响重大而深远，是一切军事活动的依据和准则，因此，战略又具有相对的稳定性：一是战略的指导对象是相对稳定的。战略是对军事斗争全局的筹划和指导，这个全局不是某个方向、某一个地区或某一种斗争方式。二是战略的理论指导原则是相对稳定的。战略作为国家（集团）根本的军事政策，其基本的理论指导原则受国家（集团）所遵循的理论和总政策的支配和制约，因而在一定时期内也是基本稳定的。三是战略的基本内容是相对稳定的。战略是为了实现国家（集团）在一定时期内确定的政治目的而从全局上对军事斗争进行的筹划和指导，它具有很强的前瞻性和导向性，因而是基本稳定的。

（三）战略的基本构成要素

战略的构成要素，就是构成战略的基本成分，它是战略本质属性的集中反映，也是战略内容和形式的具体体现。战略通常由战略目的和任务、战略方针、战略手段和军事力量等几个基本的要素构成。

战略目的和任务是国家（集团）为了实现总的政治目的而赋予军事斗争的基本历史使命，是在一定时期内军事斗争的基本指向。

战略方针是指导军事斗争全局的总纲领、总原则。它主要规定完成战略任务、实现战略目的的基本途径，明确斗争的重点、主要战略方向和相应的战略部署，是一定时期内或一次战争中指导军事力量建设和军事斗争实施的行动准则，是战略的主体和核心。

战略手段是为了达成战略目的而运用军事力量的方式和方法，主要解决用什么进行军事斗争和怎样进行军事斗争的问题。它是战略指导者根据既定的战略目的、任务和战略方针的要求，使用军事力量，开展军事斗争的具体行动军事力量，主要是国家（集团）能够直接用于或经过动员后能够用于军事斗争的军队以及其他各种力量的统称，足以进行军事斗争特别是战争的主要物质基础。军事力量的强弱对于军事斗争，特别是战争的规模、方式、进程和结局具有决定性影响。战略指导者基于对一定历史时期内上述情况的综合分析，提出军事斗争的基本对策和保障国家（集团）安全的基本方法，就是这个时期军事战略的基本内容。

二、战略环境及构成要素

战略环境是指国家（集团）在一定时期内所面临的影响国家安全和军事斗争全局的客观情况和条件，主要是指国际国内的政治、经济、科技、军事、地理等方面的基本状况，以及由此而形成的战略态势，特别是战争与和平的总态势。战略环境是国家（集团）制定战略的重要依据，它关系到国家的生存与发展、安危与兴衰，影响一个国家（集团）军事斗争的对象、性质、目标、敌友关系，以及据此确定的军事力量建设与运用的基本方向，因而是国家（集团）制定战略必须首先考察和关注的。

战略环境主要由国际战略环境和国内战略环境组成。国内战略环境是指对筹划、指导战争全局有重大影响的国内社会环境与自然环境，主要包括国家的政治、经济、军事、科技等方面的基本情况和地理条件，其中最重要的是国家的政治环境、经济状况、综合国力等。它反映了国家军事力量建设与运用的可能条件和制约因素，决定军事战略的基本性质、基本方针和原则，是国家制定军事战略的内部环境与基础。考察国内战略环境应注意地理环境、政治环境、综合国力状况等主要因素。

战略环境是一个巨大的系统，涉及领域宽泛，内容丰富，性质复杂。这一系统包括的要素比较多，主要有时代特征、国际格局、国际秩序和国际机制、地缘关系等。

（一）时代特征

时代，是依据某种特征为标准划分的社会事务发展的历史阶段，凡是被称为时代的阶段，必须以重大的事件为主要标志，具有特定的内容，能产生时间较长、范围较广的深远影响。时代是关于世界发展进程和基本方向的最高概括。时代具有整体性。列宁认为要区分不同时代的特征，只能从整个人类的历史运动出发，而不是个别国家的个别历史事件，因为"只有了解了某一时代的基本特征，才能在这一基础上去考虑这个国家或那个国家的更加具体的特点"。时代具有综合性。时代是世界各种现象的总和，包括各种各样典型的和不典型的、大的和小的、先进国家和落后国家等所固有的现象，所以，列宁指出，"时代是各式各样的总和"，是"各种关系的总和"。时代具有阶级性。它以某个阶级为中心，决定了时代的主要内容、发展方向、历史背景的主要特点等。从战略高度分析时代，就是要找出时代的主题、时代的潮流、决定和推动时代发展的主要力量等，在此基础上制定顺应时代潮流的战略。

（二）国际格局

国际格局是指在一定时期内，主要国家或国家集团的实力之间相互作用、相互影响而构成的具有全局性和相对稳定的一种结构，或者说是一种实力的对比态势。正确认识世界大国或主要行为体之间相互作用而形成的格局，揭示和把握世界格局的发展趋势，是判断国际战略环境的重要"参数"，是制定、实施和调整国家安全战略的重要依据。国际格局具有相对稳定性。只要大国之间的实力对比不发生根本的变化，国际格局就不会有质的飞跃。一旦大国之间的实力不平衡达到一定程度，原有的结构就会瓦解，新的国际格局将会粉墨登场，取而代之。目前，一般将国际格局分为单极格局、两极格局和多级格局三种。

（三）国际秩序和国际机制

国际秩序是指某一时期国际体系中各行为主体之间相互关系的行为规则和相应的保障机制。国际秩序以国际机制为纽带，国际机制是国际秩序的核心。国际秩序和国际机制对于国家所面临的外部环境具有重大影响。分析国际秩序和国际机制的主要目的是确定有关国家之间的关系，确定国际形势的状态，特别是要确定国家与相关国家之间是否有国际机制的控制，要明确国家与国际体系和国际机制之间的关系是出于机制之外，还是为机制所控制。一般说来，在国际秩序转化时期，国际机制的发展程度并不成熟，国家之间的关系并不确定和稳定，有关国家面临的外部形势较为动荡，面临的威胁多且严重。而在国际秩序相对稳定时期，国际机制发育成熟，国家之间的关系基本确定和稳定，可以增加国家之间的相互了解，减少误解。

（四）地缘关系

地缘关系，是指以地理位置、综合国力和距离等地缘要素为基础所产生的国家之间的地缘政治、地缘经济、地缘军事等关系，主要表现是国家之间的相互作用。地缘因素在国家的安全实践中具有重要影响。地缘关系是威胁的重要来源，

在其他情况相同的情况下，国家更有可能针对临近的国家而不是距离远的国家组建联盟。对地缘关系进行分析，主要目的有：一是确定本国的地缘特点。例如，本国是内陆国家、濒海国家还是岛国，邻国多少，是否有强国等。地缘特点影响了有关国家的实力建设、部署等。比如，内陆国家就不可能发展海上力量，不存在应对海上威胁的问题。邻国多，国家面临的威胁和冲突可能多元，如果与强大的国家接邻，就可能始终受到压力。二是确定本

国与主要国家之间的地缘关系。首先要确定威胁国是邻国还是距离远的国家。一般说来，任何国家或国家集团产生外部影响的能耗都将随着距离的增加而增加。也就是说，影响力随着距离远近而变化，距离越近，受到威胁国家的威胁强度越强，反之则弱。其次，还要确定本国与其他邻近国家之间的利益关系，明确这些国家是同盟国家、友好国家、中立国家还是敌对国家。

三、战略环境与战略的关系

战略环境与战略是客观实际与主观指导的关系，前者是独立于战略指导者意识之外的客观存在，后者则是军事斗争客观规律在人们头脑中的反映。一方面，战略环境是制定战略的客观基础。任何国家（集团）的战略，无不受一定的战略环境的制约和影响，随着战略环境的变化而变化，都是基于特定的战略环境而谋求各自的战略利益。因此，任何战略都是一定的战略环境的产物，从来没有脱离战略环境而凭空产生的战略。另一方面，战略对战略环境的发展变化也具有重大的能动作用。因为环境在一定条件下是可以改变的。人们可以通过主观能动性的发挥创造必要的条件，推动和影响战略环境的变化。战略作为对军事斗争全局的筹划与指导，不论其正确与否，都对维持或改变战略环境有重大影响。实践证明，在一定的物质条件下，正确的战略可以改变险恶、不利的战略环境，化险为夷，转危为安。因此，任何国家（集团），不论其政治目的和决策者的素质如何，都力图通过制定和推行自己的战略，促使战略环境朝着有利于己方的方向发展。

第二节　国际战略环境

国际战略环境是一个时期内世界各主要国家（集团）在矛盾、斗争或合作、共处中的全局状况和总体趋势，是国际政治、经济、军事形势的综合体现。它包括国际战略格局和国际战略形势两个方面，国际战略格局是国际战略环境的框架结构；国际战略形势是国际战略形势的动态表现。它从本质上反映了世界各主要国家和政治集团建立在一定军事、经济实力基础上的政治关系的基本状况和总体趋势，其核心是世界范围的战争与和平问题。国际战略环境是在一定的时代背景下形成的，时代特征对它的基本面貌有决定性影响。此外，影响国际战略环境的主要因素还有：国际利益的矛盾及其发展；政治、军事、经济力量在世界范围内的分布与配置；主要国家间的战略关系及其斗争、制约、合作态势。战争的进程和结局对实现国家的战略目标和战略利益有重大的影响，并决定或制约着一个国家政治、军事、经济斗争的对象和敌友关系以及采取的方针、政策和策略。任何一种战略都是依据一定的环境条件而提出来的，在实施过程中都要受到这种环境条件的制约。因此，对国际环境的分析判断，是制定战略决策和战略实施过程中一个至关重要的问题。

一、历史演变与发展趋势

（一）历史演变

国际战略环境并非古已有之，它的形成需要一定的条件。只是到了 15 世纪以后，随着哥伦布等人的地理大发现，世界才从分散走向整体，人类才逐渐开始有了世界意识。同时，划时代的资产阶级工业革命极大地解放了生产力，为资产阶级强国在世界上的扩张奠定了丰厚的物质基础。随着世界贸易的迅速发展，资本主义的世界市场也日趋成熟，国际分工日益明显，国际政治开始形成。伴随着几个欧洲强国在世界范围内的殖民扩张，欧洲演变成了国际战略环境变化的中心地带。

1. 19世纪及其以前的自由资本主义阶段的国际战略环境

在以拿破仑战争的失败、维也纳会议召开为标志的自由资本主义阶段，世界上的重要战略力量是俄国、英国、普鲁士、奥地利和法国。拿破仑的失败导致欧洲列强重新建立政治、军事的均势格局。俄国、英国、奥地利成为当时国际政治中的主导力量。各列强都企图利用维也纳会议来达成自己的战略目标。最后，形成了维也纳体系。其主要内容就是要防止法国的重新崛起，维持欧洲大陆的均势，避免发生新的战争。同时，消除18世纪法国大革命的一切后果，并在欧洲大陆上恢复封建专制制度，对欧洲版图进行了重新分割。维也纳会议形成的均势格局在较长时期内确保了欧洲列强之间没有爆发新的战争。但是由于维也纳会议没有解决列强之间的内在矛盾，因此，到了19世纪50年代，这个均势格局便开始走向崩溃。

2. 20世纪上半叶的帝国主义阶段的国际战略环境

自19世纪60年代开始，普鲁士经过3次王朝战争，最终于1871年完成了德意志的民族统一，成为德意志帝国。德国的崛起打破了已有的局势，不仅彻底改变了欧洲格局，也使世界战略格局发生了变化，引起帝国主义列强重新划分势力范围。新兴强国德国开始挑战老牌强国英、法等国。在19世纪后30年瓜分世界的狂潮中，欧洲列强的矛盾日趋加剧，帝国主义集团终于形成以英、法、俄为一方的协约国集团和以德、奥、意为另一方的同盟国集团相互抗争的格局，并最终引爆了第一次世界大战。第一次世界大战结束后，为了瓜分战败的德国、奥匈帝国和土耳其帝国的遗产，帝国主义列强召开了巴黎和会及华盛顿会议，形成了"凡尔赛—华盛顿"体系，成立了以战胜国主导的国际联盟，形成了多极格局。第一次世界大战导致了第一个社会主义国家苏联的诞生，并成为世界战略格局中的一支重要力量，从而打破了帝国主义国家一统天下的局面。世界大战使英国和法国逐渐开始衰落，德国暂时削弱，美国开始崛起，加入了争夺世界的行列。对"凡尔赛—华盛顿"体系的不满以及世界经济危机的爆发，促进了法西斯政治思想势力在欧洲的兴起和发展。1922年，意大利法西斯夺取了政权；1933年希特勒掌握了德国的政权，成立了第三帝国；日本法西斯军国主义也十分猖獗。德、日、意三国形成了轴心国同盟，决心称霸世界。1939年，第二次世界大战爆发，世界开始分为两个战争集团。一个是以德、日、意为主的法西斯同盟，一个是以苏、美、英为主的反法西斯同盟，双方进行了长时间的激烈战争。

3. 20世纪50年代至90年代两极对立阶段的国际战略环境

第二次世界大战后，美、苏两国的战时同盟关系迅速破裂，形成了长期的冷战局面。在意识形态上，美国和苏联根本对立；在政治经济体制上，双方完全不同；在军事上，北约和华约两大军事集团相互对峙。20世纪60年代末70年代初，在美苏两极之外，世界出现了西欧、中国和日本等新的力量中心，再加上第三世界力量的增长及因各种动荡所造成的全球不稳定因素的增加，使美、苏两个超级大国再也没有足够的能力去控制世界。因此，美、苏在这一时期的对外政策都出现了较大变化。美国总统尼克松到布什政府的对外政策均处于不断调整之中，但坚持全球扩张的总体战略目标并未根本改变；苏联从勃列日涅夫到戈尔巴乔夫的对外政策则转向全面收缩。1991 年，苏联解体，两极格局崩溃，促使世界格局重新构建，世界各种战略力量重新定位和整合。世界格局处于动荡和调整时期，多极格局是世界格局的发展方向。

4. 20 世纪 90 年代至 21 世纪初的国际战略环境

冷战的结束并没有终止在冷战过程中已经出现的世界多极化的发展趋势。美国作为世界上唯一的超级大国，认为由美国领导的国际关系体系的单极阶段终于到来了，于是依靠美国的权势和价值观来建立"世界新秩序"。但是，俄罗斯仍然是唯一拥有能够与美国相抗衡的核武器大国，作为联合国的常任理事国，俄罗斯在世界事务中的作用仍然不可低估。与此同时，欧共体向欧盟的成功发展有力地表明了西欧是国际政治中的一极。以中国、韩国和东盟成员国为代表的亚洲的崛起，同样显示出该地区除了日本以外的其他国家正在确立和发挥它们在世界事务中的重要作用。占有联合国多数席位的第三世界国家作为一个整体对国际事务的影响也不容忽视，因此，自 20 世纪 60 年代末就初露端倪的世界多极化发展趋势便更加清晰地显现出来。同时，一个以全球化为基础的"无国界经济"正在世界范围内形成，出现了经济全球化浪潮。冷战结束之后，和平与发展成为时代的主题和世界人民共同追求的目标。

（二）发展趋势

1. 和平与发展在前进中面临挑战

早在 20 世纪 80 年代，邓小平同志就指出，现在世界上真正大的问题有两个，一个是和平问题，一个是经济问题或者说发展问题。和平问题就是反对霸权主义，维护世界和平，就是争取维护世界整体的非战争状态；发展问题主要是南北问题，即发展中国家的经济发展问题，也是全人类的经济发展问题，这是当今世界的核心问题。

当前，和平与发展是世界人民共同追求的目标和不可逆转的世界潮流。霸权主义和强权政治招致大多数国家特别是广大发展中国家的强烈反对。总的看来，国际形势继续趋向缓和，维护和平与稳定的力量继续增长，但是，和平与发展两大主题却仍面临重大挑战。霸权主义和强权政治依然存在，领土、民族、宗教、资源等因素引发的武装冲突和局部战争连绵不断。不公正、不合理的国际政治、经济秩序没有得到根本改变，发展中国家仍有亿万人民处于贫困状态。特别是美国倚仗自己在经济、军事、科技等方面的优势，极力鼓吹并奉行"新干涉主义""单边主义"，干涉别国内政，推行新的"炮舰政策"，先后发动了科索沃、伊拉克等局部战争，导致某些地区的局势长期动荡，各种矛盾进一步复杂化。某些局部地区固有的民族矛盾、宗教对立、领土争端、资源纠纷等依然存在，有些矛盾甚至有激化的趋势。另外，因南北贫富差距拉大引起的某些社会动乱、恐怖活动、毒品走私趋向"全球化"等问题成为当今世界不稳定的重要因素。

2. 国际战略关系随着经济全球化发生深刻变化

经济全球化是充满矛盾和冲突的过程，它正在改变着人类社会生存和发展环境，带来人类社会关系的重大变迁。经济全球化使各国在经济领域相互联系、相互渗透、相互影响、相互制约，既促进了共同发展，也带来了极大的不稳定因素。

从经济上看，2007 年的次贷危机引发了全球性的经济危机。此次危机发生在世界经济中心美国，发生在作为经济核心的金融领域，发生在金融领域的心脏地带——美国华尔街，对世界造成巨大冲击，国际金融危机使新兴大国和发达国家之间的力量对比发生新的消长变化。美国受到国际金融危机冲击，再加上阿富汗和伊拉克两场战争的拖累，软硬实力都明显受挫。据统计，自 2001 年 "9·11" 事件以来，美国用于反恐战争的账目费用已累计超过 1 万亿美元，2009 年 12 月 16 日，美国众议院又通过总额为 6363 亿美元的国防拨款法案，其中约 650 亿美元将用于阿富汗战争。此外，美国国债和财政赤字屡创新高，对中国、日本等主要债权国的依赖和借重越来越深。《后美国世界》的作者、美国《新闻周刊》国际版主编扎卡利亚说："过去几年间，全球有近四分之三的人口在崛起，只有一个国家在走明显的下坡路，那就是美国。"

欧盟、日本也困难重重。欧盟经济自 2008 年第二季度开始连续 5 个季度经济萎缩，出现了自 1999 年成立以来的首次经济衰退。2009 年第三季度，欧元区经济环比虽然增长 0.4%，结束了连续 5 个季度的经济萎缩势头，欧盟 27 国经济第三季度环比增长 0.2%，正式走出衰退。日本 2009 年第一季度实际国内生产总值比 2008 年第四季度下降了 3.2%，换算成年率为负 12.2%，为战后第二大降幅。第二、三季度虽然出现了正增长，但面临失业居高不下、通货紧缩、日元升值、个人消费势头减缓等多重挑战，基础不稳，存在众多不确定因素。

新兴大国虽然也受到一定冲击，但总体上仍能保持较快增长势头。印度经济增长率在 2008—2009 年度回落至 6%；中国经济 2009 年第三季度已经达到 8.9%，全年实现 8.7% 的增长。

认识、把握世界力量格局的变化，可以从两个角度来考察：一是东西方力量对比的变化；二是国际政治力量结构的变化，即一超与多强之间实力对比的变化。从东西方关系和力量对比变化来说，当今世界正处在五百年未有之大变局。而现在，东方国家开始活跃于世界舞台的中心，最具代表性的事件是 G20 峰会。作为应对国际金融危机主要舞台的 G20，有一半成员都是东方国家。通过 G20 的几次峰会，东方国家在国际经济事务中的发言权明显增大。从国际政治力量的对比变化来讲，"一超" 与 "多强" 之间相对消长在 2009 年更加明显，在国际舞台上，"多强" 更加显眼，而 "一超" 的含金量则越来越小。

3. 传统安全不断推进，非传统安全问题越来越具有全局性与战略性影响

传统安全因素与非传统安全因素相互交织，使国际安全面临的不确定因素大为增加。世界安全形势不容乐观，主要表现为：局部战争和武装冲突时常发生，霸权主义和恐怖主义活动仍然猖獗，其他容易引起战争的因素依然存在。

冷战结束后，国际安全环境出现了一些新的变化，除一些传统意义上的安全因素（如军事结盟、地缘争夺、军备竞赛、武器扩散等）仍继续对国际安全形势产生重要影响外，一些新的非传统安全因素，如国际恐怖主义、民族分离主义、宗教极端主义等引发的动荡、冲突甚至战争，又给新世纪的国际安全增加了新的不确定因素。国际恐怖势力的日趋猖獗是非传统安全威胁的突出表现。恐怖主义作为一种极端势力由来已久，"9·11" 事件以来，

恐怖主义愈演愈烈，严重威胁着世界和平与稳定。而导致恐怖主义泛滥的根源却十分复杂，就近一个时期而言，恐怖活动之所以反弹，其直接原因有：一是伊拉克战争和美国的霸权主义政策给国际恐怖主义势力提供了加剧恐怖活动的机会和"理由"，伊拉克已成为国际恐怖组织从事恐怖活动的新的"天堂"；二是一些国家和地区民族、宗教、政治等方面的矛盾激化，为恐怖主义势力发展提供了新的土壤；三是美国在反恐斗争中推行"单边主义"，采取双重标准，引起国际社会普遍反感，使国际反恐联盟出现严重裂痕；四是由于部分发展中国家反恐能力不足，打击恐怖主义不力，也影响了全球反恐的整体成效。恐怖与反恐怖已成为21世纪国际政治、军事斗争的矛盾焦点。

二、国际战略格局

格局一般是指事物内在的力量配置、结构或者模式。国际战略格局也称"国际格局"，是指主要的国际政治行为在一定历史时期所形成的某种力量对比结构或者态势。它又分为国际政治格局、国际经济格局和国际军事格局。国际战略格局的含义包括三个方面：第一，国际战略格局的构成角色只能是国际战略力量，因为只有它们才具有超过大多数国家的强大实力，有全球性的战略、利益和影响力（从这个意义上说，成为国际战略力量者必须是大国或者国家集团）；第二，几大战略力量之间形成的相互关系；第三，这种相互关系在一定时期内相对稳定。国际战略格局通常包括两个基本要素：一是各国之间的实力对比状态；二是国家之间相互作用的性质。其中各国之间的实力对比是决定国际战略格局类型的更为基础性的因素，国家之间的关系结构受制于彼此的实力对比状态。从演变所具备的条件看，国际战略格局演变条件包括国际上各种基本力量对比发生重大变化、国家间关系经历深刻变化。

（一）国际战略格局的现状

冷战结束后，世界战略格局处于向多极化过渡的重要时期，追求单极与推动多极的力量都在增长，大国关系面临一系列新的重大调整，国际战略力量对比严重失衡的局面正在改善。

1. 世界多极化曲折发展

世界多极化将是一个在曲折中发展的长期历史进程，这首先是由战略格局转化的特点决定的。东欧剧变、两德统一和苏联解体、第二次世界大战后长期存在的雅尔塔制和两极格局的终结，都是在相对和平条件下发生的，不是由于战争的结果所致，因而没有战胜国与战败国之分。这样，一方面，原来作为苏联对手的美国没有因为旧格局的崩溃而取得完全的主宰权，或按照自己的意志安排世界新格局的绝对权力；另一方面，原来萌芽于旧的两极格局下的多极化因素也未因旧格局瓦解而迅速发育成熟，并取得与美国力量的大致均衡，而需要利用格局转换的和平条件进行长期的力量积累。大国之间以科技和经济为中心的综合国力的竞争异常激烈，围绕国际事务主导权，世界重要战略区域和战略资源的控制权的矛盾与争夺不断发展。这就使原本就很不清晰的世界新格局的成长因素变得更加复杂。因此，各大国力量都需要有足够长的时期进行内外政策的调整，重新规定相互之间的安全关系、伙伴关系或对手关系，并对各地区的战略关系全面调整和重组，对原来的国际组织、机构和机制进行改革、改造、重组并制定新的"行为规则"。新格局的产生只能通过各大力量的自然消长和分化组合逐步形成，这就决定了世界多极化进程的长期性和曲折性。

2. "单极"世界难以建立

美国是当今世界上唯一的超级大国，从其经济实力、科技实力、军事实力等方面看，美国是各极力量中最强大的一极。美国拥有一支全球进攻性军事力量，拥有世界上最强的三位一体的核进攻力量。美军具有很强的远程精确打击、隐形攻击、电子战、联合作战和综合保障能力，海军能够控制世界各大洋和海峡咽喉要道，空军能够实现全球到达和全球攻击，陆军能够在世界各地区实施作战，后勤力量能够有效保障美军在海外的作战行动。美军把全球划分为五大战区，在海外部署了相当规模的军事力量，在世界各个重要地区保持"前沿存在"，准备在海外同时打两场大规模战区战争。美军保持超强的全球进攻性军事力量，与当代世界和平的主旋律极不和谐。

美国倚仗其经济科技实力和超强的军事力量企图建立以美国为领导的单极世界，充当世界的领袖。其战略构想是：以美洲大陆为依托，以北约和美日军事同盟为两大战略支柱，从欧、亚两大陆向全球进行新的战略扩张，把美国的领导作用扩展到全世界，遏制新的全球性竞争对手出现，长期保持美国唯一的超级大国地位。但是，美国并不能凭借自己的优势地位在世界上为所欲为。一是几乎所有国家都不赞成建立以"美国为轴心的世界"新格局。二是美国在国内面临众多的社会问题和经济问题，不具备承担"领导世界重任"的能力。三是在国际上欧洲、日本等国家和地区的挑战，对美国的"世界新秩序"形成一大制约。四是当今世界仍存在许多尖锐矛盾和复杂问题，无论美国如何强大和富有都不可能包揽解决所有问题。因此，未来的国际战略格局绝不可能完全按美国意图发展，也绝不会是美国一家独霸的局面。

3. 大国关系重新调整

冷战结束后，世界各主要力量之间的战略关系经历着深刻的变化与调整，"一超"与"多强"以及"诸强"之间既有竞争又有合作；既相互矛盾，又彼此协调；既存在利益上的冲突，也存在安全上的共同需求。

美俄战略关系与冷战时期相比已发生了根本性的变化。但由于美国对俄罗斯一直推行遏制和防范政策，特别是在北约东扩、伊拉克战争、发展导弹防御系统以及其他许多战略问题上触犯俄罗斯的战略利益，美俄战略关系仍存在许多不确定因素。俄罗斯在新的军事战略中积极应对北约进一步东扩所带来的挑战，把美国和北约视为主要的战略对手，美俄安全关系仍将是在矛盾与合作并存、摩擦与协调并行的轨道上发展。

英、法、德与美国的安全关系主要体现在北约框架内。冷战结束后，欧洲对美国的离心现象加剧，谋求建立欧洲独立自主防务体系的愿望日益增强。尽管有北约"战略新概念"的出台，美国在北约内的盟主地位得以强化，但欧洲建立自身独立防务力量的步伐也明显加快。特别是在伊拉克战争问题上，以法、德为首的欧洲国家与美国发生了激烈的冲突，暴露出欧美之间在战略层面特别是在欧洲主导权问题上的矛盾。因此，不管从哪个角度看，欧洲国家建设独立防务力量进程的发展必将对原有的美欧安全合作框架产生重要影响。

美日之间现行的军事同盟已从冷战时期美国防止苏联进攻日本、监视日本军国主义复活演变为一定程度上利用日本军事力量，在亚太地区联手谋求地区安全主导权。而日本也趁机发展壮大自身的军事实力，加速向政治、军事大国目标迈进。美日安全关系也从主仆关系逐步向地区性平等伙伴关系过渡。

中美之间因长期受到政治、战略和经济关系的影响，两国军事关系尚在初步建立阶段且时断时续，特别是在武器扩散、核能利用、情报交换、军事透明度等问题上，两国仍存在较大的分歧，但随着两国尤其是美国对中美关系战略重要性认识的加深，两国可能建立起比较正常的军事安全关系。

中俄出于自身安全利益的考虑，通过谈判基本解决了双方边界划分问题，在边境地区裁军并建立信任措施，使两国安全关系进入一个互信、互利、平等、协作的良性发展轨道。此外，中日、中印、日俄之间的军事安全关系也正在和继续发生着重大的变化。

从冷战结束后世界各主要国家之间战略关系调整过程看，美国处于较为主动的地位，但是从调整的内容看，主张缩小分歧、消除对抗、增加交流、扩大合作已成为大多数国家的共识和调整的重点。

（二）国际战略格局的特点

进入新世纪以来，国际战略格局中的各种矛盾正在不断加深，各大战略力量正在发生新的变化，各种战略关系正进行新的分化组合，国际战略格局正处于向多极化方向不断发展的历史时期。"一超多强"是当前乃至今后相当长时期内世界主要战略力量对比的总体态势和总体特征。国际战略格局的特点主要表现在以下几个方面：

1. 国际战略力量的相对均衡性

美国是当今世界唯一的超级大国，冷战结束后，借助于国内经济的强劲增长和信息技术领域内的优势，美国的"一超"优势更加凸显。目前，美国不仅拥有世界上最强大的"三位一体"的核进攻能力、陆海空三军的全球投送能力、全天候的精确打击能力和最先进的军事技术，特别是信息技术，而且在积极谋求发展世界上最强大的战略防御能力。以俄罗斯、英、法为代表的欧洲国家和日本、中国、印度等构成了"多强"。苏联解体后，尽管俄罗斯的军事实力有很大的削弱，但仍是国际战略格局中一支不可低估的重要力量。目前，俄罗斯100万的总兵力加上"三位一体"的战略核力量，使其在世界战略力量对比中，仍仅次于美国居于世界的第二位；英国、法国作为欧洲老牌的军事强国，均拥有自己的核力量，目前正在通过推进欧洲一体化进程，加速建立欧洲的独立防务力量；中国坚持自主防卫的国防政策和国防发展战略，不与任何国家或国家集团结盟，是维护世界和平和地区稳定的重要力量；日本凭借巨大的经济实力大力扩充军备，积极向军事大国目标迈进；印度在掌握核武器后，军事实力明显增强，已成为南亚地区乃至国际战略格局中的一支重要力量。"多强"与美国力量形成了大致的均衡，美国无法完全控制其他大国，而其他大国或大国集团虽然能牵制美国，但不可能完全遏制美国。

2. 国际战略结构关系的多元性

冷战结束后，世界各种战略力量在利益碰撞中纷纷进行战略调整，推动国际秩序向有利于自己的方向发展，世界力量组合和利益格局正在发生深刻的变化。

各主要力量既相互牵制和竞争，又相互协调、彼此合作，但这种新型国际战略结构关系尚未成熟，各主要力量之间这种错综复杂的关系及其发展变化，使世界多极化进程更加复杂。一是从谋求单极的"一超"与追求多极的"诸强"之间关系看，追求"多极"各大国力量之间难以结成紧密的国际反"单极"统一战线。二是从追求多极的"诸强"之间关系看，各大国力量之间也存在着相当的矛盾和竞争性，这无疑会在一定程度上影响各大国之间的力量凝聚与共识，影响多极化进程的顺利发展。三是在对未来多极世界格局的设想与认识上，诸强之间还存在差异，目标理解和追求上的差异势必会影响诸强共同推动多极化"合力"的发挥。

3. 单极与多极斗争的激烈性

单极与多极矛盾的实质是美国霸权主义同世界各国人民反对霸权主义的斗争。多极化是当今世界发展的必然趋势，但是，目前处于强势的美国竭力否定并坚决阻挠多极化发展，理论上鼓吹并宣扬"单极稳定论"；政治外交上以"恐"画线，借大国合作反恐，以单边主义谋霸；军事上公然违反国际法，悍然发动了伊拉克战争，对现有国际关系准则和国际安全机制构成了严重挑战。与此同时，美国借反恐为名挺进中亚，增强了对欧亚大陆的地缘战略优势；加强了西太平洋的战略部署，围堵和遏制其他大国的崛起。种种迹象表明，美国凭借其政治、经济、军事上的强大优势，利用反恐这个前所未有的机遇，抓紧打造美国主导的世界新秩序。但"多极化"趋势不可逆转，美国致力维护其霸权地位与其他国家争取和平共处的斗争也一直没有停止，其他大国尽管原则上认同并支持美国反恐，但对美国诉诸武力、"先发制人"等单边主义行径和谋霸企图也不无戒备和抵制。制衡美国"一超"的力量将越来越强大并且趋于自发联合，特别是欧盟和其他大国将不可避免地成为美国的主要竞争对手，"单极"与"多极化"的斗争将长期存在，这种斗争将日趋激烈。

4. 国际战略格局变化的过渡性

尽管国际战略格局中的"一超"与"多强"形成大致的均势，在当前乃至今后相当长时期内处于相对稳定的态势，但国际战略格局的内部出现一些变化是完全可能的。实际上国际战略格局就是一种国家力量之间的均衡状态——主要力量之间的对比达到一定的程度，就会形成一定的格局模式。由于国家实力的增减不可能同步进行（有的不断崛起，有的走向衰落），因此各种政治力量的对比状况始终都在发生变动。随着主要国家力量此消彼长，国际格局内部就会发生一些新的变化。然而新旧格局的转换并非一朝一夕能够实现，中间有一个演变、过渡阶段，主要表现为新旧两种格局的相互交错和并存，旧的力量对比尚未完全打破，新的格局形态还未确立。这样演变的过渡阶段必然是一个自然延续的过程。新格局的确立需要时间的延续和力量的积聚，无法用准确的时间予以界定。目前，只能说多极化是一种趋势。

（三）国际战略格局的发展趋势

从国际战略格局的发展趋势上看，多极制衡乃大势所趋。从根本上讲，国际关系演变的终极原因在于经济，世界经济发展不平衡正在改变着世界战略力量的对比。因此，经济全球化、区域经济一体化的发展必将推动国际战略格局的多极化。当前多极化趋势的发展主要表现在以下几个方面：

1. 除美国之外的世界主要国家仍处于持续发展的良性态势之中

中国综合国力的持续发展是世界发展进程中最为引人注目的亮点，日益崛起的中国也是推动世界多极化发展的重要力量。目前，中国的经济总量已跃居世界第二位，引进外资总量已经连续 10 余年位居发展中国家之首，军队现代化建设也迈出了新的步伐，科学技术和文化的原创能力逐步得到提升。与此同时，中国奉行积极的多边主义外交，在地区和国际上的影响力逐步上升，进一步确立了负责任的大国形象。俄罗斯的政治、经济转型已初见成效，俄罗斯不仅拥有经济发展所需要的重要战略资源，还拥有良好的技术条件、人力资源和军事潜力。在外交领域，俄罗斯及时扭转了冷战后初期向西方一边倒的外交政策，不仅注重巩固独联体国家的团结与合作，而且积极争取在亚太、中东等地区发挥建设性的作用，从而在一定程度上提升了自身在世界事务中的地位和作用。日本是经济上仅次于美国和中国的大国，日本追求与其经济实力相称的政治大国地位的目标没有改变，不仅谋求在亚太地区的主导权，还积极争取在国际安全和政治事务中发挥更大的作用。印度、巴西等国也在经济建设、科技创新和军事发展等方面有较好的表现，不仅在本地区（分别是南亚、拉美地区）拥有了当之无愧的大国地位，而且其全球影响力也正在凸显。

2. 地区一体化及作为其载体形式的地区组织成为多极化趋势新的推动力量

地区一体化，是指一些地理位置相近，并有着某种历史或经济联系的国家组建地区组织或地区国家集团，以实现本地区的政治稳定与经济发展。冷战结束后，两极格局的解体复活了国际关系的地区空间认同，扩大了地区国家的活动空间，与此同时，全球化的加速发展促使地区一体化出现了前所未有的大发展。一是原有的地区组织或国家集团相继推出了许多新的一体化建议，使地区内的政治、经济日益整合，地区意识和地区认同也得到了进一步强化。目前，欧盟在诸如全球安全发展等领域的表现越来越活跃，并且敢于表达自己独特的声音和主张。欧盟已经成为一个拥有相当权能的超国家组织，势必会成为世界多极化中的重要一极。德国、法国等欧洲大国主要是通过欧盟这个集体舞台来实现其目标。尽管它们都具有相当的经济实力并有很好的发展，但就其单独而言，还难以在国际事务中发挥更大的作用。二是新的地区组织不断涌现。除了欧洲、亚太和北美等地区拥有较为成熟的地区一体化形式外，中东、拉美和非洲等地区都有形态不一的地区一体化形式。三是跨越地域限制和经济发展差距的"南北型"一体化形式也获得了空前发展，如亚太经合组织、欧洲—地中海自由贸易区。这种政治经济区域化、集团化的实践是世界多极化的又一推动力量。随着政治经济力量在一定区域内的不断聚合，随着地区和次地区力量的逐步兴起，现有大国越来越多地融入区域集团，最终会出现一个区域化的世界。所以说，未来多极化世界将不再是一个仅仅由大国构成的点状结构，而是一个由主要大国和地区组织共同组成的点状和块状相结合的世界。

3. 国际组织地位与作用的上升是反对单边主义的一种重要方式

冷战结束后，国际组织得到蓬勃发展，不仅数量得到急剧增加，而且其活动方式和内容也得到了极大的丰富和拓展。在当前世界上，无论是联合国、世界贸易组织、国际货币基金组织等政府间国际组织，还是诸如绿色和平组织、国际奥委会、各种形式的人道主义组织等非政府间组织，都更加积极地加入了国际事务的处理和协调之中。一方面，它们在处理有关国内动荡、地区冲突、战后重建等传统安全事务中发挥着重要的作用，其中联合国在维护世界和平方面的能力在冷战后有了较大提高，相继成功地组织了一系列国际维和行动；另一方面，国际组织在处理诸如能源短缺、金融危机、非法贩运、恐怖主义、自然灾害等非传统安全威胁中发挥着难以替代的重要作用。非传统安全威胁超越了传统安全威胁以各国边界为主的地理空间，具有突出的跨国性，因此需要各国、各地区采取共同的应对措施加以防范和遏制。在处理这种以非传统安全威胁为主的"全球性问题"中，国际组织能够充分动员世界舆论、积聚国际力量、提供相关信息和对策，并且能够采取实际行动参与各种危机的处理工作。

4. 非美式大国协调的加强是当极化趋势发展的又一表现

冷战结束后，美国凭借其超强的"硬实力"和"软实力"试图进一步强化对世界事务的主导和控制，以图继续维持美国的全球霸权，"再造一个美国世纪"，面对美国咄咄逼人的进攻态势，在当今世界有重要影响的其他主要大国开始采取各种方式加强彼此的协调与合作，显示出非美式大国合作的强劲发展态势。在当前的联合国安理会中，中、俄、法等国频频接触，交换意见，并敢于在重大的安全问题上表达与美国不同的声音。自 1996 年以来，中国还相继同俄罗斯、法国、日本等国家建立了各种形式的"战略伙伴关系"。其中，中俄两国的战略合作尤其引人注目，双方不仅明确提出了世界多极化发展的主张，而且在能源、国防等战略领域加强了合作，在中亚、东北亚等地区事务的处理上也多采取联合态势，表达了反对美国一超独霸的决心，即便是对于美国的盟友英、法、德等国家来说，它们也能利用欧盟这一地区舞台来增强自身的国际影响力，并且在北约的改革和发展中提出自己的主张。世界主要大国在美国之外的协调与合作，无疑是对单边主义和霸权主义的一种反对。

当前多极化趋势的发展表明，多极化获得了与以往不同的表现形态，其主要特征不是采取公开的方式去反对超级大国的霸权作风和强权政治，而是通过国家发展、地区组织的构建、国际事务的共同治理等非对抗形式扎扎实实地推进多极化进程。

三、国际战略形势

随着国际战略环境的变化以及国际战略格局多极化趋势的发展，面对新的安全环境和安全威胁，世界各主要大国为了确保赢得战略主动，纷纷调整国家安全战略，在全球范围内掀起了一股安全战略调整与博弈的热潮，其结果将直接影响甚至决定 21 世纪初的国际战略格局和历史发展走向。从当前世界主要大国的情况可以管窥国际战略的基本形势。

（一）美国追求绝对安全优势，继续推行全球霸权

"9·11"事件成为美国安全战略演变的"催化剂"。2002 年 9 月 20 日，以美国《国家安全战略报告》出台为标志，美国正式推出了"先发制人"的战略，2003 年 3 月爆发的伊拉克战争是美国"先发制人"战略的首次运用。"9·11"事件之后，布什政府认为国际安全形势复杂多变，美国所面临的威胁具有明显的多元性、不确定性、突然性和非对称性等特点。布什政府在第一任期后期，特别是第二任期开始以来，逐步从"9·11"事件之后的感性和惯性反应中走出来，对美国安全环境做出更为深入的认识和分析，在强调威胁的广泛性、多样性和多变性的同时，对美国面临的安全挑战进行了更为系统的界定。在 2005 年

《美国国防战略》和《美国国家军事战略》中，以确保美国的世界霸主地位和美国的国土安全为基点，提出四项国防战略目标和三大军事战略目标。2010年5月27日，美国总统奥巴马向国会递交了上任以来的首份《国家安全战略报告》。与前任小布仁总统以单边主义为基调的安全战略相比，奥巴马的国家安全新战略更具有多边主义色彩，特别值得注意的是，新战略放弃了"先发制人"的战略基石。当然，新战略的出发点依然是全力维护美国的国家利益，确保美国在世界的领导地位，凭借绝对优势谋求绝对安全。

1. 奥巴马的国家安全新战略明显拓展了"国家安全"的内涵

除了国防之外，经济振兴也成为国家安全战略的重要组成部分，气候变化、清洁能源、全球贫困以及教育科技等全球性发展议题也被纳入影响美国国家安全的范畴。在美国政府看来，一是经济振兴成为实现国家安全的关键，他们强调的经济振兴包括美国国内经济复兴和推动全球经济稳定与繁荣。二是应对全球性发展总是成为国家安全的"助推器"。他们认识到，全球性发展问题已经成为美国国家安全面临的主要内容，也是美国推进国家安全利益必须正视的现实问题。

2. 奥巴马新战略对国家安全形式"对美威胁"定义更为广泛

在美国政府看来，反恐战争已不再是当今世界的主要威胁，而代之以经济危机、大规模杀伤性武器的扩散，以及环境污染、资源短缺、疾病扩散、网络渗透、社会动荡等非传统安全问题的愈演愈烈。

3. 奥巴马新战略强调安全手段的综合性

奥巴马国家安全新战略的一个重要特征，就是对维护国家安全的方式进行大幅调整，以强调国际协调来取代过去的单边主义，以与有世界影响的地区中心进行合作来分担国际责任，以先外交后军事取代过去的"先发制人"。报告认为，美国应该努力去塑造一个能够应对种种挑战的国际体系。报告对战后美国主导建立的一系列国际机制进行了审视——从北约和联合国，到战争法和管制武器的条约；从世界银行和国际货币基金组织，到日益扩大的贸易协议网络。美国必须注重参与国际机制，促进共同利益，例如，打击极端主义，停止核武器扩散和确保核材料安全，实现平衡且可持续的经济增长，制定合作方案，以应对气候变化、武装冲突乃至传染性疾病等威胁。美国认为，当今世界不是一个"多极世界"，而是一个"多伙伴世界"。美国将加强与"伙伴"的合作来应对挑战。这些"伙伴"包括欧洲、日本、澳大利亚等传统盟友，也包括一些"关键国家"，如中国、俄罗斯和印度，还包括正在崛起的国家，包括巴西、南非和印度尼西亚等，开展国际合作的根本目的是分担国际责任。奥巴马的国家安全新战略主张外交软手段与军事硬实力双管齐下，淡化了先前布什政府的"先发制人"观念。

4. 奥巴马新战略的核心目标是"维护美国在世界的领导地位不变"

奥巴马政府的《国家安全战略报告》突出表明其试图平衡竞选承诺与执政以来所面临的严峻现实。尽管奥巴马在国家安全新战略中强调"合作"，强调"共同责任"，但其核心目标仍然是维护美国在世界的领导地位，从而有效地捍卫并增进美国的国家利益。奥巴马政府在报告中直言："美国的国家安全战略将以继续发挥美国的主导作用为要务，使我们能在21世纪更有效地推进我们的利益。"

（二）欧盟推进一体化防务与强化共同安全相结合

面对变化的欧洲安全形势，欧盟加紧对自身的安全战略进行调整，推出了新的安全理念，加快了独立防务建设的步伐，通过组建欧洲安全防务联盟，在安全问题上加强各国之间的协调；制定共同安全战略，以图在欧洲范围内寻求共同安全。

1. 出台新安全战略理念

2003 年 12 月，欧盟通过的第一份安全战略性文件《更加美好世界中的欧洲安全》，指引着欧盟安全战略发展方向。2004 年欧盟通过了《欧盟宪法草案》，进一步规定了欧盟的安全防务政策，确信走防务一体化的道路是大势所趋。在恐怖主义、大规模杀伤性武器扩散和跨国犯罪等人类面临的诸多新安全威胁面前，欧盟推出了以强调维护人类安全、反对战争、加强人道干预和奉行多边主义、建立"人类安全干预部队"为主要内容的新的安全战略理论。

2. 继续推进一体化防务建设

欧盟大力推行独立的一体化防务建设，寻求更大的军政自主权。2004 年 5 月 17 日，欧盟扩展后的首次国防部长会议通过了"2004 年军事能力建设纲要"和"欧盟 2010 年军事能力建设总目标"，决定逐渐建立完备独立的欧盟军事力量，提高欧盟的联合作战、快速部署、后勤保障和战略运输与通信兼容能力。一是组建快速反应战斗分队。2004 年 10 月 22 日，欧盟国防部长会议决定，从 2005—2007 年，分阶段组建 13 支跨军种快速反应战斗分队，每个分队由 1500 人组成，15 天完成部署，并可开赴距欧洲 6000 千米外的任何地方执行作战任务。二是筹建欧洲统一情报网络。2004 年 3 月马德里恐怖事件发生后，欧盟决定实施全欧洲范围侦察措施，设立反恐总协调官，专门负责监督、协调欧盟的反恐行动；11 月又提出筹建欧洲情报网，在布鲁塞尔建立中央情报指挥部和间谍卫星系统。三是打造特种精锐部队。2004 年 11 月召开的欧盟国部长非正式会议决定，建设欧洲统一的精锐部队，以更好地提高欧盟在全球处理危机局势的能力，共同致力于打击恐怖主义。四是组建欧盟宪兵部队。2004 年 9 月 16 日，法、意、西、葡、荷 5 国国防部长在欧盟国防部长非正式会议上决定签署意向声明，决定组建一支 3000 人的宪兵部队，负责维护地区治安以及预防和处理地区危机。随着欧盟一体化的扩展、深化，欧盟独立自主意识日益增强。

（三）俄罗斯力保大国地位，全力构建"欧亚联盟"

俄罗斯正处在一个较长时间的战略调整期，经历了从理想主义的"一边倒"到现实主义的东西方并重、务实合作战略的坎坷历程。进入 21 世纪后，俄罗斯的国家安全面临一系列的"内忧外患"。面对严峻的国内外形势，俄罗斯选择了比较符合自己国情和社会现实的道路，走上了一个新的稳定的发展阶段，力保其大国地位。

2013 年 2 月 12 日，普京签署的新版《俄罗斯联邦对外政策构想》，系统地阐述了俄罗斯外交政策的目标、原则和优先方向，表明了俄罗斯对世界发展的现状以及未来趋势的判断，明确地传达了新时期俄罗斯外交的优先方向。从新版《俄罗斯联邦对外政策构想》有关俄罗斯外交优先方向的阐述，以及普京归位以来俄罗斯外交实践看，普京新任期的俄罗斯外交政策的用力方向主要是：发展与后苏联空间国家关系为第一战略优先，全力构建"欧亚联盟"，在重点发展与以美国为首的西方国家关系的同时，致力于全面深化中俄战略协作伙伴关系。

（四）日本强化日美同盟，积极推动多边安全机制

冷战后日本国家安全战略调整，大体形成了这样的基本思路：围绕一个目标，就是围绕和服务于实现"普通国家"这个总目标展开；贯穿一条主线，就是始终贯穿增强"自主性"这条主线，这也是日本所追求的"普通国家"目标的核心所在；建设"三大支柱"，就是强化日美双边同盟，加速防卫战略转型和增强军事力量，积极推动形成地区性安全机制，以实现"保卫日本"和"改善国际安全环境"的战略目标。

1. 强化日美双边同盟

加强日美同盟，既是日本实现新世纪安全目标的基石，也是其实现"普通国家"目标的基本途径，因而是冷战后日本安全战略调整最为重要的举措。一是改变了同盟的主要功能，由"保障日本安全"转变为"干预周边事态""稳定地区局势"。二是扩大了同盟的作用范围，最初是日本本土，1960年扩大到"远东"，1996年扩大到整个"亚太地区"，新的《日美防卫合作指针》和《周边事态法》，使其进一步扩大到了印度洋和波斯湾地区。三是实现了同盟的作用对象"重点转移"，即由针对苏联为主转向把中国作为主要对象。四是调整了同盟的内部关系，使美日之间的"主从关系"趋向"相对平等"，尤其是在军事上的紧密合作正在趋向一体化发展。进入新世纪，尤其是"9·11"事件后，美国要求日本在更大范围内发挥作用、分担责任，日本乘机极力推动再次"再定义"日美同盟，将其提升为"全球性同盟"，目的是使日本能在全球政治和安全事务中扩大参与权、增强发言权。日本通过上述举措使其在同盟内部的发言权明显增强，在地区安全领域中的作用有了质的飞跃，自卫队已可追随美军干预本地区乃至全球事务，这些都是不争的事实。可以预料，随着世界形势的演变，日本还将不断推动日美同盟的"再定义"。

2. 加速防卫战略转型和增强军事力量

早在20世纪80年代中期，日本就开始着手调整"专守防卫"战略，这一战略实质上已名存实亡，正在加速转变为"主动先制"和"海外干预"型防卫战略。首先是防卫体制上的"变革"。防卫厅升格为"防卫省"，提升其在国家政治中的地位和政府决策中的作用；新设"统合幕僚监部"（联合参谋本部），取代过去的统合幕僚会议，强化对陆海空自卫队的集中统一指挥；统合情报机构，将其置于防卫省直属地位，增强情报的自主收集和整合能力，并为此研发和使用自己的太空侦察系统。其次是军事力量建设方针原则的重大调整。一是调整建军方针，从舍弃"建立一支小规模武装力量"的规定，提出建设一支"合理、精干、高效"的现代化强大自卫队的目标（1995年），到放弃长期遵循的"基础防卫力量构想"，转而确立建设"一支多能、弹性、有效的防卫力量"的方针（2004年）。二是调整军事力量的职能，将"国际合作"由自卫队的"附带任务"上升为"基本任务"，使自卫队向"外向型"转变。三是调整军事力量结构，重点加强海、空自卫队建设，精简陆上自卫队，新组建快速反应部队——特种作战部队和国际合作部队。四是调整武器装备建设的侧重

点，裁减传统主战装备，着力研发有助于提升战略预警能力、快速反应能力、机动作战能力、远程投送能力和进攻突击能力的装备和技术，而且注重自主研发；加速研制部署导弹防御系统。此外，日本还在试图以"迂回"或"变通"方式突破"无核三原则"。

3. 积极推动建立地区性多边安全机制

在日本看来，推动建立最终由日本居于主导地位的地区多边安全机制，不仅是实现新世纪国家安全目标的重要途径之一，而且也将成为现阶段最能体现日本"自主性"和"普通国家"身份的平台，因而是其安全战略调整中最为渴望实现，但又最为难以取得重大突破的举措。早在20世纪下半叶日本就提出过多种组建地区"经济合作圈"的设想。冷战结束后，日本更是积极倡议和推动建立地区合作机制，并将合作内容从经济扩展到政治和安全领域。进入新世纪之际，面对中国在东亚合作进程中的作用和影响日渐增大，日本再度频频"出招"。日本在2005年底坚持并成功地让澳大利亚、新西兰和印度三国参加了首次"东亚峰会"；2006年8月，日本又推出涵盖澳、新、印的"东亚经济伙伴关系协定"（东亚EPA）构想，以期覆盖"东盟+中日韩"模式。所有这些举措都表明，日本仍将以经济作为安全战略的基础和重要手段，力图保持在亚洲经济中的主导地位的同时，更加重视在地区政治、安全领域发挥作用，加大参与力度，夺取东亚地区安全合作的主导权。

（五）印度强化军事战略调整，全面赶超军事强国

进入20世纪90年代，随着国际安全环境的变化，印度的国家安全战略有了很大的调整，更加强调国家安全的综合性，重视经济安全，同时改变传统意义上的战争观，立足于核威慑力量。目前，正在国防体制、武器装备和核打击能力等方面进行全面变革。

1. 以"印度中心论"为理论依据，不断扩展维护国家安全的外部空间

印度把保卫西北边界、阻止外国势力染指南亚事务及控制印度洋作为印度的安全总目标。印度为了实现其世界大国的最终目标，今后仍会努力将其局限于南亚的传统安全范围向亚太地区拓展。同时在军事战略上会继续强化"稳西、北防、南下"的战略部署，全方位外交以及大国平衡外交的姿态将更加开放。从中长期看，印度的大国平衡外交将会呈现一种以印美关系为主导，兼顾印中和印俄关系的态势。特别是在印美关系上，印度与美国之间目前还没有根本利益冲突，印度与美国建立战略合作关系，可以提升印度在全球战略中的地位，利用这种事实上的"准同盟关系"以及美国南亚政策的调整，推动国家安全战略的顺利转型。同时，借助美国的战略需求，利用其"东向"战略的深化与扩展，积极参与亚太地区的安全对话与合作机制，扩大印度在亚洲事务中的发言权，促进大国战略目标的实现。

2. 更加重视经济安全

进入21世纪以来，印度的国家安全战略已发生某种程度的转变，即从单纯强调军事安全向强调综合安全转变，从突出军队建设向突出经济增长转变。强调健康的经济不仅在财政上对国家安全十分重要，而目前认识到健康而稳定增长的经济本身就是在强化国家安全。印度现政府明确提出了应对新形势下各种安全挑战的战略，这个战略的三个支柱为：一是从经济技术上增强自身实力；二是获得足够的防务能力；三是在战略和经济技术层面寻求伙伴关系。这表明印度政府已将经济技术提升到国家安全战略的首要位置上。

3. 重视发展核威慑力量

印度认为，发展核力量、拥有核威慑能力是国家安全战略不可或缺的组成部分，是国家实力的象征。为了实现最低限度的可靠的核威慑目标，印度今后将继续推动核武器系统的建设，作为印度军事战略组成部分的核战略将得到进一步明确，陆基、海基、空基"三位一体"相互支撑的战略核威慑和打击力量将日渐完善。目前，印度正在研究论证获得最低限度核威慑力量及第二次打击能力的核武器规模，并着手进行战略导弹防御系统的建设。

4. 重视加强海上安全保障

随着对经济安全的重视，印度更加看重印度洋的交通枢纽地位及其周围的战略资源。印度现阶段奉行既维护印度洋地区的和平与稳定，又确保本国利益的"双向战略"。南下印度洋，控制印度洋，变印度洋为"印度湖"，充当未来印度洋的霸主，乃是印既定的长远海洋战略。为此，印防务专家提出了分阶段、分步骤建立"三层防御区"的设想。一是在现阶段建立距海岸 500 千米以内的"绝对控制区"。二是在可预见的未来，建立距海岸 500～1000 千米的"中等控制区"。三是在上述两层防御区建立之后，建立距海岸 1000 千米以外的"软控制区"。随着条件的日趋成熟，印度将会加快推进"印度洋控制战略"的步伐，在通过政治、经济、外交等方式增强其在印度洋的影响力的同时，把海军的建设和发展作为实现"远洋歼敌"新战略的重要途径。

第三节　我国周边安全环境

周边安全环境，是指国家周边有无危险和受到威胁的情况及条件。我国全面建设小康社会，内部需要政治稳定和经济发展，外部则需要安全稳定的周边环境。邓小平同志说过："要为我国的经济建设创造一个和平的外交环境，首先是一个稳定的周边环境。"

一、我国周边安全环境概况

一个国家周边环境的复杂程度，在一定程度上决定了它在国际战略格局中的地位。比如，美国安全的基本特征是"东西有大洋，南北无强邻"，其周边环境得天独厚，这也是美国称雄世界的非常有利的地缘政治因素。中国的周边环境远比美国复杂得多。在世界上所有国家当中，中国的周边环境最为复杂。主要体现在以下方面：

（一）邻国多

中国是世界上陆海邻国最多的国家。中国背陆向海，周边邻国众多。在陆地上与我们接壤的国家有 14 个，从鸭绿江口起依次是朝鲜⇒俄罗斯⇒蒙古⇒俄罗斯⇒哈萨克斯坦⇒吉尔吉斯斯坦⇒塔吉克斯坦⇒阿富汗⇒巴基斯坦⇒印度⇒尼泊尔⇒不丹⇒印度⇒缅甸⇒老挝⇒越南。与我国隔海相邻的国家除朝鲜和越南外，还有日本、韩国、菲律宾、文莱、马来西亚、印度尼西亚、新加坡等国。此外，美国虽然不是近邻，但其触角伸到了我们的周边，对我国影响重大。地缘政治规律表明，一个国家的邻国多，现实威胁和潜在隐患就多；邻国强，现实与潜在的安全威胁就大。这一特点要求我们以不同的方式对待、处理与不同邻国间的关系。

（二）边境线长

中国周边环境的复杂性还表现在边境线长。我国陆地边界线长达 22800 千米，海上邻国众多，相邻海域广阔，除了 960 万平方千米的陆地面积，还有 300 多万平方千米的蓝色海洋领土。漫长的边境线容易引发领土争端问题，与邻国存在"剪不断、理还乱"的领土争端。尤其复杂的是，由于中国与海上邻国之间没有 400 海里①以上的海洋空间，因此，各自宣布的专属经济区不可避免地出现重叠。

1982 年 4 月，第三次联合国海洋会议上通过的《联合国海洋法公约》，首次以国际法的形式对领海、毗连区、大陆架、专属经济区等作了具体规定。专属经济区是指领海以外并邻接领海的区域，其宽度从领海线起不超过 200 海里，沿海国对此海域中的生物和非生物资源享有主权。"专属经济区"的规定唤醒了沿海国家开发和维护海洋资源的意识，进而引发了争夺海洋岛屿、海洋国土、海洋资源和海洋通道的新一轮较量，使世界的许多热点集中到海洋上。我国与相邻国家在领海、资源等问题上也存在不少争端。

（三）周边国家发展不平衡

中国及其周边地区是世界上人口最密集，社会、经济发展最不平衡的地区。世界总共有 10 个国家人口过亿，其中有 7 个国家位于该地区，它们是中国、印度、印度尼西亚、俄罗斯、日本、巴基斯坦、孟加拉国。

中国周边地区也是世界上大国强国最集中的地区。美国一位专家说："美国，与自己近邻加拿大和墨西哥两国军队在兵力上为六比一，它们之间的军事冲突是根本不可设想的。而中国则不一样，尽管他的军队是世界上最大的一支，但即使抛开较远的美国不算，7 个主要邻邦和地区的兵力加在一起，比中国兵力多一倍。"由于众多邻国当中强国、大国多，给我国的安全带来了很大的压力。在这样的安全环境中，中国要维护自身的安全，必须拥有足够强大的军事实力。

（四）周边地区热点多

在我国周边地区热点问题集中。印巴在克什米尔问题上的争端还没有解决的迹象，南亚地区的紧张难以真正消除；阿富汗国内局势动荡不安对周边国家影响巨大；中亚地区各大国及相关国家对石油的争夺日趋激烈可能导致冲突；日俄南千岛群岛领土之争是影响两国关系的主要障碍，短期内难以解决；日韩围绕独岛（竹岛）的争端没有停止；朝鲜核问题时起时伏，威胁东北亚地区安全；东海油气田问题争执激烈，双方分歧严重。在众多的热点问题中，有些热点，我国属于当事国，直接相关；有些热点，虽然不是当事国，但对我国影响很大。周边地区的热点问题不可避免地对我国的安全产生影响。

二、我国周边安全环境现状

目前，我国周边安全环境处于新中国成立以来相对较好的时期，和平稳定是我国周边安全环境的主流，但相对稳定的安全环境中也存在着威胁和不安全因素，可概括为"稳中有

---

① 1 海里 = 1.852 千米。

乱，好中有坏，喜中有忧"。

（一）我国周边安全环境呈现稳定态势

1. 妥善解决了与周边一些国家多年的边界争端问题

边界争端和领土纠纷是国家之间最复杂、最困难、最容易引发冲突的问题。解决边界纠纷是发展与周边国家睦邻关系的重要步骤和前提任务。在解决这一问题上我们取得了很大进展。

同俄罗斯妥善解决了边境问题。中国与俄国边界分为东、西两段，分别在我国的东北和西北两个突出部上，全长约 4300 千米。1991 年 5 月，江泽民访问莫斯科，中国与苏联正式签署《中苏国界东段协定》，后又签署《中俄睦邻友好合作条约》，划定了两国边界，解决了两江中绝大多数岛屿的归属问题。

2004 年 10 月普京访华，两国签署有关黑瞎子岛和阿巴盖图洲渚的勘界协定，标志着两国历史遗留的边界问题得到彻底解决。与俄罗斯关系的改善，改变了我国长期以来面临外敌大规模入侵威胁的局面。

和中亚国家成功解决了边界争端问题。中塔边界问题于 2003 年基本解决，中哈边界问题也于 2003 年基本解决，中吉边界问题于 2005 年彻底解决。出于地缘政治考虑，我国加强和中亚的关系，扩大在欧亚大陆的影响，可抵消北约东扩对我国的影响，某种程度上也扩大了战略纵深，为我国发展提供了一个新的发展方向。

和印度的边界谈判取得进展。中印关系近年来得到明显改善，双边关系正在加强。在我国周边国家当中，印度是历史上从未与我国划定边界的国家。中印边界全长约 2000 千米，分东、中、西三段，争议区共 12.55 万平方千米，印度控制了约 74% 的争议区。中印边界争议区分为三段。东段，传统习惯线西起中国、印度、不丹三国交界点，东至中国、印度、缅甸三国交界点，长约 650 千米，大体上沿着喜马拉雅山南麓和雅鲁藏布江北岸平原的交接线而行，东段气候较好，森林比较茂密，基本由印方控制；中段，传统习惯线西起中、印与克什米尔地区交界的 6795 高程点，东至中、印、尼三国交界处的强拉山口，长约 450 千米，沿着喜马拉雅山脉而行，中段海拔很高，气候严寒，没有人烟，由双方共同控制；西段，传统习惯线北起喀喇昆仑山口，南至 6795 高程点，长约 600 千米，沿着喀喇昆仑山脉及其以南的山岭而行，土质比较贫瘠，但战略位置非常重要，连接新疆和西藏，大部分由我方控制。目前，通过双方的努力，解决长期边界纠纷的谈判步伐在加快。

同越南解决了边界和北部湾的争议。1999 年 12 月 30 日，我国与越南签署了《陆地边界条约》，成功地解决了陆地争端。与越南的争议主要集中在北部湾。北部湾（越南称东京湾）位于南海西北部，是一个半封闭海湾，为中越两国陆地与我国海南岛所环抱，面积约 12.9 万平方千米。北部湾是我国大西南的海上通道，油气和海洋资源丰富，也是著名渔场。2000 年 12 月 25 日，我国与越南签署《北部湾划界的协定》，解决了北部湾的争端。

2. 采取睦邻友好合作的方针，睦邻外交呈现出很好的局面

坚持"与邻为善，以邻为伴"的睦邻友好合作方针，与大多数周边国家和地区组织建立和发展了良好的关系。经过共同努力，与一些曾经关系对立的国家逐渐建立起相互谅解和

信任的正常关系。1990 年，开始与越南修复外交关系，同曾经与自己发生过武装冲突的越南实现了关系正常化。1990 年 8 月，恢复了与印度尼西亚中断了长达 23 年的外交关系。印尼是东盟之首，与中国的关系如何发展成为影响东南亚地区其他国家的关键。和印尼建交后两个月，新加坡也与我国建交。1991 年 9 月，与文莱建立外交关系。至此，我们与东盟国家全部建立了外交关系。1992 年 8 月，与韩国建立了大使级外交关系。我们进一步巩固了和巴基斯坦的传统关系；打破了与印度长期的僵局，改善了与印度的关系；密切了同中亚国家的关系，在能源、反恐、经贸等领域合作密切。

3. 倡导建立或积极参与多边安全机制，安全合作趋势明显加强

积极倡导国家与国家间的共同安全，同周边国家和组织进行安全合作，建立了周边安全机制。开创了"上海合作组织"，1996 年 4 月建立了"上海五国"机制，2001 年 6 月正式成立"上海合作组织"。"上海合作组织"成员国的总面积将近 3000 万平方千米，相当于非洲的面积大小，其影响巨大。该组织以"互信、互利、平等、协作，尊重多样文明，谋求共同发展"的"上合精神"为指导，以践行新型的安全观、国际关系和区域合作模式为主要运作方式。"上海合作组织"机制的建立和运行，密切了和俄罗斯、中亚国家的关系，沉重打击了恐怖主义、民族分裂主义、极端宗教主义三股恶势力，尤其是有效地打击了东突分裂势力，稳定了西北边疆。"上海合作组织"正在从安全合作向经济领域拓展，展开了全方位合作，并吸引了印度和蒙古、巴基斯坦、伊朗等国作为观察员国加入。

2003 年，我国加入《东南亚友好合作条约》，通过参加东盟 10 + 1 和 10 + 3 进一步巩固和发展与东盟 10 国的友好关系。1997 年我国从大局出发顶住压力，坚持人民币不贬值，为稳定亚太局势，使这些国家早日走出危机做出了巨大牺牲，也得到了周边国家和世界各国的高度赞赏，赢得了东盟国家的信任。目前，我国在这个地区组织中发挥着重要作用和影响力。

4. 在中国的积极参与下，周边一些热点问题逐渐降温

我国周边热点出现了不同程度的降温，但总的形势趋于缓和，对外部的影响越来越小。印度和巴基斯坦两国关系趋向缓和，两国都是有核国家，两国之间如果爆发核战争，邻国将深受其害。南亚次大陆的和平与稳定对中国有百利而无一害。中巴关系长期友好，对印度的南亚霸权政策起到了一定的制约作用。随着国际形势的变化，我国适时调整对南亚地区的政策，与印巴两国并行不悖地发展友好合作关系。对于印巴间的克什米尔争端，中国奉行"中立劝和"的方针，这种调整也对印巴关系的改善起到促进作用。

朝鲜问题是东北亚地区的一大热点。近年来，美国借此加强在该地区的军事部署，加强美日同盟、美韩同盟，日本、韩国借此大力发展军事力量，同时我国面临日益增大的安全压力。

（二）我国周边安全环境目前面临的主要威胁

1. 美国的战略遏制对我周边安全构成全面影响

中国是世界上最大的社会主义国家，也是发展最快的国家，中国的发展对美国的世界霸主地位构成最大的全球性挑战，美国的全球战略则是中国国际环境的主要制约因素。虽然奥

巴马政府强调扩大中美合作的范围并鼓励中国在应对全球挑战上承担更大的责任，美国对中国军事建设特别关注的领域包括核武器的现代化、先进太空和反太空能力的发展、网络战和常规作战能力，这些可能会限制美国军队在西太平洋活动的能力。美国战略中仍以我为"假想挑战对象"，对我采取遏制政策，军事上，亚太地区兵力部署重心由北向南转移，强调在西太平洋地区"前沿部署、军事存在"，极力拓展与我周边国家的军事合作，在中亚地区力争驻军长期化，在南亚和印度洋地区保持中求发展，对我构成全方位的军事包围，是我周边安全环境最大的威胁。

（1）美国和日本、韩国强化军事同盟关系

目前，美国在日、韩各常驻数万兵力，并与日本、韩国合作开发"战区导弹防御系统"。美国和日本修订了1978年签订的《防卫合作指针》，明确提出要联合干预"周边事态"。日本的一些大臣公然多次声称周边包括台湾海峡。在未来可能爆发的信息化条件下的局部战争中，我们有可能面临美日联合干预的可能性和危险性。

（2）美国和印度不断加深政治和军事合作

印度认为："任何可以遏制中国日益强大的实力和傲慢态度的计划对印度的利益都应该是有利的。"美国认为："中国作为地区性超级大国，将会谋求挑战美国在亚太地区的主导地位，而对中国深感不安的印度可以对中国构成重要的平衡作用，成为限制中国的桥头堡。"美国和印度出于各自的战略利益不谋而合。

（3）美国从遏制中俄的需要出发，加紧对蒙古的拉拢

蒙古地处中俄之间，版图呈弓形，弓背一面毗连中国东北、华北、西北三大地区。蒙古对我战略意义很重要，向西可切断新疆与内地的联系，向东可控制东北南下的通道，向南则伸入我国腹地。苏联从蒙古撤军后，美国填补了这一真空地带。政治上，美国通过各种途径在蒙古大力培植亲美势力，试图将其变成"亚洲民主的样板"；经济上，积极参与蒙古经济开发，向蒙古提供大量援助；军事上，美蒙合作大大增强，双方由20世纪90年代初期的一般性军事交流，逐步向共同防务、联合作战及情报交换等深层次发展。此外，美国与蒙古还频繁举行联合军事演习，提高两军协同作战能力。

（4）美国建立和巩固在东南亚的军事存在

1995年美济礁事件后，菲律宾不断加强与美国的军事合作，企图借助美国与中国在南沙问题上抗衡。1998年美与菲律宾签署了《部队访问协议》，并促使菲律宾参议院于1999年通过美菲的《访问部队协议》，使联合军事演习合法化，美菲每年举行多次联合演习。2002年美菲签署《后勤互助保障协定》，使美军飞机和军舰可以自由出入菲领空和领海。2003年，美国在新加坡的樟宜基地建设航母基地。美国还加强与印度和越南的关系，企图牵制中国。美国和泰国定期进行联合军演。美国和澳大利亚及新西兰签署有《美澳新条约》。

（5）美国将势力黑手伸向中亚

中亚过去是苏联的国土，苏联解体后成为俄罗斯的势力范围。美国借阿富汗战争之机，以打击恐怖主义为名进入中亚，现在美国在中亚地区建有多个基地。美国在中亚的军事存在，不仅威胁着俄罗斯的安全，同时也威胁着我国的国家安全。

（6）美国对台湾事务横加干预

美国对台湾问题一直暗中或公开干预，在陈水扁两次就职典礼前，美国航母抵达香港而

且经过台湾岛东部海域。在 2008 年台湾地区领导人选举之际，美航母战斗群又驶入台湾附近海域。美国不断提高与台实质性官方关系，加大向台出售武器的力度；对台军售日益公开化，在两岸关系的敏感时期，美国会加大对台军售的力度；对台军售规模不断扩大，售台武器包括战斗机、武装直升机、军舰、导弹、潜艇、防空武器等，其范围、数量、金额不断扩大；售台武器技术水平不断提高，不断增加对台军售的软件比重，由硬件为主转向软硬件并重，由防御性武器向进攻性武器发展。美国对台军售的影响极坏，助长了"台独"势力的气焰，加剧了台海紧张局势，加快了台湾军事战略转变。向台出售武器还促使其他西方国家仿效，以谋求对台军售，加深了台湾问题国际化的程度。

2. 领海、资源争端纷繁复杂，给我国安全和发展带来很大的困扰

我国与邻国关于海洋权益的争议情况复杂，成为影响我国边境和领海安全的不稳定因素。南沙群岛遭海上邻国严重侵占，面临着"一大对众小"的尴尬局面。南沙东西 550 海里，南北 650 海里。我国榆林距南沙 565 海里，湛江距南沙 735 海里，而其他相关国家和地区距离南沙相对较近。南沙群岛自古就是我国领土。南沙群岛中，最大岛屿太平岛为台湾当局占领，大陆控制 7 个岛屿，被别的国家侵占的岛礁共计 44 个。我国在南海的安全环境面临诸多挑战——东盟国家为维护在南沙的既得利益，继续在南海主权问题上向中国展开政治、外交攻势，强化对已占岛礁和海域的军事管控，加快对南海资源的开发和掠夺。

美国、日本等国则从一己之私出发，一方面心怀叵测地搅动东盟各国的矛盾，另一方面公然介入南海争端。这一基本态势使南沙问题解决变得更加复杂困难。

在黄海、东海和其他国家存在领土纠纷和边界争端。黄海领域为中朝韩三方环抱，具有极其重要的战略地位，蕴藏着丰富的石油天然气和渔业资源。目前，中国和韩国、日本签署了政府间的渔业协定，但海域划界问题没有解决。朝鲜在海上单方面设定了禁止外国军用船舶、军用飞机进行一切军事活动的军事警戒区。在黄海大陆架的划分上，我国的"自然延伸"原则与朝鲜、韩国的"中间线"主张分歧严重。

在东海领域，和日本在大陆架和专属经济区划分上存在着严重争议。东海之争既是领土之争，也是资源之争。据专家估算，东海油田蕴藏石油 250 亿吨，天然气超过 8 万亿立方米。东海最宽不到 400 海里，按照 200 海里的专属经济区划分方法，不可避免地产生重叠交叉。东海大陆架一直延伸到冲绳海槽，我们主张该处是我国东海大陆架与日本琉球大陆架的自然分界线。按照国际公约，海平面的分界应按大陆架的界线来划分，冲绳海槽理应成为我国东海大陆架和琉球岛架的自然分界线。日本则拒不承认和我国是一个大陆架，主张按"中间线"划分。近些年，日本围绕东海油气田及由此产生的东海大陆架和专属经济区等问题与我国频起摩擦。

在钓鱼岛问题上，我们和日本存在严重争议。钓鱼岛是我国的固有领土，这一问题的出现是第二次世界大战的后遗症，也是美国强权政治的结果。日本一直妄图霸占我钓鱼岛，除了钓鱼岛本身的价值外，还有深远的图谋。即以钓鱼岛为基础和依据，与我国按中间线划分东海大陆架。

3. 周边地区恐怖主义日益猖獗，对我国的安全威胁增大

目前，恐怖主义的根源远没有消除，国际政治斗争形势依然十分复杂，反恐斗争的进展

比较缓慢，恐怖主义将会在一段时间内继续存在。从当前情况看，我国周边地区恐怖主义日益猖獗，对我国安全形势构成了严重威胁。特别是近年来，国际国内恐怖势力相互勾结，形势更为严峻。目前，对我国国家安全和地区稳定构成威胁的恐怖组织主要是"东突厥斯坦"恐怖组织、达赖集团的激进势力和国际恐怖组织等。

"东突厥斯坦"分裂分子和宗教极端分子鼓吹"'东突厥斯坦'自古以来就是一个独立的国家"。"东突"恐怖势力在民族分裂主义、宗教极端主义和国际恐怖主义的影响下，以宗教活动为掩护，以组织建设为基础，以国际恐怖势力为依托，以暴力为手段，在新疆地区制造暴乱、爆炸、暗杀、投毒、劫机等恐怖事件，对新疆地区的社会政治稳定构成了严重的现实威胁。"东突"组织主要将国外作为基地——西亚方向，以设在土耳其的"东突厥斯坦侨民协会"为核心，形成了西亚地区"东突集团"；中亚方向，苏联解体后，西亚地区的"东突"势力渗入中亚，形成由"东突厥斯坦国际委员会""维吾尔国际联盟""东突厥斯坦解放组织"等组织构成的中亚集团；南亚方向，以阿富汗塔利班武装及本·拉登为代表的国际宗教极端恐怖势力活动猖獗，阿富汗内战和印巴克什米尔争端所造成的地区混乱局势，为"东突"势力在南亚地区的发展提供了机遇和空间，并逐步形成了一定的势力；欧美方向，纽约有"东突厥斯坦民族独立联盟"，其他的还有"东突厥斯坦民族代表大会""东突厥斯坦统一联盟""美国维吾尔联盟"等组织。

达赖集团不断以所谓人权为幌子，大肆鼓吹"西藏独立论"，在国际社会上对我国造成了极坏影响。尤其是达赖集团内部激进派势力更加猖獗，"藏青会""藏妇会"等激进组织逐步占据主流地位，暴力化倾向更为严重，恐怖活动日益突出。2008年3月14日在西藏拉萨发生了严重的打砸抢烧暴力事件，不法分子实施打砸抢烧，焚烧过往车辆，追打过路群众，冲击商场、电信营业网点和政府机关。纵火达300余处，大量民房、学校、医院受损，无辜群众被烧死或砍死，数百群众受伤。随后，在四川阿坝、甘肃甘南等地也发生了暴力事件，我国多处驻外使馆遭冲击，奥运圣火在英法等国传递过程中遭"藏独"分子干扰。这是达赖集团破坏祖国统一及和平稳定的又一滔天罪行。

此外，还有其他一些直接针对我国以及针对外国驻华机构和来华人员的国际恐怖组织，都对我国国家安全构成威胁和影响。

三、贯彻国家安全政策，塑造睦邻友好环境

国家安全政策是达成国家安全战略目标的大政方针，影响着国家安全战略任务的完成。中国的国家安全总体上有利的基本态势没有改变，但国家安全仍面临诸多风险，中国军队要居安思危，树立大安全观，应对多种安全威胁。为应对多种安全威胁，中国军队正在提高以打赢信息化条件下局部战争为核心的防卫作战能力。传统安全威胁与非传统安全威胁相互交织的现实，决定中国军队必须按照"大安全观"要求，努力提高应对多种安全威胁、完成多样化军事任务的能力。中国军队还要继续积极加强应对非传统安全问题，包括维和、护航等方面的国际合作。

（一）坚持以新安全观作为国家安全战略的根本指导方针

"大安全观"或者说"综合的国家安全观"，可从"传统安全""非传统安全"两大方

面来理解。传统安全威胁不可忽视，当前传统安全威胁问题在国际上的突出表现有三个方面：一是世界大战没有打起来，但局部战争仍然保持高发态势；二是以新军事变革为核心的国际军事竞争日益激烈；三是核扩散和军备控制形势依然严峻。

用大安全观看非传统安全，非传统安全问题日益凸显，主要包括以下六个方面：一是国际金融危机影响深远，金融安全问题特别突出，中国从容应对危机冲击，在世界率先实现经济回升，但仍存在一些突出矛盾和问题，转变经济发展方式刻不容缓；二是国际反恐斗争取得进展，但反恐形势仍然严峻，中国也必须重视反恐；三是信息安全是当前非传统安全领域一个突出问题，中国面临的信息安全形势日趋复杂、不容乐观；四是国际油价不断波动，能源安全问题越来越突出，妥善应对能源安全挑战已成为中国实现可持续发展的一大战略问题；五是国际粮价波动增加，粮食安全问题日益凸显，中国始终要把解决好十几亿人口的吃饭问题作为治国安邦的头等大事；六是气候变化、食品和公共卫生安全等问题也很突出，中国必须加大力度妥善应对。

中国奉行独立自主的和平外交政策，为和平解决国际冲突、推动防核扩散和军备控制做出积极贡献。"但我们尚未完全实现祖国统一，仍存在一些与邻国围绕领土领海主权和海洋权益的争议问题，国内外敌对势力破坏中国社会政治稳定的事件还时有发生。我们要应对多种安全威胁，但首要的是反侵略、反分裂、反颠覆"。

传统国家安全观强调国家的自身安全，把军事手段视为保护和促进国家安全的重要基石和主要手段，体现出追求安全手段的军事性特点。当今世界，和平与发展是主流，国际安全形势发生了变化，世界面临着一系列多元、复杂、非传统的安全议题，民族冲突、恐怖主义、边界争端、大规模杀伤性武器的扩散等问题对传统国家安全观提出了挑战。在这种背景下，新的国家安全观应运而生。党的十八届三中全会提出设立国家安全委员会，是完善国家安全体制和国家安全战略，确保国家安全的有力举措。

我国所倡导的新安全观的核心是"互信、互利、平等、协作"。"互信"就是通过对话协商，增进相互了解和信任，国与国之间要超越意识形态和社会制度异同，摒弃冷战思维和强权政治心态，互不猜疑，互不敌视；"互利"就是在维护本国安全的同时，也要充分考虑和尊重别国的安全利益，为对方的安全创造条件，它强调共同安全；"平等"就是遵循和平共处五项原则，主张国家不分大小、贫富、强弱，都是国际社会中平等的一员，应相互尊重，平等对待，积极推动国际关系的民主化；"协作"就是通过对话协商解决争端，并就共同关心的安全问题进行广泛深入的协作，防止战争和冲突的发生。以上四个方面相互联系在一起，共同发挥作用。"互信"是新安全观的基础，"互利"是新安全观的目的，"平等"是新安全观的保证，"协作"是新安全观的方式。

新安全观契合时代特征，具有与时俱进的特质，它为新形势下处理周边地区、国与国之间关系，解决周边安全问题开辟了一条正确的途径。同时，也为我们处理国家安全事务提供了正确的方法，必须作为国家安全战略的根本指导方针。

（二）实行"睦邻、安邻、富邻"政策，构建周边安全机制

积极促进亚洲的发展振兴与和平发展，努力营造安全稳定的周边环境，创造一个整体发展的良好格局，是中国的既定方针，"睦邻、安邻、富邻"是中国实现自身发展战略的重要

组成部分。

"睦邻"就是继承和发扬中华民族亲仁善邻、以和为贵的哲学思想，在与周边国家和睦相处的原则下，政治上互谅互信、和睦共处，共筑本地区稳定、和谐的国家关系结构。"安邻"就是积极维护本地区的和平与稳定，坚持通过对话合作增进互信，安全上互商互让，通过和平谈判解决分歧，为亚洲的发展营造和平安定的地区环境。"富邻"就是加强与邻国的互利合作，深化区域和次区域合作，经济上互利互惠，共同发展，积极推进地区经济一体化，与亚洲各国实现共同发展。"睦邻、安邻、富邻"的周边政策，既是对迄今为止我国周边外交实践的高度概括和总结，又反映了我国对外战略的丰富和发展，既继承了"亲仁善邻"的中华民族优秀传统，又顺应了和平发展的时代潮流。"睦邻、安邻、富邻"政策的实行，有利于我国发展战略的顺利实现，有利于维护地区的和平稳定，有利于世界的繁荣与发展。

我们坚持加强同周边国家的全方位交流与合作，积极构建周边安全合作机制，重视安全机制的保障作用。应建立从双边到多边，从东北亚、东南亚等区域再到能覆盖整个亚太地区，从核安全、海上安全、陆地边界安全等单项到多项综合的安全机制，以营造一个长期和平、稳定的周边安全环境。

进一步强化"上海合作组织"机制，扩大合作领域，从安全、经贸、人文等各个领域和各层次展开合作，完善运作机制，在亚洲的广大地区推动相互信任、对话和合作，进一步巩固政治、军事、经济和环境安全等领域的务实合作，加强反恐合作，建立突发事件应急机制。进一步发挥上海合作组织的主动性与灵活性，就安全问题加强与集安条约组织、东盟、上海合作组织观察员国的协调合作。积极参与和影响"东盟地区论坛"，通过对话交流调解和防止冲突，加强经贸往来，加深经济一体化，以进一步扩大我国在"东盟地区论坛"的影响力。积极推动东北亚安全机制的建立，加强与相关国家的合作，积极推动在东北亚建立多边安全机制。

（三）维护国家主权统一和领土完整，坚决反对和制止分裂

维护国家主权和领土完整是国家的核心利益。完成祖国的完全统一，实现中华民族的伟大复兴是所有中国人的神圣使命和崇高目标。完成这一目标，必须制止分裂，促进统一，防备和抵抗侵略，捍卫国家主权、领土和海洋权益。

中国是一个多民族国家，各民族在祖国大家庭享有平等地位和同等权利。我们反对任何民族歧视和压迫行为，禁止破坏民族团结和制造国家分裂的行为，祖国统一是海内外中华儿女的共同心愿。台湾是中国神圣不可分割的一部分，不允许任何势力任何人将它从祖国分裂出去。

2014 年 4 月 18 日，中共中央总书记习近平在北京钓鱼台国宾馆会见了连战及台湾各界人士，并强调尊重台湾同胞自己选择的社会制度。习近平希望两岸双方秉持"两岸一家亲"的理念，顺势而为，齐心协力，推动两岸关系和平发展取得更多成果，造福两岸民众，共圆中华民族伟大复兴的中国梦。

十八大报告关于"丰富'一国两制'实践和推进祖国统一"部分，在总结过去对台工作理论与实践创新基础上进行了新的概括和升华，科学地阐述了两岸关系和平发展与和平统

一之间的辩证关系，阐释了深化两岸关系和平发展的目的，指明了深化两岸政治互信的方向和破解影响两岸关系发展难题的路径，提出了今后一个时期对台工作的指导思想和总体要求以及对两岸关系重大问题的民本主张，揭示了中华民族伟大复兴与祖国统一大业的关系，进一步坚定了我们实现祖国和平统一大业的信心。我们要坚决维护国家主权统一和领土完整，坚决反对和制止任何分裂祖国和图谋。

（四）准确把握大国利益边界，发展新型大国关系

大国之间的关系对国家安全影响重大。新的历史时期，大国关系出现了许多新特点：竞争日趋激烈但不放弃合作；大国关系中"敌""我""友"界限模糊；国家利益成为形成和解决国家间矛盾的主要因素。中国作为世界上最大的发展中国家，必须针对大国关系新特点发展新型大国关系，以大力推动国家安全环境稳定地向好的方向发展。

目前，世界各种力量正在进行新的分化组合，各种力量的发展仍很不平衡，一超多强的局面基本形成，在这种格局下，把握大国关系，首先要维护中美关系稳定的大框架。一是要从战略高度和长远角度看待和处理中美关系，牢牢把握两国关系的大局。始终坚持从两国人民和世界人民的根本利益出发，以建设性、前瞻性的态度努力维护两国关系稳定发展的大局，确保两国关系沿着建设性合作的正确轨道向前发展。二是积极推进各领域的对话与合作，扩大利益交汇点。保持和扩大合作领域，以协商、合作的精神处理两国关系中的一切问题，在具有共同利益的领域加强合作，在矛盾分歧的领域加强对话。三是妥善处理台湾问题，维护两国关系的政治基础。台湾问题始终是中美关系稳定发展的关键因素，也是中美战略对抗的焦点。中美在维护台海和平稳定方面存在共同的战略利益。我们应通过各种手段确保美国履行坚持一个中国政策、遵守中美三个联合公报、反对"台独"的承诺，维护两国关系大局和双方共同战略利益。四是扩大两国人民往来，为两国关系的长远发展持续注入活力。两国关系的发展离不开两国人民的支持，应进一步加强两国议会和友好省州城市的关系，扩大各种形式的民间往来。鼓励社会各界开展交流活动，不断增进两国人民的友谊。其次，妥善处理与周边其他主要力量的关系。慎重处理与俄罗斯、日本、印度、东盟等的关系。在大国关系中，中国需要的是合作安全与共同安全。通过推行多极化战略和建立战略伙伴关系，建立和维护均衡的大国关系，通过全方位的外交和合作，化解其他国家对中国快速发展的恐惧感和不安全感，力争与大国和平共处。

（五）密切关注周边地区的非传统安全威胁，维护国家各个领域的全面安全和综合安全

"世界仍然很不安宁，霸权主义和强权政治依然存在，局部冲突和热点问题此起彼伏，全球经济失衡加剧，南北差距拉大，传统安全威胁和非传统安全威胁相互交织，世界和平与发展面临诸多难题和挑战。"当前，非传统安全威胁日益凸显，并与传统安全威胁相互交织。传统安全问题的核心是维护国家主权和领土完整、维护国家的生存与发展。传统的军事政治安全仍然是我国面临的主要威胁，非传统安全同样也威胁着我国的和谐、稳定、安全与发展，影响着我国的周边安全环境。民族分裂势力、宗教极端势力和暴力恐怖势力已成为冷战后影响世界安全与和平的国际公害，也构成对中国安全的严重威胁。当前，各种敌对势力

互相勾结，逐步合流，一些敌对势（暴）力倾向有所加强，境内外敌对分子广泛利用互联网等现代传媒手段进行结社及其他违法活动，网上斗争日趋激烈。此外，能源安全、金融安全、科技安全、信息安全、粮食安全、生态安全、公共卫生安全等问题也日渐突出。我们在处理周边安全问题方面，坚持以"新安全观"为指导，倡导国家各个领域的全面安全和综合安全。坚持以经济安全为基础，以科技安全为先导，以军事安全为保障，兼顾社会安全、环境安全、信息安全、能源安全等非传统安全。积极参与并通过与周边国家的协调合作、联手行动，争取和掌握安全运筹的主动权，以应对传统安全威胁与非传统安全威胁相互交织的新趋势。

思考题

1. 什么是战略环境？什么是国际战略环境？什么是国际战略格局？
2. 当前国际战略环境的主要特征有哪些？
3. 美国安全新战略的主要内容有哪些？
4. 我国周边安全环境有哪些主要特点？
5. 我国相对稳定的周边安全环境中存在哪些不安全因素？

第四章

军事高技术

科学的发现和技术的发明，往往首先起源并应用于军事领域。自 20 世纪中期特别是 50—60 年代以来，以信息技术为核心的高技术取得了迅猛发展，对促进科学技术进步和社会经济发展产生了深远的影响，形成了一场全方位、多层次的科学技术革命。这场科学技术革命极大地冲击了社会生产和人类生活的各个方面，由此导致了由工业时代到信息时代的深刻社会变革。同时，这场科学技术革命的触角也延伸到了军事领域，一大批先进的信息化武器装备相继问世并用于战争，深刻地改变了传统战争的面貌，引发了一场全面的军事变革。未来战争是信息化战争，信息、物质、能量成为重要的战略资源，知识将成为战争制胜的决定性因素。因此，研究现代军事，先应该学习和研究军事高技术的发展及应用。

第一节　军事高技术基础知识

军事高技术是高技术的主要组成部分，并处在高技术发展的最前沿。科学技术成就要么产生于军事领域，要么首先应用于军事领域。尽管高技术有军用和民用之分，但两者也是相互融合的，并没有严格的分界线，因此，军民结合是军事高技术发展的主要途径和基本模式。

一、高技术概述

"高技术"一词在 20 世纪 70 年代初起源于美国，首先是经济界人士使用这个词，并且见之于当时的一些技术和贸易的文件中。直到 20 世纪 80 年代以后，科技界、军事界等其他领域才逐渐把它作为一个正式名词使用。尽管人们已经说惯了"高技术"，但由于"高技术"的时代气息很浓，人们对它的含义可谓见仁见智，众说纷纭，至今还没有形成一致公认的定义。美国和法国认为高技术是知识密集型工业，如微电子、计算机、遗传工程、航空航天等工业。而且只有当这些工业投入的研究和发展经费与产品销售额的比例、科研人员和一般雇员的比例、产品的技术复杂程度等三项指标达到一定标准时，才被称为高技术企业。

日本则把当代尖端技术和为下一代技术打基础建立起来的技术群称为高技术。我国科技界比较有代表性的看法为，高技术是指在科学技术领域中处于前沿或尖端地位，对促进社会和经济发展、增强国防力量起巨大推动作用的技术群。从总体上讲，高技术主要包括相互支撑、相互联系的六大技术群，即信息技术、新材料技术、新能源技术、生物技术、海洋技术和航天技术。目前，高技术已经形成了强大的冲击波，极大地增强了人类认识自然和改造自然的能力，改变着社会的基本经济结构、生产方式、生活方式及价值观念。

二、军事高技术概述

（一）军事高技术的主要特点

高技术的问世主要是由军事上的需求直接催生的，大多数高技术成果也是首先应用于军事以后逐渐向民用领域扩展。军事高技术是建立在现代科学技术基础上的，处于当代科学技术前沿，对国防和军队现代化建设起巨大推动作用，以信息技术为核心的那部分高技术的总称。军事高技术大部分是军民两用技术，只有一小部分是纯粹用于军事领域的。军事需求的特殊性决定了军事高技术的个性特点。

1. 创新性更强，风险性更高

军事高技术最终要物化为武器装备，以提高军队的战斗力。为了取得技术优势和增强威慑能力，军事高技术特别强调创新性，因而一般处于高发展的前沿，研究与开发具有明显的超前性。这样一来，军事高技术研究与开发的风险也更大，在研制过程中历经反复甚至有可能夭折。如美国 Ａ－12 隐身攻击机和"科曼奇"隐身直升机等项目，都在投资数十甚至数百亿美元后被迫放弃。一个国家没有一定的经济实力，是难以承受军事高技术开发的风险的。但是，军事高技术往往是新技术革命中的开路先锋，一旦取得突破，则会对高技术的发展起到巨大的推动作用。典型的是微电子技术，早期的集成电路全是为美国的军事订货而研制生产的，但在商品化以后广泛用于民用领域，并迅速成为现代经济发展的核心技术与关键技术。

2. 强烈的对抗性和竞争性

消灭敌人、保存自己，这是军事斗争的目的。军事斗争的这种强烈对抗性和竞争性必然延伸到军事高技术中，决定了军事高技术沿着攻防两种手段的需要去发展。攻与防的矛盾对抗对军事高技术发展有着强烈的牵引作用。这种对抗性也决定了军事高技术科研活动的对抗性，各国都会谋求全面的军事技术优势和武器装备优势，因而军事高技术研究的竞争性比民用高技术研究更强烈，保密和限制措施也要超过民用高技术。

3. 整体性强，综合难度大

现代的武器装备一般都是一个复合系统，集侦察、监视、瞄准、跟踪、发射、引导、目标识别、杀伤破坏、机动等多种功能于一体，在研制中需要对多个领域的多种高技术进行综合开发。因此，各种技术的综合稍有不慎就可能顾此失彼，严重影响武器系统的整体功能。而民用产品相对于武器系统要简单一些。与民用科研单位相比，军事科研单位的体系要庞大得多，管理也复杂得多，组织程度更加严密，研制周期更长。

（二）军事高技术的分类

军事高技术是高技术在军事上的应用，从军事高技术的应用范围与特点出发，可将军事高技术划分为两个层次或两种类型：

第一类，是支撑高技术武器装备发展并且与学科专业领域划分相对应的通用性基础技术，主要包括军用微电子技术、军用计算机技术、军用光电子技术、军用新材料技术、军用新能源与先进动力技术、军用先进制造技术、纳米技术、军用仿真技术、军用生物技术等。

第二类，是直接应用于武器装备或使之具有某种特定功能、与武器装备类型相对应的应用技术，主要包括侦察监视技术、通信技术、导航技术、精确制导技术、伪装与隐身技术、信息战技术、军事航天技术、核生化武器技术、新概念武器技术、主战平台技术、指挥信息系统技术等。在这些技术领域中，传感器技术、精确制导技术、信息战技术和指挥信息系统技术被认为是推进新军事变革进程的主导性技术。

三、军事高技术对作战的影响

20 世纪，人类在科学技术领域取得了许多重大突破。军事高技术特别是信息技术的迅猛发展，推动了一系列战术技术性能优异的信息化武器装备的问世并被用于作战，使现代作战建立在新的物质技术基础之上，引起作战方式演变、军事理论创新和编制体制调整，引发了新军事变革。随着人类社会迈进信息时代的步伐日益加快，军队的信息化作战能力越来越具有决定性作用，战争形态正在从机械化战争向信息化战争转变。

从作战角度说，军事高技术的发展与应用使武器装备的战术技术性能，包括作用距离、机动能力、命中精度、毁伤威力、防护能力、生存能力等，提高到前所未有的水平，进而对作战产生重大影响。

（一）信息化武器装备成为提高军队作战能力的重要因素

所谓武器装备信息化，是指武器装备的发展重心从以物质与能量为中心转向以信息与知识为中心的过程。目前，对信息化武器装备的概念还没有公认的定义。简单地说，信息化武器装备主要是指具备信息获取、处理、控制等功能的武器装备，即"物质＋能量＋信息"类型的武器装备。其典型特征是以信息为主导要素，从机械化操纵扩展到自动化、智能化控制。

20 世纪 40 年代，雷达、导弹、电子计算机等相继问世，信息化武器装备萌生而出；50—80 年代，计算机、激光、微电子、自动控制等电子信息技术获得了很大发展，武器装备的信息化进程明显加快；90 年代初，以信息技术为主导的新技术革命导致高技术武器装备大量涌现和广泛使用，这标志着信息化武器装备时代的开始。展望未来，信息化武器装备正在走向更新的智能时代。

信息化武器装备已经成为军队作战能力的关键因素和重要基础。它促使作战领域发生深刻的变化：一是侦察监视网络化，侦察卫星、侦察机、预警机、无人机、情报船、电子侦察等形成了一体化的全球侦察监视网络，情报保障基本实现了全天候、全时辰、全空间、全频谱；二是作战空间全维化，信息化武器装备真正做到了反应快、机动快、打击快，作战效能显著增强，作战空间明显拓展，作战节奏大大加快，战争进程急剧缩短，为速战速决创造了条件；三是指挥控制智能化，综合电子信息系统促进了信息化武器装备体系的形成，也是作战中敌我双方首先打击的目标；四是目标打击精确化，精确制导武器使打击能力得到极大提高，以实现对战略、战役目标的全纵深、远距离精确打击，使得战场攻防对抗更趋复杂；五是战场对抗体系化，军用信息系统极大地提高了军队的信息获取、处理、传输、利用、对抗能力，形成了以信息化武器装备体系为核心的综合对抗；六是战争保障超常化，信息化战争的胜利离不开高强度、高效率、快节奏的作战、后勤、装备等保障。

（二）获取信息优势成为战争制胜的关键因素

火力、机动、信息是构成军队作战能力的重要内容，而信息能力已成为衡量作战能力高低的首要标志。信息能力表现在信息的获取、处理、传输、利用及对抗等方面，在作战中主要是信息优势的争夺与保持。信息优势将成为信息化战争中作战双方争夺的焦点，并在很大程度上决定着战争的进程和结局。

1. 信息优势成为争夺战场控制权的重要基础

信息优势，即增大敌方作战的不确定性，减少己方的不确定性，其实质是增大敌我双方的不确定性反差，并在这种动态对抗中形成信息优势。信息优势达到一定程度，即形成了制信息权，在一定时间内完全掌握战场信息的控制权，能在了解敌方情况的同时阻止敌方了解己方情况。同时，随着战争立体化程度的增强，战场从平面向立体扩展，作战空间日益增大。特别是信息技术的广泛运用与渗透，使得信息对抗程度日趋激烈，形成了信息空间。谋求建立信息优势，控制己方信息的有序运行，同时破坏敌方的信息流，已经成为争夺制空权、制海权、制陆地控制权的前提，并且直接影响到整个战争的进程和结局。

2. 信息作战决定着作战的进程和结局

信息作战分广义和狭义两种。从广义上讲，未来战争将是信息化战争，信息作战将是战略层次的行动，需要运用整个国家力量和多种战争手段去进行，特别是网络攻防和心理对抗等显得特别重要。狭义地说，信息作战是指为夺取和保持信息优势而进行的一系列作战行动，包括情报战、电子战、心理战、网络战、作战保密、军事欺骗、实体摧毁等。其任务是保护己方信息和信息系统的安全，破坏敌方的信息和信息系统，削弱敌获取、处理、传递和使用信息的能力。它关系到作战的每一个环节、每一个时节、每一项行动，通常先于其他作战行动展开并贯穿作战的全过程；作战异常激烈，综合电子信息系统将成为首要攻击目标，软杀伤与硬摧毁同时实施；攻防紧密结合，手段多样，技术复杂；信息系统防护和信息安全保密地位突出。

（三）精确打击成为战场打击的主要手段

火力摧毁是遂行作战的重要基础和主要表现形式。精确制导武器是对火力摧毁方式影响最大的一种攻击型武器，已经在现代局部战争中逐步确立了战场打击主角的地位。随着战场透明度的增大，精确打击正在发展成为信息化战争中战场打击的主导思想，它反映了信息时代的特点和要求，也体现了信息化战争的基本特点。

1. 火力摧毁从面杀伤转为点穴式攻击

传统的火力摧毁方式主要是面杀伤，如火力压制、地毯式轰炸、饱和攻击等，利用大规模的火力覆盖去摧毁敌方目标。这种作战方式反映了消耗战的思想，即从时间、空间、能源、补给等方面消耗和削弱敌人的力量，最后战胜敌人。而信息化装备的控制能力和打击精度已经获得极大提高，可以实现点穴式打击。精确打击与非精确打击的本质差别，在于其竭力追求"以最小的破坏达成最大的效果"。从理论上讲，武器的命中精度提高 1 倍，其毁伤力可提高为原来的 4 倍。同时，精确打击也大幅降低了战场附带性毁伤，使得信息化战争的发展与社会文明进程相同步，也使得战争手段在未来政治斗争中占据重要地位和发挥独特作用。

2. 作战从追求数量规模转向注重质量效能

机械化战争强调数量和规模，军队数量多，作战规模大，作战能力就强。而信息化战争更注重质量和效能，由数量制胜转变为质量制胜是信息化战争的显著特点之一。精确制导武器和高技术作战平台的结合，增强了从敌方防区外实施远程精确打击的能力，大大降低了武器平台的损失；攻击精度不断提高，大大减少了武器消耗数量，同时，摧毁目标所消耗的代价也显著降低。

3. 作战方式从接触式、线式转向脱离接触、非线式

自古以来，军事家都希望能一招置敌于死地，直接打击敌人重心。而这种作战思想只有在信息化战争中才有可能实现。过去，受军事技术发展水平的限制，层层推进，逐次交战，集小胜为大胜，这种接触式、线式作战是传统作战方法的典型直观反映。而在精确打击中，首先选择远程攻击，与敌人脱离接触，减少战场上直接对抗所造成的严重伤亡。作战进程不再像过去那样阶段分明、战线分明，而更多地呈现脱离接触、非线式、非对称作战的特点。作战行动将在所有作战空间和战场全纵深同时展开，首要打击目标将直接指向敌最高决策层和有极其重要价值的目标，从而迅速达成战争目的。战争进程大大缩短，战争强度却极大提高。

（四）联合作战成为现代作战的基本形式

联合作战是建立在信息优势和精确打击基础之上的，也是作战指导思想和战法上的重大变革。现代作战走向联合作战是一个必然的趋势。实施联合作战，重在发挥整体威力，对指挥员提出了更高的要求，即必须具有更全面的综合素质和更高超的指挥艺术。

1. 战场形态从单维空间发展到多维一体化空间

随着信息化武器装备的发展，战场也在不断扩展，由陆地到海洋再到空中和太空，从有形空间到无形的电磁战场和信息空间，形成了一个陆海空天一体、有形空间与无形空间交融的新型作战环境。这种作战空间的特点是大纵深、高立体、前后方区别淡化，时间和空间概念都发生了重大转变。发生在这种作战环境下的现代作战，当然不可能是单一战场上的较量，而只会是联合作战行动。

2. 作战力量从军种间的协作走向大联合

过去，军兵种都是相对独立的，陆战、海战、空战也是相对独立的，陆军、海军、空军

各自主宰自己的战场，军种之间和各军种内是协同作战，各自都有自己的一套作战原则和战法。而现代作战要求实现作战力量之间的联合，各个军种只是联合作战部队的一部分，必须发挥各军种参战部队的作战优势和潜力，实现作战能力的优化组合。作战力量的大联合，必然需要打破各个军种之间固有界限，这无疑是一次重大的组织体制变革。

3. 战场对抗从单兵单件武器对抗转向体系对抗

过去，一种新式武器的出现往往会造成比较大的影响，获得较好的作战效果。现代作战中敌对双方的对抗已不是以往那种单一或少数军兵种之间的对抗，更不是单兵、单一武器系统的对抗，而是发挥多个军种多种武器装备综合效能的体系对抗。信息化战争将不再完全依赖于坦克、飞机、军舰等单件作战平台的战斗性能，而是取决于由综合电子信息系统、精确制导武器、信息战装备和高技术作战平台等组成的信息化武器装备体系的整体作战效能。这体现了新军事变革中"系统集成"的思想，也是形成非对称作战的重要基础。

（五）指挥信息系统成为现代作战的力量"倍增器"

在信息化战争条件下，作战指挥是联合作战的龙头，必须使用先进的指挥信息系统对作战行动实施高效的指挥控制。由于信息化甚至智能化武器装备的大量使用，指挥信息的获取、传递、处理和使用显得特别重要。使用传统的指挥手段，已经不能对军队进行有效的控制，也不可能有效地控制作战进程，进而也就不能夺取战场的主动权和战争的胜利。实践已证明，进行信息化作战必须依赖于指挥信息系统的运用，指挥信息系统的广泛运用将使各种武器系统的作战效能成倍增长。

（六）复杂电磁环境成为影响作战行动成败的重要因素

复杂电磁环境，是指在一定的时空和频谱范围内，由多种密集交叠的电磁信号构成的强度动态变化，对抗特征突出，对电子信息系统、信息化装备和信息作战产生显著影响的电磁环境。

信息化条件下的联合作战，要将分布在陆、海、空、天等战场的各种侦察探测系统、指挥控制系统和武器系统有机结合起来形成统一、高效的作战体系。组成各种系统的大量电子设备的运行，使得电磁频谱高度占用、电磁辐射不断增强、各种电磁信号密集交织、装备之间的电磁影响不断加剧、战场电磁环境异常复杂。这种看不见的密集电磁波，既是联合作战、体系对抗和精确打击等依赖的重要物质基础，同时也成为影响各种系统正常工作的"杀手"，制电磁权已成为夺取联合作战胜利的重要基础，在这种情况下，应对复杂电磁环境不再只局限于技术手段和装备运用，而是更多地需要在作战筹划与作战指挥层面寻求解决方案。

（七）作战空间空前扩大，作战效能大幅提高

随着各种武器系统射程、航程及作战半径的提高，军事航天技术的发展与运用，战场空间空前扩大，太空已成为人类的第四战场，作战行动将在太空、空中、地面、水上和水下交错进行。战场侦察与监视系统不仅能为指挥员提供直观的、不同距离的、全方位的、有声有色的情报，而且指挥员还可利用计算机帮助计算和分析，对制定的方案进行"对抗模拟"，

以比较方案的可行性，选择最佳方案，从而提高指挥效能。大量精确制导武器系统的使用使得作战效能成倍增长。统计资料表明，在海湾战争中，尽管多国部队所使用的精确制导武器弹药量仅为总弹药量的8%，但其摧毁的预定目标却达80%以上。英阿马岛战争期间，20万美元一枚的"飞鱼"反舰导弹一举击沉了价值2亿美元的"谢菲尔德"号驱逐舰。因此，精确制导武器是一种作战效益很高的武器，其效费比通常为常规武器的25～30倍。

第二节　指挥信息系统

指挥自动化是军队信息化的核心，对提高指挥效能、增强联合作战能力具有重要作用。指挥信息系统则是实现指挥自动化的主要手段，是武器装备体系的重要组成部分，是实现诸军兵种联合作战指挥、夺取信息优势及决策优势的关键。

一、指挥信息系统的概念

指挥信息系统其实是对我军已使用多年的指挥自动化系统概念的取代和发展，即以计算机为核心，具有指挥控制、情报侦察、预警探测、通信和电子对抗和其他作战信息保障功能的军事信息系统。美军称其为 C^4ISR（指挥、控制、通信、计算机、情报、侦察、监视的英文单词缩写）。

指挥信息系统按照军种可以分为陆军指挥信息系统、海军指挥信息系统、空军指挥信息系统、战略导弹部队指挥信息系统等，各军种还可以按照兵种进一步分类。按照指挥层次可以分为战略指挥信息系统、战役指挥信息系统、战术指挥信息系统与单兵指挥信息系统等；按照业务可分为指挥控制系统、情报侦察系统、预警探测系统、通信系统、电子战系统、网络战系统、后勤保障系统、政工系统等。

二、指挥信息系统的功能

指挥信息系统应具备战场感知、信息传输、指挥控制和战场对抗的功能。

（一）战场感知

系统能够借助遍布陆、海、空、天的各种侦察监视平台及其所搭载的雷达、夜视、光电和声呐等信息获取设备，使作战部队和支援保障部队能实时掌握和正确理解战场空间的敌、我、友各方兵力部署及态势、武器装备和战场环境等信息，战场感知包括信息获取、信息集成和一致性战场空间理解三个要素。信息获取是指及时、充分、准确地提供敌、我、友部队的状态、行动、计划和意图等信息；信息集成是指动态地控制和集成各方面的信息资源；一致性理解是指参战人员对敌、友和地理环境理解的水平与速度，保持作战部队和支援保障部队对战场态势理解的一致性。由此可见，战场感知除传统的侦察、监视、情报、目标指示与毁伤评估等内涵以外，还包括信息共享及信息资源的管理与控制。

（二）信息传输

系统能够综合利用各种传输设施和手段，迅速、准确、保密、可靠地在所有战斗力量

（机构、人员和设施）之间传递各种指挥、控制和情报信息，上述任务主要由传输信息的各种信道、交换设备和通信终端等完成。信道主要包括有线载波、微波接力中继、卫星及光纤等；交换设备主要有电话、电报、数据自动交换机等；通信终端主要是电传机、传真机、汉字终端机、电话机、图形显示器、手机、头盔接收器和网络计算机等，纵横交织的多功能通信网可以迅速、准确、保密、不间断地传输各种信息，并能自动进行信息交换、加密、解密和选择信息传输的路由。

（三）指挥控制

系统能够依据作战目的和战场情况的发展变化，对情报进行加工、处理，协助指挥人员分析判断情况、定下作战决心、选择最佳方案、下达作战命令，并跟踪部队反馈、评估作战效果、随时调整部署、及时通报情况，及时对参战诸军种部队的作战行动实施统一有效的掌握、督导与协调，维持作战行动在时间、空间和任务上的有序进行。

（四）战场对抗

指挥信息系统始终处于敌我双方激烈对抗的状态之下，系统必须能够在战场感知、信息传输和指挥控制的各个环节都具备对抗能力，既要能够保证己方系统免受敌方干扰破坏，又要能够干扰破坏敌方的系统正常运行。

三、指挥信息系统的应用

指挥信息系统可直接应用于军队指挥控制全过程的六个环节。

（一）情报获取

这是指挥信息系统应用的首要步骤。指挥信息系统通过各种侦察手段获得情报信息，经由通信网传输到指挥所，计算机对所有接收到的情报信息进行比较、分析、去重复、属性识别、威胁判断等综合处理后，做出对情报判断的结论，输出战场态势图，存储备查或分发到有关指挥员的席位上，同时在显示器上显示出来，供指挥决策使用，并上报上级指挥所和通报友邻部队及下属部队。

（二）态势评估

输入战场态势图、本方通报和数据库信息以及上级下达的战斗任务，由指挥员、作战和情报参谋一起，在计算机的辅助下，判断敌方作战意图，分析敌对双方兵力对比，确定敌方威胁和我方机遇，根据作战任务判定是否做出反应。如果需要做出反应，则输出评定结果。

（三）方案产生

输入敌方兵力部署、意图、双方兵力对比，以及敌方的威胁与己方的机遇，由指挥员、参谋人员和计算机合作，制定多个可能的作战方案，并对其进行计算机模拟和评估，得出各个方案的优劣，输出送往下一环节。

（四）方案选择

根据输出的方案，指挥员结合自己的经验，在计算机的帮助下，选出最好的方案。

（五）制订计划

按照作战方案和指挥控制模式，由专门人员在计算机的辅助下制订作战计划，除遭遇战外，作战预案及计划都事先存在计算机中，选出对应方案的计划，打印或随接传给下级或武器控制平台。

（六）命令下达

由指挥员、参谋人员、计算机合作完成，指挥员核定后，通过通信网下发执行，并上报上级。

需要指出的是，一是指挥控制过程为循环执行过程，只要战场态势图不满足任务要求，评估环节就会产生输出，形成新的控制。二是指挥控制是人机合作、协调的过程，充分发挥计算机数据处理快、记忆准确、容量大，以及人的经验、直觉、推理、判断等智能两方面的优势是系统追求的目标，但在系统中起主导作用的是人。三是情报是系统工作的关键要素。情报的完整性、准确性和及时性会严重影响决策的质量。事实上，在双方对抗的条件下，理想的高质量情报很难得到。四是在时间上，各环节的工作有串行也有并行。

指挥信息系统已经成为衡量一支军队作战能力的关键因素。美国的"全球军事指挥控制系统"，总共由100多台大型机、3000多台小型机和工作站、数以万计的微型机组成，可连接全球100个基地与战争热点的大型作战指挥网。在海湾战争中，美军在战区中有3000多台计算机同国内的计算机联网，跟踪与分析敌军实力、制定与演练作战方案、汇集与查找各种资料，都使用计算机进行。多国部队的战斗机，一般每一架都装有20台左右的计算机，在整个38天空袭期间，多国部队的空域管制人员应用"全球军事指挥控制系统"，每天管理数千架次飞机的飞行活动。反观伊拉克，其防空武器比较齐全，有些还相当先进。但多国部队在发起大规模空袭前，首先实施高强度的综合电子战，使伊军初步建立起来的防空指挥信息系统迅速瘫痪。结果，伊军根本未能组织起有效的防空作战，多国部队以很小的代价赢得胜利，出动飞机11.4万架次，只损失固定翼飞机47架，真正战损39架，战损率仅为0.34%，远低于过去的平均战损率。可以说，没有高效的指挥信息系统，就不可能打赢信息化条件下的局部战争。

四、指挥信息系统的发展趋势

目前，指挥信息系统正在向一体化方向发展，具体表现在以下几个方面：

（一）体系结构一体化

体系结构一体化是指提供一个公共的体系结构框架，使战略、战术和各军兵种的指挥信息系统综合集成在一起，实现系统更好地互联、互通和互操作，保证系统的安全性、可靠性以及资源共享等。

（二）功能一体化

功能一体化是指多种功能集中在一个系统中实现。如美国的全球指挥控制系统，可以完成作战指挥、军事训练、日常工作管理以及抢险救灾、缉毒走私等多种功能。

（三）服务一体化

指挥信息系统一般为指挥员指挥作战、训练和日常管理等工作提供服务。随着技术的进步、系统性能的提高，指挥信息系统的服务对象从国家最高当局、战区司令、战术指挥员到初级指挥员，最终可以给单个战斗员提供信息收集、处理、显示、传输等所需的各种信息服务，使指挥员、战斗员等都能得到指挥信息系统的服务。

（四）管理一体化

管理一体化是指保持系统统一管理，提高系统的整体性、安全性、有效性、适应性和可用性等。管理的内容包括对系统运行的监视、检测、资源分配、系统重新构造等。管理由管理人员和软件共同来完成。

（五）操作一体化

操作一体化是指保持统一的人机交互界面，使系统的运行、修改、安装等各种操作统一起来。一体化操作对指挥员来说，意味着指挥员坐在任意指挥席上都可进行同样的指挥。系统一体化带来的是分布式指挥结构，形成所谓的"虚拟参谋部"，使系统生存性大增。

（六）信息武器一体化

信息武器一体化是指实现传感器到武器的无缝链接，加快武器的反应速度。从概念上讲，指挥信息系统不包含武器系统本身，而仅涵盖武器系统的控制器。为了提高作战的快速响应和自动化程度，系统将逐步实现把目标信息直接送给武器控制器，作为武器的射击目标和控制参数，减少中间环节，达到对付快速目标的目的。目前，美军将 C^4ISR 发展为 C^4ISRK，正是这一发展趋势的直接体现。

第三节　精确制导技术

精确制导武器是信息化武器装备的典型代表，早就被称为"兵器之星"，在 20 世纪 70 年代以来的局部战争中已经充当了战场主角，大大改变了作战样式和战争进程。精确制导武器是高技术的综合产物，其中，精确制导技术是重要基础。近年来，随着高技术的迅猛发展，精确制导技术的发展日新月异，使得精确制导武器成为信息化战争中最主要的打击手段。

一、精确制导技术的概念

制导武器的出现是武器发展上的一次重大技术革命。精确制导武器是对高命中精度制导武器的总称，是精确制导技术与杀伤性武器相结合的产物，集各种高新技术于一身，它的技术先进与否最主要反映在精确制导技术的水平上。精确制导技术是指以高性能光电探测器为基础，采用先进的信息处理与自动目标识别等方法，控制和导引武器准确命中目标的技术。它主要研究对目标的精确探测、识别及对武器的高精度导引、控制技术，可用在所有的航空、航天飞行器上。精确制导技术是精确制导武器的核心技术，贯穿于精确制导武器作战使用的全过程。

所谓制导，即导航或称引导与控制，包括测量飞行器状态参数、控制飞行器状态、导引飞行器进行轨道机动和控制发动机关机，使飞行器或有效载荷与目标交会或进入目标区。制导系统主要用于引导飞行器从某一位置飞向另一位置，利用导航状态量，按选定的制导规律生成制导指令，对飞行器进行导引控制和推力控制，以改变航迹或轨道，当达到期望条件时关闭发动机，使飞行器与目标交会或进入目标区。

二、精确制导技术的分类

精确制导技术现已发展出十余种制导模式。尽管各种制导技术有着明显的区别，但引导的基本规律是相近的，即测定自身运动参数，与目标信息进行比对，然后再形成控制引导武器接近或命中目标。精确制导技术有多种不同的分类方法。

（一）按工作方式分类

按工作方式分类，主要分为自主制导、寻的制导、遥控制导和复合制导四类。

1. 自主制导

自主制导是指依靠武器自身携带的测量装置实时确定武器与目标的相对运动参数，自行控制武器飞向目标。引导指令信号仅由弹载制导设备敏感地球或宇宙空间物质的物理特性而产生。制导系统与目标、指挥站均不发生联系。它在制导过程中不依赖任何外部控制信息，只利用武器内部或外界某些固定的参考基准作为依据，如惯性制导（利用弹载惯性仪表的测量值、飞行时间、引力场变化和导弹初始状态自动确定导弹的运动参数）、星光制导（利用恒星作为固定参考点，飞行中用星光跟踪器观测星体的方位正惯性基准随时间的漂移）、程序制导、地形匹配制导等。其最大优点是受到外界人为干扰的可能性小，适于打击固定目标。多数弹道导弹主要采用自主制导方式。

2. 寻的制导

寻的制导是指依靠武器的寻的器或称引导头接收由目标辐射或反射的电磁波信号（如无线电、红外线、激光、可见光等），测定目标、导弹相对运动的参数，按照确定的关系直接形成引导指令，产生选定的导引规律所需要的信号，控制武器飞向目标。导弹发射后，弹载制导系统接收来自目标的能量，由弹载角度敏感器觉察出其接近目标时的方向偏差，弹载计算机依照偏差形成引导指令，确保导弹飞向目标。根据导引头所敏感的辐射源的物理特性，可分为雷达寻的、红外寻的、激光寻的和电视寻的等多种类型；根据辐射源的位置，可分为主动寻的（辐射源由导引头主动发射）、半主动寻的（辐射源由导引头以外的照射器配合发射）、被动寻的（辐射源来自目标本身）三大类。

3. 遥控制导

遥控制导是指由制导武器以外的指挥站向武器发出引导信息，即导引指令或导弹位置信息，称为遥控制导。制导系统的部分设备装在武器上，主要设备装在地面、飞机或舰艇上的制导站，由制导站从远处控制武器的飞行。采用遥控制导的武器，弹载制导系统比较简单，再加上制导站和人工干预，可靠性和命中精度较好，但在高强度的电磁战场环境中容易失效。根据导引指令在制导系统中形成的部位不同，遥控制导又分为波束制导（又称驾束制导）和遥控指令制导两大类。

4. 复合制导

复合制导是指一种武器同时采用两种或多种制导方式。先进的复合制导可以取长补短，大大提高命中精度和抗干扰能力，在同等精度时可以比单一制导方式增大制导系统的作用距离。通常用于以下一些情况：一种制导方式的作用距离不能满足导弹射程的需要，或其制导精度达不到要求，导弹发射时散布较大，需用另一独立的制导方式将它控制到一定的范围内；没有任何一种制导方式能单独满足根据战术要求确定的导弹飞行各段所需弹道特性；为提高制导的抗干扰性能等。复合制导可分为串联复合制导和并联复合制导两类。美国进攻型 BlockⅢ "战斧" 巡航导弹，采用了 "惯性制导＋地形匹配制导＋GPS 制导＋数字式景象相关匹配制导" 的连续全程复合制导技术。

（二）按技术原理分类

制导系统一般都要采用电磁波信号作为信息载体。从制导技术的工作原理来区分，现在常用的制导方式主要有以下几种：

1. 惯性制导

惯性制导通过惯性测量装置测定武器的飞行状态数据，按照选定的导引规律形成指令，再与制导程序中预定数据相比较，当发现实际飞行轨道与原定轨道发生偏差时加以修正。

2. 地形匹配制导

地形匹配制导是指以地形轮廓线（等高线）为特征的匹配制导方法。通常利用地球表面海拔高度或地形特征数据来确定飞行器的地面坐标位置，以修正惯性制导的工作误差。

3. 卫星制导

卫星制导是指利用全球卫星导航系统进行制导的方式。美国的 "导航星" 全球定位系统（GPS），技术最成熟，应用最广泛，天上有 29 颗导航卫星，分布在 6 个轨道面，轨道高度约 2 万千米，运行周期 12 小时，可以同时接收至少 4 颗卫星的信号（信号到达时间和调制数据等），通过数据处理实时确定武器所在位置的三维坐标和运动速度。武器上安装 GPS 制导系统，即可在飞行过程中实时地接收导航卫星发出的信号，确定自身位置等信息和制导。主要适用于中段制导，全天候工作能力强，但容易遭受干扰，一般与惯性制导复合使用。

4. 激光制导

激光制导是指利用激光获得制导信息或传输制导指令的制导方式。在工作原理上可分为激光驾束制导和激光寻的制导。激光驾束制导，是指把激光接收器装在武器上，制导站激光器对着目标照射，发射后的武器在激光波束内飞行，当偏离激光波束轴线时，接收器敏感偏离的大小和方位并形成误差信号，形成控制指令进行修正。激光寻的制导，是指利用目标散射的激光回波进行制导，分主动（激光照射器和接收器都装在武器上）和半主动（武器上只装激光寻的器，激光照射器装在武器外部）两种。

5. 红外制导

红外制导是指利用目标辐射的红外能量测量角度位置参数，导引和控制武器飞行的制导方式。主要使用被动式红外制导，从工作体制上分为成像制导和非成像制导。（点源）非成像红外制导是利用武器的红外导引头接收目标辐射的红外线，跟踪目标并形成控制信号；成像制导是利用热成像仪摄取目标图像信息，利用计算机进行处理后形成控制信号，按摄像的方式可分为光学机械扫描式和凝视式（发展的主流）两种。

6. 电视制导

电视制导是指利用电视摄像机获取目标图像信息，形成控制信号来控制武器飞向目标的制导方法。一般利用电视跟踪器跟踪和测量目标位置，形成指令后传至武器控制系统。

三、精确制导技术的应用

精确制导技术只有物化为精确制导武器，才能发挥已有的军事效能。人们通常把采用精确制导技术直接命中概率超过 50% 以上的武器称为精确制导武器。随着科学技术的发展和现代战争的需要，目前已研制出多种精确制导武器，包括导弹、精确制导弹药等。

（一）导弹

导弹是依靠自身动力装置推进，由制导系统导引、控制其飞行路线并导向目标的武器。它一般由弹体、导引头、战斗部、推进系统、控制系统等部分构成。

导弹可按照多种方式分类。按导弹发射点和目标位置的关系可分为地地导弹、舰舰导弹、地空导弹、舰空导弹、空地导弹、空空导弹等；按攻击的目标类型可分为反坦克导弹、反舰导弹、反雷达（反辐射）导弹、反飞机导弹、反卫星导弹、反导弹导弹等；按弹道特征可分为巡航导弹和弹道导弹等。

1. 巡航导弹

巡航导弹是依靠喷气发动机的推力和弹翼的气动升力，主要以巡航速度在大气层内飞行的飞航式导弹（有翼导弹）。所谓巡航速度是指飞行器燃料消耗量最小的飞行进度，通常为 0.7~0.9 马赫。巡航导弹按照发射地点可以分为空射型巡航导弹、海射型巡航导弹和陆射型巡航导弹；按照作战使命可以分为战略巡航导弹和战术巡航导弹。

巡航导弹的特点是可以实现全程控制，即从发射到命中目标的全过程中，始终处在发动机推力的作用下和制导系统的控制下飞行，除了在很短的发射段和接近目标的攻击段外，中间飞行段均处在等高度的飞行状态。巡航导弹的制导是以惯性制导为主的复合制导，具体有惯性+地形匹配、惯性+地形匹配十景象匹配、惯性+GPS 定位+雷达图像制导、惯性+主动雷达寻的制导等。

2. 弹道导弹

弹道导弹是由火箭发动机推送到一定高度和取得一定速度及弹道倾角后，发动机关闭，弹头沿着预定弹道飞向目标的导弹。导弹的弹道即飞行轨迹分为三段：主动段（从发射到发动机停止工作，也叫助推段，有的还包括末助推段）、中段（自由飞行阶段，在大气层以外，也叫自由段）、末段（从再入大气层到攻击目标，也叫再入段）。中段和末段合称为被动段，弹道导弹飞行轨迹大部分在中段，为自由抛物体轨迹。

弹道导弹是实施远程精确打击的进攻性武器，根据射程可分为近程、中程、远程以及洲际导弹。近程导弹的射程小于 1000 千米，中程导弹的射程介于 1000~3000 千米，远程导弹的射程介于 3000~8000 千米，洲际导弹的射程大于 8000 千米。弹道导弹一般采用惯性制导加匹配制导，为了提高命中精度，有时在导弹飞行的末段也实施制导。

（二）精确制导弹药

精确制导弹药又称为"灵巧弹药"，它与导弹的主要区别是自身无动力装置，其弹道的初始段、中段需借助火炮、飞机投掷。精确制导弹药又可分为末制导弹药和末敏弹药两类。末制导弹药主要是制导炸弹、制导炮弹、制导地雷等，末敏弹药主要是一些反装甲弹药。

制导炸弹是指投放后能对其弹道进行控制并导向目标的航空炸弹，又称作制导航空炸弹，如美国的"宝路石-2""宝路石-3"等；制导炮弹是在普通炮弹上加装制导系统而成，并用普通火炮发射，在弹道末段实施导引、控制的炮弹，典型代表有美军的"铜斑蛇"和俄军的"红土地"激光制导炮弹等；制导地雷是指具有自动辨认目标能力，能主动攻击一定范围内活动装甲目标或空中目标的新型地雷。它是集自毁破片技术、遥感技术和微处理技术等高技术于一身的智能型武器。

末敏弹药是一种敏感器引爆弹药，只能进行敏感探测，并不能随目标运动而修正弹道。典型代表有美国的"萨达姆"和"斯基特"末敏弹药。

四、精确制导技术的发展趋势

（一）发展成像寻的技术

运用成像寻的技术可以探测到目标的真实影像信息，可以克服点源探测获取目标概略信息的不足。例如，早期的红外制导技术，是采用点源探测的寻的制导方法，导弹只能跟踪目标的尾部最热点（如飞机的发动机喷口）进行攻击，既不能识别目标的类型和要害部位，也不能进行全向攻击，如敌方释放热源干扰弹就很容易被干扰，如果运用成像探测技术，则首先可以根据目标图像判断敌我，然后选择最佳攻击方向对其发动攻击，从而使命中精度大幅提高。

（二）发展复合制导技术

大力发展复合制导技术，可以取长补短，提高制导武器的反隐身、抗干扰和突防能力，提高武器系统的可靠性，降低失效概率。例如，嵌入式惯性/卫星复合制导技术广泛应用于武器的制导，可克服惯性制导系统误差随时间积累的缺点和卫星导航系统固有的局限性。这是由于卫星导航能够提供高精度的位置和速度信息，用于惯导系统的误差修正。惯导系统可提供短期的高精度导航信息，并能辅助卫星导航接收机的代码跟踪回路，从而缩短接收机捕获和重新捕获卫星的时间，提高抗干扰能力。当卫星导航信息中断时，嵌入式惯性/卫星复合导航系统仍能正常工作，并为飞行控制系统提供导航数据。

（三）发展智能化技术

采用智能信息处理技术和智能控制技术，发挥武器能够自主搜索、发现、识别、攻击高价值目标的能力，区分不同目标及其型号，筛选、判断和首先攻击对己方威胁最大的目标，并有选择地攻击对方目标的薄弱部位和易损部位，以保证获得最大的摧毁效果。

（四）发展"人在回路"技术

在某些智能化的关键技术尚未取得突破的情况下，采用"人在回路"中参与控制的制导方式是精确制导技术的新发展。"人在回路"技术即通过弹上传感器获取、数据链传回的战场景象，操作手可以正确识别目标；在导弹自动跟踪目标过程中，如果目标丢失，可以通过人工参与来重新搜索、获取目标，直至命中目标；还可以根据导弹命中前发送的最后一帧图像来判断其命中精度，并进行杀伤效果评估，确定是否需要引导其他飞行中的导弹继续攻击目标。

第四节　侦察与监视技术

侦察与监视技术对于作战的重要性，恰如耳目之于人的生活一样。在现代战争中，凭借着侦察与监视技术提供的"科学的千里眼顺风耳"，指挥员可以迅速、准确、全面地掌握敌方情况，识别、跟踪和预测敌方部队的行动，从而为克敌制胜创造有利条件。

一、侦察与监视技术的基本概念

侦察与监视技术是指发现、识别、监视、跟踪目标并对目标进行定位所采用的技术。上述五个阶段任务的完成，现代侦察与监视系统主要是通过侦察器材来实现的。其工作过程大致是：目标的特征信息直接或以波的形式通过介质向外传输，被侦察器材接受后，经过加工处理送往显示记录设备，经分析、判读来获取情报。

现代侦察与监视技术按所保障的军事目的可分为战略侦察、战役侦察和战术侦察；按侦察与监视装备所在空间可分为地（水）面侦察、水下侦察、航空侦察、航天侦察；按侦察系统获取信息的途径可分为雷达探测技术、光电探测技术、水声侦察技术和地面传感器技术等。

二、侦察与监视技术及其应用

（一）雷达探测技术

雷达是最重要的探测设备，在一定程度上可以说，没有雷达技术的发展和大量运用，就没有现代侦察监视技术和电子战技术的发展与运用。由于雷达侦察特指对雷达的侦察即雷达对抗侦察，为了区别，将利用雷达对目标的侦察技术称为雷达探测技术。

雷达探测技术就是雷达通过发射电磁波，利用物体对无线电波的反射特性来发现目标和测定目标状态（如距离、高度、方位角和运动速度等）的一种侦察与监视技术。飞机、导弹、卫星、规船、车辆等都是雷达可能探测的目标。

雷达的工作方式通常分为两类：一类发射的雷达波是连续的，称为连续波雷达；另一类发射的雷达波是间歇的，称为脉冲雷达。目前应用最广泛的是脉冲雷达。

雷达探测技术在实际运用中可进行雷达测距、雷达测角、雷达测速和目标识别等，根据作战需要还可以完成警戒引导、跟踪、预警等任务。随着雷达探测技术的发展，相控阵雷达探测技术、合成孔径雷达探测技术、超视距雷达探测技术、无源雷达探测技术和双（多）基地雷达探测技术等不断得到运用和发展。

雷达探测有许多优点：发射功率大，探测距离远，如远程警戒雷达可发现数千千米以外的目标；工作波长长，几乎不受昼夜时节和天气条件的限制，能全天候使用；测定目标的精度高，并能自动搜索与跟踪目标；可以按照预先编好的密码，并通过一定的附属设备进行敌我识别；雷达不仅对空中和海上目标有很强的探测能力，能显示目标的批次和航迹，而且对地面目标也具备较强的探测能力。雷达探测的主要弱点是易受电磁干扰。

（二）光电探测技术

光电探测技术是将光学和电子技术以及其他相关技术结合起来的目标探测技术。其工作频率分布在可见光、红外和紫外波段。光电探测技术在运用中所使用的探测器除常用的可见光观测仪之外，主要有多光谱相机、多光谱扫描仪、微光夜视仪和微光电视、红外夜视仪和红外电视、热成像仪、紫外探测器、红外与多光谱遥感装置、激光测距机和激光雷达等。

1. 可见光观测仪

军事用的可见光观测仪主要有各种光学观察器材，如望远镜、潜望镜、指挥观察仪、测距仪、炮队镜、方向盘、侦察经纬仪（陀螺经纬仪）等。这些观测仪具有结构简单、使用方便、观察结果可靠、容易迅速确定目标位置等特点。

2. 普通照相侦察

普通照相侦察是指使用普通的照相机进行的战场侦察。按照拍照高度的不同，可分为地面照相侦察、空中照相侦察和空间照相侦察。按照相所使用的电磁波波段不同，又可分为可见光照相侦察、红外照相侦察和紫外照相侦察。可见光照相侦察可得到目标景象的黑白和彩色照片资料。红外照相侦察可得到与可见光照相不同色调和细部的照片，更便于准确和详细地判读目标，识别由普通黑白或彩色照相不易识别的目标。紫外照相则更易于发现在雪地中涂有白色颜料的目标。在使用时如能将上述三种侦察手段配合运用，则可以相互补偿，识别出更多的目标。

3. 红外夜视仪和热成像仪

红外夜视仪是靠探测目标辐射或反射的红外线来侦察目标的，分为主动式和被动式两种。主动红外夜视仪是靠自备的红外光源主动发出红外线照射目标，并通过接收目标反射的红外线来发现和识别目标。被动红夜视仪则是利用目标本身发出的红外辐射来探测目标的特征和位置。常见的红外瞄准镜就是典型的被动红外夜视仪，其结构简单，造价低，可装备于飞机、军舰和坦克等武器平台上。

热成像仪是一种被动红外成像装置。它靠接收目标自身辐射的红外线成像，显示的图像反映了目标表面各个部位辐射红外线的强弱，而辐射红外线的强弱又取决于该部位温度的高低，故所显示的图像实质上反映了目标各个部位的温差，因而是热图像。这种成像方式叫作热成像。热成像仪的使用范围很广，可用于战术或战略侦察、武器的瞄准或制导、各种运输或战斗车辆的夜间驾驶、飞机在夜间起飞或着陆等。

4. 微光夜视仪和微光电视

夜暗环境中的自然光，如月光、星光和大气辉光（高层大气受太阳照射而发出的光）统称为夜天光。因为它们和太阳光比起来十分微弱，所以又叫微光。微光夜视仪和微光电视就是通过探测目标反射的微光，并将其放大到人眼能够看得到的图像的侦察器材。

微光夜视仪广泛运用于战场侦察与监视，其作用距离与环境照明条件及天气有关，在星、月光条件下，用它可以观察到 800 米距离的人员和 1500 米距离的车辆，识别距离一般均在 1000 米以下。若有雨、雾则不能正常工作，全黑天则完全失效，在强光下也不能正常工作。

5. 多光谱侦察

多光谱侦察是把目标发射和反射的各种波长的电磁波划分成若干窄的波段，在同一时间内，用几台探测仪器分别在各个不同光谱带上对同一目标进行照相或扫描，将所得的图像或信号进行加工处理，分析比较，就可从物体光谱和辐射能量的差异上区分目标。多光谱侦察的主要特点是能识别伪装。例如，在多光谱侦察获得的"假彩色合成图像"上，生长旺盛的活体植物呈现红色，伪装用的砍伐植物则呈现灰蓝色，涂有绿漆的金属物体呈现黑色，这样就能把真假目标很明显地区分出来。多光谱侦察设备主要有多光谱照相机、多光谱电视和多光谱扫描器等。

6. 激光测距机和激光雷达

激光测距机是利用射向目标的激光脉冲或连续波激光束测量目标距离的一种距离测量仪，主要用来测定目标距离和位置、侦测地形、确定自身位置、校射火力等。

激光雷达的结构和工作原理与微波雷达类似。它可以看成是在激光测距机的基础上，配置激光方位与俯仰装置、激光目标自动跟踪装置而构成的。主要用于武器试验鉴定、武器火控、目标监视、跟踪和识别（对空、对地目标和对潜艇的探测）、地形和障碍物侦测、大气和气象测量等。

（三）水声侦察技术

水声侦察技术是根据声音在水中的传输特点，利用声电变换器件和电子放大器件来拾取声音，进行声音放大或远距离传输，从而测定声源方位、探测目标参数的技术。水声侦察技术主要体现为各种水中侦察器材的运用，主要包括声呐、声速仪等。

（四）地面传感器

地面传感器是指能对地面目标运动所引起的电磁、磁、声、地面震动和红外辐射等物理量的变化进行探测，并转换成电信号的设备，是 20 世纪 60 年代出现并投入使用的一种辅助性战术侦察器材。它具有结构简单、便于携带埋伏、易于伪装等特点，可用飞机空投、火炮发射或人工埋设到交通线上和敌人可能入侵的地段，用来执行预警、目标搜索、目标监视等任务。

目前，大量使用的地面传感器有震动传感器、声响传感器、磁性传感器、应变电缆传感器、红外传感器等。

三、侦察与监视技术的发展趋势

（一）向精确化发展

高灵敏度和高分辨率是侦察与监视技术不懈追求的目标。例如，地面分辨率是航空航天成像设备的重要性能指标，美国现有的侦察卫星的地面分辨率最高可达 10 厘米，可在 300 多千米的高度分辨出地面 10 厘米大小的物体。

（二）向复合化发展

综合使用多种探测器同时观测同一地区，这样既能获得多种信息，又能增加侦察监视效果。如美国研制的"伦巴斯"远距离战场监视探测系统，是由声、磁、震动、红外四种传感器和监视器组成的，各种传感器获取的目标信息可互相补充、互相印证。

（三）向微型化发展

依托微电子技术、微机电系统技术和纳米技术研究和发展微型探测系统，是侦察与监视技术的又一个发展趋势。这些小型化、低成本的微型探测器在战场上使用，既难以被敌人发现，又可以大量使用，即使被敌人发现了也难以彻底清除。

（四）向无人化发展

探测装备无人化是指装备平台（载体）内无人，平台自主运行或人在平台以外进行操作和控制。目前，使用以及今后发展的无人探测器主要有无人侦察机、水下无人侦察系统和陆地侦察机器人（无人侦察车）等。

（五）向一体化发展

实现侦察监视与攻击系统一体化，将部队的侦察监视系统与武器装备有机地结合起来，构成一个有机合理的整体，以便能够做到"发现即摧毁"。

第五节　伪装与隐身技术

随着信息技术的发展，侦察技术手段发生了质的飞跃，作为反侦察重要手段的军事伪装与隐身技术也得到了飞速发展。现代军事伪装与隐身在大量采用传统伪装技术的同时，越来越多地采用高新技术措施。其中，隐身技术的出现就是传统伪装技术向高技术领域拓展和延伸的结果。

一、伪装与隐身技术的基本概念

伪装技术是指为隐蔽自己、欺骗或迷惑敌方所采取的各种隐真示假的技术。其基本原理是减小目标与背景的特性差别，隐蔽或降低目标的可探测特征，从而减小目标被敌方探测的概率。伪装技术主要包括天然伪装、迷彩伪装、植物伪装、人工遮障伪装、烟幕伪装、假目标伪装、灯火与音响伪装，其中既有传统伪装，也有高技术伪装。

隐身技术又称为隐形技术或"低可探测技术"，是通过降低武器装备等目标的信号特征使其难以被发现、识别、跟踪和攻击的技术。它是交叉应用了诸如流体动力学、材料科学、电子学、光学、声学等众多学科领域技术的综合技术。

由于现代战场上的侦察监视系统主要有雷达、红外、电子、可见光及声波等探测系统，因此隐身技术也相应地发展了雷达隐身技术、红外隐身技术、电子隐身技术、可见光隐身技术等。

（一）雷达隐身技术

雷达隐身技术就是设法减弱雷达所能接收到的目标的反射波，即减小目标的雷达截面积的技术，主要技术措施有改变目标的外形和结构、采用特殊的吸波或透波材料等。

1. 隐身外形技术

电磁波的散射与散射体的几何形状密切相关。例如，投影面积相同的方形体和球形体，前者的雷达散射截面积比后者大 4 个数量级。合理设计目标外形是减小雷达散射截面积的重要措施。以隐形飞行器为例，其外形设计的原则是：消除产生角反射器效应的外形组合，避免出现任何边缘、棱角、尖端、缺口等垂直相交的接面，如采用三角机翼或弧形机翼，机身和机翼改用翼身融合体，单垂尾改为内倾式双垂尾等；消除镜面反射的表面设计，避免出现较大平面，用边缘衍射代替镜面反射；降低雷达波后向散射强度，如增加前机翼前缘后掠角和前缘圆滑度等；合理设计发动机进气和排气系统，如采用平齐进气口、较长的弯曲进气管和用吸波材料制造二维喷管等；减少散射源数量，尽量清除外露突起部分，如采用内嵌式机舱，取消外挂吊舱，使机身形成平滑过渡的曲线形体等；采用遮挡结构，如将发动机安装在机翼内侧或机背上，加大发动机短舱外侧的弦长来遮挡发动机短舱等；缩小飞行器尺寸，采用高密度燃油及适应这种燃油的发动机，在缩小或不增加尺寸的情况下增大航程，等等。

2. 隐形材料技术

隐形材料技术是雷达隐身技术的关键技术。隐形材料主要有雷达吸波材料和雷达透波材料。如果军事目标或其蒙皮采用隐形材料制造，则照射其上的雷达波，或被吸收，或被透过，从而减小雷达回波强度，达到目标隐形的目的。雷达吸波材料是吸收雷达波能力很强的新型材料。这些材料的工作原理是：雷达波作用于材料时，材料产生导电损耗、高频介质损耗和磁滞损耗等，使电磁能转换为热能散发；雷达波能量分散到目标表面的各部分，减少雷达接收天线方向上散射的电磁能；雷达波在材料表面的反射波与进入材料后在材料底层的反射波叠加发生干涉，相互抵消。目前研制的吸波材料主要采用碳、铁氧体、石墨和新型塑料化合物等，按所用材料类型可分为橡胶型、塑料型、陶瓷型、铁氧体型和复合型等。雷达透波材料是能透过雷达波的一类材料，如碳纤维玻璃钢就是一种良好的透波材料。

3. 自适应阻抗加载技术

在金属体目标（如飞行器）表面开多条缝隙、洞或接腔体，接上分布或集中参数的阻容元件，在不影响气动外形的前提下，改变蒙皮表面的电流分布，使其产生与雷达回波频率、极化、幅值相等但相位相反的附加辐射波。这一附加辐射波在雷达接收天线方向上可与雷达回波相抵消，从而达到减小目标雷达散射截面积的目的。目标处于谐振区和光学区低端时，自适应阻抗加载技术可以有效地减小飞行器的雷达散射截面积，而一般隐身外形技术和隐形吸波涂层技术对这种波长基本上无效。

4. 微波传播指示技术

微波传播指示技术是一种用计算机预测雷达波束在不同大气条件下的覆盖范围的技术。大气层温度、湿度等变化能使雷达波束的传播发生畸变，使其覆盖范围产生"空隙"，并产生波瓣延伸；同时，雷达波在大气层传播时将形成"传输波道"，其能量集中于"波道"内，"波道"外几乎没有能量。如果利用计算机预测出雷达波在大气中传播的情况，使突防飞行器在雷达波覆盖区的"空隙""盲区"或"波道"外飞行，就可避开敌方雷达的探测，顺利突防。美国海军航空系统司令部和英国费兰蒂计算机有限公司研究的这项技术，在防空和突防的应用中进行了试验。

雷达隐形技术也存在一定的局限性，例如，通过外形设计可降低飞行器的雷达散射截面积，但会影响其气动性能，使飞机的机动性能降低；发动机进气口形状改为向后倾斜，采用S形进气管，会降低发动机的功率，影响飞行器的航程和负载能力；飞行器取消外挂吊舱，只靠机身内部携载，将降低武器的携带量；飞行器外表涂敷吸波材料，会增加其重量，影响载荷能力，等等。采用各种隐形技术，只能降低目标的被探测概率，不能达到完全隐形。

（二）红外隐身技术

红外隐身技术就是为了降低或改变目标的红外辐射特征，降低红外探测系统的探测能力而采取的技术。主要技术措施有：改变红外辐射波段、降低红外辐射强度和调节红外辐射的传输过程等三种技术措施来实现。

红外隐身技术，除采取红外干扰措施外，主要是抑制武器装备在敌方红外探测系统方向上的红外辐射。这些目标的红外辐射源主要是发动机本身的热辐射及其排出的热气流，还有就是其荷载的武器、设备散发的热辐射，以及在运行中与周围介质摩擦产生的热辐射等。

抑制目标红外辐射的主要技术措施是：采用散发热量较小的发动机，如飞机采用高涵道比的涡轮风扇发动机，坦克采用绝热式发动机等；改进发动机结构，如用金属—石棉—金属夹层材料隔热，改善燃烧室设计使燃油充分燃烧，以减弱红外辐射等；改进发动机喷管的设计，如用碳或陶瓷复合材料制造喷管，顶口处安置红外挡板或以目标体遮挡，加装红外衰减装置或在排出气体中引入冷空气混合降温，采用 S 形二元喷管可滤除 90% 的红外辐射，采用可改变红外辐射波长的异型喷管可使敌方红外探测器失谐等；研制新的燃料，如使用特殊燃料以降低排气的红外辐射，在燃料中加入特殊的添加剂，以改变排气的红外辐射波长等；采用吸热、隔热材料和涂料，用以抑制目标表面温升，以减弱红外辐射；采用闭合环路冷却的环境控制系统，以降低荷载设备工作温度；利用气溶胶屏蔽发动机尾焰的红外辐射，如将含有金属化合物微粒（直径为 1～100 微米）的环氧树脂、聚乙烯树脂等可发泡的高分子物质热气流，随喷气流一起喷出，在空气中遇冷雾化形成悬浮状泡沫塑料微粒，或将含有易电离的钨、钠、钾、铯等金属粉末的物质喷入发动机尾焰，高温加热电离，形成等离子区。它们在尾喷流周围形成的气溶胶，不仅可屏蔽红外辐射，而且是对雷达波、激光和可见光探测非常好的全频谱的无源干扰物。反红外探测隐形技术的重要性仅次于反雷达探测隐形技术。各国研制的隐形武器基本上综合采用了上述反红外探测隐形技术，据报道，同时采用这些隐形技术，可抑制 90% 以上的红外辐射。

（三）电子隐身技术

电子隐身技术就是抑制目标本身所发生的电磁信号特征的技术。主要技术措施有：减少无线电设备、采用低截获概率技术改进电子设备、减小电缆的电磁辐射、避免电子设备天线的被动反射和对电子设备进行屏蔽等。

减少无线电设备，如用红外设备代替多普勒雷达，用激光高度表代替雷达高度表，用全球定位系统或惯导系统代替无线电导航系统等；采用低截获概率技术改进电子设备，如采用发射功率自动管理技术，雷达一旦捕获到目标，使其发射功率立刻降至跟踪目标所需功率最小值，并随着接近目标继续自动降低发射功率，在时间、空间和频谱方面控制无线电设备的电磁波发射；采用频率捷变技术，以降低信号被识别的概率；采用多基地/双基地雷达等电子探测系统，武器装备等目标采用被动雷达等电子探测系统，使其处于无源状态；减小电缆的电磁辐射，如尽量缩短各种电子设备间的距离，用光缆取代电缆连接各种电子设备等，避免电子设备天线的被动反射，如将天线做成能嵌入目标体内的结构，不使用时将天线收回体内等；对电子设备进行屏蔽，如改进武器装备的结构，采用特殊材料或涂料，以减少向外辐射电磁能等。

（四）可见光隐身技术

可见光隐身技术是指对可见光波段的光学探测、跟踪、瞄准系统（如可见光相机、电视摄像机等）进行隐身所采取的技术。主要技术措施有：改变目标外形的光反射特征、控制目标与背景之间的亮度和色度、控制目标发动机喷口的火焰和烟迹信号、控制目标照明和信标灯光等。

控制目标的电磁散射、辐射和红外辐射特征，虽可对雷达、电子、红外探测系统发生作用，达到隐身目的，但对可见光波段的光学探测、跟踪、瞄准系统则达不到隐形目的。可见光探测系统的探测效果取决于目标与背景之间的亮度、色度、运动这三个视觉信号参数的对比特征，其中目标与背景之间的亮度比是最重要的因素。目标的结构体和表面的光反射，发动机喷口的喷焰、尾流和烟迹，灯光以及照明光等均为目标的主要亮度源。如果目标亮度与背景亮度对比差别非常大，就容易被视觉探测发现。当目标与背景的亮度相当时，它们之间的色度对比便成为目标的重要目视识别特征。当目标对背景呈现强烈的亮度、色度时，人们很容易观测到目标相对背景的运动，如飞机旋桨闪光等。采用可见光探测隐形技术的目的就是通过减少目标与背景之间的亮度、色度和运动的对比特征，达到对目标视觉信号进行控制，从而降低敌方可见光光学探测系统的探测概率。

二、伪装与隐身技术的应用

（一）伪装技术的应用

伪装技术应用最广泛的有迷彩伪装、人工遮障伪装、烟幕伪装和假目标伪装。

迷彩伪装，即利用特制的涂料、染料和其他材料来改变目标、遮障和背景的颜色及斑点图案，以消除目标的光泽、降低目标的显著性和改变目标外形。它又可分为保护色迷彩、变形迷彩、仿造色迷彩、光变色迷彩、多功能迷彩等。

人工遮障伪装，即利用各种制式或就便伪装器材对目标进行遮蔽的伪装，主要用于反可见光和雷达及红外线侦察。按用途和外形可分为水平遮障、垂直遮障、掩盖遮障、变形遮障和反雷达遮障等五种。

烟幕伪装，即利用烟雾遮蔽目标，迷惑敌人或使来袭制导武器失效的伪装。这种伪装技术通过散射、吸收的方式衰减光波能量，干扰敌方光电侦察以及光电制导武器。一些特殊的烟幕还可以对雷达形成干扰。

假目标包括形体假目标和功能假目标两类。前者指仿造外形与兵器（如假飞机、假坦克、假军舰等）、人员、工事、桥梁等相似的模型类假目标；后者指各种具有特定功能的假目标，如各种角反射器、热目标模拟器、红外诱饵弹、偶极子反射体（如综合红外箔条）等能够反射雷达波或产生热辐射的假目标。使用假目标能迷惑敌人，欺骗敌人的探测器和制导武器，能有效地保护真目标。

在作战行动中，主要运用各种伪装技术对战场上的人员、各种武器装备、指挥所、道路、桥梁、机场，建筑物以及各种工事等进行伪装。

（二）隐身技术的应用

20世纪80年代以来，由于各种隐身技术的研究取得了突破性进展，隐身技术在武器装备上得到了广泛的运用，如隐身飞机、隐身导弹、隐身舰艇、隐身坦克和其他隐身技术装备等。

1. 隐身飞机

应用隐身技术手段最多、发展最快的当数隐身飞机。近三十多年来，已研制成功多种隐身飞机，如隐身侦察机、隐身战斗机、隐身轰炸机等。

飞机隐身的主要方式有：降低飞机的雷达截面积、红外辐射及电磁辐射特征，控制飞机的可见光目视信息特征，降低飞机的噪声等。如美国的 F－117A 隐身战斗轰炸机的雷达截面积只有 0.01～0.025 平方米，而 B－2 隐身轰炸机通过采用翼身融合技术、平行棱边技术、无独立尾翼的全翼气动布局，发动机埋装在机体内，使用蜂窝状结构材料和外涂化学涂料等手段，将电磁波的后向散射变为前向和侧向散射，使其雷达截面积仅为 0.3 平方米，比 B - 52 轰炸机的 100 平方米和 B - 1B 隐身轰炸机的 1 平方米都有大幅减小。

2. 隐身导弹

隐身导弹是伴随隐身飞机发展起来的，目的是减小被拦截概率，增强突防能力。美国通用动力公司的 AGM - 129 型先进隐身巡航导弹，采用了埋入式进气道，其后缘为锯齿形，能将雷达波向各个方向散射，其雷达截面积只有 0.005 平方米，并且加装了电子对抗装置，从而更不容易被雷达探测和跟踪。

3. 隐身舰艇

近年来，舰艇隐身技术有了快速发展，一些导弹巡洋舰、导弹驱逐舰、潜艇等作战舰艇均采取了隐身措施。舰艇隐身主要靠减少雷达截面积达成。其主要措施是：改进舰体及上层建筑形状；采用吸波、运波材料；通过降低发动机、电动机工作噪声及螺旋桨空泡噪声来减少噪声辐射；降低发动机排气、排水温度和主机舱烟囱及舰体表面的热辐射，以抑制舰船的红外辐射。

1993 年 4 月，美国海军第一艘隐身战舰"海影"号首次亮相，其外形像 F - 117A 隐身战斗机一样采用多面体外形，上部有吸收雷达波的黑色涂层，同时采用了振动小、噪声低的动力装置。

4. 隐身坦克

未来战争的主战坦克将尽可能采用隐身技术。这些技术包括：采用复合材料制造坦克车体或炮塔外壳；采用隔热发动机，并在燃油中加入添加剂，同时改进冷却和通风系统，在排气管附加挡板等，以降低坦克红外辐射；给坦克涂敷迷彩或外挂伪装网，如坦克采用三色或四色迷彩隐身后，用微光仪器探测的概率由 75% 下降到 33%；采用低噪声发动机，坦克结构引进隔音及消音材料等，以降低坦克噪声；配备烟幕释放装置，等等。法国最新研制的 AMK - 30 隐身坦克在设计上非常独特，坦克的炮塔顶部成平面，前面呈弧形，其余三面成斜坡状，底盘也是向内成斜坡状，坦克裙板的底部装备了特殊的遮盖物来保护履带。坦克在整体上全部涂有特殊的雷达吸波材料，尤其是炮塔和底盘。坦克上的 105 毫米火炮装备了特殊的遮盖物来减弱雷达回波。这些装置能够使坦克在 8 ~ 12 毫米波长环境下工作时降低红外辐射和雷达信号的传播，从而不被雷达发现。为了降低坦克的热信号，还在雷达吸波材料与内层的结合处注入了冷空气。

5. 其他隐身技术装备

隐身技术除了用于研制上述各种武器装备之外，还被用于其他技术装备，包括隐身无人飞行器、隐身通信系统、隐身机器人、隐身作战服和红外隐身照明弹等，这些隐身技术装备大都具有某方面的隐身能力，预计今后将会有更多的此类隐身技术装备问世。

第六节　军事航天技术

军事航天技术拓展了现代战争的空间范围，以军用卫星为主的各种军用航天器在战争中的地位和作用越来越重要。由于各种军用航天器的大量部署和广泛应用，空间战场的重要性日益突出，空间作战武器装备应运而生。军事航天技术已经成为军事高技术的一个重要组成部分，对确保夺取信息化战争的胜利至关重要。

一、军事航天技术概述

军事航天技术是将军用航天器送入外层空间，为军事目的而开发、利用外层空间的综合性工程技术，主要借助于部署在空间的各种遥感器和观测、通信设备以及武器系统等，执行侦察监视、军事通信、数据中继、导航定位、气象监测、大地测量、导弹预警、反卫星与反弹道导弹、空间攻击与防御等各种军事航天任务。

军事航天技术由运载器技术、航天器技术、发射与测控技术和空间攻防对抗技术等组成。

（一）运载器技术

运载器技术是将预定的物体（人造卫星、载人飞船、航天飞机等）运送到外层空间去的技术，包括发射入轨技术和运载器制造技术。运载器技术的发展为各种航天器提供了强大的动力装置。大多数航天器的运载器是多级火箭。

（二）航天器技术

航天器技术是保持航天器按照既定的轨道正常飞行的技术。航天器又称空间飞行器，是指从地球上发射到太空中去完成一定使命的空间系统。航天器一般分为三大类：一是环绕地球运行而不载人的空间飞行器，叫作人造地球卫星；二是环绕地球运行的载人空间飞行器，称为载人飞船，如我国的"神舟五号""神舟六号"载人飞船；三是脱离地球引力，飞往其他星球或在星际间运行的空间飞行器，称为空间探测器。

（三）发射与测控技术

发射与测控技术也即航天基地技术，是将火箭发射上天和为保证航天器在轨道上正常工作，对航天器进行跟踪测量、监视和控制的技术。测控技术是航天技术中不可缺少的组成部分。测控系统由分布在全球各地的测控台、站、船组成，通常配备有各种精密的电子设备，负责对航天器进行跟踪、定位、遥测、遥控和通信联络。

（四）空间攻防对抗技术

空间攻防对抗技术是为了有效地控制空间，让己方的航天器能在空间发挥效能，而阻止敌方的航天器在空间活动而使用的技术，包括空间监视技术、空间软杀伤技术、空间硬摧毁技术和空间防御技术等。

二、军事航天技术的应用

军事航天技术的应用突出表现在航天器在军事上的应用。航天器的军事应用大致可分为三类：一是已经大量使用的支援地面军事力量的卫星系统；二是执行军事任务的载人航天器；三是处于研究开发中的空间武器。

（一）军用卫星

1. 侦察卫星

侦察卫星是主要的空间侦察监视工具，发射数量占到卫星总数量的三分之一以上。根据所携带的侦察监视设备，即卫星的有效载荷不同，可以分为光学照相侦察卫星、雷达成像侦察卫星、电子侦察卫星、导弹预警卫星、海洋监视卫星、气象卫星、测地卫星等几大类。根据担负的任务不同，侦察卫星可运行在近地轨道、太阳同步轨道、地球同步轨道和大椭圆地球同步轨道等。

光学照相侦察卫星是最早应用于军事目的的侦察卫星。成像侦察卫星走过了胶片照相回收型—光电转换传输型—雷达成像型三大阶段。光学照相分辨率高、直观、易判读，但受天气的影响大，回收型侦察卫星的实时性较差。雷达成像侦察卫星可以不分昼夜和气候地工作，并能穿透地表发现地下目标，但分辨率略低。电子侦察卫星装有电子接收装置，可搜集和监测地面无线电设备和雷达辐射的电磁信号，经卫星天线发送到地面后，由研究人员进行分析，可获得地面警戒、导航、制导和防空雷达等的信息。

导弹预警卫星主要是用于监视、发现和跟踪敌方战略弹道导弹发射的一种军用卫星。卫星通常在地球同步轨道或周期约为 12 小时的大椭圆轨道上，一般由几颗卫星组成预警网。预警卫星利用卫星上的红外探测器，探测导弹主动段飞行期间发动机尾焰的红外辐射，配合使用电视摄像机及时准确地判明导弹发射。美国现役的预警卫星是"国防支援计划"（DSP）卫星，它采用地球同步轨道，一般 3~4 颗星组网工作，覆盖全球。

海洋监视卫星主要用于监视海上舰船和潜艇的活动，侦察舰艇的雷达信号和无线电通信信号。它能有效地探测和鉴别海上舰船，并准确测定其位置、航向和航速。

2. 通信卫星

通信卫星实际上就是设在太空中的、无人值守的无线电中继站或转发台，其有效载荷主要是通信天线和通信转发器。通信卫星是继侦察卫星后又一类具有重要军事应用价值的卫星。目前，美国 70% 以上的战略通信任务是由通信卫星完成的，卫星通信已经成为其军事情报、指挥、控制与通信一体化大系统的"神经网络"。

通信卫星主要采用地球同步轨道或大椭圆同步轨道，目前也在大力发展中低轨道通信卫星。从担负的任务区分，通信卫星可以分为战略通信卫星、战术通信卫星、数据中继卫星等。与其他通信方式相比，卫星通信具有通信距离远、传输容量大、覆盖区域广、通信质量好、经济效益高等诸多优点，已成为现代通信的重要手段。

3. 导航卫星

导航卫星就是高悬在太空的无线电导航台。导航卫星上的无线电信标机以固定频率，按照规定的时间间隔，向地面、海上和空中用户发射无线电信号，信号中含有卫星在空间的位置和发出信号的时间等信息，用户利用无线电接收设备接收来自导航卫星的信号，经计算后确定自己的位置和运动速度。导航卫星按导航方式可分为多普勒测速导航卫星和时差测距导航卫星；按是否向卫星发射信号，分为主动式导航卫星和被动式导航卫星；按导航范围又可分为区域导航卫星和全球导航卫星。

目前，广泛应用的是美国"导航星"全球定位系统（GPS）。该系统的空间部分为卫星星座（现有 29 颗），均匀分布在 6 个近圆形轨道面上，轨道高度 20182 千米，运行周期 11.967 小时，用户能同时看到不少于 4 颗星，可以满足三维定位、速度测量的要求，定位精度达到 15 米，测速精度达到 0.1 米/秒。

（二）军用载人航天器

1. 载人飞船

载人飞船是一次性往返太空与地面的飞行器，也是人类最早的载人飞行器。根据飞行任务可分为卫星式载人飞船、登月式载人飞船和行星际载人飞船。俄罗斯的"联盟"号系列飞船和我国的"神舟"号飞船是卫星式载人飞船，美国"阿波罗"登月飞船是登月式载人飞船，行星际的载人飞船还未实现。卫星式载人飞船大多使用的是三舱式结构，即轨道舱、座舱和服务舱。载人飞船的军事应用主要有：一是对地侦察监视；二是建造大型航天器；三是运送航天战斗员；四是进行空间作战。目前，实用型的载人飞船只有俄罗斯的"联盟"号。

2. 航天飞机

航天飞机是借助运载火箭或助推器垂直发射，在近地轨道上完成任务后能像滑翔机那样在跑道上着陆，可重复使用的带翼航天器。航天飞机是火箭、航天器和航空器技术的综合产物。

航天飞机在军事上的应用主要有：一是施放和回收军用卫星；二是试验新型空间武器；三是建造空间军事系统；四是直接进行作战行动。因此，航天飞机得到了航天大国的青睐。现在拥有实用航天飞机的国家只有美国。俄罗斯也具有研制能力，并发射过"暴风雪"号航天飞机，其性能甚至超过美国。目前，有航天飞机研制计划的国家还有日本、德国、英国、印度等。

3. 空天飞机

空天飞机是航空航天飞机的简称。它是一种装有空气发动机和火箭发动机，能在特定机场水平起降，能在大气层内、外飞行的可重复使用的带翼运载器和航天器的总称。空天飞机具有显著的特点——飞行速度快，起降容易，飞行灵活，发射费用低。空天飞机尚处于研制阶段，空天飞机一旦研制成功，并应用于作战，将会产生如下影响：一是融空战和太空战于一体；二是空袭的突然性将更大；三是情报信息的时效性将进一步提高。

4. 空间站

空间站又称航天站或轨道站，是一种长期运行在轨道上，可供多名航天员工作的大型航天器。空间站在军事应用上，可以充当空间作战的指挥中心。一些军事专家曾经预言："在未来的战争中，空间站可谓是航行于天际间的'航天母舰'，是布设于太空的军事基地。"空间站将可以实施任何形式的太空作战任务。空间站的成本太高，单独建设困难较大，像美国这样的强国都难以承担，因此，采用国际合作是建设大型空间站的主要方式。如国际空间站就是 16 国的合作项目。

（三）空间武器

空间武器的概念有狭义和广义之分。狭义的空间武器特指部署在太空平台上直接用于杀伤卫星、空中及地面目标的武器。广义的空间武器则包括了各种空间作战平台。具体来讲，空间武器是指部署在太空、陆地、海洋和空中，用于攻击和摧毁太空飞行目标以及从太空攻击陆地、海洋、空中重要目标的武器。

空间武器按照功能区分有反卫星武器、反导弹武器和轨道轰炸武器；按照构成原理区分有核能、动能和定向能武器。

1. 反卫星武器

反卫星武器是指用于干扰或破坏在空间运行的卫星的武器系统，大体上可分为三类：一是导弹武器，包括携带核弹头或常规弹头的反卫星导弹和依靠直接碰撞杀伤卫星的动能拦截弹；二是定向能武器，包括激光武器、粒子束武器和高功率微波武器；三是电子对抗武器，用于干扰卫星的通信和数据传输。按照部署方式的不同，反卫星武器又可分为部署在地面上的地基反卫星武器、部署在飞机上的机载反卫星武器和部署在空间的天基反卫星武器。

2. 反导弹武器

反导弹武器是指用于拦截弹道导弹的武器系统，包括部署在地基、空基和天基的反导弹武器。根据其杀伤方式，又可分为常规破片拦截弹、定向能拦截弹和动能拦截弹。反导弹武器和反卫星武器的工作原理是相同的，其区别主要是作战对象不同。

3. 轨道轰炸武器

轨道轰炸武器是指平时在环绕地球的轨道上运行，接到作战命令后，借助反推火箭的推力脱离轨道进入大气层攻击地面目标。它是一种空间对地攻击武器，目前还处于研究之中。

三、军事航天技术发展现状

军事航天技术的发展与运用，使太空成为人类的第四战场，进一步扩展了人类在军事领域的应用空间，大大加速了军事现代化的进程，提高了军队指挥及作战能力。

（一）军用卫星战场支援作用巨大

1. 侦察卫星性能先进，信息获取实现了实时化、全球化

侦察卫星一经用于军事，就显示出极强的生命力。经过十几次试验后，美国在1960年成功发射了第一颗侦察卫星。该卫星及时了解了当时苏联的导弹部署情况，化解了"柏林危机"之后又为解决"古巴导弹危机"立下了汗马功劳。从此以后，侦察卫星就被不断被应用于军事冲突乃至作战之中。

目前，卫星侦察是各大国获取军事情报的最有效侦察手段，并成为现代作战指挥系统和战略武器系统的重要组成部分。美国和俄罗斯通过侦察卫星获取的战略情报约占70%。

描述侦察卫星的主要技术指标是地面目标分辨率。地面目标分辨率为1米，即意味着1米×1米的目标能在卫星照片上留下一个像点。分辨率越高，从照片上能"识别"的目标越多。比如，面对一架运输飞机，10米的分辨率就可发现，5米的分辨率就可识别，1米的

分辨率就可以详细描述。目前，美国最先进的 KH-11B 光学照相侦察卫星的地面目标分辨率达到 10 厘米；"长棍球"雷达成像侦察卫星可以穿透地表发现隐藏的地下目标，目标分辨在标准模式时为 3 米，在清扫模式时为 1 米。侦察监视对于防御作战和预警探测也十分重要。以侦察卫星为主体的空间侦察系统可以满足平时战略预警探测的需要。而对于最易达成战争突然性的弹道导弹攻击，则必借助专用的预警系统。海湾战争中，美国 DSP 导弹预警卫星专门用于监视伊拉克"飞毛腿"导弹的发射，开创了用"爱国者"地空导弹拦截"飞毛腿"弹道导弹的反导作战先河。

2. 通信卫星广泛应用，实现了指挥控制的远程化、一体化

通信卫星促使军事通信进入了一个全球化、实时化的新时代。正是由于通信卫星的特点与军事通信全球化的需求相一致，尤其是卫星通信的多址灵活性和可移动性，使其在军事指挥上具有特别重要的意义：一是提高了战场指挥的时效性。卫星通信可实现近实时全球信息传递，即使在两个实际距离数万千米的地球站之间，信号经过通信卫星上行和下行的传输时间也仅需 0.24 秒。二是增强了通信系统的保密性。由于广泛采用数字通信技术，卫星通信的保密性有了极大提高，可传输电话、电报、电视、传真和数据等。三是增强了通信系统的安全性。通信卫星不仅能完成全球性的战略通信任务，还可提供区域性的战术通信链路，满足军用飞机、舰船、车辆和部队乃至单兵终端的通信需要。海湾战争期间，美国本土与海湾战区之间有全球军事指挥通信系统和国防通信网保持不间断的联系，各种信息通过卫星传送到美国本土的指挥控制中心，经过计算机处理又传送到战地指挥部，整个过程仅需几分钟的时间。如美国总统布什从白宫发出命令到达海湾前线仅需要 1~3 秒的时间。阿富汗战争和伊拉克战争正是借助通信卫星实现了实时化的作战指挥。

3. 导航卫星精度提高，实现了目标定位的快捷化、精确化

高技术武器的一个显著特点就是系统性极强。要发挥高技术武器的作用，就必须发挥每个环节的作用，目标定位、武器制导、指挥控制、效能评估都是至关重要的。随着侦察监视技术的发展，精确打击已成为现代战争中一种崭新的交战模式。然而，实施精确打击的关键之一是对目标进行精确定位，没有目标的精确位置信息，就无法将目标坐标输入武器系统，对目标实施点穴式打击。目标定位和武器制导都离不开导航卫星。利用卫星来导航或定位，已具有高精度、全天候、全球覆盖和用户设备简便等优点，大大提高了现代军队对战场和作战行动的控制能力，而且在一些特殊的地形和军事行动中更能发挥独特作用，如引导空中交会和加油、空投运、航空管制和指挥、导弹试验中的弹道测量、战场搜索和营救工作等。

阿富汗战争中，一名美军地面部队士兵用手中的便携式全球定位接收器锁定一个塔利班目标，接着计算出自己所处的坐标参数，通过卫星电话将有关信息一并报回远在佛罗里达州的空军基地信息处理中心，后者随即向设在沙特阿拉伯的美军前线司令部发出指令，B-52H 战略轰炸机立即在高空中将坐标参数输入计算机火控系统，继而准确击中敌方目标。整个过程不过几分钟，命中误差达到米级。

（二）军用载人航天器正在稳步发展

军用载人航天器可以把航天员送入太空，并且可以保证人在航天活动中主体作用的发

挥。与军用卫星相比，军用载人航天器具有更多的优势，可以完成航天监视、航天支援、航天作战、航天保障等所有太空作战任务。载人飞船是人类走向太空的第一种航天器，它不仅是人类通向太空的天梯，而且在军事上也有重大的应用价值。俄罗斯的"联盟"号系列飞船是目前唯一实用型的载人飞船，曾进行过大量的军事应用试验。在海湾战争期间，"联盟"号飞船上的航天员曾观测到海湾地区的战况，包括油井着火的详情。同时，载人飞船还是建造大型航天器的有力工具。目前，俄罗斯的"联盟"号飞船是建造国际空间站的主要工具。

航天飞机的飞行成功是航天技术的重大突破，是人类航天史上一项划时代的成就。然而，由于航天飞机技术复杂、投资巨大，目前还未达到预期的效果。

空天飞机与航天飞机一样，也是火箭技术、航空技术和载人飞船技术相结合的产物，代表当今最先进的航天技术。从 20 世纪 80 年代开始，美、英、德、日、俄等国进行了空天飞机的研究或进行了研制试验。

（三）空间武器初步具备实战能力

目前，具有一定实战能力的空间武器有美国的机载反卫星导弹、地基动能反卫星武器系统、"智能卵石"天基反卫星系统和俄罗斯陆基动能反卫星卫星。

美国机载反卫星导弹由 F – 15 飞机从空中发射。导弹长 5.4 米，直径 50 厘米，质量1196 千克，由两级固体火箭发动机和小型寻的拦截器组成。寻的拦截器上装载有红外探测器、多个红外望远镜、激光陀螺和计算机系统，弹头周围有 50 多个小型火箭，以提高拦截卫星的成功率。寻的拦截器的长度和直径均为 30 厘米左右，质量十几千克。它与助推火箭分离后，通过长波红外探测器可探测到几百千米以外卫星发出的红外辐射，经计算处理后由周围的小型火箭发动机控制其飞行弹道，自动跟踪并导向目标，通过高速撞击破坏目标卫星。其弹头的最大飞行速度可达 14 马赫以上。美国地基动能反卫星武器系统是美国陆军自20 世纪 80 年代末以来重点发展的反卫星武器系统，主要由反卫星导弹和武器控制两个分系统组成。反卫星导弹是指利用助推火箭把弹头直接发射到目标卫星附近，通过弹头的爆炸或直接碰撞来摧毁卫星，属于直接上升式反卫星武器。反卫星导弹分系统由导弹和发射设施两部分组成。反卫星导弹由三级固体助推火箭和作为弹头的动能杀伤拦截器（KKV）等部分组成。导弹长约 9.14 米，弹体直径 61 厘米，发射质量 3514 千克。KKV 是一种自主寻的飞行器，主要由可见光导引头、自控与遥控动力系统、惯性测量装置以及制导和通信设备等组成。发射设施主要包括地下发射井和相关支持设备。

俄罗斯的反卫星卫星属于共轨式反卫星武器。反卫星卫星靠助推火箭发射到与目标卫星基本相同的轨道上，并进入轨道飞行；当反卫星卫星到达目标附近时，靠自身的爆炸来摧毁目标卫星。该系统由拦截卫星（杀伤卫星）和 SL11 大型液体火箭组成，总长约 45 米。拦截卫星为圆柱体，高 5 米左右，直径 1.5 米，质量 2000~2500 千克，装有 5 台轨道发动机、雷达和红外制导装置以及高能炸药。杀伤卫星由火箭发射入轨，绕地球飞行 1~2 圈，当与目标卫星轨道几乎相同时，在红外或雷达制导系统的引导下继续靠近目标，地面根据情况引爆战斗部摧毁卫星，可攻击 1700 千米高度轨道上的卫星。该系统曾进行了多次试验，近一半成功。目前，俄航天部队装备的反卫星武器可能是其改进型。

美国地基反卫星激光武器比较成熟，已经过了多次试验。它主要由"中红外先进化学激光器"，（MIRACL）和"海石"光束定向器（SLBD）组成。1997年10月，美国陆军在白沙导弹靶场进行了一次成功的MIRACL反卫星试验。这标志着美国已具备了有限的激光武器反卫星能力。其输出功率达数兆瓦，光束宽约2米，激光束由一面特殊的镜子折射出去，将轨道上的目标卫星摧毁。

美国机载激光武器系统采用波音747－400F飞机作为平台，由氧碘化学高能激光器、被动红外传感器、瞄准与跟踪系统等组成。它可以反弹道导弹、反卫星和反飞机。每个战区需配备7架作战飞机，每批2架执行任务。工作时，载机在12千米高空、距前线90千米的己方一侧巡航，激光武器的射程预定为300~580千米。作战时，被动红外探测器在360度视场内探测目标，用波长1.06微米多光束激光器照射目标，用高分辨率成像传感器成像，并通过主望远镜进行观察以获得良好的跟踪数据，引导激光器攻击。目前，美国正在组装机载激光武器，不久将投入实战试验。

第七节　新概念武器

飞机、坦克、火炮等传统武器发展至今，其战斗性能已趋近物理极限，通过延长武器射程（航程）、加快射速、提高杀伤力来获得对敌的较大优势已显不足。人们转移视线，另辟蹊径，以一种全新的思路投入巨大的人力物力来开发新的武器系统，研究发展新概念武器。新概念武器包括定向能武器、人工智能武器、动能武器等，最具代表性的是激光武器、军用机器人、计算机病毒武器、微波波束武器、粒子束武器、电磁炮和新毒素武器等。

军事发展史表明，一种崭新的武器装备出现在战场上，都会由技术上的突然性而带来战术上的突然性，取得很好的作战效果。军事高技术的发展使新概念武器在技术上日益成熟。新概念武器主要是指在工作原理、结构、功能和杀伤破坏机制上与传统武器不同的新型武器，如激光武器、电磁炮等；或工作原理、结构等与传统武器相同或相似，但杀伤破坏机制不同，如超高速火箭类动能武器、反装备化学武器等；或工作原理、结构与传统武器不同，但杀伤破坏机制相同，如液体火炮、战斗机器人等。

一、高能激光武器

随着一束神奇的光线射出，敌人或者当场毙命，或者立即丧失战斗力；武器或凌空爆炸，或完全失灵。正是对这种理想作战效果的追求，加上高技术的发展，推动了激光武器的问世。尤其是近年来，用于反卫星和反导弹的激光武器已经成为研制的重点之一。

（一）激光武器的概念

"激光"由英文缩写词laser意译过来，意即"受激辐射产生的光放大"。

激光武器是利用激光束的能量攻击目标，直接杀伤破坏目标或使之丧失作战效能的武器。它既可以直接令人员致盲或致死，也可以干扰或摧毁敌人的武器装备。由于激光武器杀伤破坏目标的能量是激光束，人们也把激光武器称为"死光武器"。

与传统武器相比，激光武器具有三大突出特点：一是快速、灵活和精确。用火炮攻击运动目标时必须由火控系统预先计算出提前量；而激光束以光速（30 万千米/秒）传播，响应速度快，发射瞬间即可命中；发射激光束几乎没有后坐力，易于迅速变换射击方向，并且射击频率高，能在短时间内拦击多个目标；激光束的发散角很小，可以将狭窄的激光束准确地聚集在目标上，甚至能直接命中目标的薄弱部位，精确度高。二是作战效费比高。防空作战中，一枚"爱国者"地空导弹要 30 万~50 万美元，一枚"毒刺"导弹为 2 万美元，而兆瓦级氟化氘激光器发射一次只要 1000~2000 美元，二氧化碳激光器仅需几百美元。三是无污染，抗电磁干扰能力强。激光武器属非核武器，不存在污染，激光也不受电磁干扰。

（二）高能激光武器的杀伤破坏机理

激光武器的杀伤破坏机理与激光的功率密度、输出波形、波长等激光本身的因素以及目标的材料性质（简称靶材）有关。激光与目标相互作用时，会产生不同的杀伤破坏效应。概括起来说，高能激光武器的杀伤破坏效应主要有三种：

1. 烧蚀效应

一束强激光照射在目标上，部分能量被靶材吸收后转化为热能，使靶材表面迅速汽化，强大的蒸汽高速向外膨胀，同时可将一部分液滴甚至固态颗粒带出，从而在靶材表面形成凹坑或穿孔。这种烧蚀作用是激光对目标的基本破坏形式。

2. 激波效应

激波是指气流中的强压缩波，超音速运动的物体会压缩前方的气流，形成一个压力、温度和密度突然升高而流速突然减慢的波面，这个波面就称为激波。当靶材蒸汽向外喷射时，在极短时间内给靶材以反冲作用，相当于一个脉冲载荷作用到靶材表面，于是在固态材料中形成激波。激波传播到靶材背面，会产生强大的反射。这样一来，外表面的激光与内表面的激波同时对靶材前后夹击，立即拉断靶材，造成层裂破坏，而裂片时有一定的动能，也有一定的杀伤破坏能力。

3. 辐射效应

材料表面因汽化而形成等离子体云，等离子体大量地吞噬激光能量，一方面对激光起到屏蔽作用，另一方面又能辐射出紫外线，甚至 X 射线，造成靶材结构及其内部电子、光电缘器件损伤。实验表明，这种紫外线 X 射线比激光直接照射引起的破坏更加有效，它们可以对激光武器的杀伤力起到推波助澜的作用。

（三）高能激光武器的发展现状

在新概念武器中，激光武器的发展历史是比较长的。根据激光武器的发展水平和作战使用，一般分为高能激光武器和低能激光武器两大类。其中，低能激光武器的技术较为成熟，一些国家已有装备，主要分干扰型和致盲型两种；高能激光武器则是当前发展的重点，包括各种类型的防空、反卫星和反导弹等激光武器。

低能激光武器发射的激光能量一般不太高，可配备在车辆、舰船、飞机上使用，也可由人员携带。有些国家的军队已经装备有部分低能激光武器，如激光枪、激光致盲武器、激光手枪等。

当前发展最热门的则是高能激光武器，又称为强激光武器。这项研究始于 20 世纪 60 年代初。70 年代，美国和苏联就曾多次进行过试验，验证了高能激光武器的可行性。80 年代，美国在"星球大战"计划的牵动下，先后在一些关键技术上取得突破。进入 90 年代后，一些国家已经转入了样机系统的生产和部署阶段。

二、高功率微波武器

早在 20 世纪 40 年代，科学家在研究核武器爆炸效应的时候，就充分意识到高功率微波会对电子设备造成巨大破坏。随着高功率微波技术的发展，利用非核爆炸方法产生的高功率微波的峰值功率已经超过 10 吉瓦量级。高功率微波武器正在逐步走向成熟，并将发展成为信息化战争中最有效的攻击手段之一。

（一）高功率微波武器的概念

所谓高功率微波，是指峰值功率在 100 兆瓦以上，频率在 1～300 吉赫之间的电磁波。高功率微波武器是指利用高功率微波的能量直接杀伤破坏目标或使目标丧失作战效能的一种定向能武器，又称射频武器。微波武器起杀伤破坏作用的是微波束的能量。由高功率微波源产生的微波，经过高增益的定向天线放大后，向一定空间辐射出功率高、能量集中、方向性强的微波射束，当其照射到目标上后，就可以干扰、破坏或烧毁电子设备并杀伤作战人员。

对于微波武器的探索，首先起始于对电磁脉冲的研究。电磁脉冲是指持续时间很短暂的强大磁波信号，大约只持续 1 微秒，能量很高并且集中，瞬时功率可高达几兆瓦，容易对电子器件或设备造成严重的干扰或破坏。高功率微波武器是利用高功率微波在与物体或系统的相互作用过程中所产生的电效应、热效应对目标造成破坏的，可以干扰或破坏各种电子装备或电子系统。如干扰和破坏雷达导弹预警机综合电子信息系统、通信设备等，特别是对其中的计算机系统造成严重的干扰或破坏。

目前，微波武器主要分成两类：一类是微波束武器，主要是利用定向辐射的高功率微波束杀伤破坏目标；另一类是微波炸弹，利用高级度辐射场覆盖被攻击的点状目标，在目标内部电子线路中产生感应电流和电压，击穿或烧毁其中的敏感元件，使电脑中存储器丧失存贮的信息，破坏软件数据等。

高功率微波武器的主要攻击对象是电子系统，因此在信息化战争中大有用武之地。一些国家现正在研制采用不同作战方式的多种高功率微波武器，如干扰或杀伤反辐射武器、精确制导武器以及专门攻击预警机和电子战飞机的地基高功率微波武器；专门攻击地面雷达的机载或地基（如炮射）高功率微波武器等。但高功率微波武器的研制技术和实用难度比较大，还有许多问题有待解决。

（二）高功率微波武器的杀伤破坏机理

微波武器辐射的高功率微波，可以在目标上产生电效应、热效应和生物效应。这是微波武器杀伤破坏目标的三大"绝招"。

微波武器对电子系统的杀伤主要是利用电效应和热效应。所谓电效应，是指高功率微波照射到目标后，会在目标结构的金属表面或金属导线上感应出电流或电压。这种感应电流或感应电压会对目标的电子元器件产生多种干扰或破坏效应，如造成电路中器件的工作状态反转、器件工作性能下降、半导体结击穿等。所谓热效应，是指高功率微波对目标加热导致温度升高而引起的效应，如烧毁电路器件和半导体结，以及使半导体结出现热二次击穿等。

隐身技术是 20 世纪 80 年代崛起的军事高技术，隐身武器家族正在不断扩大。如在海湾战争中，美国空军的 F－117A 隐身战斗轰炸机就堪称独来独往的"夜行侠"，出尽了风头。而目前的隐身武器之所以能隐身，在于降低了被光学、雷达、红外探测设备发现的概率，除采用独特的隐形外形设计外，更主要的是靠吸波材料和外表面的吸波涂层来吸收雷达波，实现隐身。但隐身武器遇到微波武器就不灵了。对于隐身武器来说，探测雷达发射的电磁波信号很弱，吸收一点可以安然无恙；但遇到比雷达信号高几个数量级的微波武器，情况就大不一样了，有可能瞬间被加热，导致机毁人亡。有人预测，微波武器一旦投入战场使用，有可能成为各种隐身技术的"克星"。

微波武器可以直接杀伤人员或生物体。高功率微波照射到人体表面后会产生反射、散射、穿透和吸收，形成生物效应，包括非热效应和热效应两种伤害。非热效应是指当较弱的微波能量照射到生物体后可令其出现一系列反常症状，如使人神经紊乱、烦躁不安、行为失控、心肺功能衰竭甚至双目失明。热效应则是由较高的微波能量辐射所引起的。强大的微波能量会进入生物体内，导致体温迅速升高，人会被烧伤或烧死，如同微波炉加热食品。

（三）高功率微波武器的特点

与定向能武器家族中的激光武器和粒子束武器相比，微波武器的特点比较突出。一些军事专家把高功率微波武器称为定向能武器中的"超级明星"。其主要特点：一是打击速度快。高功率微波武器不像常规武器那样靠弹头、碎片的化学能和动能打击目标，而是靠电射频电磁波能量打击目标，所以打击速度基本上是以光速杀伤目标。二是破坏范围广。高功率微波武器具有方向性，但由于波束频谱范围宽，所以破坏目标的覆盖范围广。三是使用成本低。高功率微波武器采用电源供电，对目标主要进行软破坏，所需的能量比较低，制造、使用和维护保养费用都比较低廉。四是适应能力强。高功率微波武器能全天候工作，受烟尘等战场环境影响较小，不受电离层的影响。微波能够穿过大于其工作波长的缝隙，杀伤、破坏掩体内的电子设备，穿透能力强，可以通过光纤等不良导体进入目标内部。

（四）高功率微波武器的发展现状

由于高功率微波武器对电子设备具有奇特的破坏作用，还能对付隐身兵器，因而备受各国军队重视。目前，微波武器是发达国家竞争的热点，美、俄、英、法、德、日等国都在大力研制高功率微波武器，美、俄的个别系统已经实现或接近武器化。

从技术完善程度讲，高功率微波技术将获得实质性突破。美国高功率微波武器的技术最成熟，在许多方面处在世界先进水平。近年来，美国国防部主要发展计划中都有高功率武器的相关技术项目。俄罗斯在研制近程战术高功率微波武器方面已经没有大的技术障碍。

从技术应用状况来看，投掷式单脉冲高功率微波炸弹比较成熟，现已出现基本上可以实用化的微波炸弹。至于多脉冲重复发射的微波束武器，要满足装载在舰艇或履带式车辆等平台上使用，在储能效率、体积和重量等方面技术难度大，仅有少数装置进行过外场试验。

美国从 20 世纪 80 年代初以来一直在研究微波武器，并进行了大量技术试验。据报道，美军在海湾战争中首次使用"战斧"巡航导弹携带微波弹头攻击伊拉克防空系统，干扰和破坏其电子设备及指挥中心的非加固电路，取得了预期效果。美国研制微波武器的步伐在海湾战争后明显加快，重点研制"按需要释放能量"的微波炸弹。美国三军分别制定了微波武器计划，并已取得重大进展。如美陆军正在开发扫雷型微波武器，可用于清除智能地雷；美海军已经研制出舰载防空微波武器样机；美空军 1995 年开始研制用于压制敌防空系统的高功率微波试验系统。该计划采用爆炸驱动脉冲功率技术，能在敌防区外进行发射，利用有限的目标信息实现攻击效果。它可以对敌方的射频威胁系统造成永久性电子损伤，具有发射后不用管的能力，在一定的覆盖范围，单次发射能杀伤大量目标，对发射精度要求不高，对己方的附带损伤很小。

俄罗斯的微波武器技术也比较先进。苏联解体前已经制造出防空高功率微波武器样机，微波功率为 1 吉瓦，破坏距离达 10 千米，其功率密度在 1 千米处为 400 瓦/平方厘米，10 千米处为 4 瓦/平方厘米。该系统主要用于保护重要的指挥中心，它不仅能使敌方飞机的电子设备失效，还具有对抗反辐射导弹的能力，使空射巡航导弹和其他各种弹药失去作战能力。据报道，20 世纪 90 年代俄罗斯已拥有高功率微波炸弹。

三、基因武器

20 世纪 70 年代以来，由于分子生物学和细胞生物学迅速发展，现代生物技术异军突起，如今已发展成为高技术群体中一朵绚丽的奇葩。生物技术具有鲜明的军民两用性，正在对社会的发展产生重大影响，并将成为 21 世纪的主导技术。而生物技术在军事领域的应用，不仅为大幅提高部队的作战能力和生存能力开辟了新的途径，同时也使一种前所未有的武器——基因武器得以问世。

（一）基因武器的概念

基因武器也称为遗传工程武器，就是运用遗传工程这一新技术，按人们的需要通过基因重组，人为地改变一些致病微生物的遗传基因，培育出新的危害性更大的生物战剂。利用遗传工程制造新的生物战剂，是往微生物体内转移一些有害的基因，如接入能够对抗疫苗或药物的基因，或在一些本来不会致病的微生物体内接入致病基因，从而拼凑出更凶恶的瘟神。例如，把生物战剂中"致病力强的基因"转移，制造出致病力更强的新战剂；或把"耐药性基因"转移，制造出更耐药的新战剂。如果把几种有害的基因一起转移，就会制造出危害性更大的生物战剂。

基因武器利用基因重组技术来改变非致病微生物的遗传物质，以产生具有显著抗药性的致病菌，并利用人种生化特征上的差异，使这种致病菌只对特定遗传特征的人们产生致病作用，以达到有选择地杀死敌方有生力量的目的，从而克服普通生物武器在杀伤区域上无法控制的缺点。因此，基因武器是利用现代生物技术制造出的新型生物武器。

（二）基因武器的主要特点

与其他武器系统相比，基因武器具有特殊的性能。一是成本低廉、制造容易、杀伤力大。花费5000万美元建立一个基因武器库，其杀伤力远远超过花费50亿美元建起的核武器库。据报道，苏联曾研制出一种基因武器，只需20毫克就足以令全球50亿人口死于一旦。二是使用方法简单多样。可用人工、飞机、导弹或火炮，把经过遗传工程改造过的细菌、细菌昆虫和带有致病基因的微生物投入他国主要河流、城市或交通要道。三是基因武器易被发现，并且难以防治。因为只有制造者才会知道经过改造病毒的遗传密码，别人是很难破解或控制的。同时，基因武器的作用过程是在秘密之中进行的，人们一般不能提前发现并采取有效的防护措施，而当觉察受到伤害时，人已经中了基因武器的病毒。这一点正是基因武器与其他生物武器、化学武器的区别。

正是因为这些特殊的优点，一些好战分子把基因武器视为一种理想的"超级杀手"。虽然许多生物学家都极力反对基因武器，但少数国家仍在积极进行研究和试验。可以预计，一旦基因武器运用于战争，未来战争的情况将发生巨大变化。

（三）基因武器的发展现状

目前，不少国家都不同程度地掌握了遗传工程技术，用它来制造基因武器的工艺也不是十分复杂。少数国家已经在秘密研制这类武器。基因武器一旦出现，必将成为危害人类的最大"瘟神"。

据报道，苏联曾在新西伯利亚成立秘密机构，精心研究遗传工程的军事应用。美国一直在进行基因武器的研究，马里兰州的美国军事医学研究所其实就是基因武器研究中心，那里的研究人员已经研制出了一些具有实战价值的基因武器。其中之一是在普通酿酒菌中接入一种在中东和非洲引起可怕的裂各热细菌的基因，从而使酿酒菌可以传播裂各热病；另一种是在大肠杆菌中投入能使大批人、畜死亡的炭疽基因。研究人员认为，这两项都可以直接用于战争。另外，据说美国已经完成了抗四环素的大肠杆菌遗传基因与抗青霉素的金色葡萄球菌基因之间的拼接，再把拼接的分子引入大肠杆菌中，培养出具有抗上述两种病菌的新大肠杆菌。

目前，对于动植物基因的研究已经取得了相当大的进展，而对于人类基因的研究也正在逐步深入。20世纪90年代开始的国际合作项目"人体基因组研究计划"已经完成，遗传学家已经破译了许多人类基因的奥秘。研究人类基因技术，将有助于人类更好地迎接明天，提高人类的生活质量，但这项工作若是出现漏洞，被某些国家或人员恶意地引为他用，将意味着人类灾难的降临。有报道说，有人曾经企图利用遗传工程学方法制造灭绝性的"种族武器"，即通过对具有群体遗传特点的人的细胞、组织器官和机体系统施加目标明确的化学或生物影响，达到有选择地损害某些种族的卑劣目的。

四、动能武器

磕磕碰碰在日常生活中是常有的事。但是，高速运动物体之间发生的碰撞往往会带来致命性的伤害。这是因为物体的运动速度越大，其动能越大，破坏力也越强。那么，能不能以毒攻毒，用高速去反高速呢？动能武器的设想由此而问世。

（一）动能武器的基本概念

动能武器的概念第一次出现在20世纪80年代初美国"战略防御倡议"中。所谓动能武器，就是能发射出超高速运动的弹头（弹丸），利用弹头的巨大动能，通过直接碰撞方式摧毁标的的武器。它不像常规弹头或核弹头那样，靠爆炸能量去杀伤破坏目标，而是靠自身巨大的动能，在与目标短暂而剧烈的碰撞中杀伤目标。一切运动的物体都具有动能，即质量与动速度平方之乘积的一半。如果确定摧毁目标所要求的能量，相应地选择弹头的质量和动速度，就可以使动能武器具有足够的杀伤破坏威力。

（二）动能武器的基本类型

动能武器主要由拦截弹头和高速发射装置两大部分组成。从目前发展来看，拦截弹头通常为寻的制导式，由红外或雷达导引头、计算机、惯性制导和通信系统、杀伤机构、推进系统及控制系统等部分组成。高速发射装置负责提供发射能量，主要是助推火箭，将来有可能用电磁发射装置。按照部署方式，动能武器分为天基动能武器、陆基动能武器、机载动能武器、舰载动能武器四大类，主要用于拦截和攻击导弹、卫星、飞机、舰船、坦克等运动目标。

那么，多快的速度为超高速呢？超高速通常是指 5 马赫以上的速度。动能武器必须采用一定的方法将弹头加速到足够快的速度。根据所采用的推进系统的不同，动能武器有三个不同结构：火炮系统、火箭系统、电磁系统。一般采取火箭加速和电磁发射技术，主要有动能拦截弹、电磁炮和群射火箭等。

美国率先开始研究电炮技术，目前，研究中的电炮主要分为电磁炮和电热炮两种类型。

电磁炮利用电磁能来加速弹丸，属于动能武器之列。20 世纪 70 年代初，澳大利亚研制成功电磁发射装置，使 3 克重的塑料弹丸获得了 6 千米/秒的高速度，开创了电磁发射技术的新纪元。20 世纪 80 年代以来，一些国家加紧研制电磁炮技术，开创了一个新的发展阶段。

电热炮又称电热化学炮，利用电能转变为热能，使推进剂燃烧，产生高温高压气体，发射高速弹丸。一般是用高电压、大电流的短脉冲电流产生高温等离子体，使高能、轻质的非爆炸物质燃烧产生高压电离气体把弹丸推出炮膛，因此又称"增燃等离子炮"。根据气体动力学原理估算，电热炮发射的弹丸初速最高可达 3～4 千米/秒。

（三）动能武器的主要特点

与定向能武器相比，动能武器优点明显：一是毁伤能力强，毁伤效果容易判定，目标难以采取加固对抗措施；二是作战使用不像地基定向能武器那样易受气象条件限制；三是火箭式动能武器机动灵活，部署方式多样，生存能力强；四是技术比较简单和成熟，价格低廉。

作战时，动能武器首先根据探测系统、指挥系统提供的目标跟踪数据，由助推火箭或电磁炮把拦截弹头高速发射到目标附近空域，弹头上的导引头在这里捕获并跟踪目标，计算机根据探测器提供的目标数据和惯性制导系统提供的导航数据，计算出拦截弹道并向推进系统发出控制指令，使弹头向目标机动飞行，以适当角度撞击毁伤目标。因此，精确寻的制导是动能武器中最关键的技术。

（四）动能武器的发展现状

目前，火箭推进式动能拦截弹是最接近成熟并可能在近期实现部署的动能武器。这种动能武器的核心是"动能杀伤拦截弹"（KKV），它是在火箭技术的基础上发展起来的。

20世纪80年代初，美国和苏联开始大力进行动能武器的研究。美国在探测、制导等关键技术方面已经取得了一些重大进展，多次演示过用火箭推进式动能武器反导弹和反卫星的能力。

1985年9月，美国空军从F－15战斗机发射一枚空基动能反卫星导弹，全长5.4米，直径0.5米，发射全重1.2吨，弹体为三级结构，第一、二级为火箭，第三级为弹头，最终速度达13.7千米/秒，靠碰撞成功地击毁了一颗报废的卫星。这种动能武器可以攻击500千米以下的低轨道卫星。对于攻击中、高轨道卫星，美国曾考虑用"民兵"或"三叉戟"战略弹道导弹的火箭发射。苏联曾宣布研制、试验了地基非核弹头拦截弹。俄罗斯在反卫星卫星技术上已经具备了实战能力。英国、以色列等也在进行拦截弹道导弹的动能武器的研究。

发展动能武器的关键，就是研究、发展、试验与鉴定动能杀伤拦截弹及其关键技术。动能拦截弹是一种自主寻的拦截器，主要由探测设备、制导设备和动力控制设备等三大部分组成。20世纪80年代末到90年代初，美国进行了数十次反导弹动能拦截弹试验，在助推、分离、悬浮、探测、跟踪和拦截等关键技术方面已取得了重要的进展，但也遇到不少挫折。自1987年以来，美国在实现动能拦截弹关键技术设备的微小型化方面取得了突破性进展。2000年美军部署的PAC3"爱国者"导弹已经配备了动能拦截弹头。

美国的电磁炮技术居世界领先地位，电磁轨道炮发展较快，开始从实验室走向试验靶场。美国电热炮的研究以陆军为主，得到海军和国防核武器局的支持。海军主要研制中口径电热炮，以作为舰艇的近程防御武器。1991年5月已制造出60毫米口径的电热炮并进行了试验，发射3.5千克弹丸的初速为1千米/秒。陆军则重点研制战区导弹防御用的电热炮，一种是120毫米"实验室"电热炮，能将2.9千克炮弹以2.5千米/秒的初速发射；另一种是可搬运的120毫米"坐架式"电热炮，既可以2.2千米/秒的初速发射3.7千克炮弹，也可以1.7千米/秒的初速发射11.8千克炮弹。美陆军还计划研制出炮口动能达20兆焦耳或相当于140毫米常规火炮的炮口动能，但口径较小的坦克电热炮，准备将来安装在M1A1主战坦克上。

尽管美军的电炮研制已经进入一个新阶段，但其武器化尚面临一些难题。其他国家如以色列、英国等也都在研究电炮技术。随着加速器、能量储存设备及脉冲成形网络等设备的发展，预计21世纪的新一代武器系统将会配备电磁炮。虽然电热炮起步晚，进展却非常快，现已进入靶场试验阶段，可望在21世纪初生产和装备部队。伴随着军事高技术的发展，动能拦截弹实现了与常规武器的结合，而高速电磁炮由于涉及等离子体电枢、能源、材料等问题，尚处于技术可行性的实验验证阶段。但是，一旦动能武器获得全面突破，必将导致未来战场上各种武器的打击精度、速度和威力得到极大提高，战场对抗也将会更趋复杂、激烈和残酷。

五、计算机病毒武器

随着计算机成为军事信息系统和武器装备的核心，计算机病毒武器也随之产生。它可以通过某种手段或途径把破坏性的计算机病毒"投掷"到敌方计算机系统中，使其无法正常工作。国外军事专家预言，计算机病毒武器可能成为信息化战争的重要砝码，是继核武器、航空母舰之后的又一种新型战略威慑武器。

（一）计算机病毒武器的概念

计算机病毒是指具有破坏性的计算机程序，它可以隐藏在计算机系统数据资源中，干扰、修改正常运行的计算机程序，影响、破坏计算机系统的正常运行，并可通过系统数据共享的途径迅速蔓延传播。

计算机病毒武器是指通过某种手段或途径把计算机病毒投放到敌方计算机系统中的一种武器，也泛指采用计算机技术对敌方计算机系统的进攻。计算机病毒武器通常包括：计算机病毒，相当于传统武器的战斗部，用于破坏敌计算机的硬件、软件和数据；逻辑程序，相当于传统武器的引信，用于在特定时间或针对特定对象激活计算机病毒；隐蔽程序，相当于传统武器的隐身手段，用于保护计算机病毒不被敌方发现。目前，计算机病毒武器是攻击计算机网络的重要手段，已经成为信息战的主要进攻性武器之一。

（二）计算机病毒武器的分类

计算机病毒武器通常根据计算机病毒的破坏机理分类。

1. "蠕虫"

"蠕虫"是一种自我复制能力很强，并主要通过自我复制对计算机系统进行攻击的程序。它不修改其他程序，而是无限制地复制自身，最终耗尽一个系统的资源；或通过大量数据在网络上传播造成网络过载，进而致使网络运算速度降低，不断出现闭锁现象，拒绝服务，最终导致整个网络瘫痪。

2. "特洛伊木马"

"特洛伊木马"是一种具有伪装功能的程序，本身并没有什么危害，但它一旦与有危害作用的计算机程序结合，则会造成巨大的危害，并且不易清查。因为它隐藏在计算机程序中，能使计算机在完成原先指定任务的情况下执行非授权功能，实现攻击者的目的。"特洛伊木马"通常用来伪装计算机病毒或"蠕虫"程序，引起系统混乱；它还可以伪装成与安全有关的工具，以秘密获取情报。

3. 逻辑炸弹

逻辑炸弹是由计算机系统开发者或程序员按一系列特定条件设计、蓄意埋置在系统内部的一段特定程序或程序代码。这种程序不能自我复制，但可以在一定条件下触发，例如，在特定指令或特定的日期和时间下它可以释放病毒、蠕虫，或者采取其他攻击形式，造成系统混乱或毁坏存储资料。

4. 截取程序

截取程序是攻击者在远程网络交换机或主机中有意插入的一种软件程序。它侵入敌方计算机系统后，专门监视敌方信息，篡改或销毁一些特定的文件、数据、指令等，完成此类"刺杀"任务后又会自行清除，不留痕迹或将有用信息复制后返回攻击者。

（三）计算机病毒武器的特点

计算机病毒武器的特点是由计算机病毒的特点决定的。

1. 费用低廉

任何一个熟练的程序员都可以根据需要编制出相应的计算机病毒。与价值数百万美元的导弹、几千万美元的作战平台相比，计算机病毒的费用极其便宜。因此，运用计算机病毒武器作战，能以较小的代价获得较大的战果。

2. 破坏巨大

由于社会信息化、系统网络化、软件标准化等，计算机病毒武器的破坏性也越来越大。现在，各国军队的武器装备都大量使用了计算机，特别是综合电子信息系统中。一旦遭到计算机病毒武器的攻击，计算机病毒就会在整个系统中迅速传播和蔓延，造成连锁反应，最终使整个指挥系统瘫痪、武器系统失效。而且，一旦遭到计算机病毒的攻击，那些大型网络系统是很难在短时间内修复的。

3. 蔓延广泛

计算机病毒具有较强的再生机制，一旦进入计算机系统运行，就可把病毒迅速传染给其他程序，甚至扩散到整个计算机系统或网络。病毒进入计算机系统后，只要不被清除，就会一直持续不断地进行传染、破坏活动。变异性病毒一般由安装链接、传染扩散和破坏干扰部分组成，若对其中某一部分进行修改，就可以产生一种不同于原来病毒的新病毒。把病毒彻底清除并使计算机系统恢复正常，是一件费时费力又费钱的事。

4. 隐蔽待机

计算机病毒由短小的计算机程序构成，通常附加在计算机应用程序中，因而很难被发现。它不像火药爆炸那样有火光、硝烟，也不像主战装备那样看得见、摸得着，而是只有在计算机上发作时才会被发现。有些设计精巧的计算机病毒进入计算机后，并不立即对数据文件、系统功能和程序进行破坏，而是暂时或长期潜藏在机器或是某个程序之中进行"休眠"；并且可以在计算机系统内扩散甚至感染其他计算机，需要时即可进行破坏。计算机病毒潜伏性越好，在系统中存在的时间便越长，传染的范围越大。

5. 自主攻击

所有计算机病毒对系统攻击都是主动的，即使系统采取十分严密的保护措施，也不可能彻底排除这种攻击。计算机病毒对系统的破坏方式通常有三种：一是强制隔离，即病毒进入计算机后，强制操作员将系统与控制中心相隔离，造成系统工作紊乱、效能降低；二是负荷过载，即病毒在系统中自行大量复制，使计算机超负荷运行，出现反应迟钝、死机等现象；三是摧毁与篡改，即病毒进入计算机系统或网络后，专门摧毁或修改数据文件、系统程序，造成数据丢失、程序混乱、功能丧失，最终无法正常工作。

（四）计算机病毒武器的发展现状

随着信息社会的到来，以计算机、通信、网络和数据库为核心的国家国防信息基础设施，将对国家的政治、军事、经济和国民生活发挥越来越重要的作用，成为国家的战略性基础设施。计算机病毒武器的研制已经进入了实用化的新阶段。

1. 研究专用计算机病毒注入装备

利用计算机病毒可以攻击卫星、航天飞机等空间军事目标，但首先要通过有效的途径将病毒注入进去。一是利用电磁波注入。将计算机病毒调制到电磁波中，从而把病毒注入敌方相应的无线电接收系统中，并在其电子系统中扩散。二是利用配套设备注入。计算机需要电力，计算机往往和其他设备组成系统共同工作。如在侦察系统中，计算机与雷达天线、无线电天线、传感器等连接在一起，如果在天线系统、电源系统、稳定系统、传感系统、驱动系统等直接与计算机相连的配套设备中注入病毒，同样可以使计算机感染病毒。三是通过通信线路注入。现在，许多计算机系统是靠有线网络相互连接的。在作战中，利用"黑客"入侵方式，通过互联网络，在敌方通信线路上开口或直接将病毒注入线路上，就可使其扩散到计算机中。

2. 制造固化病毒

集成电路是信息社会的硬件"细胞"，它包括数百上千万个晶体管，芯片制造者有可能按照某些特殊要求做些"手脚"。如使芯片在使用一段时间后自动失效，或者在接收到特定频率的激活信号后自毁，或者运行后发送可识别其准确位置的无线电信号等。一个关键芯片的小故障足以引起整个系统停止运转。由于计算机的芯片、电路板、显示器、硬盘、打印机、UPS电源、软磁盘、光盘及系统软件等产品，主要由少数几个发达国家和地区生产，所以国外正在研究把计算机病毒预先"埋设"在这些产品中。据报道，美国已研制出一种"计算机芯片固化病毒"，可以嵌入在出口的信息系统和计算机中，平时一般难以发现，但在战时，一旦需要即可遥控激活，使对方的信息系统和计算机系统等陷入瘫痪。

3. 完善网络嗅探武器

在军事信息系统中，战场信息的获取、处理、传递等功能需要计算机网络来完成，计算机网络是进行信息战的基础。利用软件驱动嗅探器和硬件磁感应嗅探器等对网络进行嗅探，是进攻网络的重要方法，可以导致网络"中止服务"、信息"篡改窃取"等。这些嗅探工具原本是一种测试设备，用来诊断和协助修理网络，是专业技术人员管理网络的得力工具；而一旦需要即可被用于信息战，必将成为一种可怕的计算机病毒武器。

4. 设计"陷阱门"

"陷阱门"又称"后门"，是设计者预先在计算机系统中构造的一种机构。程序员在程序调试完成后一般要删除"陷阱门"，但为了便于调试、维护和修改，或者为了达到攻击系统的目的，有时也会特意预留少数"陷阱门"，这样，熟悉系统的人员就可以超越用户的正常保护而进入系统中。例如，美国在加密芯片上设置的"后门"可以让联邦调查局轻松地进行数据解密；澳大利亚海军技术安全检查部门曾发现美国微软公司"视窗95"操作系统预留有遥控窃密窗。

六、纳米武器

20世纪80年代美国驻某国大使馆的一份重要情报外泄，美中央情报局特工调查分析后，断定该情报是通过窃听方式搞走的。但是采用了各种最先进的侦察仪器反复检查后，却始终没能查出对方的窃听器究竟安放在哪里。一个偶然的机会，美特工人员的电子测量仪蜂鸣器发出了"嘟嘟"的报警声，不过信号极不稳定，忽高忽低，而他眼前只有几只乱飞的苍蝇。在围歼这些苍蝇之后，从它们身上搜出一颗小沙粒大小的微型电台。这种微型电台就是用纳米技术制造的一种高技术侦听装备。

　　20 世纪 90 年代出现了一门新兴技术——纳米技术，这一前沿科学技术应用于军事领域，产生了微型纳米武器。纳米技术是在 0.1 ~ 100 纳米即十亿分之一米尺度的空间内，研究电子、原子和分子运动规律和特性的崭新技术，它包括纳米电子技术、纳米材料技术、纳米机械制造技术、纳米显微技术及纳米物理学和纳米生物学等不同的学科和领域。纳米技术能按照人的意愿操纵单个原子和分子，实现对微观世界的有效控制。这一技术一出现，就引起世界各国高度重视，被列入 21 世纪的关键技术，投入大量的人力物力进行研究开发。

　　美国国防部把纳米技术列入了"关键技术"范围，自 1991 年以来，每年拨款 3500 万美元用于研究。

　　德国 1993 年提出的 10 年重点发展的 9 个领域 80 项关键技术，涉及纳米技术的就有 4 个领域 12 个项目，每年拨款 8500 万美元。

　　日本于 1991 年就开始实施一项为期 10 年、26 家公司参加、耗资 2.25 亿美元的纳米技术开发计划，1995 年又将纳米技术列为今后 10 年重点开发的四大基础科学技术项目之一。

　　澳大利亚 1993 年也将纳米技术列为 21 世纪最优先开发的高技术。

　　目前，纳米技术研究已经取得令世人震惊的成果。日本 NEC 基础研究所制成的量子点阵列，说明纳米电子技术正突破微电子技术发展的极限，导致具有特殊动能的新型量子元器件出现。美国已研究成功由激光驱动、宽度只有 4 纳米、具有开关特性的复杂分子。1993年，日本日立公司与英国剑桥大学利用纳米技术研制成功存储达 16 吉拉的"单分子存储器"。分子电路和分子电脑一旦研制成功并实用化，就可以研制体积更小、功能更强的计算机。美国的纳米隐身技术"超墨粉"对雷达波的吸收率达 99%。科学家们利用纳米制造技术，可用微型齿轮和发动机等组成一个蚂蚁大小的人造昆虫或微型机器人。例如，日本丰田公司用极微小的部件组装了一辆米粒大小、运转自如的汽车；美国俄亥俄州的科学家研制的微型发动机小得惊人，5 立方厘米的空间里能装下 1000 台，利用这种微型发动机制造的机器人"医生"可进入人体诊断疾病；德国科学家制成了一架直升机，只有蜜蜂大小，却能升空飞行。

　　世界主要军事大国都十分重视纳米技术在军事领域的应用，相继提出多项军用纳米技术开发与应用计划，主要包括利用纳米技术开发新型导航与制导系统、新概念太阳能光电转换器件等，为进一步加速武器装备小型化、信息化和一体化的进程，竞相开发新型微型武器装备。

（一）纳米技术的军事应用

纳米技术的军事应用，可分为纳米信息系统和纳米攻击系统。

1. 纳米信息系统

纳米信息系统是指以纳米技术为核心的信息传输、存储、处理和传感系统。它包括微型间谍飞行器、袖珍遥控飞机、"间谍草"、高性能敌我识别器、有毒化学战剂报警传感器和纳米卫星等。

（1）"间谍草"

这是西方国家研制出来的一种微型探测器，形状和颜色酷似小车，带有灵敏的电子侦察仪器、照相机和感应器等装置，具有像人一样的"视力"，能侦测出几百米外坦克等装备出动时产生的震动和声响，并可将情报传回指挥部。这种"间谍草"可用飞机空投或布撒，飘到地面后，会自动在地面上定向，使转一端朝上并指向正确方向。更妙的是它还具有一定的机动能力，能够移动位置，比如从障碍物后面转出来。如果利用飞机在敌军部署地区撒布数以万计的"间谍草"，则可轻而易举地"实时"掌握敌军的一举一动，而敌人可能还蒙在鼓里。

（2）"袖珍飞机"

美国已研制了一种非常微小的遥控飞机，只有 5 英镑纸钞大小，至少能持续飞行 1 小时以上。机上装有超声感应器，可闻出柴油机排出的废气，并可在夜间拍摄清晰度很高的红外线照片。袖珍飞机可把获得的最新情报信息传回 200 英里的基地，或把敌军的坐标位置传送到己方的导弹发射阵地，引导导弹对敌人实施袭击。目前美国已完成设计这种袖珍飞机，并将批量生产。

（3）"纳米卫星"

"纳米卫星"是指由微型仪器构成的航天器，它是一种体积很小、重量很轻的微型卫星。纳米卫星硬件单元间的连接用肉眼几乎看不见，其重量小于 0.1 千克，比小型卫星还轻得多，成本也要低很多，使用半导体标准工艺线可以成批地生产纳米卫星。一枚"飞马座"级运载火箭可发射和部署数百颗甚至数千颗纳米卫星，组成分布式航天体系，提高了航天体系的生存能力和灵活性。

（4）"掌上火箭"

纳米火箭是一种专门用来发射微型卫星和纳米卫星的火箭，其体积只有火柴盒一般大小。一枚这样的火箭可以机动发射数百颗乃至上千颗卫星，只要花几百英镑，就能将有效载荷送入轨道，而它的推力与质量的比值要比航天飞机大 1000 倍以上，其发射平台如此之小，甚至可以在掌上进行。

（5）"纳米迷彩"

由于纳米磁性材料在一定条件下会产生光发散效应，具有凹透镜的作用，当光束通过时会改变传输方向，降低光的强度和改变光的空间分布，从而为舰艇隐身技术向全波段、主/被动兼容方向发展提供了物理基础。美国研制的纳米隐身涂料超墨粉，对雷达波的吸收率高达 99%。这种新材料用于潜艇外壳，能根据水波的变化提前"感知"和"察觉"来袭的敌方鱼雷，使潜艇及时规避。

2. 纳米攻击系统

纳米攻击系统是指运用纳米制造技术的微型智能攻击武器。它包括微机器人电子失能系统（微型机器人）、昆虫平台、"蚂蚁雄兵"、"机器虫"和"蜇人黄蜂"等。

（1）微机器人电子失能系统

微机器人电子失能系统由传感系统、处理和自主导航系统、杀伤装置、通信系统和电源系统等五个分系统组成。当微机器人电子失能系统接近目标时，能"感觉"敌方电子系统的位置，进而渗入系统实施攻击，使之丧失功能。

（2）"昆虫平台"

"昆虫平台"是用昆虫作为微机器人电子失能系统的载体，将微机器人电子失控系统预先植入昆虫的神经系统，既可操纵它们飞向敌方目标搜索情报，也可利用它们使目标丧失功能或杀伤士兵。

（3）"蚂蚁雄兵"

"蚂蚁雄兵"是一种机械蚂蚁，体型只有一般蚂蚁大小，但具有可怕的破坏力，技术性能非常高。这种小精灵背部装有微型太阳能电池作为动力，根据需要，身上可加装搜集情报的微型传感器，也可加装微型高能炸药，偷偷潜入敌军总部，专找电脑网络或电线下手，其威力可以炸毁各种重要的通信线路，用它攻击指挥自动化网络是再合适不过了。

（4）"机器虫"

实际上，它是一种微型战地机器人，由传感系统、处理和自主导航、杀伤机制，迈信系统和电源系统等组成，其体积大的只有火柴盒子那么大，小的仅有硬币大小。这种"机器虫"能爬行、跳跃甚至飞行，可担负搜集情报信息的任务，也可到千里之外执行排除地雷等危险工作，还可执行攻击电子系统的任务，当"机器虫"接近目标时，能"感觉"出敌方电子系统的位置，并渗入该系统实施攻击，使其丧失功能。

（5）"蜇人黄蜂"

"蜇人黄蜂"是一种黄蜂大小的武器装备，具有信息处理、导航、通信和攻击能力，能在一定范围内飞行、爬行和跳跃。它带有某种极小的弹头，能非常便利地攻击敌人的武器系统和信息系统。它们的攻击目标是敌人的装备系统而非人员，有些"蜇人黄蜂"可以通过插口钻进敌人的计算机内部，破坏其电子线路等硬件，使整个计算机瘫痪。可以预见，许多大型武器系统将面临严重威胁，"以小胜大"的事例将会层出不穷。

（6）"蚊子导弹"

"蚊子导弹"是一种仿蚊导弹，由于纳米器件比半导体器件工作速度快，可以大大提高武器控制系统的信息传输、存储和处理能力，制造出全新原理的智能化微型导航系统，使制导武器的隐蔽性、机动性和生存能力发生质的变化。利用"蚊子导弹"直接接收无线电波遥控，可以不被察觉地潜入目标内部，其威力足以炸毁敌方火炮、坦克、飞机、指挥部和弹药库等。

（7）"仿生鱼雷"

"仿生鱼雷"一种酷似鲨鱼、海龟和海蜇的攻击型机器人武器。在鱼状的机器人上安装炸药，可以使其攻击泊在军港的敌方舰艇。虽然这种机器鱼携带的炸药数量有限，可能无法将舰艇击沉，却能对声呐等军舰的重要部位进行"单发必中"的攻击，破坏其部分关键零件和重要结构系统，重者使之失效，轻者也足以推迟其参战时间。

（二）纳米武器的特点

纳米武器装备与传统武器装备相比，具有系统超微型化、高度智能化和便于大量使用的特点。

1. 武器装备系统超微型化

用量子元器件取代大规模集成电路，可使武器装备控制系统的重量、体积和功耗大幅度缩小，它把现代作战飞机上的全部电子系统集成在一块芯片上，使目前需车载机载的电子战系统缩小至可由单兵携带，从而使电子战得以在更广的范围内进行。用纳米技术制造的微型武器，体积只有昆虫般大小，却能像士兵一样执行各种军事任务。由于纳米微型武器装备体形微小，工作特征不明显，极不容易被发现，它们可以在敌方关键设备潜伏长达几十年之久，战时发挥作用。

2. 高度智能化

量子器件的工作速度比半导体器件快 1000 倍，用量子器件取代半导体器件，可以大大提高武器装备控制系统的信息传输、存储和处理能力。采用纳米技术可使现有雷达体积缩小数千倍、信息获取能力提高数百倍。用微机电系统制造的微型敌我识别器散布于整个飞机蒙皮或车辆的外表面，以较低的功率自动对询问信号做出应答，敌人难以侦听或截获。用纳米材料制造潜艇的蒙皮，可以灵敏地"感觉"水流、水温、水压等极细微的变化，比真人的皮肤还敏感，并能及时将"感觉"反馈给中央计算机。

3. 便于大量使用

用纳米技术制造的微型武器系统，几乎没有用肉眼看得见的硬件单元的连接，省去了大量线路板和接头，因而成本低廉，运用也十分方便。比如，用微机电系统制成的个人导航装置，可以增强现有全球定位系统（GPS）接收机的功能，价格仅 100 美元。用一架无人驾驶飞机就可以将数以万计的微机电系统探测器空投到敌军可能部署的地域或散布在天空中，很容易掌握敌人动向。纳米武器因之可以大量使用，以质取胜，以量取胜。美国战略研究所的一位科学家说："道理很简单，如果美国十几艘航空母舰毁了四五艘，可能会重创美国军力。如果用这笔钱来发展袖珍武器，那么我们可以以量取胜，毁了一百艘袖珍舰艇或飞机，也无关痛痒。"

随着纳米技术在军事领域内的广泛应用，"微型军"家族会越来越庞大。纳米技术的发展，导致武器装备的微型化，将会在军事领域引发一场革命。五角大楼的武器专家预计，5年内第一批"微型车"将会服役，10 年内有望大规模部署。当"微型军"开始广泛应用于战争中时，称雄一时的重型武器装备系统，很有可能败在"微型车"手下。21 世纪将进入"小妖"战"巨魔"的时代，场上将会出现从天上黑压压的"蜜蜂战机"机群到地面无数的"蚂蚁大军"铺天盖地的战场特异景观。

七、军用机器人

军用机器人是指军事上专用的具有某些类似人体某些器官功能，并能代替人完成某些军事任务的机电一体化自动装置。它是机器和人工智能相结合的产物。机器人发展到现在，已历经三代。第一代是示教再现工业机器人，具有记忆功能；第二代是装有小型计算机和传感器离散编程的工业机器人，能感知外界信息；第三代是智能机器人，具有人类大脑的部分功能，装有多种传感器，能识别作业环境，接受指令后，能自主决策，灵活动作。

世界上第一个实用型机器人 1961 年诞生于美国，经过近 40 年的发展，机器人技术发展迅速。据国际机器人联合会统计，1992 年全球机器人已达 57.2 万个，目前各种用途、各种类型的机器人已达百万之众。

机器人以其超常的作战效能、巨大的军事潜力，吸引着众多军事决策者的目光，各国军队对它均十分重视，美国、俄罗斯、日本、英国、德国、法国、意大利、西班牙、以色列、澳大利亚等国都制定了发展军用机器人的计划。美国国防部 1985 年将 20 项对战争具有重要影响的高技术作为发展重点，其中人工智能和机器人位居第 16 位，列入研制计划的军用机器人就达 100 多种。1989 年美国国会为开发非保密军用机器人和无人系统，同意拨款 21 亿美元，1990 年和 1991 年又将机器智能/机器人列入“国防部关键技术计划”，1990 年拨款增至 25 亿美元，1991 年再增至 34 亿美元，1992 年预算额为 53 亿美元，1993 年预算额为 57 亿美元。1969 年，在越南战场上，美国使用机器人驾驶列车，为运输队排险除障获得巨大成功。英国陆军使用的机器人“轮桶”，在反恐怖斗争中多次成功地排除了恐怖分子设置在汽车中的炸弹。据报道，在 1991 年的海湾战争中，引导多国部队发动地面进攻的是机器人驾驶的飞机，它不仅引导部队从伊军防守最薄弱的地点实施了突破，还发生了亲自抓俘虏的戏剧性场面。海湾战争中，还有一种名为“哈默”的运输机器人，在荒无人烟的沙漠中和高达 50℃ 的酷热下把弹药、军用物资运送到前线，并且担任巡逻、警戒、通信联络、运送伤员等多种任务。

随着信息技术的进步，军用机器人的用途将更加广泛，越来越多的军用机器人将会出现在未来战场上，人与机器人、机器人与机器人的对抗将成为一种新的对抗形式。据专家预测，未来战场上的机器人，不仅装备有各种先进武器，还将具有思考、推理和决策能力。

八、粒子束武器

微观粒子是空间尺度小于 $10^{-7} \sim 10^{-6}$ 厘米的微小的物质颗粒，通常包括分子、原子以及被称为基本粒子的电子、质子、中子、离子等。非常微小的粒子能做武器吗？回答是肯定的。近年来，一种全新概念的粒子束武器已经开始在军事舞台上显山露水。粒子束武器是通过特定的方法，将电子、质子、原子、离子等粒子加速到接近光速，聚集成密集的束流射向目标，以束流的动能或其他效能杀伤破坏目标的一种定向能武器。按带电性能通常可分为带电粒子束武器和中性粒子束武器。带电粒子束武器主要用于在大气层内防空、反巡航导弹和损坏敌方的武器装备，中性粒子束武器主要用于在外层空间对付导弹或无基武器。

粒子束武器系统一般由能源、粒子加速器、聚焦控制器、瞄准跟踪系统等组成，其核心装置是粒子加速器。要用很小的微粒子去摧毁像洲际导弹这样的大目标，就必须使粒子具有足够大的能量。粒子质量很小，通常情况下能量很小，要想把它们变成武器，只有大幅提高它的运动速度。粒子加速器将微粒子加速到接近光速的速度，并且将其聚集成一个非常细的束流，然后发射出去杀伤、破坏目标。它的工作原理是：带电粒子在电磁场中会受到电磁场力的作用，为此专门设计一个多级规律变化的电磁场，为带电粒子源和这些粒子进行加速，使带电粒子的速度连续不断地增加到接近于光速，而后通过聚焦磁场把带电粒子束聚集成束流射向目标。

（一）粒子束武器的杀伤破坏机理

粒子束武器的杀伤破坏机理与激光武器、微波武器很相似。分为烧蚀效应、引爆药早爆和破坏目标电子设备与器件三种方式。

1. 烧蚀效应

高能粒子束射到目标的瞬间可产生 8000℃ 高温，将使目标表层迅速气化、破碎。粒子束还可穿透目标外壳进入目标内部引起热应力发生变化，使目标材料升温、熔化或产生热破裂，造成目标结构和内部设备的破坏。

2. 引爆药早爆

高能粒子束会使引爆药的离子移动，使其内部的电荷及相应的电场分布不均匀，降低起爆度。大量能量沉积和粒子束强烈冲击，都能引起武器中的起爆药提前起爆。据报道，粒子束拦截巡航导弹时，在 1 千米处能量为 70 万～1000 万焦耳时，就可使引爆药引爆。在 2 千米处，能量可达到 10 万焦耳，可以用静电起爆引爆系统。

3. 破坏目标电子设备和器件

高强度的粒子束可直接烧毁电子设备或形成脉冲电流，使电子设备受到破坏。据国外试验记载，只要粒子束在每毫秒每立方厘米的材料中能沉淀 1000 焦耳的能量，就会彻底破坏武器装备中的电子线路。低强度的粒子束也可使武器装备中的电子设备改变工作状态而失效。

（二）粒子束武器的特点

粒子束武器具有能量高度集中、束流穿透力强、反应速度快、可全天候作战等特点。

1. 能量高度集中

粒子束流通过聚焦，单位面积上通过的能量相当大，高能加速器每秒钟大约能发射 600 万亿个粒子。这些高速运动的粒子打到目标上，相当于 1 磅高能炸药在打击目标上直接爆炸所产生的威力。

2. 束流穿透力强

粒子束比激光武器更具穿透力。高能粒子束是通过极高动能的粒子直接撞击来破坏目标的，可以深入穿击目标体内，而被攻击目标却很难对其采取有效的加固防护措施。比如，要抵御能量在 100～400 兆电子伏特的氩原子束的轰击，需要 4～41 厘米厚的铝屏蔽层。

3. 反应速度快

粒子束与激光一样，基本无惯性，利用磁场 1/100 秒就能改变射向，并可以多次、灵活、方便地改变发射方向，能在极短的时间内对付多批目标的大规模袭击。

4. 具有全天候作战能力

粒子束穿过大气层时，会产生电离效应、升温效应、磁效应，粒子束路径上的空气被电离，在粒子束周围形成一个相反的电荷圈，减小了粒子之间的排斥，而且空气电离后，在大气中打开了一条通道，所有与带电粒子束相同电荷的粒子都会沿着这条通道射向目标。粒子束通过时，损失的能量使周围的空气急剧升温、升压和膨胀，在粒子束周围形成一个电离了的、温度高达 3000℃、压力为 1/10 个大气压的真空，下一个脉冲通过时能耗就少，带电粒子流自身产生的磁场可以克服粒子之间的部分排斥力。粒子束武器因之具有穿透云雾的能力，不受气候条件的影响。

上述特点使粒子束武器成为打击空间飞行器、洲际导弹及其他高速运动点状目标的理想武器。由于粒子束武器系统须由坚固的部件构成，比如，用来聚焦的磁铁和加速器，相对而言不易被摧毁，也不易受到高强度辐射的影响。在单位立体弧内，粒子束向目标输送的能量比激光大，而且粒子束能穿透目标深处。从长远来讲，粒子束武器比激光武器更为优越。

九、化学物质类反装备武器

化学类反装备武器，是利用特制的化学制剂的某种特殊物理、化学性能，使武器装备和有关设施不能使用或被破坏的反装备武器。

（一）化学致瘫剂

化学致瘫剂能使飞机、舰船、坦克及军用车辆的推进系统或行走机构不能启动、行驶，如橡胶溶化剂可使轮式车辆的轮胎溶化而无法行走。

（二）化学致滞剂

化学致滞剂或黏结剂是具有极强黏合力的聚合橡胶，可从飞机上喷射或用炮弹投放。化学致滞剂能像胶水一样使飞机粘在跑道上无法起飞，使枪炮、车辆等被粘住或者无法操作使用，或者被粘在公路上无法行驶。

（三）特种润滑剂

特种润滑剂能像蜂蜜一样被人们洒在公路、机场跑道上，使轮胎打滑，车辆、飞机无法启动。

（四）油料凝结剂

该化合物能使燃油在常温下迅速凝结成胶冻状，从而使坦克及各种军用车辆的发动机无法启动。

（五）超级腐蚀剂

超级腐蚀剂是一种比氢氟酸的腐蚀性大几百倍的腐蚀剂，能毁坏桥梁的金属结构，减弱其承重能力，毁坏坦克的光学仪器或弹药的点火装置。

思考题

1. 军事高技术对作战有哪些影响？
2. 综述精确引导武器技术。
3. 简述几种军事高技术。

第五章

信息化战争

早在 2500 年前，中国著名的军事家孙子就提出了"知彼知己，百战不殆"的战争名言，强调了信息在作战中的作用，但那时由于获取并利用信息的手段还比较原始，主要依靠人、使用间谍——"先知者，不可取于鬼神，不可象于事，不可验于度，必取于人，知敌之情者也。"随着科学技术特别是信息技术的进一步发展，在战争中，信息的手段发生了质的变化，于是就有人提出了信息化战争的概念，并认为，进行信息化战争，夺取制信息权将会取代制空权，成为未来作战的第一重要步骤。信息化战争最终将取代机械化战争，成为未来战争的基本形态。信息化战争是一个新生的概念，并且仍在不断发展着，国内外对信息化战争的认识也不完全相同，但大致基于这样一种观点：信息化战争是指发生在信息时代，以信息为基础，以信息化武器装备为战争工具的战争。

第一节　信息化战争概述

一、信息化战争的概念

"信息化战争"这一概念是从战争形态发展的角度提出来的、关于信息时代战争形态的新概念，是对机械化战争、核战争形态之后人类社会正在形成的一种新的战争形态恰当而全面的界定。

关于战争形态发展阶段的划分，有多种不同的观点，意见分歧较大，但有一点是统一的，即都认为信息技术的进步正在推动着战争形态步入一个新的历史阶段，预计在 21 世纪将全面形成新的战争形态。那么，到底什么是信息化战争呢？

所谓信息化战争，是指信息化军队在陆、海、空、天、电磁、信息、认知、心理等多维空间，运用信息、信息系统和信息化武器进行的战争。它是人类步入信息时代后，以信息和知识为核心资源，以大量运用信息技术而形成的一体化信息系统和信息化武器装备为基础，以信息化战场为依托，以信息化军队为主体，以争夺信息权为基本目标，以信息战为基本作战形式而进行的战争。

信息化战争是信息时代的基本战争，其主要内涵包括以下五个方面：一是信息化战争是信息时代的产物，是这一时期生产力和生产关系在战争领域的客观反映；二是信息化战争的主体力量是信息化军队，战争双方至少有一方拥有信息化军队；三是信息化战争的主要作战工具是信息化、智能化和综合化的武器装备平台，诸作战单元实现网络化、一体化；四是在物质、能量和信息等作战要素中，信息要素起主导作用，战争首选的打击目标是信息获取、信息控制和信息使用的系统及其基础；五是战争在空前广阔的多维空间进行，以信息空间、航天空间、认知空间为主。

信息化战争与信息时代战争是两个不同范畴的概念。信息化战争是指因为大量使用信息化武器装备所带来的、与以往战争形态有着本质区别的新的战争形态。它可以看作是人类信息时代的生产与生活方式在战争形态下的反映。2003 年 3 月 20 日，由美国发动的伊拉克战争则是现代信息化战争的一个典型缩影。信息时代战争则是一个关于多种战争的集合概念。它泛指人类进入信息时代后的所有战争。由于人类跨入信息时代的步伐不一，世界各国不可能同时进入信息时代，反映在战争领域，则表现为有的国家能实施信息化战争，而有的国家则没有这种能力。因而，信息时代战争是一个多种战争形态共存的概念，其中既有全面的信息化战争，也有现代意义上的机械化战争，甚至还可能有带有冷兵器时代战争痕迹的简单武装冲突。

二、信息化战争的发展历程

战争形态的发展是一个渐变的过程。从旧的战争形态向新的战争形态过渡，需要有一个量的积累过程，即逐渐转变的过程。不同质的战争形态之间不存在明显界线，也没有一个明显的时间"门槛"。信息化战争形态的形成与发展也经历了一个逐渐转化而趋于成熟的过程。我们不能简单地说哪一场战争就是一场彻底的信息化战争，并以这场战争为分界线，认为之后的战争就都是信息化战争。

信息化战争不是一个遥远的、关于未来战争形态的概念，而是从机械化战争中脱胎出来并成为一个独立的战争形态，经历了一个孕育、产生和发展的过程。信息化战争形态的酝酿出现，早在 20 世纪 80 年代初就开始了。只不过那时特征尚不明显，人们一时还不曾注意到。后来即使感觉到了，但由于最能反映其特点的形态特征尚不成熟，因此，人们也没有能明确地提出"信息化战争"这一概念并进行全面而恰当的界定，研究出一套相应的战争理论。军事理论的创新发展成为信息化战争产生与发展的重要推动力量。20 世纪 90 年代初的海湾战争可以算是信息化战争的雏形，关于这一点，已有越来越多的人达成共识。但是，应该说，它也不是完整意义上的全面信息化战争。因为，在前期它是多维力量的超视距联合精确打击，应该是属于信息化战争的范畴，但在后期是机械化部队的地面作战，属于机械化战争的范畴。但不管怎么说，海湾战争的出现，预示着人类全面信息化战争时代的即将到来。

（一）20 世纪 80 年代以来的高技术局部战争拉开了信息化战争时代的序幕

世界始终没有永久的和平。20 世纪上半叶，世界范围的两次大规模战争结束后，世界局部范围的武装冲突和有限规模战争一直没有间断过。世界某些军事强国，出于自身利益的考虑，不同程度地将有关局部战争变成了自己发展尖端武器的试验场所。正因如此，第二次世界大战后频繁发生的这些局部战争，客观上起到了延续战争形态的作用。人们正是通过这些局部战争的真实画面逐渐地感觉到，人类战争形态正逐渐步入一个新的历史阶段。尤其是20世纪80年代以来，大量使用了高新技术武器装备的几场局部战争，更是程度不同地展现了不同于以往任何战争形态的战争特征。

1981年6月，以色列以14架当时堪称高技术兵器的F-15、F-16战斗轰炸机组成突击编队，从西奈岛齐翁空军基地起飞，沿沙特阿拉伯和约旦边境上空超低空飞入伊拉克境内，只用了短短2分钟时间，就将伊拉克的一座生产能力达数十兆瓦、价值4亿美元的原子核反应堆彻底毁坏。此次代号为"巴比伦行动"的军事行动，第一次让人们真切地感受了，带有信息处理功能的智能化武器在作战中所发挥的巨大作用。

同年8月，在锡德拉湾的上空，美军两架F14战斗机从"尼米兹"号航母上突然升空，发射两枚"响尾蛇"导弹，分别击中利比亚两架正在执行巡逻任务的苏-22战斗机。前后不过1分钟，既结束了一次战斗，也同时结束了一场武装冲突。

一年之后，英国与阿根廷又因为马岛主权之争引发了一场战争。战争中，双方尤其是英方，投入了现代化的海空军力量，大量使用了精确制导武器，创造了现代海空作战的新模式，致使阿根廷150多架飞机纷纷坠入大海，数十艘现代化战舰或葬身海底，或受到重创。阿军"超级军旗"式战斗机以远距离低空奔袭的方式，在48千米外的距离上仅发射1枚"飞鱼"式导弹，将英军造价2亿美元的"谢菲尔德"号巡洋舰击沉；英军的核潜艇也使用"虎鱼"式鱼雷击沉阿方"贝尔格拉诺将军"号巡洋舰。整个战争过程始终，双方的电子对抗行动从未间断过。在战争尚未真正打响前，英阿双方就通过先进的电子侦察设备和卫星展开了情报战。一方面，英军利用舰载和机载电子侦察设备不断监视阿军动向，利用舰载"苏格兰天网"系统接收美国电子侦察卫星发射的数据。另一方面，阿军也利用电子侦察机和侦察预警雷达以及苏联卫星提供的情报掌握英军行踪。在登陆和陆上作战中，英军使用电子干扰直升机对阿军的炮兵通信联络实施了有效干扰，使阿军炮兵根本无法进行有效的射击。相反，英军的地面炮兵由于装有先进的电子控制系统，射击效果得到极大的提高。英军的电子对抗优势保证了在作战过程中的全面主动。此次战争之后，一些军事家们惊呼战争已进入"导弹时代"，电子战将成为未来战争的重要作战样式。

随后，美国相继又对格林纳达、利比亚、巴拿马采取了军事行动。在这些行动中，美军都大量使用带有信息处理功能的高尖端技术武器，完全占据了主动，在极短的时间内迅速达到行动目的，开创了被人们誉为"外科手术式"的战争新样式。

20世纪80年代以来的这些局部战争，对人们头脑中传统的战争模式观念带来了有力的冲击。人们逐渐发现，由于大量高技术武器的使用，人类战争正以一个新的面貌出现于世人面前。这些局部战争的共同特点是：战争目的有限，规模不大，持续时间短；战争突破了传统的有限战场时空观念，作战行动在一体化的陆海空天电五维空间同时展开；以电子战为基本表现形式的信息领域对抗贯穿于战争始终，并对战争进程产生巨大影响。因此，人们慢慢地达成共识，人类社会的战争现象正由机械化战争形态走出，逐渐步入一个新的历史阶段。但是，这个新的战争阶段是什么？其最主要的特征是什么？在当时，由于这种新的战争形态轮廓自身还很不明显，再加上人们对其认识也需要一个过程，于是，人们先是以"高技术局部战争"来概括这一新的战争形态。一时间，"高技术局部战争"成为人们关注和议论的热点话题。可以说，20世纪80年代以来的高技术局部战争，实际上就已经悄悄地揭开了人类战争形态发展新的一页，拉开了信息化战争时代的序幕。

（二）20世纪90年代初的海湾战争是全面信息化战争的雏形

20世纪90年代初始，伊拉克竟敢冒天下之大不韪，公然举兵入侵科威特，终于引发了一场由多国军队共同参加的国际性局部战争。有的军事观察家将之称为"第2.5次世界大战"，也有人把它列为人类"第三次浪潮时期"的开篇之战。不管人们对它做如何评价，至少有一点可以肯定，海湾战争在人类战争历史上具有划时代的意义，其中所展现的战争场景、采用的作战方式、体现的战争特点，都值得人们事后认真加以总结、研究，并进行深层次的思考。

1990年8月伊拉克入侵科威特以来，以美国为首的西方军事大国，进行了长达五个半月全方位的战争准备，包括争取到联合国安理会通过了665号决议，授权多国部队可在必要时间采取"适当措施"。有了这一合法依据，以美国为首的多国部队于1991年1月17日凌晨开始了代号为"沙漠风暴"的空袭行动。多国部队按照预先周密制订的行动计划，出动了包括电子战飞机、预警机、侦察机、攻击机、轰炸机、空中加油机等各型飞机共9.4万架次，分四个阶段对伊拉克的12个目标群，进行了38天的高速度、高精度、全纵深、全天候的大规模持续空袭。通过"沙漠风暴"空袭行动，多国部队以绝对优势压制了伊军的反击，彻底破坏了伊拉克的军队指挥中心和通信枢纽系统，抑制了伊军的"飞毛腿"地地导弹的发射能力，使伊军空军和防空系统基本瘫痪，并摧毁了伊方的核、生、化武器生产能力，重创了其战争潜力、交通补给能力和以"共和国卫队"为主要兵力的战略反击能力。

空袭之后，完全占据主动的多国部队立即实施了"沙漠军刀"地面作战计划。首先使用空降部队，将大批人员和战争物资空投到伊拉克南部纵深地区，迅速切断伊军的退路，尔后以坦克部队正面进攻，装甲部队侧翼包抄，海军陆战队从南侧迂回登陆夹击，以高速度的部队战场机动形成了对侵科伊军的包围态势，最后，只用了短短的100个小时，就重创伊军40余个师，迫使伊军无条件地仓促撤回伊拉克。整个战争即告结束。

可以说，海湾战争是第二次世界大战以来，投入新式武器种类最多、技术水平最高、战争规模最大、综合协调性能最强的一场战争。与20世纪80年代以来的其他几场使用了高技术武器的局部战争相比，海湾战争更是让人全方位地真切感受到了，由于大量武器装备的信息智能化，战争的面貌已经明显地发生了巨大变化。战争已由以往的冷兵器、火器、机械化武器、核武器相继主宰战场，转变为以信息智能化的武器主导战场的格局。与前面的几场高技术局部战争相比，海湾战争中的信息化特征更加明显。

1. 以电子战为表现形式的战场信息领域对抗，成为战争中与物质摧毁和反摧毁同等重要的较量内容，直接关系战争的胜负

为确保夺取战场主动权，多国部队在"沙漠风暴"行动前5小时，动用了EF111A、EC130、TRA、F4G、EH60等各型电子战飞机及其他电子对抗设备，在电磁空间开始了代号为"白雪"行动的战场信息领域对抗，大面积、长时间地干扰伊方的电子通信系统和军队

C⁴ISR 系统，致使伊方的指挥控制系统完全瘫痪、通信系统失灵、雷达屏幕一片雪花、广播电台一度也完全失常。当多国部队空袭行动开始时，伊军甚至不知道空袭来自何方，飞机无法升空迎战，导弹、高炮找不到打击的目标。在空袭过程中，多国部队使用 AGM88A 反雷达导弹准确地摧毁伊方防空火力。只要伊方的雷达一开机，数秒钟之内，反雷达导弹就可以准确地加以摧毁。这些以电子战为主要形式的战场信息领域的激烈对抗，保证了多国部队始终保持着战场主动。其信息对抗的激烈程度及其在战争中的地位与作用，是以往战争中所不曾有过的。

2. 具有战场信息处理功能的精确制导武器成为战场火力摧毁的主要手段

战争中的物质实体摧毁主要靠火力打击。在海湾战争中，多国部队和伊方都大量地使用了带有战场信息处理功能的精确制导弹药，极大地提高了火力摧毁效果，因此，从一个侧面改变了传统的作战方式。"战斧"巡航导弹、"飞毛腿"地对地导弹、"爱国者"地对空导弹、"哈姆"空对地导弹、"海尔法"空对地反坦克导弹、"响尾蛇"空对空导弹、"霍克"地对空导弹，等等，诸多导弹简直将海湾战场变成了导弹格斗场。其中最为精彩的当数"爱国者"大战"飞毛腿"导弹，让人们大开眼界。

3. 具有很强数据处理功能的军队 C⁴ISR 系统，有效地将陆海空天电五维战场空间的作战行动凝聚为一体，开创了多维空间力量进行一体化联合作战的成功先例

海湾战争中，多国部队方面参战国之多、力量成分之复杂、使用的武器种类之繁多，都是"二战"结束以来少有的，然而，其各种行动的密切协调程度也是罕见的。在空袭阶段，多国部队平均每天出动飞机 2000 多架次，这些飞机分别从不同的基地起飞，沿不同的空中层次袭击不同的目标，但没有出现一次因协调控制不周而造成自毁的情况，这不能不归功于信息技术革命带来的战场强有力的自动化指挥控制系统。

正因为海湾战争所表现出的明显的信息化作战特征，1992 年，美国的坎彭编著了《第一次信息战争》一书，将海湾战争称作世界战争史上的第一次"信息战争"。的确，海湾战争确实体现了情报战、心理战、电子战、导弹战、机动战以及 C⁴ISR 系统对抗等信息化战争的内容。战场涌现出的信息量之大，对信息的吸取、传递、处理和利用速度与效率之高，都是空前的，把它称为一次"信息战争"也不为过。同时，在海湾战争中，美军也运用了空地一体战、指挥控制战、精确闪击战、网络战等一系列适应信息化战争要求的新的作战思想。但是，从更为全面的角度看，海湾战争绝不是单纯的战场信息对抗，双方交战力量相互间的物质实体摧毁仍然是决定这场战争胜负的最终因素，只不过对抗的过程中信息化程度之高是空前的。因而，海湾战争应该算是一场信息化战争，而且只是全面信息化战争的雏形，不是十分成熟的信息化战争形态。一方面，作为战争的一方，伊拉克军队使用的武器装备大多还是机械化时代的，战争指导者的思想观念、采用的作战方式都仍然是机械化时代的，因此，托夫勒曾经用伊拉克以工业时代战争与美国的信息时代战争相抗衡来描述海湾战争。另一方面，就多国部队一方来说，在最后的地面作战阶段，也仍然使用的是机械化部队，沿用的是仍具有明显机械化时代战争烙印的作战方式。因此，海湾战争仍然是信息化战争形态发展过程中的初级阶段。

（三）地面部队的数字化和作战行动的非线式一体化是信息化战争全面形成的标志

马克思主义认为，事物发展经历一定时间量的积累后，将出现质的飞跃，即新事物的出现。新出现的事物与旧事物之间将会有一些明显的区别标志。同样，信息化战争形态的全面形成也应该有其较为明显的标志。这个标志就是地面部队的全面数字化和作战行动的非线式一体化。

地面部队的数字化是指，以计算机信息的数字化处理技术为基础，把文字、话音、图像等多种形式的战场信息全都变成数字编码，通过无线电台、卫星通信、光纤通信等传输手段，把单件武器系统、单兵作战系统、各行动部队和指挥机构，以及后勤支援分队联系起来，形成纵横交错的战场计算机信息传输网络，实现上下左右近实时的信息交换，以保证最大限度地实现战场信息共享，使各级部队能更快、更有效地利用战场信息，及时掌握战场态势，优化指挥控制程式，全方位地提高部队的整体战斗力。美军1997年举行的数字化师、旅两次高级作战试验表明，数字化部队拥有数倍于常规机械化部队的潜在战斗力。

之所以将地面部队的数字化和作战行动方式的非线式一体化作为信息化战争形态全面形成的主要标志，这是因为：

1. 地面部队的数字化改变了传统地面力量的原有成分与结构方式，带来全新的部队行动方式，对战争将产生全方位的影响

地面作战力量的数字化可谓是信息技术进步带给军事领域的全新概念。数字化部队改变了传统军队主要强调火力杀伤、提高部队机动力和防护力的力量结构方式，在继续维护部队火力、机动力和防护力的同时，以战场信息处理能力的提高为基础组建部队，"通过改变战场信息的传递方式，来提高陆军部队的战斗力"。军队力量成分与结构方式的这一转变，是继坦克机械化武器应用于战争后，火药应用于战场以来，作战力量成分与构成方式的又一次飞跃。数字化部队的最大特点是充分享有战场信息优势，因而，它主要采取非线式一体化的行动方式，以取代机械化军队大规模"流水线式"的程序化作战方式。也就是说，数字化部队可以不预先部署到位，而是在战场上实施无固定战线的流动性机动作战，通过各行动分队之间、各武器系统之间、单兵之间、上下级之间，以及与空中力量、海上力量之间近实时的信息交流，围绕统一的总体意图，相互间主动协调行动，做到瞬时集中战斗效果，达成作战目的，实现各种力量在行动上的一体化，从而对战争产生全方位的巨大影响。

2. 地面部队成分的变化及相应作战方式的变革，历来是人类战争形态发展全面步入新阶段的最主要标志

火药应用于战争之后，战争形态并没有立即由冷兵器时期发展为火器战争时期，而是经历了一个较长的冷热兵器共存时期。火炮是最早能将火药威力发挥于作战中的兵器，在近代初期的攻城和守城作战中，火炮发挥了极其有效的作用。近代的骑兵也较早使用了笨拙的手枪，实施快速突击作战。然而，这些都不意味着全面火器战争时代的到来。真正标志火器时期战争全面到来的是17世纪以后，步兵部队装备了燧发枪以及相应线式队形战术的出现。

在工业革命的推动下，美国的莱特兄弟于 1903 年设计制造出了第一架飞机，1911—1912 年的意土战争中，意大利有约 20 架军用飞机编为一个飞机连参加作战。1916 年 9 月，英军在索姆河战役中首次使用了 10 辆坦克，在康布雷战役中，还曾有过几百辆坦克的集中使用。然而，直到 20 世纪 40 年代初，纳粹德国主要以坦克和装甲车辆组成了专门的装甲部队，并提出适合坦克部队快速突击的"闪击战"理论，这才标志着机械化战争时期的全面到来。同样道理，标志信息化战争全面到来的，也不是一两件信息化武器的战场使用，也不仅仅是空、海军等其他空间力量主要武器装备的基本信息化，而是地面部队的数字化，以及相应作战行动方式的非线式一体化。

3. 在信息技术不断融入战争力量的过程中，几种传统战争力量间是不平衡的

空中、海上力量进展较快，地面力量相对缓慢些。自铁甲战舰、飞机应用于军事以来，电子信息技术就一直是海上、空中作战平台及其武器系统的重要技术组成部分。经过多年的不断发展，现代化的空中、海上力量的电子信息技术成分所占的比例已经相当高了，空战、海战的信息化程度自然也不低。比如，在现代军用普通飞机中，电子技术成本已占 50%，而先进的 B－2 隐形飞机中，机载计算机有 200 余台，电子技术成本已高达 60% 以上。在现代化的军舰上，各种信息处理软系统，如通信系统、目标探测系统、电子战系统等是相当重要的内在组成部分。现代局部战争表明，由于海空力量的信息化程度较高，空中、海上作战方式已经发生了很大的变化，电子战、导弹战等超视距的远距离空海天电多维力量联合攻击成为基本的行动方式。正是这些以现代信息化程度已经很高的空中、海上力量为主的局部战争，最先让人们感受到了战争形态的变化，预感到全面信息化战争即将到来。然而，地面作战力量的信息化步伐相对较慢，地面力量实现信息化的方向和目标就是地面力量的全面数字化。一旦地面力量实现了数字化，那么，陆海空天电等多维战争力量就全面实现了信息化，这也标志着全面信息化战争时代的到来。

第二节　信息化战争产生的基本条件

任何一种新的战争形态的形成与发展，都有其内部动因和外部条件。信息化战争的产生与发展，是当代社会政治、经济、科技、军事、文化等多种因素综合作用的结果。

一、信息技术的迅猛发展为信息化战争的产生奠定了技术基础

技术的发展及其在军事上的应用为新的作战样式甚至战争形态的出现提供了可能。我国著名科学家钱学森认为："人类战争发展的历史，最初出现的是徒手战争，然后有了冶炼技术，才出现了冷兵器战争。继之，是由于火药的发明，才出现热兵器战争。科学技术的进一步发展，又导致内燃机的制造和其他机械兵器的制造，于是战争又进而演化为机械化战争。到了 21 世纪 50 年代，更因核技术和火箭技术的发展，出现了远程核武器。远程核武器的巨大破坏力，再加上现在高度发展的信息技术和电子计算机技术，就形成现阶段和即将到来的 21 世纪的战争形式：在核威慑下的信息化战争。"

19 世纪后期和 20 世纪是信息技术迅猛发展的时期。表 5－1 列出了有关信息技术方面的主要发明时间。

表 5-1　信息技术主要发明时间表

名称	发明时间/年	名称	发明时间/年
电话	1876	人工智能	1956
无线电	1895	集成电路	1958
电报机	1897	晶体管计算机	1958
无线电广播	1918	通信卫星	1958
雷达	1935	机器人	1961
黑白电视	1936	集成计算机	1965
彩色电视	1946	地球资源卫星	1969
电子计算机	1946	计算机网络	1969
半导体	1948	微处理器	1971
晶体管	1951	微型计算机	1973
半导体收音机	1954	计算机网络	1984

　　信息技术不仅作为一项独立的技术而存在，还广泛渗透到其他技术领域，成为其发展的重要手段和基础。在军事方面，信息技术从多方面促进军事科技的跳跃发展，表现为：一是大大改善和提高了探测、识别、跟踪以及指挥、控制、通信和精确打击的方式与能力，使战场变得更加透明；二是信息技术日益渗透到武器装备的各个部分，推进自动化指挥系统、先进的作战平台和实施精确打击武器的一体化，使武器装备整体作战效能有了质的飞跃。总之，信息技术大量普遍的利用，空前地提高了部队的战斗力。信息和知识改变了过去单纯以计算有多少装甲师、航空联队、航母战斗群来衡量军事能力的做法，现在还必须计算一些无形的力量，如计算能力、通信容量和可靠性、实时侦察能力等。

　　信息技术在对作战能力做出巨大贡献的同时也对其造成了空前的威胁。一方面，信息技术广泛应用，使部队、武器装备等对于信息与信息系统的依赖性达到了"不可离之须臾"的地步。任何信息化武器与系统一旦信息失灵，就如同废物一般。另一方面，信息与信息系统价值的不断提高，又促使敌我双方加强了对信息优势的争夺，而信息对抗技术的高度发展为有效地干扰、削弱、破坏和压制信息化武器与信息系统提供了手段。近些年来，计算机病毒、逻辑炸弹、高功率微波、电子袭击工具等信息进攻武器层出不穷，与之相对应，网络监控、反"黑客"工具、网络防火墙等多种信息防御手段也逐步成熟。可以说，信息对抗技术的发展为信息战争的产生提供了技术基础。

　　信息技术正在从整体上影响和改变着战争的面貌。从目前看，虽然应用于现代战争的各种新技术涉及第二次世界大战结束以来人类科学技术发展的各个领域，新的生物技术、新的航天技术、新能源技术、新材料技术以及新的海洋开发技术等，无不在一定程度上改变了战争的面貌，大大增强了人们进行战争的能力。然而，上述各种新技术之所以得到如此快速的发展，首先得益于信息技术的出现及迅速发展，信息技术是当代各种新技术发展的先导。不仅如此，其他的新技术在军事领域里的应用，给战争带来的往往是某一方面的变化。如新材料技术改进了武器技术装备，新能源技术提高了军队的战略机动能力，航天技术使战场空间扩展到了外太空，新生物技术产生了新一代生物武器、提高了军队医疗保障能力，等等，而信息在军事领域里的应用，给战争带来的则是一种整体面貌的变化。不但上述变化离不开信息技术的支持，而且信息技术还使人类对战争的指挥与控制方式发生了根本性的变化，催生了信息化战争的出现。

二、信息时代来临为信息化战争的产生奠定了社会基础

信息化战争是军事变革的结果，而军事变革的发生与生产方式的变革息息相关。军事不可能脱离社会而单纯存在，它是社会形态的一个重要领域。军事变革是社会变革在军事领域的反映，并受社会发展规律的支配。这不仅表现在军事变革的内容方面，还表现在军事变革的周期上。农业社会，分散的、作坊式的农业生产，以材料加工、铜铁冶炼、火药配制为主的微弱工业缓慢地推动着社会运行与军事发展。在这个社会中发生的军事变革，主要是围绕冷兵器、有限的热兵器的制造与使用而展开的，且每次军事变革的间隔时间都很长（数百年甚至千年以上一次），且影响面较小。工业社会，机器化、电气化生产方式，日益增多的工业门类与机械制造技术，快速地推动着社会的发展，推动着军队向"大规模""大威力"发展。在这个社会中发生的军事变革，主要表现为坦克、飞机、火炮等机械化装备的研制与使用以及相应的军队结构与作战方式的重大变革。军事变革涉及面广、影响深刻，且间隔时间较短。可见，不同的社会有不同的军事变革，并且，不同的社会形态在其交替演变阶段往往会发生重大的军事变革。20世纪80年代以来的这场新军事变革，就是在工业社会开始衰退、信息社会正在形成的情况下发生的。

工业社会最重要的特征，是国家将资金、资源和人力集中起来，依据泰勒的管理理论，按标准化、专业化、同步化的要求，运用电子、机械、化工等技术，将千千万万的劳动者组织在流水生产线上，大批量地生产各种机械产品、化工产品、电子产品等。然而20世纪80年代以来，传统工业如钢铁、造船、橡胶、纺织以及在一定程度上的汽车、化工等，由于市场日趋饱和，其产值或是正在萎缩或是增长速度缓慢。同时，传统工业是以大量消耗资源、能源，技术不断向外延伸，生产简单化、连续化、标准化为基本特征的，产品不仅耗能多、笨重，而且其性能也已接近物理极限，很难再有大的发展。表现在军事上，一是武器杀伤能量已接近极限；二是兵器射程、航程已达到极限；三是作战平台及自行兵器机动速度已接近极限。这些也在一定程度上说明，工业社会的潜能已经得到充分开发，出现了衰退的势头。

社会形态是一种历史现象，其发展是波浪式的。在工业社会逐渐隐退的同时，信息社会便接踵而至了。但信息社会植根于工业社会，其形态的完整形成将是一个漫长的演变过程。目前，信息社会虽还不能与工业社会截然区分，但已表现出了一系列重要特征。

工业时代的战争，起主导作用的是物质和能量，其物质基础是机械化武器，战争能量释放的主要形式是热能，主要打的是"钢铁仗"和"火力仗"。可以说，攻城略地已经成为机械化战争的历史，在信息社会，地理目标将日趋贬值，信息资源将急剧升值。争夺制信息权的斗争将在全时空展开，争夺并保持"信息优势"将成为敌对双方对抗的焦点。信息已成为重要的战略资源，信息产业已成为基础性重要产业，智能和知识上升到突出的位置。现代社会中许多行业都是技术密集型或知识密集型领域，在这些领域中工作的人必须有相应的知识和智能。如果说社会生活或创造社会财富与价值的决定性因素，在农业社会主要是体能，

工业社会主要是机械能的话，那么在信息社会中则主要是智能。

社会是一个密切联系的系统，军事则是这个系统的一个组成部分。当社会前进到信息时代时，它的某一部分也必然地要进到这个新的阶段。信息社会上述各种特征，都已在军事上表现出来。信息能量对社会发展来说是重要的战略资源，对军事来说已成为重要的战斗力，是赢得战争胜利的关键性因素之一。夺取信息控制权是现代战争的首要任务。信息主导型兵器已成为现代战场的主宰，它正在改变着传统的作战方法，其效能是过去常规兵器的数十倍乃至千百倍。光纤通信、卫星通信等各种通信手段与现代侦察电视监视系统、计算机终端相结合，使得情报、通信、指挥与控制一体化，指挥员可以在万里之外对作战部队进行实时控制与指挥，从而催生信息化战争这种新的战争形态。

信息社会的智能性、知识性特征在军事领域中的表现尤其明显。计算机自动化装备、作战机器人的大量使用，人工智能专家系统的运行，使军队由机械化正在向智能化、信息化和数字化转变。未来的战场将是数字化战场，双方的角逐很大部分要通过集成电路进行，战争也将演变成智能战争、信息化战争。人的知识和智能的高低将直接决定其在战场上的命运。

信息社会产业结构、生产方式变革的特征，必然在军事领域呈现出根本决定性的关联性效应，比如，体现于军队建设追求高质量、小规模、多样化、多能化等方面，体现于作战追求精确化、网络化、联合化等方面，就反映了信息社会的本质，反映了信息社会生产方式的本质。信息技术、信息战兵器、信息化军队和信息化战争，无疑只能产生于信息社会。信息社会是孕育新信息化战争的母体，而信息战争出现则是信息社会来临的一个重要标志。

第三节　信息化战争的基本特点与发展趋势

一、信息化战争的基本特点

（一）武器装备信息化

科学技术在军事领域中的物化和运用，是引起战争形态发生深刻变革的根本原因。信息时代的战争，是以信息化武器装备系统为物质基础所进行的战争。而信息化的武器装备系统，则是以计算机技术为核心、以信息技术为基础的一体化的武器装备系统，主要包括信息武器系统、单兵数字化装备和指挥控制系统。

1. 信息化武器系统

信息化武器系统包括软杀伤型信息化武器和硬杀伤型信息化武器。软杀伤型信息化武器，是指以计算机病毒为代表的网络攻击型信息化武器和以电子战武器为代表的电子攻击型信息化武器，这类武器已在海湾战争中开始使用。硬杀伤型信息化武器，主要是指精确制导武器和各种信息化作战平台。精确制导武器能够获取和利用目标的位置信息进行弹道修正并准确命中目标，信息化作战平台装有大量的电子信息传感设备，并与指挥控制系统联网。它们集侦察、干扰、欺骗和打击功能于一体，既可实施战场探测，为实施精确打击和各种战场行动提供目标信息，也可实施信息攻防作战。

2. 单兵数字化装备

单兵数字化装备是指士兵在数字化战场上使用的个人装备，也称信息士兵系统。它既是战场网络系统的一个终端，也是基本的作战单元，具有人机一体化的远程传感能力、攻击和生存能力，能够实时实地提供数字化的目标信息。阿富汗战争中，美空军之所以能够准确无误地对地面目标实施攻击，就是得益于特种作战部队装备的信息士兵系统与整个战场数字化网络连为一体，为其提供了及时准确的目标数据。单兵数字化装备的出现和运用，意味着陆军作战效能将出现革命性变化。

3. 指挥控制系统

指挥控制系统亦即 C^4ISR 系统，它把作战指挥控制的各个要素、各个作战单元黏合在一起，使军队形成发挥整体效能的"神经和大脑"。这一系统能够为指挥员到士兵的各级作战人员快速提供决策和作战所需要的信息。在科索沃战争中，北约首次使用了"初期联合空战中心能力系统""北约综合数据传输系统"和"海上指挥控制系统"等新的 C^4ISR 系统实施指挥。在性能先进的 C^4ISR 系统的支持下，北约欧洲盟军总司令克拉克将军在布鲁塞尔北约总部，对千里之外的各种力量实施实时的战区外指挥与协调。战区内则由空袭机群指挥官和舰艇指挥官实施机动式的战术指挥与控制，经过 78 天的战略空袭，基本达到了预定的战略目的，开创了人类战争史上只依靠空袭行动即结束一场战争的先河。

（二）作战样式多样化

作战样式是作战类型的进一步分类，它是战争形态的具体表现，有什么样的作战形态，就必然会出现什么样的作战样式。信息化战争除拥有机械化战争原有的一些作战式样外，还增添了诸如精确战、网络战、电子战、情报战和心理战等与传统作战不相同的新的作战样式，使其作战样式呈现多样化。在科索沃战争中，南联盟成功地实施了电子战，在空袭过程中，南联盟积极与敌展开了电子斗争，使北约并没有夺取预期的制电磁权，南联盟雷达仍然能够有效地发挥作用。

（三）战场空间多维化

20 世纪 80 年代以来，随着航天技术特别是以计算机技术为核心的信息技术在战争中的应用，战场空间发生了新的变化，与机械化战争相比，信息化战争的战场空间已由地面、海洋和空中向外层空间、电磁空间、网络空间和心理空间等领域扩展，使信息化战争的战场空间呈现多维化的特征。

不仅从陆、海、空三维物理空间扩展到了外层空间，而且一种新的作战空间——信息空间正在悄然形成。

首先，物理空间急剧扩大。第一次世界大战，战场范围仅有数百至数千平方千米；第二次世界大战，战场范围也不过数万或数十万平方千米。而海湾战争，战场空间急剧扩展到 1400 万平方千米。发生在 21 世纪初的阿富汗战争，其作战规模远远不及海湾战争和科索沃战争，虽然主战场基本上限于 65 万平方千米的阿富汗境内，但战争的相关空间却延伸到美国本土乃至全球。其中，有 89 个国家向美军飞机授予领空飞越权，76 个国家授予美军飞机着陆权，23 个国家同意接纳美军部队。其作战空间范围要远比海湾战争和科索沃战争大得多。随着军事信息技术的高速发展，未来信息化战争的作战空间还将进一步拓展。

其次，信息空间多维广阔。信息空间是一个全新的概念，它包括电磁空间、网络空间和心理空间三个方面，渗透于陆、海、空、天各个战场。信息和信息流"无疆无界"使得信息作战的空间也有别于传统的战场界限。

（四）战场行动快速化

时间是战争的基本要素。随着计算机、电子通信、卫星技术和信息化武器装备的发展，信息化战争的作战速度比机械化战争大大提高，作战指挥快，部队机动快，打击速度快，呈现出迅疾短促的特征。

第一，战场信息流动加快，作战周期缩短。最明显的例子就是在伊拉克战争中，其主要城市进攻与战局转折阶段仅仅持续了 4 天。信息时代，数字信息技术广泛应用于战场侦察、监测和信息传输，实现了信息的实时获取、实时传输、实时处理，使得信息流动速度空前加快，空间因素贬值，时间因素急剧增值。在网络化的战场上，尽管基本作战程序和信息的流程没有发生根本变化，但发现目标、进行决策、下达指令、部队行动等环节几乎是实时同步进行的。

第二，战争的突然性增大，时效明显提高。从近期几场局部战争实践看，进攻一方采取各种欺骗伪装措施，运用优势电子技术装备、隐形技术装备和信息化武器装备突然展开攻击，使对手丧失制信息权，来不及做出或无法做出有效反应，大大提高了对时间的利用率，同时，各种信息武器的作战反应时间大大缩短，使得许多作战行动在几秒或几十秒内就能完成，时效性明显提高。

第三，部队机动快。部队机动主要体现在空中机动、陆上机动、海上机动等，部队机动的速度达到了前所未有的程度。伊拉克战争中，美军运用"快速决定性作战"理论，其第 3 机械化步兵师高速挺进，不与伊南部的伊军部队纠缠，开战仅 5 天，就长驱直入 400 千米，直逼巴格达，创造了日行 170 千米的开进速度，是海湾战争中美军开进速度的 3 倍，创造了战争史上大纵深突击的新纪录。

（五）作战要素一体化

信息化战争是体系与体系的对抗。交战双方为了赢得战争的胜利，必须调动一切积极因素，充分发挥各自体系的最大整体作战能力，这就使一体化成为信息化战争的一个重要特征。一体化主要体现在：

第一，作战力量一体化。通过信息网络和信息技术，可以将处于不同空间位置的各种作战力量联结成为一个有机整体，形成一体化的作战力量，主要是武器装备一体化、诸兵种合成一体化、诸军种联合一体化。

第二，作战行动一体化。信息化战争中的主要作战形式，是有两个以上的军种按照总的企图和统一计划，在联合指挥机构的统一指挥下共同进行联合作战，单一军种的独立作战正在消失，空地一体、海空一体、陆海空天一体的多军兵种联合作战已成为作战的基本形式，作战呈现出十分鲜明的一体化特征。

第三，作战指挥一体化。信息化战争中，集指挥、控制、通信、计算机、情报、侦察和监视为一体的 C⁴ISR 系统，为作战指挥提供了准确的战争情报、快速的通信联络、科学的辅助决策、实时的反馈监控，从而使传统的树状指挥体制逐渐被扁平网络化的指挥体制所代替，使作战指挥实现了一体化。

第四，综合保障一体化。信息保障的行动趋向"全维"性，"打后勤"将成为全新的模式。信息支配的作战保障、后勤保障、装备保障和政治工作保障由分离走向一体化。

（六）作战效果精确化

在信息化战争中，在多层次、全方位、全时空的情报、侦察和监视网络的支持下，使用大量的精确制导武器，使各种作战行为的精确化程度越来越高。具体体现为精确的战场感知、精确的数据传输、精确的指挥决策、精确的打击行动、精确的评估反馈等。

第一，战场感知精确化。大量先进的侦察、监控、预警等探测系统，可对目标实施全天候、全时辰的侦察监控，得到全面而准确的战场情报。

第二，指挥控制精确化。在 C⁴ISR 系统的支持下，作战指挥与控制实现了互联、互通、互操作，指挥员可以直接对一线部队甚至作战兵器进行有效的指挥控制和协调，使指挥控制精确化。

第三，打击精确化。打击精确化是作战精确化的核心内容，它是靠提高命中精度来保证作战效果，而不是通过增加弹药投射的数量去增强作战效果。随着探测、高速信号处理、自动控制等技术的发展，精确制导武器的命中精度将进一步提高。同时在 C⁴ISR 系统的支持下，信息化武器装备将形成一个完善、精确、灵巧的侦察—指挥—打击一体化系统。

第四，保障精确化。运用以信息技术为核心的高技术手段，精细而准确地筹划、实施保障，高效地运用保障力量，使保障的时间、空间、数量、质量要求尽可能达到精确的程度，以最大限度节约保障资源。第二次世界大战期间摧毁一个目标，大约需要 900 枚炸弹，而现在只需要 1～2 枚精确制导炸弹；1 枚重磅精确制导炸弹的效能相当于第二次世界大战时数百架飞机投掷数千枚炸弹的效能。例如，在北约空袭南联盟过程中，采取了非对称作战的战法，空袭作战计划灵活多变，多种空袭兵器协调并用，而且注重特种作战和战场救援等手段，成功有效地实施了精确打击。

二、信息化战争的发展趋势

基于科学技术的发展，信息化战争的成熟期大约要到 21 世纪中叶才能到来，因此，要准确地预测信息化战争的发展趋势是很困难的，再加上技术发展的快速性，使这种前瞻性的研究更为困难。然而，战争的发展有其自身的逻辑轨迹，运用科学的研究方法，遵循战争发展的一般规律，仍然可以大致地勾画出未来信息化战争的发展趋势。

（一）传统战争的界限将被超越

1. 战争行动的泛化

在未来信息化时代，由于各种经济活动和社会活动的高度计算机化、信息化和网络化，社会的经济生活和政治生活将更多地依赖于各种信息系统。信息和信息系统既是武器，也是交战双方攻击的主要目标。瘫痪敌国的经济，制造敌方社会的动乱，把战争意志强加给对方，不需要实施传统意义上的大规模交战，而是通过网络攻击、黑客入侵和利用新闻媒介实施的大规模信息心理战等"软"打击的方式来实现。这与美军"精神制胜"理论类似，即意味着摧毁、战胜以及抵消敌人抵抗意志的能力。这样，和平状态与战争状态的界限将趋于模糊。

2. 战争主体的多元性

传统的战争主要发生在国家和政治集团之间，战争的主体是军队。而在未来信息时代，由于信息技术和信息系统高度发展，计算机网络联通了整个世界，整个世界的政治、经济、科技和文化的联系日益密切，国家的安全受到来自多方面的威胁。实施信息攻击的主体既可能是军队，也可能是社会团体，还可能是怀有极端目的的个人，包括恐怖组织、贩毒集团和宗教极端分子，从而使得发动和从事战争的主体呈现出多元化的特征。2001 年，美国发生"9·11"事件后，布什总统宣布国家进入战争状态，却无法在短时间内认定谁是交战对手；美国虽然拥有世界上最强大的军队，却既无法阻止"9·11"事件的发生，也无法在遭受攻击后立即对敌方做出有效的反击。战争不仅会在国家与国家中展开，而且也可能会在社会团体与社会团体之间、社会团体与国家之间、少数个人与社会团体之间展开。为了应对这种挑战，仅仅依靠军队的力量是不够的，还必须依靠社会各种力量，进行广泛的全民战争。

3. 战争层次的模糊化

在未来信息化战争中，战争的战略、战役和战术层次会逐渐模糊。一方面，战役或战术行动具有战略意义，另一方面，作战行动将主要在战略层次展开。信息化战争不再是从战术突破到战役突破再到战略突破，而是战争一开始，打击的对象就将主要集中于关乎敌方政治、经济和军事命脉的重要战略目标。

（二）作战效能将具有亚核战争的威力

1. 信息化时代的军事技术将把常规作战效能推到极限

未来信息化战争的常规作战效能将是建立在军事理论革命、军事工程革命、军事探测革命、军事通信革命和军事智能革命已完成或基本完成基础之上的。军事工程革命将使传统武器装备跨越空间的距离和速度基本达到物理极限；军事探测革命将使侦察、探测的空域、时域和频域范围大大扩展，对作战行动的感知、定位、预警、制导和评估几乎达到实时和精确的极限，也将使战场空间的透明度接近极限；军事通信革命将使军事信息的无缝链接和实时传输成为现实，使各级指挥机构和部队、各种侦察系统和作战平台之间，在探测、侦察、跟踪、火控和指挥方面的信息交流畅通无阻，真正实现实时指挥和控制；军事智能革命，将真正实现作战指挥活动与作战行动的自动化和智能化，使指挥活动和作战行动的效率接近极限。在未来信息化战争中，高度信息化的武器装备虽然不具备核武器大规模、大范围的物理杀伤和破坏作用，但它所拥有的精确摧毁能力、系统集成能力、战场控制能力和高效达成战略目的的能力是核武器所无法相比的。从这个意义上说，信息化战争不但具备了亚核战争的威力，而且将使它的实用价值和作战效能超过核战争。

2. 信息战争能够达成与使用大规模杀伤性武器几乎同样的战争效果

信息战争也可以称为战略信息战。它是未来信息化战争的重要组成部分，是交战双方运用信息和信息系统在网络空间进行的攻防对抗行动。这种"不流血的战争"蕴含着巨大的破坏和毁伤能力。信息战争是人类历史进入信息化时代的产物。在充分发展的信息化社会里，国家的政治、经济、军事、科技和文化活动都将高度依赖于计算机化、网络化的信息交流和信息环境，计算机网络系统成为社会稳定发展和国家安全最为重要的基础设施。而信息战争就是有组织、有计划地集中使用信息力量，对敌国关系到国家安全和国计民生的关键系统实施的大规模攻击。美国的信息战争专家斯瓦图指出，信息战争首先而且主要是战争。它不是使用网络来获取信息的计算机恐怖主义、计算机犯罪、黑客活动或商业及国家经济间谍活动。信息战争是对信息资产和系统大规模使用毁伤性力量，信息战争可能不像传统战争那样残酷，但它与使用大规模杀伤性武器的战争相比，给国家和社会带来的破坏与毁伤可能更为广泛，影响更为深远。

3. 大量新概念武器的使用将使信息化战争的作战效能显著提高

在未来信息化时代，大量新概念武器会不断涌现和应用于战争。这些新概念武器具有与传统武器完全不同的杀伤和破坏机理，它不以大规模杀伤对方人员的生命为目标，而是通过使对方的作战人员和武器装备丧失作战动能，或通过改变敌国的生态和自然环境来达成战争目的。新概念武器中具有大面积破坏与毁伤效果的主要有次声波武器、电磁脉冲武器、激光武器和气象武器等。次声波武器具有洲际传送能力，可以穿透10多米厚的钢筋混凝土，电磁脉冲弹可以在瞬间使大范围的电子设备丧失功能。激光武器可以切割敌对国上空的一块臭氧层，引发大面积的温室效应。气象武器可造成大面积的洪涝灾害、地震和火山爆发等。新概念武器的发展前景广阔，其大规模运用将使未来的信息化战争具有不亚于核战争的效果。

（三）军队组织将高度的小型化、一体化和智能化

军队组织是联结军事技术和作战理论的纽带，是发挥军队整体作战效能的杠杆。在未来信息化战争中，主动权是军队的命脉，伴随着新军事变革的发展，军队组织的发展趋势将是高度的小型化、一体化和智能化。

1. 军队的规模将高度小型化

在未来信息化战争中，由于军队作战能力的极大提高，小规模的高度一体化和智能化的军队即可完成过去由数量庞大的军队才能完成的战略使命。因此，未来军队的组织体制在数量规模上将具有两个基本的发展趋向：一是军队的总规模将大幅减少。进入21世纪，美国的军队规模已从20世纪90年代初的200万减少到138万，俄罗斯也将军队总员额从原来的280万减至70万。可以断言，随着军队信息化程度和作战能力的不断提升，拥有庞大的常备军将成为历史；二是作战部队的建制规模将更加小型灵巧，可能出现按作战职能编成的小型作战群或能够同时在陆、海、空等多维空间作战的一体化的小型联合体。

2. 军队的编成将高度一体化

未来军队编成的一体化将主要表现为，按照系统集成的观点，建立"超联合"的一体化作战部队。军队组织的编成将打破传统的陆、海、空、天等军种体制，按照侦察监视、指

挥控制、精确打击和支援保障四大作战职能，建成探测预警子系统、指挥控制子系统、精确打击与作战子系统和支援保障子系统，这四个子系统的功能紧密衔接、有机联系，构成一个大的一体化作战系统。按照这个思路构建的军队，使作战力量形成"系统集成"，实施真正意义上"超联合"的一体化作战。

3. 军队的指挥与作战手段将高度智能化

指挥控制手段高度自动化和智能化。其标志是 C^4ISR 系统的高度成熟与发展。未来的 C^4ISR 系统将真正实现侦察监视、情报搜集、通信联络和指挥控制的无缝链接，构成作战指挥与控制的信息高速公路，确保指挥员近实时地感知战场情况，定下决心，协调、控制部队和武器平台的作战与打击行动。计算机是自动化指挥控制系统的核心，是实现智能化作战指挥的基础。未来计算机的功能，将由运算、存储、传递、执行命令转向思维和推理；由信息处理转向知识处理；由代替和延伸人的手功能转向代替和延伸人的脑功能，从而为作战指挥控制提供更加先进的智能化手段，使作战指挥与控制真正进入自动化、智能化的时代。同时，大量智能化的武器系统和平台将装备部队，并用于战场，战争机器人也将得到广泛运用。

第四节　信息化战争的启示

一、拥有战场信息优势是夺取信息化战争胜利的关键而不是全部

在人类战争史上，军事技术的每一次革命都会带来巨大的战斗效能。人们在认识到新技术带来的巨大作战效能的同时，往往也会情不自禁地突出某一两项新技术在战争中的作用，产生新技术制胜论的思想。因此，如何正确认识信息技术对战争产生的影响和作用，直接关系到我们是否能真正全面地认识信息化战争形态的到来。

当飞机出现在战场，使作战空间由原来的二维陡增至立体三维时，有人便提出了制空权理论，强调空军制胜论；当坦克部队以其快速的战场突击力，将机枪、铁丝网加堑壕的阵地防御体系撕得粉碎时，有人提出了坦克制胜论；同样，当信息技术应用于战争，正推动战争形态发生质的变化时，人们因为惊讶于军事信息技术所带来的巨大战斗效能和在战争中的突出作用，提出了信息制胜论思想，认为谁夺取了战场信息优势，谁就可以赢得未来信息化战争。是否真的如此？回答当然是否定的。在伊拉克战争中，美军占尽了战场信息优势，但总结其经验和教训，还是有很多启示，如提高遏制战争和打赢战争的能力，消除"恐高症"，夺占航天和信息的制高点，以及以作战需求牵引理论创新等。战争实践已多次反复证明，战争是极其复杂的社会现象，是敌对双方全方位综合实力的较量，某一两种新式武器可以在战争中产生令人震惊的效果，但不能因此主宰战争的一切。拥有战场信息优势，只是打赢信息化战争的关键，但绝不是全部。

（一）信息化战场将更加"透明化"，但"战争迷雾"依然存在

在阐述战争现象复杂性时，克劳塞维茨提出了"战争概然性"和"战争迷雾"概念。"战争迷雾"一直是困扰战场指挥官的一大难题。由于没有先进的战场探测、观察和监视器

材，人的肉眼视野又相当有限，因此，在以往战争中，再高明的指挥官也不可能完全清楚战场上所发生的一切。然而，随着信息技术的进步，各种战场传感系统、侦察系统等可以全方位、全天候、全范围地实时探测、监视、侦察战场的情况，许多以往看不到、看不清的东西，现在都可以看到、看清了。无论是在昼间还是在夜间，各参战部队都可以在战场信息网络的计算机终端显示屏上，清楚地了解到敌对双方兵力兵器的配置位置、当前态势和集结机动情况。先进的数字压缩技术可以把战场传感、探测器材所获取的战场信息情报，以一种悄然无声、图文并茂的方式，快速准确地传递给战场信息网络的所有端口。侦察机上的数字化相机可以把一次曝光拍摄的 24 幅照片，在 30 秒内发送到远达 315 千米外的作战指挥中心，前线数字化士兵可以通过头盔上的微型摄像机和数字化通信设备，实时地向上级及左右邻报告战场景观。数字压缩技术扩大了对敌探测距离，提高了信息处理能力，把情报实时地传达给各部（分）队、武器平台和每个士兵，实现战场信息全方位共享。因此，美军前陆军参谋长戈登·沙利文上将指出，未来战场的透明度将比"海湾战争中提高一个数量级"。

战场"透明度"的增大，对于提高指挥决策的科学性、减少行动中的盲目性，具有非常重要的意义。以前，战场指挥官只能通过有限数量的情报信息，根据自己的多年战争经验，分析推断远在战场另一端的敌人部队的可能部署样式，进而判断敌人的行动企图，最后定下自己的决心。在信息化战争中，情况就大不一样了。指挥官可以根据多种手段得到的大量情报信息，在基本清楚敌人部署的情况下，根据敌人的行动情况进行实时指挥决策。因此，在信息化战争中，拥有战场信息优势对于夺取信息化战争的胜利具有十分重要的意义。

然而，信息技术的进步虽然提高了战场的透明程度，但要想完全驱散战场"迷雾"，真正清楚"山那一边发生的一切"，还是不可能的。科索沃战争可以说是信息技术应用比较广泛的，但北约的空袭作战，仍然会因战场信息准备不足、低估对手实力等而没有达到预期的效果。这是因为先进的信息技术应用于战争中，可以扩大部队在战场上的观察探测范围，提高对战场目标的分辨能力，减小不良气候对战场目标观察探测的影响，拥有战场信息优势的一方，确实可以做到对战场上双方军队兵力兵器的配置了如指掌，清楚双方的态势，但是在战争中，对战场情况的了解与认识还存在一个关系法则，即看到了不等于知道了，知道了不等于了解了。如同下象棋，双方棋手都清楚对方每一个棋子的位置以及每步的走法，可以说是"全透明"的对抗，但仍然会有输赢。这是为什么？就是因为棋手看到的只是对方棋子的具体位置，并不知道对方每一棋子间的内在关系，更不能真正理解对方为什么要走这一步棋，下一步棋会怎么走。同样道理，当你看到了战场情况，不等于你真正知道战场情况，更不意味着你了解了对方军队的作战意图。

深入剖析信息的本质，更有助于我们进一步了解信息技术的进步为什么不能真正驱除"战争迷雾"。按对事物本质的反映程度，信息可区分为"数据""知识"和"了解"三个不同层次。数据是最低级的信息，其次是知识，了解则是最高层次的信息。就战场信息而言，数据是关于目标性质、大小、位置、状态等方面的客观反映，相对比较容易获取、鉴别、量化、再生及传递，但它们对于有效地决策作用并不大。因为，掌握大量的数据并不等于决策者了解了其含义，并能真正理解与之相关的其他东西。为使数据真正有用，我们必须通过人类的认知过程将其转变为"知识"。在这一过程中，人们通过自己主观的分析、评估和综合，使数据具有一定的含义而转变为"知识"。先进的信息技术将有利于这一过程的进行，但认知过程主要还是人的智慧在发挥作用。最后，还要结合某一特定的战场环境，把一些相关的"知识"放在一起进行综合分析，决策者才可获得对态势的更深层的"理解"，并利用这种理解去规划战场未来。大量的原始数据并不能形成对战场态势的真正了解。以伊拉克战争为例，在战争初期进展不顺的情况下，美英联军决策者并没有因原先计划受阻而乱方寸，而是采取了主动的应变策略：一方面及时调整攻击部署和进攻节奏；另一方面各级保持及时报告，以及临机处置战场情况。目前信息技术的进步，只是极大地提高了人们对数据信息的获取、处理与传递的能力，并有助于人们将获取的数据信息转化为知识。从数据信息到真正了解，这其中还有双方指挥官及其他人员的诸多主观智能因素在起作用，这是单纯的技术因素解决不了的。

（二）信息对抗将是信息化战争中双方争夺的焦点，但不能代替其他作战手段

以信息攻防为主要形式的战场信息领域对抗将是信息化战争中双方激烈争夺的焦点，是战争的主要作战样式和重要内容。离开了信息战的形式与内容，信息化战争形态的存在也就没有意义了，就像机械化战争离不开坦克战一样。人们也正是从信息战的出现开始认识信息化战争的到来的。海湾战争、波黑冲突、"沙漠之狐"行动等，都向人们显示了信息对抗在战争中的举足轻重地位与作用。伊拉克由于丧失战场制信息权，结果是不堪一击；北约发挥信息对抗手段，优势攻击要害目标，在谈判桌上运用计算机模拟战争的结果，迫使波黑各方接受和平方案。随着军队信息化程度的进一步提高，敌对双方军队在信息领域的对抗将更加激烈，信息战的地位与作用将进一步得到增强。

然而，信息战在战争中的地位再高、作用再大，也只是作战手段之一，必须与其他作战手段、样式联合作用。战争中，单纯实施信息战具有一定的局限性。物质的力量最终要用物质的手段来摧毁，信息只能"物化"为一种物质的力量，才能发挥其巨大的威力。只要战争决策者赖以进行战争的物质力量还在，他就不会真正被信息攻击所屈服。在海湾战争中，多国部队在电子信息领域进行的"白雪行动"并没有，也不可能使伊拉克屈服，其后的"沙漠风暴"和"沙漠军刀"行动才最终迫使伊拉克共和国卫队撤离科威特。因此，我们在认识信息化战争形态时，不能盲目地夸大信息战的作用，拔高其在整个战争中的地位。

作为一种新的战争形态，信息化战争将是战争双方在多个领域进行的全方位较量，在信息领域进行的信息作战只是其中的一个方面。单纯在信息领域进行的所谓非暴力战争，即某些人提到的"不战而屈人之兵"的战争，只能是人类战争的理想模式，也是人类社会发展的最高境界，在现实生活中是永远不可能存在的。战争是政治的暴力继续。如果没有了暴力性，战争也就没有存在的必要。信息技术的进步，不可能，也不会改变战争的暴力本质。在可以预见的将来，战争还将是暴力的冲突。这一点不能改变，它是我们研究一切战争的前提。

二、信息化战争要求高素质的人与信息化武器的完美结合

人和武器是从事一切战争的两大基石，缺一不可，不可偏废。先进的武器是作战胜利的物质基础，不容轻视。在同一战场上，不同质的武器间的相互对抗，胜利的可能自然偏向拥

有先进武器的一方。当然，战争毕竟是人从事的，再先进的武器也需要有人进行操纵，人是战争最后胜利的决定因素。在军事史上，每当一种新式武器出现，都会带来人与武器关系的争论。唯武器论的思想多次被人们提出，又多次被战争实践否定。在经历多次反复基础上，人们逐渐趋于统一认识。在战争中，人与武器是对立的统一，共同构成了人—机力量系统，谁也离不开谁，两者最完美的结合是部队潜在战斗力得以发挥、赢得作战胜利的关键。在信息化战争中，情况更是如此。

（一）信息智能化武器是进行信息化战争的物质力量基础

随着武器装备的更新换代，武器的技术构成越来越复杂，武器在战争中的作用也越来越大。信息化武器比起机械化的常规武器，在战斗效能方面又上了一个新台阶。比如，导弹与普通炮弹相比，不仅打得更准、打得更远，而且往往是发射后就可以不用管，对发射平台的依赖极小，还可以在多种天候条件下执行火力任务。因此，拥有导弹的一方可以在攻击时间、地点、环境条件等方面有更多的选择自由和优势。它可以在对方视距之外、对自己不构成任何影响的地方向对方发射导弹，实施精确打击。因此，大量信息智能化武器的使用，不仅是信息化战争形态出现的主要标志之一，也是构成战争力量的重要物质基础。

与以往情况不同的是，信息智能化武器在信息化战争中的地位与作用不仅重要，而且可以说是具有无可替代性，因为信息智能化武器具有超视距的非接触远程精确打击能力。敌对的双方在各自本土上，在非接触的状态下，直接可以精确地打击对方的重要战略目标。战争的直接目的往往不再表现为争城夺地，以往的力量消耗型战略已被"点穴式"精确打击战略取代，战争持续时间较短，战争一般不再经过双方长时间的力量对比转化过程才决出胜负，"外科手术式"的打击将成为信息化战争的一种重要方式。这样，武器装备落后、没有或者很少有信息化程度较高武器装备的一方，在信息化战争中将处于完全被动挨打的地位。利比亚、伊拉克就是这方面的代表。

（二）量少质高的人是从事信息化战争的主体

军事技术的不断进步，逐渐地将人的各种战争实践功能物化到武器系统中。人在战场上的直接作用越来越萎缩，战场上的士兵更多地需要依赖武器技术装备施加自己对作战的影响，相反，技术成分复杂而性能先进的武器系统在作战中的地位与作用却越来越大，从而，出现了战场上"武器排挤人"的现象。机械化时代的人员数量规模型军队正被信息时代人员精干、知识密集型军队取代。战争中，人的体力和一般技能的作用因素在降低，但人的智力和科学技术素质的作用却急剧上升。战争对人的素质提出了越来越高的要求。在以往的战争中，武器装备方面的差距还可以靠人员数量因素来弥补。然而，在信息化战争中，如果说人的因素在一定程度上还可以弥补武器装备的质量差，那么，这绝不是靠人的体力和勇敢，而更主要的是靠人的智力和较高的科学技术与文化知识素质。当然，战争毕竟是人发起的，也是人从事的，人仍然是信息化战争中的主体。正如在伊拉克战争中，虽然土耳其议会否决了允许美军通过该国开辟"北方战线"的动议，但在其前线指挥官的灵活调整和积极斡旋下，最终还是取得了北方战线的开辟。所以，战争目的的确立、战争计划的制定与实施都是人为的，战场上先进的信息化武器系统的使用也是由人控制与操作的。人在战场中的主体地位将是永恒的。

（三）高素质的人与信息智能化武器的完美结合是信息化战争制胜的关键

高素质的人与信息智能化武器的结合不是简单的相加，而是有一个适应、训练和协调的过程，并在作战思想、作战方法、组织指挥、军队编制等各个方面实现突破和革新。信息化智能武器有着极先进、有效的战术性能，但也有着极复杂的技术构成。没有长时间的素质教育和反复训练，士兵将不能很好地操作信息化武器装备；没有有效的编制体制和相应的作战方式，军队将不能很好地实现人与武器的结合，发挥出最大的战斗效能。正因为如此，拥有较多先进信息化武器的美军仍坚持认为，部队的训练与技术的优势同样重要。目前，美军为充分发挥其技术优势，实现人与武器的最佳结合，正积极推行以模拟技术为基础的第二次训练革命，使信息技术不仅物化到武器装备中，也应用于训练设备器材中，发挥巨大的训练效益。以防空作战训练为例，其关键是提高快速反应能力，这就应建立对敌隐身机群实施伏击部署或截击部署，以及加强对空射击训练，提高火炮突击能力。要实现高素质的人与信息化武器的完美结合，还需要大力加强军事理论的研究，制定有效的战略，探求高明的战术，使军队的作战行动与作战指导符合信息化战场环境条件的特点。只有这样，才能在信息化战争中充分发挥技术密集型与人才密集型的优长和作用，并使两者紧密结合起来去夺取战争的胜利。

三、信息化战争是知识密集型战争

虽然人们没有用"知识战争"的字眼来界定即将到来的新的战争形态，但是必须认识到，信息化战争是一种知识密集型战争。

战争的发展先后经历了人力密集型、技能密集型和技术密集型三个阶段，现正在向知识密集型的信息化战争发展。在古代战争中，人们主要使用刀、枪、弓箭等冷兵器，排成密集的方阵进行对抗。战争的取胜主要靠的是士兵的体能，兵强马壮、人多势众的一方取胜的把握就大。因而，这种战争可以说是一种人力密集型战争。近代火器时期，火绳枪、滑膛枪、燧发枪等各种枪、炮逐渐取代了以前的冷兵器，战场上密集的方阵变成了线式队形和散兵队形，战争取胜的基础是火药的化学热能，但由于当时的枪、炮制作工艺简单，操作使用不方便，士兵对兵器操作技能成为决定战争胜负的关键因素，这时的战争可以说是技能密集型战争。谁的部队训练严格、士兵的技能娴熟，谁就可能获取胜利。到了机械化战争时期，坦克、飞机、火炮等技术构成相对复杂的武器系统取代了简单兵器，技术密集的武器系统在战争中的作用逐渐增大。战争中，谁的武器系统技术构成复杂、技术与战术性能优越，谁的取胜把握就大。这种战争可以说是一种技术密集型战争。而在信息技术革命推动下逐渐形成发展起来的信息化战争，则将是一种知识密集型战争。其主要表现在以下几个方面。

（一）信息化战争的对抗是掌握高科技知识的人才的较量

先进的信息智能化武器系统，是人类几千年技术进步的花朵，是人类知识积累的果实。信息化战争实际上是以信息技术为核心的高技术背后的知识较量，是知识和智能的战争，说到底是人才素质的竞争与较量。

1. 信息化武器系统的开发与研制人员必须是掌握高科技知识的专家

信息化武器在信息化战争中具有无可替代的特殊重要作用。谁拥有信息化、智能化程度更高的武器，谁就拥有信息化战争的主动权。而信息化武器系统的开发与研制人员，则必须是掌握世界领先水平的高科技知识专家。制导武器、激光武器、智能武器、太空武器、基因武器等，都是当今世界最领先技术的化身。因此，谁拥有更多的高科技人才，谁就有可能占领信息化武器研制的领先地位，谁就有可能占据信息化战争中的主动。因此，从这个角度看，信息化战争的较量是高科技人才的竞争。美国不惜重金招纳能研制用计算机病毒一举摧毁对方信息网络系统的专业人才，便充分证明了这一点。

2. 信息化战争中的士兵应该是具有高学历的"知识型"士兵

随着武器装备的更新换代，人的体能和技能因素逐渐物化到武器系统之中，但对人的智能因素和知识因素却提出了更高的要求。在过去的战争中，士兵入伍几天就能基本掌握射击、投弹等军事技术，现在，一名坦克手至少需要3年、一名飞行员至少需要5年的学习和操作训练时间，才能熟练地掌握手中的武器系统。预警飞机上的工作人员，在大学毕业后还需要在相关院校经历几年的学习锻炼，才能胜任本职工作。武器装备的信息化、智能化，使得各种性能与用途的计算机系统成为武器系统中必不可少的内在组成部分，正如美国未来学家托夫勒所说的，在未来战争中，"携带计算机的士兵要多于带枪的士兵"。因此，要想真正熟练地掌握和操作这些信息化武器系统，懂计算机、真正了解计算机成为必然。而要做到这一点，操作者就必须懂得计算机的基本原理，熟悉有关计算机语言，这没有高等数学、拓扑学等方面的基础知识是不可能的。如果说，机械化武器系统的出现，要求有上过学、有文化的士兵，从而淘汰了文盲、半文盲的士兵，那么，信息化武器系统的复杂技术构成，决定了操作者应该是具有较高的文化学历层次、受过良好素质教育的"知识型"士兵。

3. 信息化战争的指挥与控制主要靠的是文化学历层次高、军事专业基础知识扎实的"儒将"

信息化战争是在陆、海、空、天、电多维空间同时展开，力量成分复杂，协调困难，战争节奏变化极快，持续时间短促，要求指挥决策必须具有科学性、精确性，这些都要求驾驭信息化战争的指挥控制人员不仅要有丰富的文化知识作为基础，还要有全面的军事专业知识作为后盾。在海湾战争中，美军高级指挥官大多是硕士和硕士以上学历，中下级军官中大学生所占的比例则高达98%，操纵"爱国者"导弹的军队中有三分之一是"白领专家"。因此，有人称海湾战争是"由硕士导演的、由大学生指挥的战争"。

因此，为了加强我国的国防和军队信息化建设，在当前和今后一个时期必须着力培养一大批政治过硬、作风优良、业务过硬的高素质军事科学特别是国防信息科学的研究人才，造就大批不同层次的国防信息专业人才。

（二）信息化战争的准备与实施更多地表现为知识能的积聚与释放过程

早在17世纪初，著名科学家培根就提出了"知识就是力量"。虽然，在工业时代人们已经认识到此话的重要性，但都没有在信息时代到来和知识经济出现以后感受得更加深刻。伴随着知识经济的到来，知识军事开始出现，信息化战争正在形成。在信息化战争中，知识不仅是部队战斗力的构成要素，而且是名副其实的第一战斗力。信息化战争的准备实际上就是知识能的积聚过程，而信息化战争的实施则表现为知识能的一种释放。

信息智能化的武器装备是信息化战争力量的物质基础。它绝不是自生自长出来的，而是掌握了丰富人类知识的科技专家们，运用自己的智慧，依据人类最新技术进步的成果，通过反复实验、研究、设计、研制、试验出来的。可以说，每一件信息化武器系统都是人类知识与科学家们智慧的某种方式的物化，其中的每一个部件都是科技知识的浓缩。没有知识作为基础，就没有先进的信息化武器装备，信息化战争也就无从谈起。

先进的信息智能化武器装备自身不能去打信息化战争。建设信息化军队、培养高素质的信息化战争人才是打赢信息化战争的关键。信息化军队的教育训练、官兵素质的提高，实际上是高科技知识的学习、积累和反复运用过程。信息化武器的操作，靠的不是体力，也不是简单的技能，而是必须以丰富的高科技知识作为基础。无论是军官还是士兵，平时的培养、训练已不再主要是集中在操场上进行简单的重复性操练，而更多的是在教室进行科学知识的学习，在作战实验室进行作战模拟试验。科技与知识是支撑信息化军队教育训练的基石。

信息化战争是浓缩型战争，时间短促，效果精确，因而，更强调战前的精密筹划。在这个精密筹划过程中，大量的时间、精力将花费在与各种战争相关知识的搜集、积累、学习过程中，而不再是筹措、调集战争物资。技术水平的提高，战争物资的筹措、调集、投送相对容易得多，而为了赢得战争，对敌方知识的深层了解要求就更高了，它包括搜集对方有关政治、经济、军事、文化、科技等大量的资料信息，从而精确确定战争目的、划定作战范围、筛选作战目标、制订严密的行动计划。"沙漠之狐"行动的成功，不能不说与美英两国对伊拉克政治、军事等方面知识的详细、透彻了解有直接关系。

信息化战争的力量准备是知识能的积聚过程，而信息化战争的实施则是知识能的释放过程。在海湾战争中，多国部队以各种卫星、电子战飞机、精确制导弹药，在陆海空天电多领域打得伊军无还手之力，仅短短的100小时便歼灭了伊军数十万精锐部队，最后，以伤亡146人、损失飞机38架的微小代价取得了战争的全面胜利。可以说，战争中双方在物质数量上的差距不是主要的，而技术、知识以及战争指导者的智能上的差距是导致战争一边倒的主要因素。因此，信息化战争的实施更多地表现为知识能的释放。打赢未来的信息化战争靠什么？关键靠科技，靠知识，靠人才。

第五节　信息化战争与国防建设

信息化战争已经成为信息化时代的主要形态的战争，同时也对国防建设提出了崭新的要求。因此，我们必须围绕信息化战争进行国防建设，全面推进国防和军队的信息化建设，把信息资源作为首要的战略资源，完善信息化战争体系，做好打赢信息化战争的准备。

一、树立国防建设新理念

国防建设要跟上时代潮流，就必须适应形势变化，不断解放思想、与时俱进。面对信息化改革的浪潮，我们要做好充分的准备，其中首要的是要提高认识，更新理念。战争形态的发展变化，强烈要求我们必须做到认识跟上时代变化、理念适应形势发展，树立与打赢信息化战争相适应的观念，为国防现代化提供先进的建设理念和指导方法。

从机械化战争到信息战，不是单纯的作战样式、方式的改变，而是战争形态的改变，并带来作战指导思想的巨大变化。信息化战争带来的是体系与体系的对抗。一是体现为战争战略目标的"软化"，重要的政治、经济、交通目标都有可能成为打击的对象，甚至只是力求通过破坏对方的作战体系瘫痪对方的系统，达到不战而屈人之兵的目的，传统的以大量歼灭敌人有生力量为主的消耗战将不复存在；二是信息威慑成为新的威慑手段，军队的行动取决于制信息权，而作战目标的选择以打乱敌方决策程序为主，同时火力运用从打覆盖面转为"点穴"，谋略的运用更加丰富多彩。国防建设是打赢信息化战争的重要基础，应对信息化战争形态带来的挑战，我们必须提高对信息化战争的全面认识，增强信息制胜的思维意识，打破传统观念，树立新型（信息）制胜观念。适应信息化战争要求，加速以武器装备和人才队伍为核心的军队信息化建设，以求在未来信息化战争中立于不败之地。因此，在谋划国防建设和发展时，要根据信息化战争对国防建设提出的新要求，在宏观规划人才、物力和财力的动员方面，在国防工程、交通、信息、防汛和医疗卫生等经济基础建设方面，都必须考虑到打赢信息化战争的要求，使国防建设适应未来信息化战争的要求。

二、培养国防信息化人才

培养能够适应信息作战要求和从事信息作战的人才，是信息化军队建设的重要内容。从某种意义上说，信息作战是具有高科技知识的人才较量，我军必须把培养人才作为作战准备的基础工程、作为刻不容缓的战略性任务。信息作战中，信息的获取、传递、处理、控制和利用都要通过人去实现、完成，计算机也需要人去操作和控制。毛泽东说过："武器是战争的重要因素，但不是决定的因素，决定的因素是人不是物。"无论信息化武器如何发展，其威力如何巨大，人是战争的决定因素这一真理是不会改变的。要赢得未来信息化战争的胜利，必须高度重视国防和军队信息化人才的培养，适应信息化战争对军事人才的需求，建设一支规模、类别、结构及其发展趋势等科学合理的人才储备，为我军现代化建设和未来作战提供强有力的人才保障和智力支撑，以求在未来的信息化战争中立于不败之地。

在信息作战中，对人才素质提出了新要求，并不是什么人都可以成为夺取信息作战胜利的决定因素。对信息作战理论和信息技术知之甚少的人，是无法取得信息作战胜利的。信息作战及数字化部队建设需要的人才，既包括一般军事人才的共性要求，也包括体现与信息作战相适应的特殊要求。这些特殊要求主要包括：在人才类型结构上，应着力建设好指挥控制、信息系统管理、信息技术运用、信息装备维护保障等各类人才队伍；在人才培养格式上，应注重人才的科技性、通用性、综合性、超前性特征；在人才素质要求上，应熟悉信息作战理论，掌握高科技知识，熟练运用信息网络系统和信息化武器系统；在人才文化层次上，应注重高学历和复合型人才培养。这些要求具体体现在政治思想素质、科学文化素质、军事专业素质、开拓创新素质、身体心理素质等方面。在国防信息人才培养的渠道上，一方面，要依托地方加强信息化人才的双向培养；另一方面，要在军事院校的教学中加大信息化的比重，在部队提高信息化条件下的训练水平，创造良好的信息化人才培养的环境和氛围。

三、加强国防信息基础建设

目前，信息化已经成为军队现代化建设的主要目标，信息化战争将成为21世纪的主要战争形态。加强国防信息基础建设，因为国防信息化是建设信息化军队、打赢信息化战争的基础和保障。国防信息基础设施是面向信息化战争需求，是加强我国国防信息基础建设的重中之重。拥有快速、准确和高效的国防信息基础设施，才能真正实现国防和军队的信息化。加强国防信息基础设施建设，具体是指在完善军事通信网一体化指挥体系的基础上实现国防信息网的综合化，智能化，为信息化战争提供技术支持和能力保障。

当前，我国的信息管理日益进步，信息系统日益完善。在信息基础设施建设不断完善和进步的今天，我国信息化程度正在逐步接近欧美发达国家水平，但在整体上还是差距明显。在关系到国家安全需要与战争需求时，我国的国防信息基础建设显得明显不足。所以，当信息化程度高低已成为战争胜负的关键因素时，提高我国国防信息基础建设成了我国国防的当务之急。现在我国仍需在以下几个重点方面下功夫，以提高目前信息基础设施的服务能力。一是加大在核心技术方面的投入，力争在这方面做到不受制于人，以核心技术为支点，拉动整个信息系统的整体前进；二是进一步创新、完善我国的信息网络系统，提升国家大型网络建设水平，提高其风险抵御能力；三是加强软件开发的能力，软件的开发与运用能力是一个国家信息化程度的宏观与具体化体现。我国软件的开发能力与世界发达国家相差大约有 5 年的差距，所以，我国提升开发软件技术的能力是十分有必要而且是有重要意义的。

四、完善国防信息动员体系

国防信息动员体系是指依靠信息技术手段建立起的快速、高效的动员组织和管理体系，它的建立是以满足信息化战争需要为目的的。加强国防动员信息化建设，实现现代战争由机械化向信息化的转型，建设快速高效的国防信息动员体系，是新形势下加强国防和军队建设的新要求，是信息化战争时代增强国防信息能力、打赢信息化战争的重要保障。

完善国防信息动员体系，必须以动员信息资源为重点，即要拓宽动员领域，把动员重点转到信息资源上来。观念是行动的向导，转变观念是完善国防体制的关键。在这个把信息化作为现代化建设的发展方向和战略重点的时代，转变观念，把国防潜力调整和动态管理的重点转到信息资源上来显得尤为重要。转变观念，要求我们加强对于信息资源密集部门和行业动员机构的管理设置，以信息动员带动其他动员，拓宽动员领域，从而进一步完善国防动员体系。

随着信息技术在军事领域的广泛应用，现代战争向信息化发展的步伐日益加快，在完善国防信息动员体系的同时，加快动员手段的信息化建设成了必然。加快动员手段的信息化建设，一是必须建立纵向贯通、横向连接的动员指挥管理体制。指挥体制是以平时领导体制为基础的，只有健全完善领导体制，加强国防动员各办事机构建设，强化动员职责，严密组织协调，增强动员系统各部门之间、动员系统与军队和政府领导机制之间的技术通用性和兼容性，动员手段的信息化建设才有保证。二是加快动员手段的信息化建设，必须加强信息化动员体制的建设，形成适应信息化国防动员要求的运行机制。动员体制的建设是国家安全与长远发展的重大战略问题。各动员系统之间的横向沟通，动员部门与军队和政府部门、社会团体之间的纵向联系，是信息化国防动员运行机制形成的关键。

完善国防信息动员体系，还需要建立起强大的群众性的国防信息体系，营造良好的国防环境。营造良好的国防环境，首先需要建立一支训练有素、战斗力极强的国防信息动员专业队伍。在依托国家信息产业的基础上，加快开发和建设可视化的动员资源配置管理数据库系统，加强对各种动员资源的潜力调查、计算机编码和分类建库工作，完善国防动员资源数据管理操作平台，充分实现信息共享，为动员指挥机构决策提供可靠保障，以提高信息领域平战转换和信息攻防作战能力。

在信息化战争时期，信息资源成为信息化战争的强大物质基础，因此加快推进国防信息化建设成为信息化时代的必然要求。习主席为我军提出了"听党指挥、能打胜仗、作风优良"的强国目标，能打胜仗，就是要能打赢现代条件下的信息化战争。目前，我军正在实现军事形态由机械化向信息化转型，为努力实现国防和军队信息化建设又好又快地发展，必须加强与民用信息技术与军事通信技术的合作，将民用先进的电子信息技术和资源转为军用，将我国信息化和通信技术的整体水平提高到一个新的高度。创新型地走机械化和信息化复合发展道路，我军才能在全球信息化的浪潮中脱颖而出，肩负起新世纪新阶段的历史使命。

思考题

1. 什么是信息化战争？
2. 信息化战争的基本特点有哪些？发展趋势怎样？
3. 谈谈你对加强信息化条件下的国防建设的认识。

第六章

共同条令教育与队列训练

　　条令，是中央军委以简明条文的形式发布给全军的命令，是军队战斗、训练、工作、生活的法规和准则。

　　中国人民解放军的条令一般分为战斗条令和共同条令。战斗条令主要规定战役战斗的准备、组织、部署、实施、指挥、保障等基本原则，用来指导训练和作战。共同条令是《中国人民解放军内务条令》（以下简称《内务条令》）、《中国人民解放军纪律条令》（以下简称《纪律条令》）、《中国人民解放军队列条令》（以下简称《队列条令》）三部条令的统称，规定军人的基本职责、权利、相互关系、生活制度、活动方式、队列行动、执勤办法、奖惩和纪律等行为准则，是全体军人必须共同遵守的法规。

第一节　共同条令简介

　　共同条令依据我军性质、宗旨，以立法的形式规定军队日常活动，包括战备、训练、工作、生活等最基本的行为准则，是全体军人必须遵照执行的法规，是我军建立正规生活、巩固纪律、培养优良作风，保证部队完成训练和作战等各项任务的根本法典，是我军实行正规化管理的科学依据。新修订的共同条令，深入贯彻毛泽东军事思想、邓小平新时期军队建设思想、江泽民国防和军队建设思想、胡锦涛国防和军队建设思想，着眼更加牢固地确立科学发展观在国防和军队建设中的重要指导方针地位，紧贴新世纪新阶段我军使命任务，坚持依法治军、从严治军，坚持以人为本，加强科学管理，继承和发扬我军优良传统，反映了信息化条件下和社会主义市场经济环境中治军带兵的特点规律，吸纳了部队近年来总结的成功经验，创新发展了我军内务建设、纪律建设和队列生活的若干制度规定，增强了时代性、科学性和规范性，是新的历史条件下军队建设的基本法规和全体军人的共同准则。

一、《内务条令》

　　《内务条令》是 2010 年 5 月 4 日经中央军委常务会议通过，胡锦涛 2010 年 6 月 3 日签署命令，全军自 2010 年 6 月 15 日施行。《内务条令》是规定军人基本职责、军队内部关系和日常生活制度的法规，是军队生活的准则、行政管理的依据。其目的是建立和维护团结统一的内部关系、紧张有序的生活秩序、严整的军容、优良的作风和严格的组织纪律，以巩固和提高战斗力，保证作战及其他任务顺利进行。

《内务条令》由 21 章 62 节 420 条、附录 11 项组成。包括：总则，军人宣誓，军人职责，内部关系，礼节，军人着装，军容风纪，与军外人员的交往，作息，日常制度，值班，警卫，零散人员管理，日常战备和紧急集合，后勤日常管理，装备日常管理，营区管理，野营管理，常见事故防范，国旗、军旗、军徽的使用和国歌、军歌的奏唱，附则等。主要内容如下：

（一）我军的性质和任务

中国人民解放军是中国共产党缔造和领导的，用马克思列宁主义、毛泽东思想和包括邓小平理论、"三个代表"重要思想以及科学发展观等重大战略思想在内的中国特色社会主义理论体系武装的人民军队，是中华人民共和国的武装力量，是人民民主专政的坚强柱石。紧紧地和人民站在一起，全心全意地为人民服务，是这支军队的唯一宗旨。中国人民解放军的任务是巩固国防，抵抗侵略，保卫祖国，保卫人民的和平劳动，参加国家建设事业。中国人民解放军在新世纪新阶段的历史使命是，为党巩固执政地位提供重要力量保证，为维护国家发展的重要战略机遇期提供坚强安全保障，为维护国家利益提供有力战略支撑，为维护世界和平与促进共同发展发挥重要作用。

中国人民解放军的内务建设，是军队进行各项建设的基础，是巩固和提高战斗力的重要保证，其基本任务是：使每个军人明确和认真履行职责，维护军队良好的内外关系，建立正规的战备、训练、工作、生活秩序，培养优良的作风和严格的纪律，保证军队圆满完成任务。

（二）军人宣誓

中国人民解放军军人，是在中国人民解放军服现役的中华人民共和国公民。

军人宣誓，是军人对自己肩负的神圣职责和光荣使命的承诺和保证。公民入伍后，必须进行军人宣誓。军人誓词是：

我是中国人民解放军军人，我宣誓：

服从中国共产党的领导，全心全意为人民服务，服从命令，严守纪律，英勇顽强，不怕牺牲，苦练杀敌本领，时刻准备战斗，绝不叛离军队，誓死保卫祖国。

（三）士兵职责

①服从命令，听从指挥，英勇顽强，坚决完成任务；
②刻苦训练，熟练掌握并爱护武器装备；
③努力学习政治，不断提高思想觉悟；
④严守纪律，服从管理，尊重领导，团结同志，爱护集体荣誉；
⑤艰苦奋斗，厉行节约，爱护公物；

⑥积极学习科学文化，提高文化素质；

⑦积极参加体育训练，锻炼身体，增强体质；

⑧遵守安全规定，保守军事秘密。

（四）内部关系

规定军人相互关系、官兵相互关系、机关相互关系、部（分）队相互关系。并强调：中国人民解放军军人，不论职位高低，在政治上一律平等，相互间是同志关系；军人依行政职务和军衔，构成首长和部属、上级与下级或者同级关系；首长有权向部属下达命令；部属对命令必须坚决执行，并将执行情况及时报告首长。中国人民解放军官兵之间关系是：官兵一致，互相尊重，互相爱护，互相帮助，努力构建团结、友爱、和谐、纯洁的内部关系，同心协力地完成任务。

（五）礼节

礼节分为军队内部的礼节、军人和部（分）队对军外人员的礼节，以及其他时机和场合的礼节。军队内部礼节，体现了军人之间的相互友爱，部属与首长、下级与上级的相互尊重。军人同党政机关工作人员、人民群众和外宾接触时，应当讲文明，有礼貌，保持和发扬我军军民一致、军政一致的优良传统。

（六）军人着装

军人应当按照规定配套穿着军服、佩戴标志服饰，做到着装整洁庄重、军容严整、规范统一。

军人退出现役后，参加国家和军队组织的重大纪念、庆典活动，通常着便服，也可以按照活动组织单位的要求，统一着退役时的军服，佩带国家和军队统一颁发的徽章。

（七）军容风纪

军容风纪是军队和军人的仪表和风貌，是军队作风纪律和战斗力的表现。它体现在军人的仪容和举止等方面，是军队精神面貌、军政素质和文化教养的表现。因此，要求军人应当军容严整、举止端正、谈吐文明、精神振作、姿态良好。

（八）与军外人员的交往

军队单位和人员在与军外人员交往中必须遵纪守法，坚决维护国家和军队的利益。

（九）作息

工作日通常保持 8 小时工作（操课）和 8 小时睡眠，并规定起床、早操、洗漱、开饭、课外活动和点名时间。星期六可以用于集体组织科学文化学习、文体活动、农副业生产等，也可以安排休息。星期日和节假日除特殊情况外应当安排休息。

（十）日常制度

军队为了建立和维护良好的战备、训练、工作和生活秩序，保证各项工作的正常进行，必须建立严格而科学的日常制度。部队的日常制度包括行政会议、请示报告、内务设置、登记统计、请假销假、查铺查哨、留营住宿，点验、交接，接待，证件和印章管理，保密等制度。

（十一）值班

军队必须建立严格的值班制度，保持常备不懈和指挥不间断，维护内部秩序和保障安全。值班是指在规定的时间、岗位由一定的人员、分队轮流担任工作或待命行动的制度。目的是使军队保持指挥不间断，保证常备不懈，确保安全，处理日常事务，维护良好的内部秩序，监督日常军事勤务的进行。

（十二）警卫

警卫指派遣武装人员（分队），对首长、机关、部队和装备、物资、重要军事设施进行警戒和保卫。目的是保障被警卫目标的安全，防止其遭受袭击和破坏。

（十三）零散人员管理

各级首长、机关应当加强对公勤人员、单独执行任务人员、探亲休假人员、伤病员等零散人员的管理教育，使他们保持良好的军人形象和严格的作风纪律，自觉维护军队的荣誉。

（十四）日常战备和紧急集合

日常战备，部（分）队必须高度重视战备工作，紧密结合形势和任务，经常进行战备教育，增强战备观念，落实战备制度，建立正规的战备秩序，保持良好的战备状态。

紧急集合，是为了应付突然情况所采取的紧急行动。部（分）队接到紧急集合的信号或命令时，应当迅速而有秩序地按照紧急集合的有关规定准时到达指定位置，完成战斗或者机动的准备。

（十五）后勤日常管理

后勤日常管理包括财务管理、伙食管理、农副业生产管理、卫生管理、军事交通运输管理、房地产管理。

（十六）装备日常管理

部（分）队必须严格执行装备管理的有关条例和规章制度，加强日常管理，防止装备丢失、损坏、锈蚀和霉烂变质，保证装备始终处于良好状态。

（十七）营区管理

部（分）队首长应当加强营区管理，教育部属和其他有关人员自觉遵纪守法，讲究文明，维护良好的工作秩序和生活秩序，保证安全和营区环境优美整洁、秩序井然。

（十八）野营管理

部（分）队在野营前，应当认真做好准备，进行思想动员和政策纪律教育，同野营地区人民政府取得联系，了解当地情况，协商解决部队所需粮秣、燃料、副食品以及其他物资器材。野营中，应当尊重当地风俗习惯，保护环境和文物古迹，遵守群众纪律，维护军政、军民团结。

（十九）常见事故防范

常见事故防范包括车辆交通事故防范、工程作业事故防范、误击误炸事故防范、火灾事故防范、淹亡事故防范、触电事故防范、中毒事故防范、飞行事故防范、舰艇事故防范、装备事故防范、爆炸事故防范、医疗事故防范、其他事故防范、自然灾害防范等。

（二十）国旗、军旗、军徽的使用和国歌、军歌的奏唱

1. 国旗的使用和国歌的奏唱

军人必须维护和捍卫国旗的尊严。军以下部队和省军区（卫戍区、警备区）、军分区（警备区），应当在工作日升挂国旗。军队院校除寒假、暑假和休息日外，应当每日升挂国旗。升降国旗的方法按照《队列条令》的规定执行。

举行升国旗仪式时，应当遵守下列规定：

①在升旗地点附近列队；

②国旗升起过程中，可以奏唱国歌；

③全体军人应当军容严整，面向国旗立正，着军服的行举手礼，着便服的行注目礼。

国歌可以于下列时机、场合奏唱：

①军队举办的庆典和重要集会；

②军队领导人主持的外事活动和军队主办的重大国际性集会；

③升挂国旗时；

④其他需要奏唱国歌的时机、场合。

2. 军旗的使用

军旗包括中国人民解放军军旗和陆军军旗、海军军旗、空军军旗。军旗是中国人民解放军的标志，是中国人民解放军荣誉、勇敢和光荣的象征。军人必须维护和捍卫军旗的尊严。

拥有军旗的部队和院校，在使用和保管时应当遵守下列规定：

①中国人民解放军军旗应当在重大节日、典礼、检（校）阅、隆重集会、游行和军人宣誓等时机使用；军种军旗应当在执行司礼任务时由仪仗队使用；使用军旗，必须经单位首长批准；

②使用军旗时，由掌旗员掌持军旗，左右各1名护旗兵，位于部队行列先头；

③迎送军旗时，军人应当严肃认真。军旗通过分队正面时，队列中的军人向军旗行注目礼，指挥员行举手礼；

④战时应当将军旗置于司令部位置，展开与否由指挥员根据情况决定；

⑤平时军旗由司令部指定专人保管，定期检查和晾晒，防止损坏；

⑥军旗不得自行制作，不得外借。

3. 军徽的使用

中国人民解放军军徽是中国人民解放军的象征和标志。军人必须爱护军徽，维护军徽的

尊严。军徽可以用于帽徽、领花、臂章、奖状、车辆、舰（船）艇、飞机、重要建筑物、会场主席台等。使用军徽应当按照比例放大或者缩小。禁止将军徽用于商业广告和有碍军徽庄严的装饰或者场合。

4. 军歌的奏唱

中国人民解放军军歌是中国人民解放军性质、宗旨和精神的体现。新兵入伍、学员入校，必须学唱军歌；国庆节、建军节等重大节日组织集会，应当奏唱军歌。

军歌可于下列场合奏唱：军队举办的庆典和重要集会；军队领导人主持的外事活动和军队主办的重大国际性集会；部队迎军旗、校阅、队列行进和集会；其他维护以及显示军队威严的时机、场合。军人奏唱军歌时应严肃认真，热情庄重。

二、《纪律条令》

《纪律条令》是 2010 年 5 月 4 日经中央军委常务会议通过，胡锦涛 2010 年 6 月 3 日签署命令，全军自 2010 年 6 月 15 日施行。《纪律条令》，是以条文的形式列出，用命令的方法颁布规定军队行政纪律的法规。它规定了纪律的内容和性质，军人维护巩固纪律的权利、义务和原则、方法、措施，是军人的基本行为准则和维护纪律、实施奖惩、进行有序管理的基本依据，具有全军一体遵行的法律效力。

军队是执行政治任务的武装集体，永远是一个战斗队，随时要做好保卫祖国、反对侵略的战争准备。我军从小到大、从弱到强，攻无不克，战无不胜，就是因为有严明的、铁的纪律。中国人民解放军是人民的军队，来自人民为人民，我军的纪律反映和代表了人民的共同意志，广大官兵将执行纪律作为天职，甚至为了维护纪律不惜牺牲个人生命。军队的纪律是贯彻执行党的路线、方针、政策，夺取作战胜利的保证。

《纪律条令》由 7 章 15 节 179 条、附录 8 项组成。包括：总则，奖励，处分，特殊措施，控告和申诉，首长责任和纪律监察，附则等。主要内容如下：

（一）中国人民解放军纪律的基本内容

①执行中国共产党的路线、方针、政策；
②遵守国家的宪法、法律、法规；
③执行军队的条令、条例和规章制度；
④执行上级的命令和指示；
⑤执行三大纪律、八项注意。

（二）中国人民解放军纪律的基本要求

①听从指挥，令行禁止；
②严守岗位，履行职责；
③尊干爱兵，团结友爱；
④军容严整，举止端正；
⑤提高警惕，保守秘密；
⑥爱护武器装备和公物；

⑦廉洁奉公，不谋私利；

⑧拥政爱民，保护群众利益；

⑨遵守社会公德，讲究文明礼貌；

⑩缴获归公，不虐待俘虏。

（三）军人遵守和维护纪律的职责

军人在任何情况下，都必须严格遵守和自觉维护纪律。本人违反纪律被他人制止时，应当立即改正；发现其他军人违反纪律时，应当主动规劝和制止；发现他人有违法行为时，应当挺身而出，采取合法手段坚决制止。

（四）奖励与处分

1. 奖励的目的和原则

奖励的目的在于鼓励先进、维护纪律，调动官兵的积极性、创造性，发扬爱国主义、共产主义和革命英雄主义精神，保证作战、训练和其他各项任务的完成。

奖励应当坚持下列原则：严格标准，按绩施奖；发扬民主；贯彻群众路线；以精神奖励为主，物质奖励为辅。

2. 对个人的奖励项目

奖励项目从低到高依次为：嘉奖、三等功、二等功、一等功、荣誉称号。

3. 处分的目的和原则

处分的目的在于严明纪律，教育违纪者和部队，加强集中统一，巩固和提高部队战斗力。

处分应当坚持下列原则：依据事实，惩戒恰当；惩前毖后，治病救人；纪律面前人人平等。

4. 处分的项目

对士兵的处分项目从低到高依次为：警告、严重警告、记过、记大过、降职或者降衔、撤职、除名、开除军籍。降职不适用于副班长；降衔不适用于列兵、下士；对上士、三级军士长实施降衔的同时降低士官等级；降职或者降衔通常只降一职或者一衔；除名不适用于士官。

对军官、文职干部的处分项目从低到高依次为：警告、严重警告、记过、记大过、降职（级）或者降衔（级）、撤职、开除军籍。

三、《队列条令》

《队列条令》是 2010 年 5 月 4 日经中央军委常务会议通过，胡锦涛 2010 年 6 月 3 日签署命令，全军自 2010 年 6 月 15 日起施行。军队是高度集中统一的武装集团，是组织严密的复杂系统，军队的特殊组织职能，决定了必须用统一的动作规范每个军人的行为。《队列条令》是规定军队队列动作、队列队形和队列指挥的军事法规，是我军队列生活的准则和队列训练的基本依据。

《队列条令》由11章71条、附录4项组成。包括：总则，队列指挥，队列队形，单个军人的队列动作，班、排、连、营、团的队列动作，分队乘坐汽车、火车、舰（船）艇和飞机，国旗的掌持、升降和军旗的掌持、授予与迎送，晋升（授予）军衔、授枪和纪念仪式，附则等。主要内容如下：

（一）制定《队列条令》的目的

治军需要法规。我国古代兵家曾经说过："凡兵，制必先定。制先定则士不乱，士不乱则刑乃明。"我军肩负着巩固国防、抵抗侵略、保卫祖国的神圣使命。在今天科学技术飞速发展、武器装备日趋复杂、分工组织更为缜密、协同要求愈加严格的情况下，要使军队的各个方面反应灵敏、运转自如，保持强大的战斗力，必须用科学、严谨、统一的法规来规范每个军人的行动。制定《队列条令》的目的就是通过对军人的站法、转法、坐下、起立、行进速度、步幅、列队方法、队列指挥以及行进中的姿态做出统一规定，来规范军人和部（分）队的队列动作、队列队形和队列指挥，保持整齐划一和严格正规的队列生活。

（二）队列纪律

坚决执行命令，做到令行禁止；姿态端正，军容严整，精神振作，严肃认真；按照规定的位置列队，集中精力听指挥，动作迅速、准确、协调一致；保持队列整齐，出、入列应当报告并经允许。

（三）队列指挥要求

指挥位置正确；姿态端正，精神振作，动作准确；口令准确、清楚、洪亮；清点人数，检查着装，认真验枪；严格要求，维护队列纪律。

第二节　单个军人的队列动作训练

队列是军人或部（分）队在进行集体行动时必须排成的队列形式。单个军人队列动作，是部队训练、队列生活和日常生活的基础动作，是加强部队作风纪律建设，培养战斗力的必要形式。其内容主要包括：立正，跨立，稍息，停止间转法，行进，立定，步法变换，行进间转法，坐下、蹲下、起立，脱帽、戴帽，宣誓，整理着装，冲锋枪、81式自动步枪手、95式自动步枪的操枪手，班用机枪手、狙击步枪手的操枪，40火箭筒手的操筒等。

一、立正、稍息与跨立

（一）立正

立正是军人的基本姿势，是队列动作的基础。军人在宣誓、接受命令、进见首长和向首长报告、回答首长问话、升降国旗、迎送军旗、奏唱国歌和军歌等严肃庄重的时机和场合，均应当立正。

口令：立正。

要领：两脚跟靠拢并齐，两脚尖向外分开约 60°；两腿挺直；小腹微收，自然挺胸；上体正直，微向前倾；两肩要平，稍向后张；两臂下垂自然伸直，手指并拢自然微曲，拇指尖贴于食指第二节，中指贴于裤缝；头要正，颈要直，口要闭，下颌微收，两眼向前平视。（图 6 - 1）

图 6 - 1 立正

（二）跨立

跨立主要用于军体操、执勤和舰艇上分区列队等场合，可以与立正互换。

口令：跨立。

要领：左脚向左跨出约一脚之长，两腿挺直，上体保持立正姿势，身体重心落于两脚之间。两手后背，左手握右手腕，拇指根部与外腰带下沿（内腰带上沿）同高；右手手指并拢自然弯曲，手心向后。携枪时不背手。（图 6 - 2）

图 6 - 2 跨立

（三）稍息

稍息是队列动作中一种休息和调整姿势的动作，可与立正交换。

口令：稍息。

要领：左脚顺脚尖方向伸出约全脚的三分之二，两腿自然伸直，上体保持立正姿势，身体重心大部分落于右脚。携枪（筒）时，携带的方法不变，其余动作同徒手。稍息过久，可以自行换脚。

二、停止间转法

（一）向右（左）转

口令：向右（左）——转。

半面向右（左）——转。

要领：以右（左）脚跟为轴，右（左）脚跟和左（右）脚掌前部同时用力，使身体协调一致向右（左）转90°，体重落在右（左）脚，左（右）脚取捷径迅速靠拢右（左）脚，成立正姿势。转动和靠脚时两腿挺直，上体保持立正姿势。

半面向右（左）转，按照向右（左）转的要领转45°。

（二）向后转

口令：向后——转。

要领：按照向右转的要领向后转180°。

持枪转动时，除按照徒手动作要领外，听到预令，将枪稍提起，拇指贴于右胯，使枪随身体平稳转向新方向，托前踵（95式班用机枪托底）轻轻着地，成持枪立正姿势。

三、行进

行进的基本步法分为齐步、正步和跑步，辅助步法分为便步、踏步、移步和礼步。

（一）齐步

齐步是军人行进的常用步法。

口令：齐步——走。

要领：左脚向正前方迈出约75厘米，按照先脚跟后脚掌的顺序着地，同时身体重心前移，右脚照此法动作；上体正直，微向前倾；手指轻轻握拢，拇指贴于食指第二节；两臂前后自然摆动，向前摆臂时，肘部弯曲，小臂自然向里合，手心向内稍向下，拇指根部对正衣扣线，并高于春秋常服最下方衣扣约5厘米（着夏常服、水兵服时，高于内腰带扣中央约5厘米；着作训服时，与外腰带扣中央同高），离身体约30厘米；向后摆臂时，手臂自然伸直，手腕前侧距裤缝线约30厘米。行进速度每分钟116～122步。（图6–3）

（二）正步

正步主要用于分列式和其他礼节性场合。

口令：正步——走。

要领：左脚向正前方踢出约75厘米（腿要绷直，脚尖下压，脚掌与地面平行，离地面约25厘米），适当用力使全脚掌着地，同时身体重心前移，右脚照此法动作；上体正直，微向前倾；手指轻轻握拢，拇指伸直贴于食指第二节；向前摆臂时，肘部弯曲，小臂略成水平，手心向内稍向下，手腕下沿摆到高于春秋常服最下方衣扣约15厘米处（着夏常服、水兵服时，高于内腰带扣中央约15厘米处；着作训服时，高于外腰带扣中央约10厘米处），离身体约 10 厘米；向后摆臂时（左手心向右，右手心向左），手腕前侧距裤缝线约 30 厘米。行进速度每分钟 110～116 步。（图 6－4）

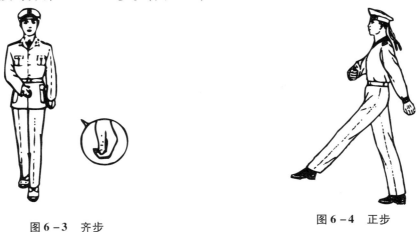

图 6－3 齐步　　　　　　　　　　图 6－4 正步

（三）跑步

跑步主要用于快速行进。

口令：跑步——走。

要领：听到预令，两手迅速握拳（四指蜷握，拇指贴于食指第一关节和中指第二节），提到腰际，约与腰带同高，拳心向内，肘部稍向里合。听到动令，上体微向前倾，两腿微弯，同时左脚利用右脚掌的蹬力跃出约 85 厘米，前脚掌先着地，身体重心前移，右脚照此法动作；两臂前后自然摆动，向前摆臂时，大臂略垂直，肘部贴于腰际，小臂略平，稍向里合，两拳内侧各距衣扣线约 5 厘米；向后摆臂时，拳贴于腰际。行进速度每分钟 170～180 步。（图 6－5）

图 6－5 跑步

（四）便步

便步用于行军、操练后恢复体力及其他场合。

口令：便步——走。

要领：用适当的步速、步幅行进，两臂自然摆动，上体保持良好姿态。

（五）踏步

踏步用于调整步伐。

停止间口令：踏步——走。

行进间口令：踏步。

要领：两脚在原地上下起落（抬起时，脚尖自然下垂，离地面约15厘米；落下时，前脚掌先着地），上体保持正直，两臂按照齐步或者跑步摆臂的要领摆动。（图6-6）

图6-6 踏步

（六）移步（5步以内）

移步用于调整队列位置。

1. 右（左）跨步

口令：右（左）跨×步——走。

要领：上体保持正直，每跨1步并脚一次，其步幅约与肩同宽，跨到指定步数停止。

2. 向前或后退

口令：向前×步——走。

后退×步——走。

要领：向前移步时，应当按照单数步要领进行（双数步变为单数步）。向前1步时，用正步，不摆臂；向前3、5步时，按照齐步走的要领进行。向后退步时，从左脚开始，每退1步靠脚一次，不摆臂，退到指定步数停止。

（七）礼步

礼步用于纪念仪式中礼兵的行进。

口令：礼步——走。

要领：左脚向正前方缓慢抬起（腿要绷直，脚尖上翘，与腿约成90°，脚后跟离地面约30厘米），按照脚跟、脚掌顺序缓慢着地，步幅约55厘米，右脚照此法动作；上体正直，两臂下垂自然伸直、轻贴身体（抬祭奠物除外）；手指并拢自然微曲，拇指尖贴于食指第二节，中指贴于裤缝。行进速度每分钟24~30步。

（八）携枪行进

持枪时，听到行进口令的预令，将枪提起，使枪身略直，拇指贴于右胯，使枪身稳固，其余要领同徒手。

背枪、肩枪、挂枪、托枪、提枪时，听到行进口令，保持携枪姿势，其余要领同徒手。

（九）携便携式折叠写字椅行进

携折叠写字椅行进时，左手提握支脚上横杠，左臂下垂自然伸直，写字板面朝外。

四、立定

口令：立——定。

要领：齐步、正步和礼步时，听到口令，左脚再向前大半步着地（脚尖向外约30°），两腿挺直，右脚取捷径迅速靠拢左脚，成立正姿势。跑步时，听到口令，再跑2步，然后左脚向前大半步（两拳收于腰际，停止摆动）着地，右脚取捷径靠拢左脚，同时将手放下，成立正姿势。踏步时，听到口令，左脚踏1步，右脚靠拢左脚，原地成立正姿势（跑步的踏步，听到口令，继续踏2步，再按照上述要领进行）。

持枪立定时，在右脚靠拢左脚后，迅速将托底钣（95式班用机枪托底）轻轻着地。其余要领同徒手。

五、步法变换

步法变换，均从左脚开始。

①齐步、正步互换。听到口令，右脚继续走1步，即换正步或者齐步行进。

②齐步换跑步。听到预令，两手迅速握拳提到腰际，两臂前后自然摆动；听到动令，即换跑步行进。

③齐步换踏步。听到口令，即换踏步。

④跑步换齐步。听到口令，继续跑2步，然后，换齐步行进。

⑤跑步换踏步。听到口令，继续跑2步，然后换踏步。

⑥踏步换齐步或者跑步。听到"前进"的口令，继续踏2步，再换齐步或者跑步行进。

六、行进间转法

（一）齐步、跑步向右（左）转走

口令：向右（左）转——走。

要领：左（右）脚向前半步（跑步时，继续跑2步，再向前半步），脚尖向右（左）约45°，身体向右（左）转90°时，左（右）脚不转动，同时出右（左）脚，按照原步法向新方向行进。半面向右（左）转走，按照向右（左）转走的要领转动45°。

（二）齐步、跑步向后转走

口令：向后转——走。

要领：左脚向右脚前迈出约半步（跑步时，继续跑2步，再向前半步），脚尖向右约45°，以两脚的前脚掌为轴，向后转180°，出左脚，按照原步法向新方向行进。转动时保持行进时的节奏，两臂自然摆动，不得外张；两腿自然挺直，上体保持正直。

七、坐下、蹲下与起立

（一）徒手坐下

口令：坐下。

要领：左小腿在右小腿后交叉，迅速坐下（坐凳子时，听到口令，左脚向左分开约一脚之长；女军人着裙服坐凳子时，两腿自然并拢），手指自然并拢放在两膝上，上体保持正直。

（二）蹲下

口令：蹲下。

要领：右脚后退半步，前脚掌着地，臀部坐在右脚跟上（膝盖不着地），两腿分开约60°（女军人两腿自然并拢），手指自然并拢放在两膝上，上体保持正直。蹲下过久，可以自行换脚。（图6－7）

图6－7 蹲下

持枪时，右手移握护木（95式班用机枪，握上护盖前端；冲锋枪、自动步枪和40火箭筒的携带方法不变），左手手指自然并拢，放在左膝上。

（三）起立

口令：起立。

要领：全身协力迅速起立，成立正姿势或者成持枪、肩枪（筒）立正姿势。

班用机枪架枪和40火箭筒架筒时，起立后取枪、筒。

携背囊（背包）起立时，听到"取背囊（背包）——起立"的口令后，按照放背囊（背包）的相反顺序进行。

携便携式折叠写字椅起立时，听到"取凳子——起立"的口令后，按照放折叠写字椅的相反顺序进行。

八、脱帽、戴帽

（一）脱帽

口令：脱帽。

要领：立姿脱帽时，双手捏帽檐或者帽前端两侧将帽取下，取捷径置于左小臂，帽徽朝前，掌心向上，四指扶帽檐或者帽墙前端中央处，小臂略成水平，右手放下。

坐姿脱帽时，双手捏帽檐或者帽前端两侧将帽取下，置于桌（台）面前沿左侧或者膝上（帽顶向上，帽徽朝前），也可以置于桌斗内。

戴贝雷帽脱帽不便放置时，将帽左右向内折叠，左手将左肩袢提起，右手将帽插入左肩

裆下，帽顶向上，帽徽朝前。（图6－8）

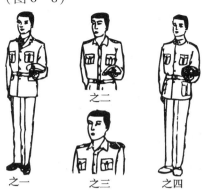

之二

之一　　　　之三　　　　之四

图6－8　脱帽

（二）戴帽

口令：戴帽。

要领：双手捏帽檐或者帽前端两侧，取捷径将帽迅速戴正。

携枪（筒）时，用左手脱帽、戴帽。需夹帽时，双手捏帽檐或者帽前端两侧，取捷径将帽取下，左手握帽墙（女军人戴卷檐帽时，将四指并拢，置于下方帽檐与帽墙之间），小臂夹帽自然伸直，帽顶向左，帽徽朝前。

九、宣誓

口令：宣誓。

　　　　宣誓完毕。

要领：听到"宣誓"的口令，身体保持立正姿势，右手握拳取捷径迅速抬起，拳心向前，稍向内合；拳眼约与右太阳穴同高，距离约10厘米；右大臂略平，与两肩略成一线；高声诵读誓词。

听到"宣誓完毕"的口令，将手放下。

十、整理着装

整理着装，通常在立正的基础上进行。

口令：整理着装。

要领：两手（持自动步枪时，将枪夹于两腿间）从帽子开始，自上而下，将着装整理好，必要时也可以相互整理。整理完毕，自行稍息。听到"停"的口令，恢复立正姿势。

第三节　分队的队列动作训练

分队队列动作训练是以班、排、连为单位的集体训练，目的是通过训练培养良好的军姿、严整的军容、协调一致的动作、严格的组织纪律性，体现我军文明之师、威武之师的精神风貌。

一、队列队形

（一）基本队形

队列的基本队形为横队、纵队、并列纵队。需要时，可以调整为其他队形。

（二）列队的间距

队列人员之间的间隔（两肘之间）通常约 10 厘米，距离（前一名脚跟至后一名脚尖）约 75 厘米。需要时，可以调整队列人员之间的间隔和距离。

（三）班的队形

班的基本队形，分为横队和纵队。需要时，可以成二列横队或者二路纵队。

（四）排的队形

排的基本队形，分为横队和纵队。

排横队，由各班的班横队依次向后排列组成。排纵队，由各班的班纵队依次向右并列组成。

排长的列队位置，横队时，在第一列基准兵右侧；纵队时，在队列中央前。

（五）连的队形

连的基本队形，分为横队、纵队和并列纵队。

连横队，由各排的排横队依次向左并列组成。连纵队，由各排的排纵队依次向后排列组成。连并列纵队，由各排的排纵队依次向左并列组成。

连指挥员的列队位置，横队、并列纵队时，位于一排长右侧，前列为连长、副连长，后列为政治指导员、副政治指导员；纵队时，位于一排长前，前列为连长、政治指导员，后列为副连长、副政治指导员（未编有副政治指导员时，后列中央为副连长）。

二、集合

集合，是使单个军人、分队、部队按照规范队形聚集起来的一种队列动作。

集合时，指挥员应当先发出预告或者信号，如"全连（或者×排）注意"，然后，站在预定队形的中央前，面向预定队形成立正姿势，下达"成××队——集合"的口令。所属人员听到预告或者信号，原地面向指挥员成立正姿势；听到口令，跑步到指定位置面向指挥员集合（在指挥员后侧的人员，应当从指挥员右侧绕过），自行对正、看齐，成立正姿势。

（一）班集合

口令：成班横队（二列横队）——集合。

要领：基准兵迅速到班长左前方适当位置，成立正姿势；其他士兵以基准兵为准，依次向左排列，自行看齐。

成班二列横队时，单数士兵在前，双数士兵在后。

口令：成班纵队（二路纵队）——集合。

要领：基准兵迅速到班长前方适当位置，成立正姿势；其他士兵以基准兵为准，依次向后排列，自行对正。

成班二路纵队时，单数士兵在左，双数士兵在右。

（二）排集合

口令：成排横队——集合。

要领：基准班在指挥员前方适当位置，成班横队迅速站好；其他班成班横队，以基准班为准，依次向后排列，自行对正、看齐。

口令：成排纵队——集合。

要领：基准班在指挥员右前方适当位置，成班纵队迅速站好；其他班成班纵队，以基准班为准，依次向右排列，自行对正、看齐。

（三）连集合

口令：成连横队——集合。

要领：队列内的连指挥员或者基准排，在指挥员左前方适当位置，成横队迅速站好；各排和连部成横队，以连指挥员或者基准排为准，依次向左排列，自行对正、看齐。

口令：成连纵队——集合。

要领：队列内的连指挥员或者基准排，在指挥员前方适当位置，成纵队迅速站好；各排和连部成纵队，以连指挥员或者基准排为准，依次向后排列，自行对正、看齐。

口令：成连并列纵队——集合。

要领：队列内的连指挥员或者基准排，在指挥员左前方适当位置，成纵队迅速站好；各排和连部成纵队，以连指挥员或者基准排为准，依次向左排列，自行对正、看齐。

（四）营集合

营集合，通常规定集合的时间、地点、方向、队形、基准分队以及应当携带的武器、器材和装具等事项。

各连按照营的规定，由连长整队带往营的集合地点，随即向基准分队取齐，然后，跑步到距主持集合的指挥员5~7步处报告人数。例如，"营长同志，×连应到××名，实到××名，请指示"。

三、离散

离散，是使列队的单个军人、分队、部队各自离开原队列位置的一种队列动作。

（一）离开

口令：各营（连、排、班）带开（带回）。

要领：队列中的各营（连、排、班）指挥员带领本队迅速离开原列队位置。

（二）解散

口令：解散。

要领：队列人员迅速离开原列队位置。

四、整齐、报数

（一）整齐

整齐，是使列队人员按照规定的间隔、距离，保持行、列平齐的一种队列动作。整齐分为向右（左）看齐和向中看齐。

口令：向右（左）看——齐。

向前——看。

要领：基准兵不动，其他士兵向右（左）转头（持枪时，听到预令，迅速将枪稍提起，看齐后自行放下），眼睛看右（左）邻士兵腮部，前四名能通视基准兵，自第五名起以能通视到本人以右（左）第三人为度。后列人员，先向前对正，后向右（左）看齐。听到"向前——看"的口令，迅速将头转正，恢复立正姿势。

口令：以×××为准，向中看——齐。

向前——看。

要领：当指挥员指定"以×××为准（或者以第×名为准）"时，基准兵答"到"，同时左手握拳高举，大臂前伸与肩略平，小臂垂直举起，拳心向右。听到"向中看——齐"的口令后，其他士兵按照向左（右）看齐的要领实施。听到"向前——看"的口令后，基准兵迅速将手放下，其他士兵迅速将头转正，恢复立正姿势。

一路纵队看齐时，可以下达"向前——对正"的口令。

（二）报数

口令：报数。

要领：横队从右至左（纵队由前向后）依次以短促洪亮的声音转头（纵队向左转头）报数，最后一名不转头。数列横队时，后列最后一名报"满伍"或者"缺×名"。连集合时，由指挥员下达"各排报数"的口令，各排长在队列内向指挥员报告人数，如"第×排到齐"或者"第×排实到××名"。

必要时，连也可以统一报数。

要领：连实施统一报数时，各排不留间隔，要补齐，成临时编组的横队队形。报数前，连指挥员先发出"看齐时，以一排长为准，全连补齐"的预告，尔后下达"向右看——齐"口令，待全连看齐后，再下达"向前——看"和"报数"的口令，报数从一排长开始，后列最后一名报"满伍"或者"缺×名"。

五、出列、入列

单个军人和分队出列、入列通常用跑步（5 步以内用齐步，1 步用正步）或者按照指挥员指定的步法执行；然后，进到指挥员右前侧适当位置或者指定位置，面向指挥员成立正姿势。

（一）单个军人出列、入列

1. 出列

口令：×××（或者第×名），出列。

要领：出列军人听到呼点自己姓名或者序号后应当答"到"，听到"出列"的口令后应当答"是"。

位于第一列（左路）的军人，按照本条上述规定，取捷径出列。

位于中列（路）的军人，向后（左）转，待后列（左路）同序号的军人向右后退1步（左后退1步）让出缺口后，按照本条的上述规定从队尾（纵队时从左侧）出列；位于"缺口"位置的军人，待出列军人出列后，即复原位。

位于最后一列（右路）的军人出列，先退1步（右跨1步），然后，按照本条有关规定从队尾出列。

2. 入列

口令：入列。

要领：听到"入列"口令后，应当答"是"，然后，按照出列的相反程序入列。

（二）班（排）出列、入列

1. 出列

口令：第×班（排），出列。

要领：听到"第×班（排）"的口令后，由出列班（排）的指挥员答"到"，听到"出列"的口令后，由出列班（排）的指挥员答"是"，并用口令指挥本班（排）按照本条的有关规定，以纵队形式从队尾（位于第一列的班取捷径）出列。

2. 入列

口令：入列。

要领：听到"入列"的口令后，由入列班（排）指挥员答"是"，并用口令指挥本班（排），以纵队形式从队尾（位于第一列的班取捷径）入列。

六、行进、停止

横队和并列纵队行进以右翼为基准，纵队行进以左翼为基准（一路纵队行进以先头为基准）。

（一）行进

指挥员应当下达"×步——走"的口令。听到口令，基准兵向正前方前进，其他士兵向基准翼标齐，保持规定的间隔、距离行进。纵队行进时，排、连通常成三路纵队，也可以成一、二路纵队。行进中，需要时，用"一二一"（调整步伐的口令）、"一二三四"（呼号）或者唱队列歌曲，以保持步伐的整齐和振奋士气。

（二）停止

指挥员应当下达"立——定"的口令。听到口令，按照立定的要领实施，分队的动作要整齐一致。停止后，听到"稍息"的口令，先自行对正、看齐，再稍息。

七、队形变换

队形变换，是由一种队形变为另一种队形的队列动作。

（一）横队和纵队的互换

1. 横队变纵队

停止间口令：向右——转。

行进间口令：向右转——走。

2. 纵队变横队

停止间口令：向左——转。

行进间口令：向左转——走。

要领：停止间，按照单个军人向右（左）转的要领实施。行进间，按照单个军人向右（左）转走的要领实施。分队动作要整齐一致。队形变换后，排以上指挥员应当行进到规定的列队位置。

（二）停止间班横队和二列横队，班纵队和二路纵队互换

1. 班横队变班二列横队

口令：成班二列横队——走。

要领：变换前先报数。听到口令，双数士兵左脚后退1步，右脚（不靠拢左脚）向右跨1步，左脚向右脚靠拢，站到单数士兵之后，自行对正、看齐。

2. 班二列横队变班横队

口令：间隔1步，向左离开；成班横队——走。

要领：听到"间隔1步，向左离开"的口令，取好间隔；听到"成班横队——走"的口令，双数士兵左脚左跨1步，右脚（不靠拢左脚）向前1步，左脚向右脚靠拢，站到单数士兵左侧，自行看齐。

3. 班纵队变班二路纵队

口令：成班二路纵队——走。

要领：变换前，先报数。听到口令，双数士兵右脚右跨1步，左脚（不靠拢右脚）向前1步，右脚向左脚靠拢，站到单数士兵右侧，自行对正、看齐。

4. 班二路纵队变班纵队

口令：距离2步，向后离开。

成班纵队——走。

要领：听到"距离2步，向后离开"的口令，取好距离；听到"成班纵队——走"的口令，双数士兵右脚后退1步，左脚（不靠拢右脚）站到单数士兵之后，自行对正。

（三）连纵队和连并列纵队的互换

1. 连纵队变连并列纵队

停止间口令：成连并列纵队，齐步——走。

行进间口令：成连并列纵队——走。

要领：连指挥员或者基准排踏步，其他排和连部逐次进到连指挥员或者基准排左侧踏步并取齐，然后听口令前进或者停止。

连、排指挥员位置的变换方法：听到口令，连长左脚继续踏1步，右脚向右前1步，进到政治指导员前方仍踏步，政治指导员继续踏步，副连长向前2步（未编有副政治指导员时，副连长向左前2步），进到连长左侧，副政治指导员向左前1步，进到政治指导员左侧，排长、司务长进到预定列队位置，继续踏步并取齐。

2. 连并列纵队变连纵队

停止间口令：成连纵队，齐步——走。

行进间口令：成连纵队——走。

要领：连指挥员或者基准排照直前进，其他排和连部停止间和行进间均踏步，待连指挥员或者基准排离开原位后，各排按照排长、连部和炊事班按照司务长的口令依次跟进。

连、排指挥员位置的变换方法：听到口令，连长向左前1步，进到副连长前方踏步，政治指导员向前2步，进到连长右侧继续踏步，副政治指导员向右前1步，进到副连长右侧继续踏步（未编有副政治指导员时，副连长右跨半步并踏步），排长、司务长进到预定列队位置继续踏步，取齐后照直前进。

（四）营横队（营并列纵队）和营纵队互换

1. 营横队（营并列纵队）变营纵队

停止间口令：成营纵队，齐步——走。

行进间口令：成营纵队——走。

要领：营指挥员或者营部照直前进，各连按照连长的口令变为连纵队，依次跟进。营并列纵队变为营纵队，营指挥员或者营部照直前进，各连按照连长的口令依次跟进。

2. 营纵队变营横队（营并列纵队）

停止间口令：成营横队（营并列纵队），齐步——走。

行进间口令：成营横队（营并列纵队）——走。

要领：营指挥员或者营部踏步，各连依次进到营部左侧变为连并列纵队踏步，并向基准分队取齐，然后，听口令前进或者停止。营纵队变为营并列纵队，营指挥员或者营部踏步，各连依次进到营部左侧踏步，并向基准分队取齐，然后，听口令前进或者停止。

八、方向变换

方向变换，是改变队列面对的方向的一种队列动作。

（一）横队和并列纵队方向变换

停止间，通常是左（右）转弯或者左（右）后转弯，必要时可以向后转。

停止间口令：左（右）转弯，齐（跑）步——走，或者左（右）后转弯，齐（跑）步——走；向后——转，齐（跑）步——走（当需要向后转走时，应当先下"向后——转"的口令，待方向变换后，再下"齐（跑）步——走"的口令）。

行进间口令：左（右）转弯——走，或者左（右）后转弯——走。

要领：一列横队方向变换时，轴翼士兵踏步，并逐渐向左（右）转动；外翼第一名士兵用大步行进并同相邻士兵动作协调，逐步变换方向（愈接近轴翼者，其步幅愈小），其他士兵用眼睛的余光向外翼取齐，并保持规定的间隔和排面整齐，转到90°或者180°时踏步并取齐，听口令前进或者停止。

数列横队和并列纵队方向变换时，第一列轴翼士兵停止间用踏步，行进间用小步，外翼士兵用大步行进，保持排面整齐，边行进边变换方向，转到90°或者180°后，听口令前进或者停止；后续各列按照上述要领，保持间隔、距离，取捷径进到前一列转弯处，转向新方向跟进。

（二）纵队方向变换

停止间，通常是左（右）转弯，或者左（右）后转弯，必要时可以向后转。

停止间口令：左（右）转弯，齐（跑）步——走；左（右）后转弯，齐（跑）步——走；向后——转，齐（跑）步——走（按照横队和并列纵队向后转走的方法实施）。

行进间口令：左（右）转弯——走，或者左（右）后转弯——走。

要领：一路纵队方向变换时，基准兵在左（右）转弯时，按照单个军人行进间转法（停止间，左转弯走时，左脚先向前1步）的要领实施，在左（右）后转弯时，用小步边行进边变换方向，转到90°或者180°后，照直前进；其他士兵逐次进到基准兵的转弯处，转向新方向跟进。

数路纵队方向变换时，按照数列横队和并列纵队方向变换的要领实施。

第四节　敬　礼

敬礼分为举手礼、注目礼和举枪礼。

一、敬礼

（一）举手礼

口令：敬礼。

要领：上体正直，右手取捷径迅速抬起，五指并拢自然伸直，中指微接帽檐右角前约2厘米处（戴卷檐帽、无檐帽或者不戴军帽时，微接太阳穴，约与眉同高），手心向下，微向外张（约20°），手腕不得弯曲，右大臂略平，与两肩略成一线，同时注视受礼者。（图6-9）

之二

之三

之一

图6-9　举手礼

（二）注目礼

要领：面向受礼者成立正姿势，同时注视受礼者，并目迎目送（右、左转头角度不超过45°）。

（三）举枪礼（用于阅兵式或者执行仪仗任务）

口令：向右看——敬礼。

要领：右手将枪提到胸前，枪身垂直并对正衣扣线，枪面向后，离身体约10厘米，枪口与眼同高，大臂轻贴右胁；同时左手接握表尺上方，小臂略平，大臂轻贴左胁；同时转头向右注视受礼者，并目迎目送（右、左转头角度不超过45°）。（图6-10）

图6-10　举枪礼

二、礼毕

口令：礼毕。

要领：行举手礼者，将手放下；行注目礼者，将头转正；行举枪礼者，将头转正，右手将枪放下，使托前踵轻轻着地，同时左手放下，成持枪立正姿势。

三、单个军人敬礼

要领：单个军人在距受礼者 5~7 步处，行举手礼或者注目礼。

徒手或者背枪时，停止间，应当面向受礼者立正，行举手礼，待受礼者还礼后礼毕；行进间（跑步时换齐步），转头向受礼者行举手礼（手不随头转动），并继续行进，左臂仍自然摆动（图 6-11），待受礼者还礼后礼毕。

图 6-11　行进间徒手敬礼

携带武器（除背枪）等不便行举手礼时，不论停止间或者行进间，均行注目礼，待受礼者还礼后礼毕。

四、分队、部队敬礼

（一）停止间敬礼

要领：当首长进到距本分队（部队）适当距离时，指挥员下达"立正"的口令，跑步到首长前 5~7 步处敬礼。待首长还礼后礼毕，再向首长报告。例如："团长同志，×连正在进行队列训练，应到××名，实到××名，请指示，连长×××。"报告完毕，待首长指示后，答"是"，再敬礼。待首长还礼后礼毕，而后跑步回到原来位置，下达"稍息"口令或者继续进行操练。

（二）行进间敬礼

要领：由带队指挥员按照单个军人行进间敬礼的规定实施，队列人员按照原步法行进。

第五节　阅　兵

阅兵，是一项重要的军事制度，也是对武装力量检阅的一种仪式。通常在国家重大节日、军队出征、凯旋、大型军事演习、庆典、校阅和授旗、授奖等时机举行。阅兵不仅能展示国威、军威，振奋军心、民心，鼓舞士气，而且是军队现代化、正规化建设的重要标志。

一、阅兵权限

阅兵，由党和国家领导人，中央军事委员会主席、副主席、委员及团以上部队军政主官或者被上述人员授权的其他领导和首长实施。通常由 1 人检阅。

二、阅兵形式

阅兵，分为阅兵式和分列式。通常进行两项，根据需要，也可以只进行一项。

三、阅兵程序

阅兵，分为上级首长检阅和本级首长检阅。当上级首长检阅时，由本级军事首长任阅兵指挥；当本级军政主要首长检阅时（由 1 人检阅，另 1 名位于阅兵台或者队列中央前方适当位置面向部队），由副部队长或者参谋长任阅兵指挥。

摩托化步兵团阅兵程序是：

（一）迎军旗

迎军旗，在阅兵式开始前进行。

（二）阅兵式

团阅兵式的队形，通常为营横队的团横队，或者由团首长临时规定。列队时，各枪手、炮手分别持枪（95 式自动步枪手、冲锋枪手挂枪）、持炮、携 40 火箭筒手肩筒。必要时，可以架枪、架炮。

阅兵式程序如下：

1. 阅兵首长接受阅兵指挥报告

当阅兵首长行至本团队列右翼适当距离时，或者在阅兵台就位后（当上级首长检阅时，通常由团政治委员陪同入场并陪阅），阅兵指挥在队列中央前下达"立正"的口令，随后跑到距阅兵首长 5 ~ 7 步处敬礼，待阅兵首长还礼后礼毕并报告。例如："师长同志，摩托化步兵第 × 团列队完毕，请您检阅。"报告后，左跨 1 步，向右转，让首长先走，而后在其右后侧（当上级首长检阅时，团政治委员在团长右侧）跟随陪阅。

2. 阅兵首长向军旗敬礼

阅兵首长行至距军旗适当位置时，应当立正向军旗行举手礼（陪阅人员面向军旗行注目礼）。

3. 阅兵首长检阅部队

当阅兵首长行至团机关、各营部、各连及后勤分队、装备分队队列右前方时，团机关由副团长或者参谋长、各营部由营长、各连由连长、后勤分队和装备分队由团指定的指挥员下达"敬礼"的口令。听到口令后，位于指挥位置的军官行举手礼，其余人员行注目礼，目迎目送首长（左、右转头不超过45°）；阅兵首长应当还礼，陪阅人员行注目礼。当首长问候"同志们好！"或者"同志们辛苦了！"时，队列人员应当齐声洪亮地回答："首——长——好！"或者"为——人民——服务！"，当首长通过后，指挥员下达"礼毕"的口令，队列人员礼毕。

4. 阅兵首长上阅兵台

阅兵首长检阅完毕后上阅兵台，阅兵指挥跑步到队列中央前，下达"稍息"口令，队列人员稍息。当上级首长检阅时，团政治委员陪同首长上阅兵台，然后跑步到自己的列队位置。

（三）分列式

团分列式队形由团阅兵式队形调整变换，或者由团首长临时规定。

团分列式，应当设4个标兵。一、二标兵之间和三、四标兵之间的间隔各为15米，二、三标兵之间的间隔为40米。标兵应当携带自动步枪，并在枪上插标兵旗。

班用机枪手、狙击步枪手托枪，81式自动步枪手提枪，95式自动步枪手、冲锋枪手挂枪，40火箭筒手托筒，重机枪手、高射机枪手扛枪，迫击炮手、无坐力炮手扛炮（通常成结合状态）。

分列式程序如下：

1. 标兵就位

分列式开始前，阅兵指挥在队列中央前，下达"立正""标兵，就位"的口令。标兵听到口令，成一路纵队持（托）枪跑步到规定的位置，面向部队成立正姿势。

2. 调整部（分）队为分列式队形

标兵就位后，阅兵指挥下达"分列式，开始"的口令，尔后，跑步到自己的列队位置。听到口令后，各分队按照规定的方法携带武器（掌旗员扛旗），团、营指挥员分别进到团机关和营部的队列中央前，各分队指挥员进到本分队队列中央前，下达"右转弯，齐步——走"的口令，指挥分队变换成分列式队形。

3. 开始行进

变换成规定的分列式队形后，团机关由副团长或者参谋长下达"齐步——走"的口令。听到口令后，团指挥员、团机关人员齐步前进，其余分队依次待前一分队离开约15米时，分别由营长、连长及后勤分队、装备分队指挥员下达"齐步——走"的口令，指挥本分队人员前进。

4. 接受首长检阅

各分队行至第一标兵处，将队列调整好。进到第二标兵处，掌旗员下达"正步——走"

的口令，并和护旗兵同时由齐步换正步，扛旗换端旗（掌旗员和护旗兵不转头）。此时，阅兵首长和陪阅人员应当向军旗行举手礼。副团长或者参谋长和各分队指挥员分别下达"向右——看"的口令，队列人员听到口令后（可以呼喊"一、二"），按照规定换正步（81 式自动步枪手换端枪）行进，并在左脚着地的同时向右转头（位于指挥位置的军官行举手礼，并向右转头，各列右翼第一名不转头）不超过 45°注视阅兵首长，此时，阅兵台首长应当行举手礼。

进到第三标兵处，掌旗员下达"齐步——走"的口令，并与护旗兵由正步换齐步，同时换扛旗；其他分队由上述指挥员分别下达"向前——看"的口令，队列人员听到口令后，在左脚着地时礼毕（将头转正），同时换齐步（81 式自动步枪手换提枪）行进。

当上级首长检阅时，团长和团政治委员通过第三标兵后，到阅兵首长右侧陪阅。各分队通过第四标兵，换跑步到指定的位置。待最后一个分队通过第四标兵，阅兵指挥下达"标兵，撤回"的口令，标兵按照相反顺序跑步撤至预定位置。

（四）阅兵首长讲话

分列式结束后，阅兵指挥调整好队形，请阅兵首长讲话。讲话完毕，阅兵指挥下达"立正"口令，向阅兵首长报告阅兵结束。当上级首长检阅时，由团政治委员陪同阅兵首长离场。

（五）送军旗

送军旗，在阅兵首长讲话后或者分列式结束后进行，具体方法按有关规定实施。

四、阅兵训练

阅兵训练包括阅兵式训练和分列式训练。阅兵训练时，先练停止间动作，后练行进间动作；先练单兵基础动作，后练排面动作；最后练方队动作。

（一）阅兵式训练的内容、方法与步骤

1. 阅兵式队形

徒步方队和持枪方队的队形通常为：列与列 100 厘米（前一列脚尖与后一列脚尖），人与人的间隔为 60 厘米（人体中心线间隔）；带队指挥员并列位于方队基准兵右侧，基准兵与左侧指挥员间隔为 60 厘米；右侧指挥员与左侧指挥员间隔为 85 厘米。方队右侧指挥员右脚的外侧距右一方队左路士兵左脚外侧 3 步。

2. 军姿训练

军姿，是阅兵训练中极其重要的基础内容之一，自始至终应抓紧抓好。阅兵中的每一个动作都是在良好端庄的军人姿态下完成的，没有挺拔的军姿，军人的气质就体现不出来，方队的横线、纵线、斜线就不整齐。

军姿训练时，要从脚部到头部认真进行检查纠正，包括两脚尖分开 60°、站立的方向、收腹挺胸的力度、两肩和头部动作是否规范、眼的动作和面目表情以及上体前倾的角度等。

在掌握动作要领的基础上，逐步增加站立的时间，最后达到站立 1 小时身体无不良反应。

军姿训练，可采取个人体会、排面练习和方队练习相结合的方法。长时间站立时，最好以方队训练为主。

3. "三线"训练

"三线"是指方队每列的横线（脚线、手线、腰带线、胸线、肩线、帽檐线，持枪时弹匣线、枪刺线）、各路的纵线（脚线、手线、肩线、帽顶中央线，持枪时弹匣线、枪刺线）和方队的大、小斜线（脚线、手线、帽檐线，持枪时弹匣线、枪刺线）。"三线"训练是阅兵式训练的重点内容。

"三线"训练时，可按照先单排面、多排面，后单路、多路，最后方队合练的顺序进行。可采取"站线练习"的方法。具体方法是：在训练场地画上横线（线与线距离为 100 厘米）和纵线（线与线间隔为 60 厘米）进行站线训练，人员的脚尖与横线齐，纵线位于两脚中央。可以拉线绳进行检查、纠正。

4. 敬礼训练

阅兵式敬礼包括方队指挥员下达"敬礼、礼毕"口令、举手礼和其他人员的注目礼动作。方队阅兵式敬礼训练要达到准、齐、正、神。"准"是指挥员下达"敬礼、礼毕"口令的时机准确，口令要准确无误。"齐"是指挥员的敬礼、礼毕动作与方队人员行注目礼、将头转正动作要整齐一致。"正"是指人员站立的方向正、头型正，眼睛看得正。"神"是指两眼睁大有神，黑眼球居中，上眼皮微向上挑，保持 30 秒不眨眼。

阅兵式敬礼训练，可采取个人体会、排面练习和方队合练相结合的方法。方队合练时，可由一人充当阅兵首长，反复练习敬礼的时机和敬礼动作。

5. 致答词训练

回答首长问话时声音要整齐、洪亮，吐字清晰、有节奏，由低向高拔音，声音整齐一致。致答词训练不必占用更多的正课时间，可利用训练开始或者训练即将结束的时间进行练习。先练单排面、多排面，后方队合练。

（二）分列式训练的内容、方法与步骤

分列式是阅兵的重要内容，训练前要选好"三兵"，即方队的"基准兵"（第一列第一名以及各列的排头兵）、每列中的"钉子兵"（根据排面人员的多少来确定）、方队四周的"框子兵"（第一列、右一路、左一路、最后一列）。"三兵"是方队的骨架，起着控制步速、步幅和稳定方队的作用。要将军姿端正、动作过硬、心理素质好的人员放在"三兵"的位置上，在方队合练阶段还要专门抽时间对他们进行训练，以解决他们行进方向、步速、步幅和保持间隔、距离等问题。

1. 分列式队形

团分列式队形由团阅兵式队形调整变换，或者由团首长临时规定。

步方队和持枪方队的分列式队形通常为：列与列的间隔为 120 厘米（前一列脚尖与后一列脚尖）；人与人的间隔为 60 厘米（人体中心线间隔，也可以根据队列人员的胖瘦情况适当增减）；带队指挥员位于第一列中央前 3 步处（排面较大时可以增加距离）。带队指挥员

距前一方队最后一列 20 步。

2. 单排面训练

单排面训练是在基本完成单兵训练的基础上进行的。通过训练达到排面的"四齐""三等"。即头线齐、胸线齐、臂线齐（枪刺线齐）和脚线齐，等步幅、等步速、等间隔。

训练前首先确定排面人员和间隔。排面编成时应按照前高后低、右上高左后低的原则，排头与排尾的高差最好在 2 厘米之内，在上级没有对人员间隔提出要求的情况下，不能只笼统规定人员间隔 10 厘米，要根据人员的具体情况来确定。排面和间隔编排不合理，会影响排面的整齐和方队的整体效果。

要抓好"三个第一步"训练：

踏步换齐步的第一步。整齐、规范的踏步是走好齐步的基础。要求踏步时脚抬起的高度要一致，上体要正直、稳固，头、胸、前后臂要在一条线上，脚要踩准乐点。听到"前进"的口令，继续踏两步后，出脚换齐步时，左脚脚跟蹬地的动作要整齐一致、踩在重音上，脚线要齐。此时，上体要正直，右臂在前，左臂在后，手摆在一条线上，步幅要准确。

齐步换正步的第一步。平时齐步行进的速度较快，而分列式的乐曲较慢。所以，齐步行进时，前后摆臂要到位，用摆臂的速度来控制脚的速度。摆臂肘的用力点在拇指与食指的接触点。向前摆臂时，手的前部有向前推的感觉。左脚跟蹬地、右臂前摆和左臂后摆的三个点要同时打在重音上，不抢、不拖，步伐要稳健。

带队指挥员在距离敬礼线 6 米处下达"向右——看"的口令，听到口令，喊"一、二"时，每个字要走两步，不要抢拍和拖音，要与音乐同步。带队指挥员第一步正步时（右脚尖与敬礼线齐），脚踢出要有力，脚的高度要一致，脚尖线要齐，前、后摆臂的位置准确，手、臂线齐。左脚着地时，落在重音上，将乐点踩死，同时向右转头 45°（持枪时，枪刺导向前时向右转头）。换正步后，步幅、步速要准确、稳健。要一步定音（第一步脚着地的声音要齐），三步定好节奏（三步内步速要和音乐合在一起）。

正步换齐步的第一步。当最后一列右脚踩在"礼毕"时，带队指挥员下达"向前——看"的口令，喊完"一、二"后，于左脚换齐步着地的同时，将头转向前（持枪方队指挥员的转头动作与方队人员相一致），换齐步行进。正步换齐步时，排面的转头和齐步脚着地动作要整齐一致。换齐步后，步幅、步速要准确，上体正直不松散。

3. 多排面训练

多排面训练是单排面向方队合成训练过渡的重要途径，是阅兵训练必不可少的训练过程，训练时可采取递进的方式，从单排面、双排面到三个以上排面进行训练。多排面着重解决排面的横线、纵线整齐，小斜线齐以及保持间隔、距离等问题。

小方块训练——在多排面训练的开始阶段，可将多排面分成几个小方块（3×5 或者 5×6）进行分练。分练的目的是让受阅人员熟悉、适应，学会小排面的标齐、向前对正和小斜线的标齐。

小方块合成训练——通过小方块训练，大家基本掌握了对正、标齐的要领后，再将几个小方块合到一起，进行多排面训练。

在单排面和多排面训练阶段，一定要统一动作和标准。有时间也可以进行单路纵队和多路纵队的练习，把基础动作打牢固，为方队合练准备条件。

4. 方队合成训练

方队合成训练，是在单兵训练和排面训练的基础上进行的，是阅兵训练的最后阶段。方队合练要按照先静态、后动态，先阅兵式、后分列式，先分解动作、后连续动作，先近距离、后长距离的顺序进行。

方队合练的程序和方法如下：

阅兵式训练——每次合练，都要先抽出一定的时间进行阅兵式训练，利用练"站功"的时间，教练员对士兵的军姿，方队的横线、纵线、斜线进行检查纠正，达到军姿端正、精神振作、"三线"整齐。在结束前练习"敬礼"和"致答词"，达到指挥员下达"敬礼、礼毕"口令的时机适当、声音洪亮，方队转头动作整齐一致，回答首长问话声音洪亮、有力、整齐（练习时可以由一人充当首长练习"敬礼"和"致答词"）。

分列式训练——先进行调整队形训练，每次可练习几段（此动作属于过渡性动作，不要占用太多的时间）。队形调整后，开始时可先进行分段训练，一个动作基本练整齐后再进行下一个动作，最后再进行分列式的全程练习，根据要领掌握的程度，逐步加大行进的距离。

思考题

1. 什么是共同条令？
2. 军队颁布共同条令的意义是什么？
3. 三大条令的主要内容有哪些？

第七章

武器装备与轻武器射击

第一节　武器装备知识

一、武器装备概述

武器装备是用于实施和保障战斗行动的武器、武器系统和与之配套的其他军事技术器材的统称。包括用以杀伤敌有生力量、破坏敌方各种设施的战斗装备和实施技术与后勤保障的各种保障装备。前者如刺刀、枪械、火炮、坦克和其他装甲战斗车辆、作战飞机、战斗舰艇、鱼雷、水雷、地雷、火箭、导弹、核武器、化学武器、生物武器等各种武器和武器系统。后者如通信指挥器材、侦察探测器材、雷达、声呐、电子对抗装备、情报处理设备、军用电子计算机、辅助飞机、勤务舰船、运输车辆以及防核、化学、生物武器的观测、侦察、防护、洗消等三防装备；布雷、探雷、扫雷器材、爆破器材、渡河器材和军用工程机械等工程装备；军用测绘器材和气象保障器材等。武器装备是建设武装力量和进行战争的物质基础和技术手段，其发展水平体现了一个国家的军事、经济实力和科学技术水平。武器装备的现代化是国防现代化的重要标志。武器装备的发展，是与人类生产的发展密切联系的。随着社会生产力的发展，科学技术的进步和战争的需要，武器装备从原始的冷兵器、火器发展到导弹、核武器等现代武器装备。在整个发展过程中，始终贯穿着其自身的矛盾运动。

二、各类武器装备简介

1. 枪械

枪械一般指利用火药燃气能量发射弹头，口径小于 20 毫米的身管射击武器。常简称为枪。枪械主要用于发射枪弹，杀伤暴露的有生目标和毁伤薄壁装甲目标，是步兵作战的主要武器，也广泛装备于其他军种和兵种；同时还应用于治安、狩猎和体育竞赛。军用枪械分为手枪、冲锋枪、步枪、机枪以及特种枪;警用武器中的枪械多为手提式枪械;常见的民用枪械有猎枪和运动枪。军用枪械中,常用的手枪可按构造分为转轮手枪和自动手枪;冲锋枪有普通冲锋枪与微型冲锋枪之分;步枪除普通步枪外,还有突击步枪、狙击步枪和骑枪;机枪通常分为轻机枪、重机枪、通用机枪和大口径机枪等;特种枪包括霰弹枪、防暴枪、救生枪、信号枪以及其他一些有特殊性能的枪械。枪械还可按自动化程度分为非自动、全自动和半自动等三种,全自动和半自动的枪械统称为自动枪械。非自动枪械,仅能单发,每次装填枪弹和发射都是由人工完成的;全自动枪械可利用火药燃气能量或其他非人力外界能源实现自动装填和连发射击;半自动枪械能完成自动装填,但也仅能单发,不能连发。现代军用枪械一般都是自动枪械,而民用枪械则多为只能单发射击的半自动或非自动枪械。

2. 火炮

火炮是以火药为能源发射弹丸,口径在 20 毫米以上的身管射击武器。是军队实施火力突击的基本装备。火炮种类较多,配有多种弹药,可对地面、水上和空中目标射击,歼灭、压制有生力量和技术兵器,摧毁各种防御工事和其他设施,击毁各种装甲目标和完成其他特种射击任务。

3. 装甲车辆

装甲车辆是具有装甲防护的战斗车辆及其保障车辆的统称。是现代陆军的重要装备。坦克是其中的基本车种,其发展、改进对其他装甲车辆有决定性影响。装甲车辆有履带式和轮式两类。按作战使用可分为战斗车辆和保障车辆。战斗车辆有坦克、步兵战车、装甲输送车,具有装甲防护的自行火炮、自行高射炮、自行火箭炮、导弹发射车,装甲侦察车、装甲指挥车和装甲通信车等。保障车辆有坦克架桥车、装甲扫雷车、装甲布雷车、战斗工程车、装甲抢救车、装甲抢修车、装甲救护车和装甲补给车等。装甲车辆上分别配有火炮、机枪、火箭炮和导弹等武器。为保护乘员、载员及车内设备、机件免受或减轻各种武器的伤害和破坏,装甲车辆通常都有密闭的全装甲防护、三防装置及各种伪装器材。采用坦克底盘制成的装甲车辆通常可防炮弹,其他装甲车辆一般只能抵御枪弹和炮弹破片。各类保障车辆装有各种不同用途的特种设备。较轻的装甲车辆多具有水陆两用性能,有的还可以空运、空投。

4. 军用飞机

军用飞机是用于直接参加战斗、保障战斗行动和进行军事训练的各种飞机的总称。是航空兵的主要技术装备。主要包括:歼击机、轰炸机、歼击轰炸机、强击机、反潜巡逻机、侦察机、军用运输机、预警机、电子对抗飞机、空中加油机和军用教练机等。有人也把军用直升机列为军用飞机。军用飞机主要由机体、动力装置、起落装置、飞行控制系统、液压气压系统、燃料供给系统、电源系统等组成,并有机载通信设备、导航设备以及救生设备等。作战飞机还有武器系统和电子对抗设备等。飞机机体由机身、机翼和尾翼等组成。有的飞机机身内设有炮塔和炸弹舱。为保证向喷气发动机提供足够的空气,提高进气效率,在机体或发动机舱前面装有专门的进气口和进气道。机体主要用铝合金制成。关键受力部件采用高强度钢或钛合金,20 世纪 80 年代开始试用铝锂合金、碳素纤维和各种复合材料,且应用日益扩大,有的歼击机机体结构中复合材料所占的重量已达 20% ~30%。作战飞机可装航空机关炮并携带导弹、火箭弹、炸弹和鱼雷等武器，用于攻击空中、地面、水面或水下目标。

5. 舰艇

舰艇是通常装备有武器，主要在海洋进行战斗活动或勤务保障的海军船只。广义上也包括其他军用船艇，俗称军舰，是海军的主要装备。现代舰艇的技术复杂、知识密集，集中反映一个国家的工业水平和科学技术最新成就。具有坚固的船体结构、良好的航海性能、较强的生命力，以及与其使命相适应的作战能力或勤务保障能力。一般由船体结构，武器系统，动力装置，探测、通信和导航系统，船体设备，舰艇管路系统，防护设施，以及工作和生活舱室，油、水、弹药舱和器材舱等构成。战斗舰艇中，有以航空母舰为基地的舰载攻击机、舰载歼击机、舰载反潜机、舰载预警机以及舰载侦察机和电子对抗飞机等；有战略导弹潜艇装备的潜地导弹，其他战斗舰艇装备的舰舰导弹、舰空导弹、反潜导弹和鱼雷、水雷、舰炮、深水炸弹、电子对抗系统；还有反水雷舰艇装备的扫雷具和猎雷设备。每艘战斗舰艇按其使命任务装有一至数种武器，并大多配有火力控制系统和指挥控制自动化系统。登陆作战舰艇除有各种登陆装备外，还装有一定数量的自卫武器。勤务舰船只装备有少量的自卫武器。

6. 导弹

导弹指依靠自身推进能控制其飞行弹道，将弹头导向并毁伤目标的武器。导弹有多种分类方法，按发射点与目标位置的关系可分为：从地面发射攻击地面目标的地地导弹；从地面发射攻击空中目标的地空导弹；从岸上发射攻击水面舰艇的岸舰导弹；从空中发射攻击地面目标的空地导弹；从空中发射攻击水面目标的空舰导弹；从空中发射攻击空中目标的空空导弹；从水下潜艇发射攻击地面目标的潜地导弹；从水面舰艇发射攻击空中目标的舰空导弹；从水面舰艇发射攻击水面舰艇的舰舰导弹；从空中发射攻击水下潜艇的空潜导弹；从水面舰艇发射攻击水下潜艇的舰潜导弹；从水下潜艇发射攻击水下潜艇的潜潜导弹等。按攻击活动目标的类型可分为：反坦克导弹、反舰导弹、反潜导弹、反飞机导弹、反弹道导弹导弹、反卫星导弹等。按飞行弹道可分为：主动段按预定弹道飞行，发动机关机后按自由抛物体轨迹飞行，再入段仍按自由抛物体轨迹飞行或机动飞行的弹道导弹；主要以巡航状态在大气层内飞行的巡航导弹等。按推进剂的物理状态可分为：固体推进剂导弹和液体推进剂导弹。按作战使用可分为：打击战略目标的战略导弹和打击战役战术目标的战术导弹。导弹通常由推进系统、制导系统、弹头、弹体结构系统 4 部分组成。导弹推进系统是为导弹飞行提供推力的整套装置，又称导弹动力装置。它主要由发动机和推进剂供应系统两大部分组成，其核心是发动机。导弹制导系统是按一定导引规律将导弹导向目标、控制其质心运动和绕质心运动以及飞行时间程序、指令信号、供电、配电等的各种装置的总称。其作用是适时测量导弹相对目标的位置，确定导弹的飞行轨迹，控制导弹的飞行轨迹和飞行姿态，保证弹头（战斗部）准确命中目标。导弹制导精度是导弹制导系统的主要性能指标之一，也是决定导弹命中精度的主要因素。打击固定目标时，导弹命中精度用圆概率偏差（CEP）描述。导弹弹头是导弹毁伤目标的专用装置，亦称导弹战斗部。它由弹头壳体、战斗装药、引爆系统等组成。有的弹头还装有控制、突防装置。战斗装药是导弹毁伤目标的能源，可分为核装药、普通装药、化学战剂、生物战剂等。引爆系统用于适时引爆战斗部，同时还保证弹头在运输、贮存、发射和飞行时的安全。导弹弹体结构系统是用于构成导弹外形、连接和安装弹上各分系统且能承受各种载荷的整体结构。为了提高导弹的运载能力，弹体结构质量应尽量减轻。因此，应采用高比强度的材料和先进的结构形式。导弹外形是影响导弹性能的主要因素之一。具有良好的气动外形，对于巡航导弹以及在大气层内飞行速度快、机动能力强的战术导弹来说，要求更为突出。

20 世纪 80 年代末以来，世界形势发生了巨大变化。新的国际形势，新的军事科学理论（包括新的战争理论），新的军事技术与工业技术成就，必将为导弹武器的发展开辟新的途径。未来的战场将具有高度立体化（空间化）、信息化、电子化及智能化的特点，新武器也将投入战场。为了适应这种形势的需要，导弹正向精确制导化、机动化、隐形化、智能化、微电子化的更高层次发展。战略导弹中的洲际弹道导弹的发展趋势是：采用车载机动（公路和铁路）发射，以提高生存能力；提高命中精度，以直接摧毁坚固的点目标；采用高性能的推进剂和先进的复合材料，以提高"推进—结构"水平；寻求反拦截对策，并在导弹上采取相应措施。20 世纪 90 年代末和 21 世纪初，美、俄两国服役的部分洲际弹道导弹性能将得到很大提高。战术导弹的发展趋势是：采用精确制导技术，提高命中精度；携带多种弹头，包括核弹头和多种常规弹头（如子母弹头等），提高作战灵活性和杀伤效果；既能攻击固定目标也能攻击活动目标；提高机动能力与快速反应能力；采用微电子技术，电路功能集成化，小型化，提高可靠性；实现导弹武器系统的系列化、模块化、标准化；简化发射设备，实现侦察、指挥、通信、发射控制、数据处理一体化。

7. 军用卫星

军用卫星用于各种军事目的的人造地球卫星。20 世纪 50 年代末期，人类开始试验把人造地球卫星用于军事目的，到 20 世纪 60 年代中期，已有多种军用卫星相继投入使用。20 世纪 70 年代以来，军用卫星得到很大发展，形成功能不同、总体配套的各种军用卫星系统，成为一些国家作战指挥系统和战略武器系统的重要组成部分，其中的某些军用卫星还作为"国家技术手段"，在裁军及军备控制中发挥重要作用。到 1995 年年底，在世界各国发射的 4300 余颗人造地球卫星中，军用卫星的数量约占 2/3。军用卫星的发展趋势是：一星多用，提高生存能力、自主工作能力、抗干扰能力和延长工作寿命；实现全天时、全天候覆盖地球和实时传输信息；发展轻小型卫星及其战术应用。

军用卫星是各种军用卫星系统的空间部分，根据用途通常分为：侦察卫星、军用通信卫星、军用气象卫星、军用导航卫星、军用测地卫星、截击卫星和军事技术试验卫星等。某些民用卫星也兼有军事用途。

侦察卫星又分照相侦察卫星、电子侦察卫星、海洋监视卫星、预警卫星和核爆炸探测卫星。这些卫星主要用来侦察、监视别国的战略部署、大规模军事行动、突发事件、重要武器系统的试验进展，以及边境冲突等。所使用的侦收谱段，覆盖了从 γ、X 射线到紫外线、可见光、红外线以及无线电波段。侦察卫星一般都具有多功能和较长的寿命，其侦察的信息能实时或准实时地传输，借以满足军事上准确、及时的要求。

军用通信卫星包括战略通信卫星和战术通信卫星。战略通信卫星提供全球的战略指挥、控制、通信和情报传输，其中包括各种侦察卫星获取的信息和数据的传输；战术通信卫星则提供地区性战术通信，包括军用飞机、舰船、车辆，乃至小分队或单兵背负终端的移动通信。战略、战术通信卫星正向着合二为一的方向发展。卫星通信具有抗干扰性能好，机动灵活性大，可靠性高，生存能力强等优点。

军用气象卫星是设在天上的气象站，主要用来为陆、海、空军提供气象保障，一般由几颗卫星组网，利用星上各种遥感器，拍摄云图和获取其他定量气象参数，提供全球范围的战略地区和任何战场上空的实时气象资料。与民用气象卫星相比，军用气象卫星具有保密性强和图像分辨率高等特点。军用气象卫星系统也常常与照相侦察卫星系统相配合，以便有效地获取重要军事目标的清晰照片；军用气象卫星获得的数据还可用来校正其他军用卫星轨道测量和洲际导弹的弹道，提高卫星的测轨精度和导弹的命中精度。

军用导航卫星主要是为核潜艇、地面战车、空中飞机、水面舰艇、地面部队甚至单兵提供精确位置、速度和时间信息。导航卫星网一般由运行在不同轨道平面的导航卫星组成。美国"导航星"全球定位系统由21颗工作星和3颗备用星组成，利用其军用专用码，三维定位精度达十几米。

军用测地卫星在地面台站的配合下，组成全球卫星测地网，可用于测量地球上任何一点的坐标和所需地区的地形图，特别是侦察卫星系统发现的战略目标的地理坐标。同时也用于测定本国战略导弹武器系统发射点（导弹发射井或核潜艇）的坐标。有的军用导航卫星也具有测地功能。

截击卫星由运载器射入预定轨道，能发现和跟踪敌方航天器，并利用自身爆炸，或发射火箭、炮弹、激光或粒子束等手段将航天器击毁。它的发展将导致外层空间的军事化。

8. 雷达

雷达是利用电磁波探测目标并测定其位置、速度和其他特征的电子设备。雷达具有发现目标距离远、测定目标坐标速度快、能全天候工作等特点，在军事上广泛应用于警戒、引导、武器控制、侦察、测量、航行保障、敌我识别和气象观测等方面，是一种重要的军用电子技术装备。雷达在国民经济和科学研究等领域中也广泛应用。最典型的雷达是脉冲雷达，主要由定时器、发射机、收发开关、天线、接收机、显示器、天线控制装置和电源等部分组成。雷达的战术性能指标主要包括最大探测距离，最小探测距离，方位和仰角探测范围，测定目标坐标的数量、精确度、分辨力、数据率、跟踪速度、反干扰能力以及体积、重量、功率消耗、环境条件、机动性、可靠性、可维修性等。最大探测距离是衡量雷达探测能力的重要参数，通常表征为在确定的观测环境及规定的发现概率和虚警概率条件下雷达在天线波束最大增益方向上探测目标的距离，其大小主要取决于雷达向空间发射的射频能量、接收机的灵敏度、天线有效面积和目标的雷达截面积等。精确度指雷达测定的目标坐标数据偏离其真实值的误差。分辨力表示雷达对位置邻近的两个目标加以区分的能力，通常有距离分辨力和角度（方位、仰角）分辨力，有的雷达还有速度分辨力。距离分辨力是指对同一方向上的两个目标之间最小可区分的距离，主要取决于雷达接收系统输出的回波信号脉冲宽度。角度分辨力是指对相同距离上的两个不同方向的目标之间最小可区分的角度，主要取决于天线波束宽度。雷达所能区分的距离或角度越小，它的分辨力就越高。数据率指单位时间内雷达所能提供的一个目标数据的次数，它表征搜索雷达的工作速度。反干扰能力指雷达在干扰环境中有效地获取目标信息的能力。对雷达的干扰包括敌方有意施放的有源干扰和无源干扰、邻近电子设备的电磁干扰以及自然界存在的地物干扰、海浪干扰与气象干扰等。为此必须采取相应的战术技术措施，提高雷达的反干扰能力。

雷达的分类方法有多种。按运载方式雷达可分为地面雷达、舰艇雷达、机载雷达、气球载雷达、弹载雷达、航天雷达等；按工作波段可分为米波雷达、分米波雷达、厘米波雷达、毫米波雷达等；按接收目标信号能源的性质可分为一次雷达、二次雷达和无源雷达；按技术体制特点可分为脉冲雷达、连续波雷达、圆锥扫描雷达、单脉冲雷达、动目标显示雷达、脉冲多普勒雷达、脉冲压缩雷达、频率捷变雷达、三坐标雷达、相控阵雷达、合成孔径雷达、超视距雷达和多基地雷达等。按照承担的作战任务不同，又可分为：

用于警戒和引导的雷达：①对空情报雷达，用于搜索、监视与识别空中目标，包括警戒雷达、目标指示雷达和引导雷达。②对海警戒雷达，用于探测水面舰艇和低空、超低空飞行的目标，一般安装在各种类型的水面舰艇上或架设在海岸、岛屿上。③机载预警雷达，安装在预警飞机上，用于探测空中各种高度（尤其是低空、超低空）的飞行目标，同时还兼有指挥引导的功能。④弹道导弹预警雷达，用于探测洲际、中程与潜地弹道导弹，并能测定其瞬时位置、速度、发射点、弹着点等弹道参数。这种雷达多采用相控阵体制，对导弹的探测距离可达数千千米，并能同时跟踪数百个目标。⑤超视距雷达，工作在短波波段，用于探测地平线以下区域内的目标。有天波和地波两种类型：天波超视距雷达利用电磁波在电离层和地面之间跳跃传播，超视距探测在大气层中飞行的战略轰炸机和巡航导弹等目标；地波超视距雷达一般部署在沿海地区，辐射的电磁波沿海面绕射传播，超视距探测海面和空中目标。

用于武器控制的雷达：①炮瞄雷达，用来自动跟踪敌机，连续地测定目标坐标的实时数据，并通过射击指挥仪控制火炮瞄准射击。②导弹制导雷达，用来引导和控制战术导弹的飞行，有地面型和舰载型。③机载截击雷达，装在歼击机上，用来对敌机精确定位，控制航炮或导弹瞄准射击。④机载轰炸雷达，装在轰炸机上，用来搜索和识别地面或海面目标。它配有专用计算机，能根据载机的飞行参数和气象条件等，计算出投弹的准确位置。⑤导弹末制导雷达，装在导弹弹头内，在导弹飞行的末段，自动控制导弹飞向目标。⑥弹道导弹跟踪雷达，能连续测定弹道导弹的坐标和速度，并精确预测其未来位置。有相控阵与单脉冲两种体制。用于搜索和精密跟踪来袭的导弹目标，识别真弹头，测定其轨道，制导反弹道导弹。也用于弹道导弹试验的靶场测量。⑦鱼雷攻击雷达，装在鱼雷艇和潜艇上，用来搜索、跟踪海面目标，为鱼雷射击指挥仪提供目标的坐标和运动参数，保证鱼雷攻击。

用于侦察的雷达：①战场侦察雷达，供陆军部队用于侦察和监视战场上敌方运动中的车辆和人员。②炮位侦察校射雷达，地面炮兵用来测定敌方炮弹的飞行轨迹，确定其发射阵地并观测己方弹着点的坐标以校正火炮射击。③活动目标侦察校射雷达，用来探测地面或海面运动目标，并测定弹着点或水柱对目标的偏差，以校正地炮或岸炮射击。④侦察与地形测绘雷达，是一种机载合成孔径雷达，用来侦察和测绘地面或海面固定目标，有的也能探测活动目标。它具有很高的分辨力，可获得清晰度很高的图像。

用于航行保障的雷达：①航行雷达，装在飞机上，用来观测飞机前方气象情况、空中目标和地形地物，保证飞机飞行安全。②航海雷达，装在舰艇上，用来观测岛岸目标，以确定舰位，并根据所显示的航路情况，引导和监督舰艇安全航行。③着陆（舰）雷达，在复杂气象条件下，用来引导飞机安全着陆或着舰。④地形跟随雷达和地形回避雷达。地形跟随雷达和计算机、飞行控制系统配合，能使飞机与地面保持一定高度，跟随地形起伏飞行；地形回避雷达在遇到障碍物时，能提供回避信号，使飞机绕过障碍物飞行。主要用来保障飞机低空、超低空飞行安全。

用于气象观测的雷达：主要有测风雷达、测云雷达和测雨雷达等。用来探测空中云、雨的状态，测定云层高度和厚度，测定不同大气层里的风向、风速及各种气象要素，为保障航空、航海、火炮射击、导弹和航天器发射、核试验及其他军事行动提供气象情报。

有些雷达和大型兵器上还装有雷达敌我识别系统，用于配合雷达识别目标的敌我属性。它是一种二次雷达，由询问机和应答机组成。询问机与雷达配置在一起，而应答机则安装在飞机或舰艇上。当雷达发现目标时，采用密码询问和应答的方式，对目标进行识别。

三、我国的兵器概况

兵器就是直接用于杀伤敌人有生力量和破坏敌方作战设施的装备。如：化学、生物（细菌）、火箭、导弹、核武器、飞机、军舰，等等。兵器对军事、战争都十分重要。随着科技的发展，兵器发生了质的飞跃，无论是突防能力、生存能力和毁伤效能都得到了前所未有的增强。由于采用了先进的制导技术，不仅射程远，而且精度高、威力大，海湾战争战略空袭一开始，美军在1000多公里外，只用一枚"战斧"式巡航导弹就将伊拉克的首都巴格达的电信大楼摧毁，伊军的"中枢神经系统"遭到了"外科手术式"的打击，这充分说明，在未来战争中，战争的胜负将不取决于谁的兵力有多少，而是兵器的先进性。

兵器种类很多，今天只讲海、陆、空三大类部分兵器。

（一）我国海军兵器的编制种类

我国海军诞生于1949年4月23日，在保卫祖国海防斗争中不断发展壮大，为维护国家领海主权做出了重大贡献。

1. 水面舰艇部队

海军装备的战斗舰艇主要有航空母舰、导弹驱逐舰、护卫舰、导弹艇、鱼雷艇、护卫艇、猎潜艇、布雷艇、扫雷艇、登陆艇、气垫船，等等。装备勤务舰船主要有：运输船、油船、水船、冷藏船、工程船、消磁船、医院船、救生船、侦察船等，舰艇上的主要武器有：中、小口径的舰炮，各类型号的舰艇导弹，反潜武器，航空导弹，有的舰艇上还装备有舰载直升机，航空母舰上还装备歼击机等作战飞机。

2. 潜艇部队

潜艇部队是以潜艇为基本装备，主要在水下执行作战任务的兵种，是海洋战场的主要突击力量，它具有良好的隐蔽性，强大的突击力和持续作战能力。其主要任务是对敌陆上主要目标实施核袭击，破坏敌海上交通线，攻击敌各型水面舰船，实施反潜、侦察、布雷、救护、护送特种部队登陆等，主要装备有常规动力鱼雷艇、核动鱼潜艇和飞航式导弹潜艇，还有各类型号的鱼雷、水雷、飞航式导弹和弹道导弹等武器。

（二）空军武器装备

1. 空军的组成和实力

我国空国正式诞生于 1949 年 11 月 11 日。我国空军有 47 万人，大约 5700 架作战飞机，是仅排在苏联和美国之后的世界上第三只最大的空中力量，中国空军在作战编制上分属七个战区，即：北京军区、沈阳军区、济南军区、南京军区、广州军区、成都军区和兰州军区，空军作战部队被编在空军师为数不多的军中，每个空军师包括三个飞行团，每个飞行团，包括三个飞行中队，每个飞行中队有三个小队，每个小队有 4～5 架飞机，一个地勤维修分队，以及一些运输机和教练机。空军拥有一支本土防御作战歼击机部队，它由大约 400 架"歼5""歼6""歼7""歼8"飞机组成，还有一支战术歼击部队，它由 1000 多架"歼5""轰5"和"强5"飞机组成。我国的战略轰炸机部队主要由 120～140 架"轰6"和"轰5"飞机组成，可携带 120～150 枚核导弹，全天候的"轰7"型超音速轰炸机。国内约有 380 个航空基地，常用的 250 个，临时使用的约 150 个，全国高速公路均是战争时期的天然起降跑道。

2. 空军现有机型

（1）歼击机

歼击机就是用于歼灭空中敌机和飞航式空袭兵器的飞机，也就是说通常叫战斗机。我们现在有歼5、歼6、歼7 和歼8 四个系列的歼击机，其中歼6 列为主力机，现有 3000 余架，歼5 是 20 世纪 50 年代的旧型机，目前只保留了 300 架，较新型的歼7 战斗机在空军约 350 架，其中歼 M 是早期歼 7B 的改进型，它装有我国新型的"涡喷–7B"发动力，最大爬升速率为 10800 米/分，最大持续转弯速度为 14.7 度/秒，航程为 1740 公里，最大速度为 2.05 马赫，它还加装西方的航空电子设备，包括测距雷达、平视显示器和火控计算机，是一种较先进的出口型飞机。

（2）强击机

强击机又称地攻击机和战斗轰炸机，我国生产数量最多的强击机是强5 型，它配备有测距雷达、惯性导航系统、平视显示器、空气数据显示器等一批航空电子设备，机身下有 10 挂架，可携带 6 枚 250 公斤重的炸弹、2 枚红外寻的空中格斗炸弹等，目前这种飞机只用于出口。

（3）轰炸机

我国空军现有轰5、轰6 和轰7 三个系列的轰炸机。轰5 生产了 650 架，用于空军承担作战任务的只有 120 架，其余的用作教练机和侦察机。轰6 是用于承担战略轰炸任务的主力轰炸机，目前仍在生产。轰7 是我国自行研制的新型作战飞机，装有 2 台斯穴 202 发动机的原型机，1989 年 11 月试飞，该机外形与英国的"狂风"有几分相像，4 个挂架装在翼下，翼尖有空空导弹发射导轨，安装有 28 毫米的机关炮，是我空军最新的轰炸机。

（4）直升机

我国空军有直升机 400 余架，包括直5、直6、"超黄蜂"、直8、"海豚"、直9、"云雀"、超美洲豹等，直 8 是在黄蜂基础上研制的，20 世纪 90 年代已装备部队，直 9 是空军装备最新型的直升机。

（三）我国装甲部队武器装备

我国装甲部队的装甲兵统称坦克部队，分属各集团军，每个坦克师由师、旅、团、营、连编成，每个师有五个战斗团，三个坦克团，一个高炮团，一个装甲步兵团。每个团有三个营，每个营有三个连，每个连有三个排，每个排有三个车。我国的装甲战斗车辆有：

1. 步兵战车

步兵战车是中国陆军中一种新型的装甲战斗车辆，在步兵战车出现之前，只有装甲输送车。目前，中国陆军的步兵战车为 WZ501 式，是按苏联的步兵战车仿制的，现已批量生产，并装备部队，它主要是战斗全重稍轻、速度较快。它主要的武器是一门 73 毫米滑膛炮，装有 4 枚按苏联"赛格"反坦克导弹仿制的红箭反坦克导弹，该车水陆两用，车内有滤毒增压风扇，车长、炮手和驾驶员配有红外夜视仪器，全重 13.6 吨，主要武器是一门 25 毫米的机关炮，另外还有一挺 7.62 毫米的机枪。

2. 装甲输送车

中国装甲车输送车主要执行以下任务：将步兵和军用物资输送到战场；必要时也可担负步兵战车的任务，并以车上火力支援下车作战的步兵；对付低空飞行目标与担任侦察。中国陆现有陆军装备的装甲输送车有：77 式、80 式、95 式。

3. 装甲侦察车辆

装甲侦察车的任务是担任侦察、警戒和巡逻任务，保证军队的通信联络和协同。中国陆军中用于侦察的有 63 式水陆坦克和 62 式轻坦克以及普通的装甲输送车。63 式水陆坦克装有一门 85 毫米火炮，一挺 7.62 毫米并列机枪和一挺 12.7 毫米高射机枪。有的车辆还在火炮上装有中国产的激光测距仪。该坦克水陆两用，依靠车后的两个喷水推进器在水上行驶。62 式轻坦克是 59 式坦克的轻便型，主要用于侦察，不能水上行驶，也没有滤毒增压风扇等装置。

第二节 轻武器常识

一、轻武器概述

轻武器的传统概念是指手枪、步枪、冲锋枪、轻机枪等枪械及其他各种由单兵或班组携行战斗的武器，又称"轻兵器"。根据现代战争的特点，轻武器所包含的范畴已扩大到包括单兵或班组使用的其他武器，如手榴弹、火箭筒及单兵防空导弹、步兵反坦克导弹等。轻武器的主要装备对象是步兵，也广泛装备于其他军种和兵种。其主要作战用途是杀伤有生力量，毁伤轻型装甲车辆，破坏其他武器装备和军事设施。轻武器重量轻、体积小、便于携带、使用方便，特别适用于近战，是军队中装备数量最多的武器。

（一）内涵与分类

轻武器的英文术语是 small arms，最初仅指可供单兵携带的枪械，如手枪、冲锋枪、步枪等，后经发展才包括了各种大小口径的机枪、榴弹发射器、火箭发射器和无坐力发射器等。中国现代的轻武器主要包括枪械和手榴弹、枪榴弹、榴弹发射器、火箭发射器和无坐力发射器，此外还有轻型燃烧武器和单兵导弹等。中国学术界习惯上将上述各种轻武器概括为两大类，但有两种观点：一种观点认为轻武器可分为枪械和近战武器；另一种观点认为轻武器应当分为枪械、榴弹武器和其他类型轻武器。两种观点都可见于某些轻武器专著、文件、标准或辞书中。

轻武器的主体是枪械，一个国家枪械（尤其是步枪）的发展水平，可以看作是其轻武器发展水平的标志。枪械通常包括手枪、冲锋枪、步枪、机枪和特种枪（霰弹枪、防暴枪、救生枪、信号枪）等。手榴弹的基本弹种是杀伤手榴弹，另外还有反坦克、燃烧、烟幕等弹种。枪榴弹主要有杀伤、破甲、烟幕、燃烧和照明等类型。榴弹发射器可分为枪械型和迫击炮型两大类。枪械型又有结合在步枪枪管下面的枪挂式榴弹发射器、步枪式肩射榴弹发射器（也称榴弹枪）和机枪式架射自动榴弹发射器（也称榴弹机枪）之分；迫击炮型可抵地发射，主要包括掷弹筒和弹射榴弹发射器。火箭发射器包括各类火箭筒、枪发大威力攻坚火箭弹和其他小型火箭发射装置。无坐力发射器有后喷火药燃气式和平衡抛射式两种。轻型燃烧武器包括便携式喷火器及其他一些专用燃烧器材。便携式喷火器是一种单兵使用的喷射火焰射流的近距火攻武器，主要用于消灭依托工事据守的有生力量，抗击冲击的集群步兵，特别适于攻击坑道、洞穴和火力点等坚固工事。单兵导弹为一种单兵可以携行使用的导弹，主要用于反坦克或防低空飞行目标作战。

（二）发展简史

火器的产生源于至迟9世纪初中国发明的火药。1259年中国制成的以黑火药发射子窠的竹管突火枪，被认为是世界上最早的身管射击火器。欧洲枪械的发展大致经过了以下过程：14世纪出现火门枪，15世纪出现火绳枪，16世纪出现燧石枪（又称燧发枪），19世纪初出现击发枪，19世纪中叶出现金属弹壳定装弹后装击针枪，19世纪下半叶出现弹仓枪，19世纪末出现自动枪械。在这长达600余年的发展过程中，枪械本身由前装到后装，由滑膛到线膛，由非自动到自动，经历了多次重大的变革。19世纪中叶以前，枪械的发展主要集中在提高点火方法的方便性和可靠性方面，19世纪末开始在提高射速方面有了突破性的进展。同时，枪械的品种由少到多，重量逐渐减轻，口径由大到小，射程由近及远，射速也逐渐提高，才发展到今天这样的水平。

（三）特点和作用

轻武器的主要特点是重量轻、体积小，可由单兵或战斗班组携行作战；能单独使用，配套设备少，后勤保障简单；使用方便，开火迅速，火力密度大；环境适应性强，可以在恶劣的自然条件下作战，携带方便，人能到的地方轻武器就能到，特别适于在近战和敌后斗争中使用；品种较多，能适应多种作战任务：杀伤人员、毁伤装甲、打击低空目标、引火焚烧、施放烟幕、镇压暴乱等；轻武器结构简单，易于制造，便于维护保养，成本低廉，适于大量生产、大量装备，是军队中装备数量最多的武器。

　　轻武器具有其他武器不可替代的战术功能。持枪步兵是各国军队的主体。在现代战场上部队不会只局限于一地作战，地面攻防战斗往往是在看得见的距离上进行交火。轻武器的主要作用是：①进攻战斗中实施近距离火力突击和支援近距离步兵突击；②防御战斗中在较远距离上狙击或压制进攻之敌，在近距离内遏止和粉碎敌步兵的冲击；③在特种环境中（丛林、山岳、城镇等）作战使用；④在反装甲的梯次火力配系中，步兵使用的火箭发射器、无坐力发射器以及破甲枪榴弹和反坦克手榴弹是近距离的火力骨干；⑤毁伤低空飞行目标（直升机、低空飞行的飞机等），杀伤降落中的伞兵；⑥是游击作战、警戒、巡逻、侦察和自卫的必备武器。

二、主要枪械简介

（一）56 式半自动步枪

1. 战斗性能

　　56 式半自动步枪是步兵分队在近战中消灭敌人有生力量的主要武器。它对 400 米内的单个目标射击效果最好，集中火力可射击 500 米内的飞机、伞兵和杀伤 800 米内的集团目标，弹头飞行到 1500 米仍有杀伤力。半自动步枪战斗射速每分钟 35～40 发。使用 56 式普通弹，在 100 米距离上能射穿 6 毫米厚的钢板，15 厘米厚的砖墙，30 厘米厚的土层和 40 厘米厚的木板。

2. 主要诸元

　　口径 7.62 毫米，枪全重 3.85 千克，枪全长 1.33 米，普通弹初速 735 米/秒，弹头最大飞行距离约 2000 米。

　　图 7-1 所示为 56 式自动步枪模型不完全分解图。

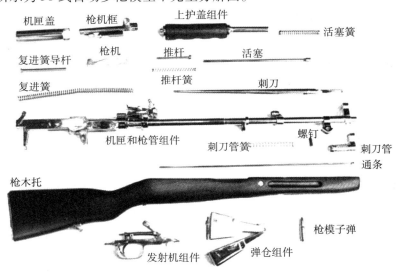

图 7-1　56 式半自动步枪模型不完全分解图

3. 半自动步枪主要机件名称和用途

半自动步枪由枪刺（刺刀）、枪管、瞄准具、活塞及推杆、机匣、枪机、复进机、击发机、弹仓、木托十大部组成。另有一套附品。其中，枪刺（刺刀）用以刺杀敌人。枪管用以赋予弹头的飞行方向。瞄准具由表尺和准星组成，用以瞄准。弹仓用以容纳和托送子弹。可装上 10 发子弹。木托便于操作。木托上有下护木、枪颈、枪托、托底板和附品筒巢。附品用以分解结合、擦拭上油、携带和排除故障。附品包括擦拭杆、鬃刷、冲子、附品筒、通条、油壶、背带和子弹袋。

4. 半自动步枪的分解结合

半自动步枪的分解结合是为了擦拭、上油、检查和排除故障。其分解结合的要领是：

①分解：拔出通条和取出附品筒—卸下机匣盖—抽出复进机—取下枪机—卸下活塞筒。

②结合：装上活塞筒—装上枪机—装上复进机—装上机匣盖—装上附品筒和通条。

（二）81 式自动步枪

1. 81 式自动步枪的主要诸元

口径 7.62 毫米，枪全重 3.5 千克，枪全长 1105 毫米（不装刺刀 955 毫米，枪托折叠状态 730 毫米），普通弹的初速 710 米/秒，弹头最大飞行距离约 2000 米。81 式自动步枪十大部件名称：刺刀（匕首）、枪管、瞄准具（准星、缺口）、活塞及调节塞、机匣、枪机、复进机、击发机、弹匣、枪托。

2. 81 式自动步枪的战斗性能

81 式自动步枪与 81 式班用轻机枪组成班用枪族，活动机件和弹匣、弹鼓可以互换，并能用实弹直接从枪管发射 40 毫米枪榴弹，对单位目标在 400 米内射击效果最好，集中火力可以射击 500 米内的飞机、伞兵及集团目标，弹头在 1500 米处仍有杀伤力，在 290 米内使用枪榴弹可杀伤有生力量和击毁装甲目标。

3. 81 式自动步枪的射击方法与战斗射速

可实施短点射（2~5 发），长点射（6~10 发）和单发射。点射每分钟 90~110 发，单发射每分钟 40 发，理论射速每分钟 680~750 发。

4. 81 式自动步枪的杀伤破坏力

使用 56 式普通弹在 100 米距离上能射穿 6 毫米厚的钢板、15 厘米厚的砖墙、30 厘米厚的土层和 40 厘米厚的木板。使用杀伤枪榴弹，在 290 米距离内射击时，有效杀伤半径为 14 米，使用破甲枪榴弹在 290 内射击，其破甲能力为 250 毫米。

（三）54 式手枪

1. 54 式手枪的主要诸元

口径 7.62 毫米，枪全重 0.85 千克，枪全长 195 毫米，装满子弹的弹匣重量 0.16 千克，初速 420 米/秒，弹头最大飞行距离 1630 米，弹匣可装 8 发子弹。50 米内射击效果最好，弹头在 500 米处仍有杀伤力，战斗射速为每分钟 30 发。在 25 米的距离上能射穿 3 毫米厚的钢板、6 厘米厚的砖墙、35 厘米厚的土层和 10 厘米厚的木板。

54 式手枪六大部件名称：枪管、套筒、击发机、套筒座、复进机、弹匣。

图 7-2 所示为 54 式手枪。

图 7-2　54 式手枪

（四）子弹

子弹由弹头、弹壳、底火和发射药组成。弹头，用以杀伤敌人的有生力量；弹壳用以容纳发射药，安装弹头和底火；底火，用以点燃发射药；发射药，用以产生火药气体，推送弹头前进。子弹的种类、用途和标志包括：

①普通弹：用以杀伤敌人的有生力量。

②曳光弹：主要用以试射、指示目标和作信号。命中干草能起火。曳光距离可达 800 米。弹头头部绿色。

③燃烧弹：主要用以引燃物体。弹头头部红色。

④穿甲燃烧弹：主要用以射击飞机和轻装甲目标（在 200 米距离上穿甲厚度为 7 毫米）。

图 7-3 所示为子弹的结构。

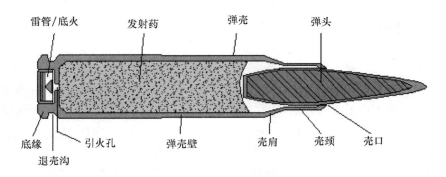

图 7 - 3　子弹的结构

第三节　简易射击学原理

一、发射与后座

火药气体压力将弹头从膛内推送出去的现象，叫发射。发射时，武器向后运动的现象，叫后座。

后座对命中的影响：

由于弹头在膛内运动的时间极短（约千分之一秒），并且枪比弹头重得多，所以弹头在脱离枪口以前，枪的后座距离只有 1 毫米多，而且基本上是直向后运动的。在弹头脱离枪口的瞬间，由于火药气体猛烈向枪口喷出，形成反作用力，所以枪的后座明显增大。射手感觉到的后座就是这时的后座。但此时，弹头已脱离枪口，因此，对单发和连发首发的命中影响极小。

二、弹道形状及其实用意义

（一）弹道

弹头脱离枪口在空气中飞行的路线，叫弹道。

（二）直射及其实用意义

1. 直射

瞄准线上的弹道高在整个表尺距离内不超过目标高的发射，叫直射。这段距离叫直射距离。

2. 直射的实用意义

战斗中，对在直射距离内的目标可以不变更表尺分划，瞄准目标下沿射击，以增大射速，提高射击效果。运用直射组织侧射、斜射和夜间标定射击，能获得良好效果。

（三）危险界、遮蔽界和死角

弹道高没有超过目标高的一段距离，叫危险界。

从弹头不能射穿的遮蔽物顶端到弹着点的一段距离叫遮蔽界。

了解危险界、遮蔽界和死角的实用意义，是为了在战斗中更好地荫蔽身体，发扬火力，灵活地利用地形地物，荫蔽地接近敌人，以减少被敌火的杀伤；并选择适当的射击位置，以侧射、斜射火力消灭死角的敌人。

三、选定表尺分划和瞄准点

（一）瞄准具的作用

弹头在飞行中，受地心吸力和空气阻力的作用，逐渐下降和越飞越慢。如果用枪管瞄向目标射击，弹头就会打低、打近。为了命中目标，必须将枪口抬高。各个距离上枪口抬高多少，在表尺上刻有相应的分划，只要按照目标的距离装定相应的表尺分划瞄准射击，就能命中目标。

（二）选定表尺分划和瞄准点的方法

为使射弹准确命中目标，射击时，射手应根据目标距离、目标大小和弹道高，选定适当的表尺分划和瞄准点。

①目标距离几百米，装定表尺具，瞄目标中央。

②目标距离不是百米整数时，通常选定大于实距离的表尺分划，适当降低瞄准点。也可选定于实距离的表尺分划，适当提高瞄准点射击。

③目标在300米距离内，通常装定表尺"3"或常用表尺，小目标瞄下沿，大目标瞄中央。

四、外界条件对射击的影响及修正

（一）风对射弹的影响及修正

1. 风向、风力的判定

按风向与射向所成角度可分为：横风、斜风、纵风（顺风和逆风）按风力大小可分为：

强风风速8～12米/秒，相当于5～6级风。现象：旗帜刮成水平并哗哗响，草倒于地面，粗树枝摇动，烟被吹成水平并很快散开。

和风风速4～7米/秒，相当于3～4级风。现象：旗帜展开并飘动，草不停地摆动，细树枝晃动，烟被吹斜但未散开。

弱风风速2～3米/秒，相当于2级风。现象：旗帜微微飘动，草微动，细枝树微动，烟稍斜上升。

2. 横（斜）风对射弹的影响及修正

横风会使射弹产生方向偏差，风力越大，距离越远，射弹偏差就越大。射击时，为了准确地命中目标，必须将瞄准点或横表尺向风吹来的方向修正。修正时，以横方向的和风修正量为准，强风加一倍，弱风减一半。斜方向的强（和）风，应按横方向的强（和）风修正量减一半。修正量从目标中央算起。横表尺修正后瞄准点不变。

3. 纵风对射弹的影响及修正

纵风会使射弹打高或打低，但风速小于 10 米/秒时，影响就较小，在 400 米内不必修正。如对远距离射击时，可稍降低或提高瞄准点。修正时，应注意风向风力的不断变化，灵活运用。

（二）阳光对瞄准点的影响及克服方法

在阳光下瞄准时，缺口部分产生虚光，形成三层缺口。若用虚光瞄准，射弹就会偏向阳光照来的方向；若用黑实部分瞄准，射弹就会偏向阳光照来的反方向。因此，射手应多在不同方向的阳光照射下练习瞄准。练习时，可采取遮光瞄准，不遮光检查，或不遮光瞄准，遮光检查的方法，反复区别，去伪存真，用真实部分进行瞄准。瞄准时间不宜过长，以免眼花而产生偏差。平时应注意保护好瞄准具，不使其磨亮发光。

（三）气温对射弹的影响及修正

气温变化时，空气密度也随之改变，因而影响弹头的飞行速度。气温高，空气稀薄，对弹头的阻力小，就打得远（高）；气温低，空气稠密，对弹头的阻力大，就打得近（低）。

修正气温影响时，一般以 15 摄氏度为标准。射击时，若气温差别不大，在 400 米内对射弹命中影响较小，不必修正。

第四节　轻武器射击与训练

现在高科技发达的时代，飞机、导弹等高科技武器越来越成为战争中重要部分，军方理所当然非常重视它们，但是战争毕竟是人的战争，领地需要人去占领，作为单兵装备的轻武器在战争中有着不可替代的重要性，轻武器是警察、军队等武装力量必备的、最重要的装备之一，是打击敌人，保护自己的有利武器。在与敌人的交锋中，能否一枪命中，直接关系到生命安全，所以射击的命中率是特别重要的。要想在与敌人交锋中一招制敌，平时的射击训练是至关重要的。

一、射击动作

（一）验枪

听到"验枪"口令后，以右脚掌为轴，身体半面右转，左脚顺势向前迈出一步（两脚约与肩同宽），同时右手将枪向前送出，左手接握下托木，左大臂紧靠左胁，枪托贴于胯骨，枪刺尖略与眼同高，右手打开保险和弹仓盖，移握机柄。指挥员检查时，拉枪机向后。验过后，自行送回枪机，关上弹仓盖，扣扳机，关保险，移握枪颈。听到"验枪完毕"口令后，右手移握上护木，同时身体半面左转，右脚靠拢左脚，恢复持枪姿势。

（二）射击准备

听到"卧姿—装子弹"口令后，右手将枪提起稍向前倾，左脚向右脚尖前迈出一大步

（也可以右脚顺脚尖方向迈出一大步），左手在左（右）脚尖前支地，顺势卧倒，以身体左侧、左肋支持全身，右手将枪向目标方向送出，左手接握表尺下方，枪托着地，右手拉枪机到定位。解开弹袋扣，取出一夹子弹，插入弹夹槽，以食指或拇指将子弹压入弹仓，取出弹夹，送弹上膛。在右手拇指和食指按压游标卡笋，移动游标，使游标前切面对正所需的表尺分划。然后，右手移握枪颈，全身伏地，两脚分开约与肩同宽，身体与射向约成30°，枪刺离地，目视前方，准备射击听到"退子弹—起立"口令后，稍向左侧身，右手打开弹仓盖，接住落下的子弹，装入弹袋，拇指拉机柄向后，余指接住从膛内退出的子弹，松回枪机，将子弹装入弹袋并扣好，关上弹仓盖，打开保险，扣扳机，关保险，复表尺，移握上护木，将枪收回，同时左小臂向里合，屈小腿于右腿下。以左手和两脚撑起身体，右脚向前一大步，左脚再向前一步，右脚靠拢左脚，恢复持枪姿势。

（三）据枪、瞄准、击发

据枪、瞄准、击发是互相联系着和互相影响的动作。稳固的据枪，正确一致的瞄准，均匀正直的击发，三者正确地结合，是准确射击的关键。因此，必须刻苦练习，熟悉掌握。

1. 有依托据枪

卧姿据枪时，下护木放在依托物上，左手托握表尺下方，手背紧靠依托物，也可将手背垫在依托物上，左肋向里合。右手握枪颈，食指第一节靠在扳机上，大臂略成垂直。两手协同将枪确实抵于肩窝，头稍前倾，自然贴腮。

2. 瞄准

瞄准时，应首先使瞄准线自然指向目标。若未指向目标，不可迁就而强扭枪身，必须调整姿势。需要修正方向时，卧姿可左右移动身体或两肋，跪、立姿可左右移动膝或脚。需要修正离低时，可前后移动整个身体或两肘里合、外张，也可适当移动左手托枪的位置。

3. 击发

击发时，用右手食指第一节均匀正直向后扣压扳机（食指内侧与枪应有不大的空隙），余指力量不变。当瞄准线接近瞄准点时，开始预压扳机，并减缓呼吸。当瞄准线指向瞄准点或在瞄准点附近轻微晃动时，应停止呼吸，果断地继续增加对扳机的压力，直至击发。击发瞬间应保持正确一致的瞄准。若瞄准线偏离瞄准点较远或不能继续停止呼吸时，则应既不松开也不增加对扳机的压力，待修正瞄准或换气后，再继续扣压扳机。

二、主要枪械的射击要领

（一）81式自动步枪的射击

1. 81式自动步枪验枪的要领

验枪是一项保证安全的重要措施。使用武器前后及必要时均应验枪，认真检查弹膛、弹匣和教练弹中有无实弹。验枪时严禁枪口对人。

听到验枪的口令：以右脚掌为轴，身体半面向右转，左脚顺势向前迈出一步，两脚约与肩同宽，同时右手移握护木，将枪向前送出，左手接握下护木，左大臂紧靠左肋，枪托贴于右胯，准星与肩同高，右手掌心向下，虎口向前，拇指打开保险，卸下弹匣（使弹匣口向后，弯曲部朝上）交给左手握于护木右侧，右手移机柄。当指挥员检查时，拉枪机向后，验过后，自行送回枪机，装上弹匣，扣扳机，关保险，移握枪颈。

听到验枪完毕的口令，左手反握护木，将枪倒置于胸前，上背带环约与肩同高，右手挑起背带，身体半面向左转，在右脚靠拢左脚的同时，两手协力将枪送上右肩，恢复肩枪姿势。

2. 81式自动步枪卧姿装退子弹及定复表尺的要领

听到卧姿装子弹的口令后，左脚向右脚尖前迈出一大步（也可右脚下顺脚尖方向迈出一大步），左臂伸出，掌心向下，手指稍向右，按照膝、手、肘顺序卧倒。以身体左侧、左肘支持全身。右手将枪向目标方向送出，左手接握下护木，枪面稍向左，枪托着地，右手卸下空弹匣，（弹匣口朝后，弯曲部朝上）交给左手于护木右侧，解开弹依袋扣取出并换上实弹匣，将空弹匣装入弹袋内并扣好，拇指打开保险，拉枪机送子弹上膛，关上保险。右手拇指和食指转动表尺转轮，使所需分划对正表尺座一侧定位点。右手移握握把，全身着地，两脚分开约与肩同宽，身体右侧与枪身略成一线，目视前方，准备射击。

听到退子弹起立的口令后，稍向左侧身，右手卸下实弹匣交给左手，握于枪右侧，弹匣口朝后，打开保险，拇指慢拉枪机向后，余指接住从膛内退出的子弹送回枪机，将子弹压入弹匣内，解开弹袋扣，取出交换上空弹匣，将实弹匣装入弹袋内并扣好。扣扳机，关保险，表尺转轮分划归"3"，移握上护木，将枪收回，同时左小臂向里合，屈左腿于右腿下。以左手和两脚撑起身体，右脚向前一大步，左脚再向前一步，左手反握护木，将枪倒置于胸前，右手挑起背带，在右脚靠拢左脚的同时，两手协力将枪送上右肩，恢复肩枪姿势。

3. 81式自动步枪卧姿有依托据枪、瞄准和击发的要领

据枪的要领。下护木前端放在依托物上，身体右侧与枪身略成一线。左手握弹匣（也要握下护木），左肘着地外撑。右手拇指将保险机扳到所需的位置，虎口向前紧握握把（肘皮控制在内侧）。两肘保持稳固。胸部挺起，身体稍向前跟（右肘不离地），上体自然下榻，两手用力保持不变，使枪托确实抵于肩窝。头稍向前倾，自然贴腮。

瞄准的要领。首先使瞄准线自然指向目标。若未指向目标，不可迁就而强扭枪身，必须调整姿势。需要修正方向时，可左右移动身体，需要修正高低时，可前后移动整个身体或两肘里合、外张，也可适当调整依托物。

击发的要领。用右手食指均匀正直地向后扣压扳机（食指内侧与枪应有不大的空隙），余指力量不变。当瞄准线接近瞄准点时，开始预压扳机，并减缓呼吸。当瞄准线指向瞄准点时，应停止呼吸，继续增加对扳机的压力，直至击发。击发瞬间应保持正确一致的瞄准。若瞄准线偏高瞄准点或不能继续停止呼吸时，应既不增加也不放松对扳机的压力，待修正或换气后，再继续扣压扳机。

4. 81式自动步枪精神射击条件及成绩评定

卧姿有依托，距离100米，固定胸环靶。使用弹数5发，5次单发射，自下达"卧姿装子弹"的口令起，3分钟内射击完毕。可以报靶，命中30环以上合格。

（二）54 式手枪的射击

1. 54 式手枪验枪的要领

听到验枪的口令后，右手将枪移至腹前，左手按压枪套下方，右手打开枪套扣，取出手枪置于右胸前，大臂自然垂直，手约与肩同高，枪口指向前上方（约成 45 度），拇指按压弹匣卡笋，左手取出弹匣交给右手握于枪的左侧，扳击锤向后于待发位置，左手拇指和食指捏握套筒后部。当指挥员检查时，拉套筒向后到定位。验过后，自行送回套筒（枪机），装上弹匣，按压击锤，右手食指扣扳机，使击锤稍向前转动，放开扳机，使击锤位于保险位置。

听到验枪完毕的口令，两手协力同将枪装入枪套内，并扣好枪套扣，右手将枪移置身后。

2. 54 式手枪立姿据枪、瞄准、击发的要领

据枪的要领。手枪射击通常是单手悬臂据枪，缩小枪身晃动、增强据枪稳固是准确射击的基础。据枪稳固的关键取决于用力是否平衡，而不在于臂力大小。据枪时把住"站、握、挺、伸、转"五个环节。

站：站立时，两脚成八字形，分开稍宽于肩，两腿自然伸直，上体保持正直，左臂自然下垂或左手叉于腰际。身体右侧与射击方向成 140°～160°，以保证抬臂时武器能自然指向目标。若不能指向目标，不可强扭身体或手腕，应移动脚或手臂调整。

握：右手虎口对正握把，虎口上平面与握把弯曲部上沿平齐，用手掌的肉厚部分、虎口和余指的合力握住握把，拇指自然伸直，食指第一节靠在扳机上，食指内侧与枪之间应留有不大的空隙。

挺：手腕自然挺住，使枪身轴线与右臂在同一垂直面内，并保持握枪力量不变。在击发瞬间保持正确一致的挺腕动作，是手枪射击的关键。

伸：右臂自然伸直，将枪概略指向目标。枪身约与肩同高，枪面平正。腹部放松，上体自然下榻并稍向后仰，体重大部落于左脚。

转：头部稍向右转动，使眼球处于正视的位置。

瞄准的要领：手枪射击是单手悬臂据枪，稳定较差，要想瞄准一点较困难。应根据目标的距离、目标的大小和弹道高，选择一个适当的瞄准点，并以该点为中心确定相应的瞄准区。瞄准时应保持准星、缺口的平正，运枪速度均匀，正直均匀地预压扳机。

击发的要领：右手食指第一节均匀正直地和后扣压扳机，余指力量不变。当瞄准线接近瞄准点时，开始预压扳机，并减缓呼吸，当瞄准线指向瞄准点或在瞄准点附近轻微晃动时，应停止呼吸，继续增强对扳机的压力，直至击发。要做到有意扣扳机，无意枪打响。

3. 54 式手枪对隐显目标射击的条件及成绩评定

射手处于射击位置（持枪、枪弹结合），立姿无依托，距离 25 米，隐显身靶，使用弹数 5 发，自下达"开始射击"的口令起，目标显示 30 秒，命中 3 发以上合格。

（三）步枪和手枪据枪、瞄准和击发时常犯毛病

一是握枪用力不当。强力控制枪的晃动，造成肌肉颤动，使枪产生角度摆动。应自然握

枪，用力不宜过大，击发时注意保持握握把、挺手腕的力量，不要因扣扳机而扭动手腕或增加对握把的力量。

二是停止呼吸过早。停止呼吸过早，容易造成憋气，使肌肉颤动，据枪不稳或猛扣扳机。

三是击发时机把握不好。手枪射击时想使瞄准线停在瞄准点上，增加瞄准时间，造成枪的更大晃动。

四是猛扣扳机。应把主要精力、视力集中在准星和缺口的平正关系上，达到自然击发。应反复练习均匀扣压扳机的动作要领。

三、步枪射击基本技术与基本功的训练

稳固的握枪，正确一致的瞄准，均匀正直的扣扳机以及三者有机的结合，是步枪精确射击的基本技术。步枪项目训练的基本功，是指步枪射手为掌握基本技术必须具备的基本专项素质，其内容主要包括：据枪稳定性；保持正确姿势的一致性；据枪姿势的持久性和稳、瞄、扣的协调配合。基本技术和基本功是两个不同的概念，但在训练中它们之间又是互相联系、相辅相成的。一般认为，动作程序属于基本技术范畴，技术规格质量属于基本功范畴；初步掌握要领属于基本技术范畴，熟练程度属于基本功范畴；学会打枪属于基本技术范畴，怎样才能打好枪属于基本功范畴。

（一）据枪稳定性训练

据枪稳定是进行精确射击的基础。它是指射手据枪后，枪支准确地瞄向目标所停留的时间、枪支晃动范围的大小以及对缩小晃动范围过程的控制。

在步枪卧、立、跪三种射击姿势中，卧姿的稳定是在屏气的同时出现的，在稳定之前枪支是随着呼吸在目标上下做垂直运动，在 2～4 次呼吸之后，枪由下而上构成正确瞄准并屏气，这时枪支达到最佳稳定，在瞄区停留二三秒即完成击发。

立姿稳定性表现为枪支晃动范围、相对静止持续时间和晃动是否有规律。初级射手稳定能力很差，中、高级射手立姿稳定性比较高，但高级射手立姿的稳定性明显比卧、跪差，只有训练有素的运动员立姿枪的晃动范围才可基本控制在 9 环以内，而且持续时间相对较长，利于保证击发质量，获得好成绩。但立姿枪的稳定性不是绝对的，枪在相对稳定时也是在微小的晃动（颤动）之中，射手应大胆利用这种稳定状态完成击发。

稳定性训练应作为全年训练的重点，对初、中级射手的训练尤为重要。步枪稳定性训练的主要方法是：

①大负荷空枪预习，增加一次训练量，规定单位时间内据枪次数。

②击发后保持据枪稳定，要求枪支尽量稳在瞄区内。

③辅助训练，主要是进行专项素质训练。

④提高据枪动作的规范化训练水平。

（二）姿势动作一致性训练

射击动作的一致性，是指射手从一次击发到另一次击发，在多次重复操练中能保持整体

结合状态基本不变的能力。姿势动作一致性主要表现在据枪准确到位，相关部位的肌肉用力一致，枪的自然指向一致。

步枪一致性训练可采取以下方法：

①坐标规范法，对定型的姿势动作作图标出各部尺寸，以便从外形上记忆。

②自我体验法，对不便标记的动作如皮带拉力、抵胯位置以及有关肌肉的放松程度等，靠射手的自我感觉、回忆动作表象或写笔记等强化记忆。

③反复调整姿势：当姿势正确适宜或实弹打得顺手，射手感觉良好时，反复重新调整姿势。

（三）姿势动作持久性训练

持久性是射手承受静力负荷而又保证质量的耐久能力。

持久性训练，应遵循循序渐进、逐步加大负荷的原则，和稳定性、一致性训练相结合，通过训练课的总时间、运动员据枪次数、负荷强度来体现。

（四）稳、瞄、扣配合训练

据枪稳定的状况与瞄准、扣扳机紧密配合最后产生训练效果。要实现稳、瞄、扣三者协调配合，应做好以下几点：

①练稳。良好的枪支稳定性是瞄、扣配合的基础。枪支在瞄区内呈有规律的缓慢晃动且晃动范围小。

②预压扳机训练。食指单独用力、压实到位，是适时击发的重要准备。

③击发心情训练。保持击发过程心情坦然，不急不躁。

④不苛求瞄准。构成正确瞄准景况后能适时扣响扳机。

三种姿势稳、瞄、扣配合的方法各有不同：卧姿宜采用"精瞄稳扣"的方法。立姿瞄准应是一个范围，而不是瞄一个点，宜采取利用稳定期扣扳机的方法。跪姿应采用"稳扣"与"在枪支微晃中保持住力量扣"相结合的方法。稳、瞄、扣是一个有机配合的整体动作。三者的协调配合是射击项目中的关键技术，也是一个长期训练的过程。

四、实弹射击的组织指挥

（一）实弹射击开始前的工作

到达射击场后，指挥员应下达课目，宣布射击条件，明确射击的有关规定和注意事项及规定各种信（记）号，提出要求，宣布射击编组名单。尔后，派出警戒（警戒搜索警戒区后到位并发出安全信号），视情况发出准备射击信号，其他勤务人员迅速就位并认真履行职责。

（二）实弹射击的具体实施

①靶壕竖起红旗或发出可以射击的信号后，指挥员应令信号员发出"开始射击"的信号，竖起红旗。指挥第一组射手进入出发地线。

②组织发弹员按规定弹数发给每个射手子弹，射手领到子弹，检查后装入弹匣，放入弹袋并扣好。

③在出发地线给每个射手规定射击位置和射击目标。

④进入射击地线开始射击。射手听到"向射击地线前进"的口令后，迅速进入射击地线，对正自己的射击位置，自行立定。尔后，指挥员下达装子弹的口令，射手按要领装子弹、定表尺，做好射击准备即可射击。

⑤规定的射击时间一到，指挥员即下达"停止射击"的口令；射手应立即停止射击，并按指挥员的口令退子弹，起立。

⑥指挥员下达"验枪"的口令后，地段指挥员应严格检查，逐个验枪，并收交剩余子弹。

⑦验枪后，整队离开射击地线，按规定路线返回指定地点，擦拭武器，座谈射击体会。

⑧指挥员发出报靶信号，信号员竖起白旗，并通知靶壕检靶。靶壕指挥员下令竖起白旗后，再组织示靶员检靶、补靶和报靶。

（三）组织实弹射击的原则

①组织实弹射击，必须从实战需要出发，从难从严要求，注意锻炼射手独立自主地完成射击任务的能力。

②组织实弹射击，必须依照总参谋部颁发的最新的条令、教令、《军事训练成绩评定标准》，严格按其规定的条件和标准具体组织实施。

③组织基本射击，必须在对射手进行武器常识、射击学理论、射击动作和方法、观察和测定距离训练之后实施；组织战斗射击，必须在对射手进行基本射击和相应的战术课目训练之后实施，并力求紧密结合战术背景进行。

④组织实弹射击，事先必须进行周密、细致的准备工作。制定具体、明确的安全措施，防止各种事故的发生。

⑤严格按组织程序办事。实弹射击前应向上级主管部门请示，射击完毕后报告。不得随意延长和更改实弹射击的日期，不得随意更换实弹射击的场地。

⑥射击终止，严密组织清理场地。对于不炸弹和引信要及时收缴，并指派专人当场销毁，严禁私存和拆卸，杜绝伤亡事故。

（四）射击场的组织

严格执行射击场的组织制度，是保证实弹射击顺利进行，防止各种事故的有效措施。

①组织实弹射击的人员编成。组织实弹射击，应由射击场指挥员、地段指挥员、靶壕指挥员和警戒、信号（观察）、示靶、发弹、记录、修械、医务人员等组成。

②组织实弹射击人员的职责。

射击场指挥员：负责设置场地，派遣勤务，组织指挥射击，监督全体人员遵守射击场的各项规定和安全规则，处理有关问题。

地段指挥员：在射击场指挥员的领导下，负责组织本地段的射击指挥。

靶壕指挥员：在射击场指挥员的领导下，负责组织设靶、示靶、报靶、补靶及处理有关问题。

警戒人员：负责全场的警戒，严禁任何人员和牲畜进入警戒区。发现险情，应立即发出信号并向射击场指挥员报告。

信号（观察）员：根据射击场指挥员的命令发出各种信号，负责警戒区内的观察，发现险情立即报告。

示靶人员：负责设靶、示靶和报靶等工作。

发弹员：根据指挥员的命令，按规定弹种、弹数发给射手子弹，收回剩余子弹。射击终止后，负责清查弹药和收缴弹壳。

（五）射击场的安全规则

①射击场的确定及其使用时的规定。确定实弹射击场地时必须有可靠的靶档，确保安全的靶壕和掩蔽部，并应避开高压线。在使用时，事先必须仔细搜索靶场警戒区，派出警戒，设置警戒旗。必要时，应预先将射击开始和结束的时间、危险区域及其射击场有关信号通知当地有关单位。

②对参加实弹射击的各类人员的要求。实弹射击前，射击场指挥员必须向全体人员明确规定各种信号记号以及与警戒、观察人员的联络方法，并要求全体人员严格执行信号规定。参加实弹射击的射手，在使用武器前后，必须验枪，无论枪内有无实弹，都不得将枪口对人。严禁将装有实弹的武器随意放置或交给他人。没有指挥员的口令，射手不准装填子弹。在报靶时，严禁在射击地线摆弄武器或向靶区瞄准。射击时，射向不得超出安全射界。在射击过程中，射手若看到靶壕的白旗或听到停止射击的口令，应立即停止射击。示靶人员听（看）到"准备射击"的信号后，应迅速隐蔽，未经射击场指挥员许可不得随便走出靶壕。若靶壕内发生特殊情况，需要立即停止射击时，应出示白旗或用其他规定的方法向指挥员报告。

（六）实施实弹射击的一般规定

实施实弹射击的一般规定，是指实弹射击前，根据实弹射击的客观需要制定的各种行动标准和规则。其内容包括以下几个方面：

①实弹射击时，必须使用手中武器。如因武器机件损坏或射效不合格而无法矫正，射手不能使用手中武器时，必须经团级领导批准。

②各种武器实弹射击的第一练习，可在良好天候条件下实施，实弹射击的其他练习，不受气候条件的限制，可在各种天候、各种地形上结合本部队担负的作战任务实施，特别要探讨恶劣气候条件下的射击与射击指挥。

③组织基本射击时，射手进到出发地线后，指挥员令发弹员发给射手子弹。口令的下达：（如95式自动步枪练习实弹射击）"发弹员发给每个射手5发子弹"。然后，下达"装填弹匣"的口令。装填子弹时均采取跪姿。接着发出准备射击信号，待靶壕竖起红旗或用其他规定的方法发出可以射击的信号后，下达向射击地线前进的口令。射手进入射击地线后，按指挥员口令做好射击准备。指挥员按规定时间发出开始射击的口令或显示目标的信号，射手即行射击。射击完毕后退子弹起立，在原地验枪。验枪完毕后，发出报（检）靶信号，同时指挥射手向右翼排头靠拢，再由右翼排头下口令带到指定位置坐好（也可由指

挥员下口令，从射击地线带回）。全场射击完毕，如有不及格者可补射一次，补射成绩算个人成绩，不算单位成绩。补射完毕，发出射击完毕的信号，召回警戒。指挥员实施小结讲评，依据射击成绩评价训练效果。

④组织战斗射击时，要从实战需要出发，场地要选择在复杂的地形上，目标设置要尽量符合战术要求。通过战斗射击的训练，锻炼射手在近似实战条件下独立地观察目标、测定距离、装定表尺、选择姿势、准确迅速地消灭各种目标的技能。

（七）基本射击和成绩评定

基本射击是为了掌握射击的基本要领和技能所进行的实弹射击，如81式自动步枪、95式自动步枪、班用轻机枪等的基本射击均有四个练习，分别训练射手对不动目标、隐显目标、闪光目标和运动目标准确射击的技能。

对不动目标射击其成绩评定按《军事训练与考核大纲》的规定：个人实弹射击成绩评定为"合格""不合格"两级制；单位成绩评定按合格率进行评定。其射击应用为：射手对距离100米的胸环靶，使用标尺"1"，运用5发子弹命中目标30环（含）以上为"合格"，30环（不含）以下为"不合格"。

思考题

1. 什么是兵器？你了解哪些海、陆、空兵器？
2. 56式半自动步枪的战斗性能如何？
3. 81式自动步枪的战斗性能呢？其射击要领是什么？
4. 后座对命中的影响如何？外界条件对射击的影响呢？
5. 54式手枪立姿据枪、瞄准、击发的要领是什么？
6. 既然轻武器在战争中造成很少的伤亡，为何还要保留它们？
7. 列举你能列出的轻武器的多种性能。
8. 组织实弹射击的原则是什么？
9. 如何进行步枪射击基本技术与基本功的训练？

第八章

战术基础

了解战斗的基本类型和战斗样式，掌握合同战斗的基本原则，初步学会单兵战术基础动作，知道战斗中如何利用地形。

战术，是指进行战斗的方法，包括战斗基本原则以及兵力部署、战斗指挥、协同动作、战斗行动的方法和各种保障措施等内容。战术基础是最基本的战术理论和战斗动作的统称。

第一节　战斗基本类型和战斗样式

战斗是兵团或部队、分队在较短时间和较小空间内进行的有组织的作战行动。

一、战斗基本类型

战斗类型是按战斗性质所做的分类，可分为进攻战斗和防御战斗两种。

（一）进攻战斗

进攻战斗，是主动攻击敌人的战斗。其目的是歼灭敌人，攻占重要地区和目标。进攻战斗具有优势性、主动性、机动性、坚决性等基本特征。其基本任务可能为下列之一：突破敌人阵地，消灭防御之敌，夺占重要地区或目标；攻歼制止、运动之敌；破袭敌人的交通运输线或重要目标；攻占敌纵深要点，割裂敌部署，断敌退路，阻敌增援，配合主力围歼敌人。

进攻战斗可在与敌直接接触的情况下开始实施，也可在与敌非直接接触的情况下开始实施。无论在哪种情况下开始实施的进攻，都应当周密地组织侦察，正确地选定主要进攻方向和集中使用兵力，建立有重点的纵深、立体、梯次而又疏散的战斗部署，组织好各部（分）队、各兵种及陆空之间的协同动作和各种保障，迅速完成各项准备，隐蔽、突然地发起攻击，突破后还要善于实施包围迂回，穿插分割，垂直打击，各个歼灭敌人。

（二）防御战斗

防御战斗，是抗击敌人进攻的战斗。通常由战术兵团、部队和分队在保卫重要地区或目标，阻敌增援、突围或退却，掩护主力集中、机动或休整，巩固占领地区或阵地等情况下组织实施。目的是大量杀伤、消耗、迟滞敌人，扼守阵地，争取时间，为直接转入进攻或保障其他方向的进攻创造条件。防御战斗具有目的相对有限、空间相对固定、以弱抗强、行动相对被动、注重依托地形等特征。其基本任务可能为下列之一：保卫重要目标或地区；迟滞、消耗、钳制、吸引敌人，创造歼敌的有利战机或掩护主力进攻；阻敌增援、突围或退却；巩固占领的地区，抗击敌人反冲击或保障主力翼侧安全；掩护主力集中、机动或休整。

防御一方通常在兵力兵器对比上处于劣势，其战斗行动受进攻一方制约较大，不得不经常处于高度紧张的状态，要随时准备抗击敌人从任何方向实施的突击。防御战斗虽然是一种被动形式，但它在被动的形式中具有主动的内容，而且能够由形式上的被动阶段转入形式上、内容上的主动阶段。这是因为战术上的防御手段，都是直接或间接地为进攻服务的，都是为整个战斗或战役全局服务的，这是防御战斗具有主动内容的一个重要方面。另外，防御本身也不是单纯采用被动挨打的防御战法，而是要善于从机动中积聚力量，善于把顽强坚守与积极反击结合起来，以必要的攻势行动大量杀伤、消耗敌人。因此，防御战斗必须树立全局观念和积极顽强的思想，善于根据信息化条件下战斗的特点，充分利用有利地形，巧妙地布设阵地，部署兵力，组织火力，构筑工事，设置障碍物，采取各种防护和保障措施，构成全纵深、全方位、立体、有重点的防御体系，并把严密防护与积极打击结合起来，把顽强抗击与积极反击结合起来，把正面抗击与侧后袭击及阵地伏击结合起来，把阵地坚守与机动抗击结合起来，把地面抗击与防空作战结合起来，灵活机动地使用兵力、火力、障碍器材及其他各种手段，各个击破敌人的进攻。

（三）进攻战斗与防御战斗的关系

进攻战斗和防御战斗是战斗中最基本的一对矛盾，具有相互对立、相互统一的辩证关系。进攻和防御的对立，表现为两者的相互区别和相互排斥。在战斗目的上，进攻是为了歼灭敌人，攻占重要地区或目标；防御是为了保存力量，坚守重要地区或目标。在战斗行动上，进攻是为了突破对方的防御，防御是为了阻止对方的进攻。进攻和防御的统一，表现为两者相互依存、相互渗透和相互转化。进攻和防御不是单一的状态，它们相互包含、相互贯通，攻中有防，防中有攻，攻防一体，融合趋势明显，这一点在信息化条件下表现得更加明显。但从战斗性质和根本目的上看，两种类型的界线仍然是明确的。进攻和防御的地位并不是一成不变的，在一定的条件下可以相互转化，当进攻达到顶点或失去相应条件时则会转入防御，当防御具备相应条件时也可以转入进攻。进攻和防御的矛盾运动，推动它们不断由低级形态向高级形态发展。进攻的发展变化，必然导致防御的发展变化；同样，防御的发展变化，又反过来作用于进攻的发展变化。

二、战斗样式

战斗样式，是在战斗类型基础上所做的进一步分类。战斗样式通常按照敌情、地形、气候、行动方式等不同情况进行划分。

（一）进攻战斗样式

进攻战斗样式，是对进攻战斗所做的分类。按敌人的行动性质和状态，通常区分为阵地进攻战斗、对机动防御之敌进攻战斗、对立足未稳之敌进攻战斗。对预有准备防御之敌的阵地进攻战斗，由于敌防御组织的完善程度和方式不同，可区分为对野战阵地防御之敌的进攻战斗、对坚固阵地防御之敌的进攻战斗。对机动防御之敌进攻，包括伏击战斗、遭遇战斗、追击战斗等。

对立足未稳之敌的进攻战斗，包括对临时制止之敌的进攻战斗、对空降着陆之敌的进攻战斗和对登陆上岸尚不巩固之敌的进攻战斗等。

由于战斗地区的地形、气象条件不同，又可区分为一般条件下的进攻战斗和特殊条件下的进攻战斗。特殊条件下的进攻战斗，按照战场地形条件，可区分为登陆、城市、山地、荒漠、草原、渡江河、水网稻田地进攻战斗等；按战场气象条件，可区分为高寒地区进攻战斗和热带山岳丛林地进攻战斗等；按照战斗时间，可区分为昼间进攻战斗和夜间进攻战斗等。

（二）防御战斗样式

防御战斗样式，是对防御战斗所做的分类。依据防御的目的和防御准备的程度，可分为阵地防御战斗、机动防御战斗和仓促防御战斗等。阵地防御战斗按阵地性质的不同，又可分为野战阵地防御战斗和坚固阵地防御战斗。按作战地形、气象和时间的不同，可分为一般条件下防御战斗和特殊条件下防御战斗。特殊条件下防御战斗，按照战场地形条件，可分为山地、平原地、高原地、城市、山林地、荒漠、草原、热带山岳丛林地、海岸、岛屿、江河、水网稻田地防御战斗等；按照战场气象条件，可分为热带地区和严寒地区防御战斗等；按照作战时间，可分为昼间防御战斗和夜间防御战斗等。

第二节　战斗原则

战斗原则，是指战斗行动所依据的法则或标准，是一切战斗行动的依据和指南。真正掌握了战斗原则，就能在战斗中举一反三，结合不同战斗类型、战斗样式的具体情况对战斗进行正确指导。

一、战斗原则的形成和发展

我军战斗原则的形成与发展，与战争实践紧密相连。从游击战到正规战，从国内革命战争到同日、美、苏、印、越等国军队作战，我军走过了从弱小到壮大的波澜壮阔的战斗历程。之所以能够屡屡以劣抗优，以弱胜强，正是在正确的战斗原则指导下取得的。

在井冈山斗争时期，针对我军当时所处的政治形势、地形地理条件和绝对弱小的实际情况，广泛开展游击战，实行工农武装割据，取得了丰富的游击战经验。1928年2月，毛泽东同志提出了"分兵以发动群众，集中以应付敌人"的原则，并形象地提出了"打得赢就打，打不赢就走，赚钱就来，蚀本不干""既要会打圈，又要会打仗"的战术，它们包含着朴素、浅显的游击战思想。后来，在总结对敌斗争经验教训的基础上，创造性地提出了"敌进我退、敌驻我扰、敌疲我打、敌退我追"的十六字诀。十六字诀是对我军建立初期的战斗经验的理论概括，反映了灵活机动的战略战术。

抗日战争时期，我军深入敌后开辟战场，在战略防御、战略相持阶段实行"防御中的战役战斗的进攻战，战略持久中的战役战斗的速决战，战略内线中的战役战斗的外线作战"，在战略反攻阶段实行"战略的反攻战"。其战略方针"基本的是游击战，但不放松有利条件下的运动战"。毛主席在总结以往作战经验的基础上，提出了"拣弱的打""攻击那些敌人薄弱的城市和交通线，依其情况而长久地或暂时占领之""集中兵力打敌一部"等思想和原则。在正确的方针政策和思想原则指导下，广泛开展游击战争，有力配合正面战场，最终取得了抗日战争胜利。

解放战争时期，我军作战能力增强，作战规模扩大，兵力的集中性也空前提高，迫切需要适应新的条件、新的形势下的作战指导原则。1947年12月25日，毛主席在党中央召开的会议上，作关于《目前形势和我们的任务》的报告，明确提出了"十大军事原则"：①先打分散和孤立之敌，后打集中和强大之敌。②先取小城市、中等城市和广大农村，后取大城市。③以歼灭敌人有生力量为主要目标，不以保守城市和地方为主要目标。④每战集中绝对优势兵力，四面包围敌人，力求全歼，不使漏网。⑤不打无准备之仗，不打无把握之仗，每战都应力求有准备，力求在敌我条件对比下有胜利的把握。⑥发挥勇敢战斗、不怕牺牲、不怕疲劳和连续作战的作风。⑦力求在运动中歼灭敌人。同时，注重阵地攻击战术，夺取敌人的据点和城市。⑧在攻城问题上，一切敌人守备薄弱的据点和城市，坚决夺取之。一切敌人有中等程度的守备而环境又许可加以夺取的据点和城市，相机夺取之。一切敌人守备强固的据点和城市，则等候条件成熟时然后夺取之。⑨以俘获敌人的全部武器和大部人员，补充自己。⑩善于利用两个战役之间的间隙，休息和整训部队。"十大军事原则"高度概括了我军作战经验，内容极为丰富，其精神实质是集中优势兵力打歼灭战。围绕着这个核心，"十大军事原则"对作战方针、歼击目标、作战形式、作战方法、作战准备、战斗作风以及补充休整等问题，都做出了若干规定。"十大军事原则"对夺取解放战争的胜利起到了非常重要的指导作用。

新中国成立后，在抗美援朝战争中，毛泽东、彭德怀总结了志愿军五次运动作战的经验，提出了实行战术小包围的理论原则。当战争进入相持阶段后，我军又创造了以坑道为骨干结合野战工事的防御阵地体系，总结了"零敲牛皮糖"、积小胜为大胜的作战原则。此后，我军借鉴外军经验，结合我军实际，先后多次颁发战斗条令，制定了自己的战斗原则。在信息化条件下，我军在战术思想与作战方法的发展方面，进一步强化了合同作战、联合作战、体系作战的战术思想。

二、战斗基本原则的主要内容

我军战斗基本原则主要包括战斗目的、战斗准备、战斗方法、战斗指挥、兵力运用、战斗作风、战斗保障等内容。

（一）知彼知己，正确指挥

知彼知己，正确指挥，是指必须在熟知敌我双方和其他方面的情况基础上，使主观指导符合客观实际，实施正确的指挥。遵循这一普遍性的军事原则，是战斗中主观指导符合客观实际的必然要求，是夺取战斗胜利的根本保证。

古代军事家孙子在其军事著作《孙子兵法·谋攻篇》中写道："知彼知己者，百战不殆；不知彼而知己，一胜一负；不知彼，不知己，每战必殆。"所谓知彼就是要弄清敌人的情况，知己则是要熟知己方的情况。知彼、知己两者对于战斗及其指挥来讲都非常重要，不可偏废。知彼知己除了解敌情我情之外，还包括对作战环境情况，比如地形、气象、水文、社情等的了解。

知彼知己是实施正确指挥的前提和基础。在信息化条件下，由于双方使用大量的高技术兵器进行对抗，战斗的突然性、破坏性和连续性空前增大，战场情况变化急剧，加之现代信息技术、伪装技术、隐形技术的发展，侦察与反侦察的斗争异常激烈，这对做好侦察、判断提出了更高的要求。敌对双方要做到知彼知己比以往更加困难，特别对于装备处于劣势的一方，优势一方可能对战场拥有"单向透明"。这就要求指挥员充分依托陆海空天电一体化的侦察体系，运用一切可能的技术、战术等手段及时、准确地获取和利用战场信息，尽量削弱敌人占有和利用信息的优势。当然，战场情况有很大的概然性，在敌对双方彼此互相保密、欺骗的情况下，要做到全然知彼是不大可能的，特别是在情况极为复杂不利的情况下，应尽可能知其大略、知其要点，掌握最基本的情况，以确保实施正确的战斗指挥。

（二）消灭敌人，保存自己

消灭敌人，保存自己，是战斗的本质和目的，也是其他一切作战行动的基本原则。它普及于战斗的全体，贯彻于战斗的始终。

保存自己，消灭敌人，是一对立的统一体，是古往今来军事家们必须处理好的一对矛盾体。保存自己的目的，在于消灭敌人；而消灭敌人，又是保存自己最有效的手段。保存自己与消灭敌人，是战斗目的的两个方面，两者互相作用，互相依存。不消灭敌人的力量，就不能有效地保存自己；不保存自己，也就失去了消灭敌人的物质基础。毛泽东对两者的关系给出了最为全面、系统和精辟的论述："战争目的中，消灭敌人是主要的，保存自己是第二位的，因为只有大量地消灭敌人，才能有效地保存自己。"所以，部（分）队的一切战斗行动均应以消灭敌人为主；一切保存自己的措施，均应服从于消灭敌人。同时还应注意到，消灭敌人、保存自己的这种主次关系，不是一成不变的，在一定条件下可以相互转化。如进攻是直接为消灭敌人而实施的战斗行动，同时也是为了保存自己；防御是直接为保存自己而采取的战斗行动，事实上这样的行动往往能够大量地、有效地杀伤敌人，而且是一种辅助进攻或者为进攻做准备的行动。信息化条件下，要建立攻防一体的战斗部署，攻中有防，防中有攻，攻防结合，转换迅速，以应对复杂的战场情况。

（三）集中力量，重点打击

集中力量，重点打击，就是集中优势力量，对敌实施有重点的打击，以便于各个歼灭敌人。它包括集中各种战斗力量，选择重点打击目标，善于抓重点关节部位，把握指挥决策重心等内容，核心是集中使用力量，打击重点目标。其目的在于根据战斗企图、敌我双方的态势，把兵力集中使用在重要目标、主要方向、关键性时节，从而逐个消灭敌人。集中力量与重点打击是相辅相成的，集中力量是重点打击的基础和前提，重点打击是集中力量的必然要求。战斗中，只有把兵力、兵器和火力尤其是火力集中起来才能形成打击敌重点部位的优势力量，才能达到首先歼灭敌一部，而后逐个消灭敌人，取得战斗的胜利；也只有有重点地在战斗中选择作战目标，才能使集中力量成为可能，也才能真正实现集中力量的目的。

信息化条件下，"集中"的含义已发生了较大的变化。"集中"不再像以往战争那样主要是指集中兵力兵器；这里的"集中"是指集中信息、火力、兵力的整体效能作用于要害目标。重点打击是集中效能于战斗的重心、关节点或要害，着重打击敌人战斗体系中起支撑作用的要害目标，通过瘫痪敌作战体系实现战斗的胜利。

（四）充分准备，快速反应

充分准备，快速反应，是指每战力求充分进行战斗准备，确保在各种情况下快速做出反应，以不失时机地打击并确有把握地战胜敌人。充分准备是取得作战胜利的前提条件，毛泽东指出："优势而无准备，不是真正的优势，也没有主动。"并要求我军"不打无准备之仗，不打无把握之仗，每战都应力求有准备，力求在敌我条件对比下有胜利的把握"。无数战斗实践表明，战斗准备程度的好坏，直接影响到战斗的成败，战斗准备越充分，胜利的把握就越大。如果没有必要和充分的准备，必然陷入被动的地位，临时仓促应战，是很难保证胜利的。

战斗准备是一项复杂的系统工程，它涉及精神和物质两个方面，并贯穿于战斗的始终。信息化条件下的战斗，是诸军兵种联合作战背景下的整体作战，参战兵种多，规模大，技术装备复杂多样，组织协同困难，进行战斗准备的任务十分艰巨。加之信息化条件下战斗节奏加快，情况变化突然，战斗准备时间相应缩短，这些都对战斗准备提出了更新更高的要求。既要求每战应尽可能有周密的计划和准备，又要求适应战场快节奏，能针对战场态势迅速做出快速精确的反应，弹性应变。

（五）隐蔽突然，出敌不意

隐蔽突然，出敌不意，是指运用各种战术、技术手段，隐蔽己方的部署、目标和各种行动，使敌不能或者难以识别和发现；我则能在敌意想不到的时间、地点，以出敌意料的战法，给敌以沉重打击，使敌惊慌失措，仓促应战，无法采取有组织的抵抗，从而能够限制敌方战斗效能的发挥。其目的就是使敌在遭受突如其来的打击后，不知所措，意志沮丧，失去有组织的抵抗，而丧失优势和主动。

隐蔽突然，出敌不意，是前人对战争实践经验的总结。早在两千多年前孙武就提出："攻其无备，出其不意。"在战斗中造成的"错觉"和"不意"，可以导致敌方丧失优势和主动，因而有计划地造成敌人的错觉，给予出其不意的攻击，是造成优势和主动的方法。未来信息化条件下，由于侦察监视手段先进，战场趋向"透明"，给出其不意地打击敌人增加了新的难度。但是，只要运用创新思维，充分利用各种有利条件，积极创造和抓住战机，出奇制胜，仍是可以达成的。

（六）灵活机动，因势制敌

灵活机动，因势制敌，是指在客观物质基础上，充分发挥主观能动性，审时度势，灵活机动地使用力量和变换战术，以达到克敌制胜的目的。灵活，是指挥员基于客观情况，审时度势，采取及时而恰当的处置方法的一种指挥才能，是战术的生命；机动则是灵活的表现形式，其核心是巧妙用兵和讲究战术。孙子曰："兵无常势，水无常形；能因敌变化而取胜者，谓之神。"正是对灵活机动、因势制敌这一战斗原则的深刻阐释。

信息化条件下战斗，战斗节奏加快，态势变化急剧，意外情况不断出现，有利战机稍纵即逝，这对灵活机动提出了更高的要求。在战斗中指挥员应力求使主观指导符合客观实际，必须根据实际情况，活用原则，根据敌情、我情、地形、天候、社情等客观条件，因势利导，灵活用兵。

（七）火力主战，精确制胜

火力主战，精确制胜，是指贯彻精确战斗的思想，充分发挥各种火力的作用，对敌战斗体系中的重要目标实施精确打击，通过精确地组织战斗、精确地实施战斗牢牢把握战斗主动权。火力是歼灭敌人的基本手段，综合运用各种火力，为兵力行动创造有利条件，甚至直接达成战斗目的，是信息化条件下战斗的客观要求。

信息化条件下，遂行战斗要优先使用火力，尽早、尽远、尽多、精确地使用火力，最大限度地发挥火力打击效能。战斗过程中，要精确掌握情况，精确定下决心，快速精确实施机动，精确使用火力打击和兵力攻击，精确实施各种保障，精确评估战斗效果，达成精确制胜。

（八）密切协同，合力破敌

密切协同，合力破敌，是指参加战斗的所有武装力量，为完成共同的战斗任务，在统一的意图和计划下，按目的（任务）、时间、地点协调一致地行动和相互支援，充分发挥整体威力，合力打击敌人。信息化条件下的战斗，参战军（兵）种多，武器装备较为复杂，体系对抗特征明显。各军（兵）种、部（分）队，都具有适应某种特定的作战需要的功能，它们之间既不能互相代替，也难以单独解决战斗。任何一个军（兵）种，要使其在战斗中充分发挥自身的作战效能，乃至提高生存能力，只有依靠与其他军（兵）种的协同，才能得以实现。

密切协同，合力破敌的实质在于发挥整体合力。各军（兵）种、各部（分）队必须树立整体和全局观念，遵循统一的战术思想和协同原则，在集中统一指挥下，实施基于信息系统的体系作战。根据上级协同指示和战斗计划，在统一的意图下，着眼于复杂、困难的情况，紧紧围绕关键问题和动作，重点做好步炮、步坦和陆空等协同。

（九）勇敢顽强，连续作战

战争实践证明，勇敢顽强的战斗作风，连续作战的精神，高昂旺盛的士气，可以在很大程度上弥补武器装备和其他方面的不足。我军要立足以劣势装备去战胜优势装备之敌，继承和发扬我军勇敢顽强、连续作战的优良战斗作风，对于夺取战斗的胜利具有重要意义。

在战斗中，勇者锐、怯者钝是战斗本质的一种客观反映。因此，对战斗中的军心士气，古今中外的军事家无不予以高度重视。兵书曰："善战者不在少，善守者不在小，胜在得威，败在失气。""用兵之法，必先察吾士众，激吾胜气，乃可以击敌。"在历次战争中，我军之所以能够所向无敌，战无不胜，攻无不克，守无不固，屡屡以劣势装备战胜优势装备之敌，在很大程度上，是与我军所具有的战斗作风分不开的。在信息化条件下，武器装备的高技术化，丝毫没有降低过硬的战斗精神、顽强的战斗作风和勇敢的精神士气在现代战斗中的作用，而且由于战争的杀伤力、破坏力及其对人的精神震撼力的空前增大，战斗环境更加残酷、困难、紧张、激烈，对发扬优良的战斗作风和战斗精神，提出了更高的要求。

（十）全面保障，突出重点

全面而有重点地进行战斗、后勤、装备技术等的保障，是顺利实施战斗并夺取胜利的重要保证。

信息化条件下的诸军兵种战斗，人力物力的损耗剧增，技术装备复杂，加大了对后勤保障和技术保障的依赖程度，因此，必须统筹兼顾，突出重点。"突出重点"主要是指对主要方向和作战重心，要进行超常加强和重点保障；而"全面保障"不仅体现在各种保障内容的综合性上，如侦察、警戒、电子对抗、通信联络、工程、伪装等战斗保障与后勤、装备技术保障的紧密结合，还表现在各种保障方法的综合性上，如专业保障与自身保障的结合，定点保障与机动保障的结合等。

三、战斗原则的运用

一般来说，知道并熟记战斗原则是比较容易的，然而在同等条件下不同指挥员指挥战斗的结果却有胜有负，问题的关键在于是否能够正确地运用战斗原则。正确运用战斗原则，应着重把握好以下几点：

（一）具体情况具体分析，灵活地运用原则

灵活地运用原则，是运用战斗原则首要的和最高的要求。任何战斗都不是以往战斗的再现，每次战斗的情况千差万别，内容极其生动复杂，因此，在运用原则时必须结合具体情况，灵活地运用。

首先，必须牢牢掌握时机、地点、部队三个关节。部（分）队在各种条件下进行战斗，面临着各种各样的敌情、我情、自然环境、社会环境、电磁环境的变化组合，指挥员需要面对各种复杂多变的战场态势。只有善于根据战场情况的发展变化，在适当的地点，在适当的时间，灵活运用适当的作战力量进行战斗，才能取胜。比如，集中力量这一原则，毛泽东在"十大军事原则"中，就作了灵活规定，即两倍、三倍、四倍，有时甚至是五倍或者六倍于敌之兵力。至于每一次战斗究竟集中几倍于敌的兵力，需要综合考虑敌人的强弱、兵力的多少、我军的战斗能力、战场条件等各方面的情况来确定。信息化条件下，集中力量更多地体现在效能的集中上。由此可见，战斗原则只是一种原则性的规定，运用时只有与实际情况紧密结合，才能获得预期的效果。

其次，善于灵活、巧妙运用原则，甚至是对原则进行变通使用。运用战斗原则不同于应

用数学公式，必须适应于当时战斗的具体情况，特别应重视分析研究其特殊性，力求做到因情施法，灵活善变。有时为了达成出敌不意的效果，甚至可以适当地变通原则。

最后，应灵活把握运用原则的"度"。合理掌握运用原则的度是指应当辩证地执行诸原则。在有些特殊场合和时机，运用原则时会遇到各种矛盾。比如，进攻战斗要力求达成突然性，必须选择出敌不意的时机和方向，并须直指敌人要害，而实战中往往难以两全。这时应综合考虑、权衡利弊，确保能够获得最大战斗效益的原则优先得以执行，并采取必要的补救措施。另外，合理掌握运用原则的度意味着不能超越客观条件许可的限度。任何原则都是建立在客观条件许可的基础上的。

（二）从各原则的相互关联出发，全面地运用原则

每条战斗原则都有其相对独立的含义，构成了解决战斗中某一方面问题的行动依据。但是，各条原则之间又相互联系，相互依存，互为作用，从而形成了解决战斗指导诸问题的理论体系。由于战斗原则具有系统性，各条原则既有相对独立的含义，成为解决战斗指导中某一方面问题的依据，又是一个相互联系的整体，成为解决战斗指导中诸问题的准则，因而要求在战斗中必须全面运用。如果指挥员遵循了某几条原则，同时又违背了另外几条原则，那么其战斗的组织与实施必然存在着某些致命的弱点，一旦被敌利用，则必将导致战斗的失利。

全面地运用原则，还必须着重把握对赢得战斗胜利起决定作用的原则。战斗情况的这种千差万别，决定了各条原则在实践中所起的作用是不会等同的。在某些情况下，可能这几条原则起主导作用；而在另一种情况下，可能那几条原则起主导作用。因此，全面地运用战斗原则，并不意味着不分主次轻重。指挥员既要做全面的系统思考，遵循诸原则指导战斗，又要善于紧紧把握对赢得战斗胜利最有决定意义的原则的基本精神，将指挥的重点放在使这些决定性原则转化为部队的实际战斗行动上。

（三）充分发挥主观能动性，创造性地运用原则

战斗原则是对战斗行动进行规范，并被高度抽象的条文，具有普遍的指导意义。正因如此，只有对战斗原则加以创造性的运用，甚至有所创新，才能使之产生更大的战斗效益。

创造性地运用原则应与运用谋略紧密结合。原则是严格规范、高度抽象的常理，而谋略所反映的是军事斗争的哲理，是无比生动、丰富多彩、富于创造性的。运用原则与运用谋略是有机联系、不可分割的，两者统一于指挥决策过程的思维活动之中。遵循原则是运用谋略的根据，运用谋略是遵循原则的体现。运用原则若不与运用谋略有机结合，原则本身就会成为干瘪、缺乏活力的教条，指挥者可能会弄出纸上谈兵、削足适履的笑话来。无数战斗的范例表明，大凡指挥员正确运用原则赢得胜利，都是由于蕴含着深刻的谋略思想，富于创造性地运用了原则。

运用原则主要表现为指挥员的决策思维活动。因此，创造性地运用原则首先要求能够进行创造性思维。从根本上讲，战斗情况千差万别，战斗原则只能提出解决问题的一般要求，有许多特殊情况，只有创造性的思维并付诸实践，才能在战斗中正确使用兵力和变换战法。

在我军战史上，像毛泽东指挥的"四渡赤水"，刘伯承指挥的"重叠设伏"等，都是这方面成功的范例。

要在实践中丰富、创新原则。富于创造性地运用原则与不断丰富、创新原则是相辅相成的辩证统一。正如马克思所说："人们自己创造自己的历史，但是他们并不是随心所欲地创造，并不是在他们自己选定的条件下创造，而是在直接碰到的、既定的、从过去继承下来的条件下创造。"富于创造性地运用原则，最根本的是指挥员要有渊博的军事知识、丰富的作战经验、革命的胆略和科学的头脑；要注意在实践中总结经验，做到打一仗，进一步，并且善于把实战经验抽象到理论的高度，才能为丰富和发展战斗原则做出贡献。

第三节　单兵战术基础动作

单兵战术基础动作，是单个战斗员遂行战斗任务的基本技能，是单兵训练的基础，是单兵在战场上应用最广泛的战斗动作。战斗员要想在战场上有效地躲避敌火力杀伤和消灭敌人，必须熟练掌握和能够灵活地应用战术基础动作。本节主要介绍几种最基本的单兵战术动作。

一、持枪

持枪，是指士兵在战斗中携带枪支的动作和方法。持枪时要做到：便于运动、便于卧倒、便于观察、便于射击。在不同的地形和距离条件下，士兵根据敌情和任务可灵活采用不同的持枪动作。

（一）单手持枪

右臂微屈，右手虎口正对上护木握枪（背带上挑压于拇指下），用五指的握力将枪身固定，枪身轴线与地面略成45°，枪身距身体约10厘米。左臂自然下垂，运动时自然摆动。

（二）单手擎枪

右手正握握把，食指微接扳机，将枪置于身体的右侧，枪口向上，机匣盖末端贴于肩窝，枪身微向前倾，枪面向后，右大臂里合，枪托贴于右胁（枪托折叠时除外），背带自然下垂，目视前方，左手自然下垂或攀扶，运动时自然摆动。

（三）双手持枪

左手托握下护木或握弹匣弯曲部，右手握握把，食指微接扳机，将枪身置于胸前，枪口向前稍向左，枪身略成水平，背带自然下垂或挂在后颈上。

（四）双手擎枪

在单手擎枪基础上，左手托握下护木或弹匣弯曲部，枪身略低，枪口对向前上方，背带自然下垂或压于左手下，身体与射向略成30°。

二、卧倒、起立

在战场上，士兵突遭敌火力射击，应迅速卧倒；在转移位置时，通常要先起立。依据持枪方法的不同，卧倒、起立可分为：徒手卧倒、起立；单手持枪卧倒、起立；双手持枪卧倒、起立。

（一）卧倒

卧倒是隐蔽身体，减少敌火力杀伤的一种最低姿势，是单兵在战斗中最常用的动作。

徒手卧倒时，左脚向右脚尖前迈出一大步，左腿弯曲，上体前倾，两眼注视前方，左手顺左脚方向伸出，掌心向下，手指稍向右，以左手、左膝、左肘的顺序迅速卧倒，成侧身，左小臂横贴于地面上，左腿弯曲，右腿伸直，在转体的同时，蹬直左腿，两手掌心向下，放置于头部两侧或两手握拳交叉于胸前。必要时，也可右脚向前一大步，左手撑地迅速卧倒。

单手持枪卧倒时，右手提枪并握背带，按徒手卧倒的要领卧倒侧身；侧身时，右手提枪，枪口稍抬高，枪托轻着地，目视敌方；出枪时，以右手虎口的压力和四指的鼎力将枪向目标方向送出，左手接握弹匣弯曲部，同时蹬直左腿，全身伏地，收回右手，拇指打开保险，移握握把，成据枪射击姿势。

双手持枪卧倒时，左脚向前一大步，上体前倾，重心前移，按左膝、左肘、左小臂的顺序着地，然后转体，在全身伏地的同时两手协力将枪向目标方向送出，两腿伸直，成据枪射击姿势。

（二）起立

徒手起立时，转身向右，屈左腿于右腿下，左小臂里合，以左臂和两腿的撑力撑起身体，右脚向前一大步，左脚再向前一步，右脚靠拢左脚的同时，成立正姿势。

单手持枪起立时，右手移握上护木，收枪的同时侧身，按徒手起立的要领起立，在右脚靠拢左脚的同时成单手持枪立正的姿势。

双手持枪起立时，应首先观察前方情况，然后迅速收腹、提臀，用肘、膝支起身体，左脚先上步，右脚顺势跟进，双手持枪继续前进。

三、前进

（一）直身前进

直身前进是在距敌较远，地形隐蔽，敌观察、射击不到时采用的运动姿势。直身前进时，目视前方，右手持枪，大步或快步前进，如图 8-1 所示。

（二）屈身前进

屈身前进是战场上接敌最常用的一种运动动作，是在遮蔽物略低于人身高时采用的运动姿势。屈身前进包括屈身慢进和屈身快进，如图 8-2 所示。

图 8-1　直身前进

图 8-2　屈身前进

屈身慢进通常是在距敌较远，遮蔽物约超过或低于人的身高，以及敌情不明或敌火威胁不大的情况下采用。运动时，通常是双手持枪（也可单手持枪），上体前倾，两腿弯曲，以降低身体重心，屈身程度视遮蔽物的高度而定，头部一般不高出遮蔽物。

屈身快进也可称为跃进，通常在距敌较近，通过开阔地或敌火力控制区时采用。快进前，应先观察敌情和地形，选择好路线和暂停的位置，尔后起立快速前进。运动中，通常单手持枪（也可双手持枪），枪口朝向前上方。前进距离掌握在 15～30 米为宜。当进至暂停位置或运动中遇敌火力威胁时，应迅速就地隐蔽或卧倒，做好射击或继续前进的准备。

（三）匍匐前进

匍匐前进，是在通过敌步、机枪火力封锁较短地段或利用较低的遮蔽物前进时采用的运动方法。根据遮蔽物的高低，匍匐前进可分为低姿匍匐、侧身匍匐和高姿匍匐三种姿势。

1. 低姿匍匐

低姿匍匐是身体平趴于地面并降低至最低程度的运动方法，一般是在前方遮蔽物高约 40 厘米时采用。低姿匍匐携自动步枪的方法有两种：一种是右手掌心向上，虎口卡住机柄，五指握枪身和背带，将枪置于右小臂内侧；另一种是右手食指卡握上背带环处，并握枪管，余指抓背带，机柄向上，将枪置于右小臂外侧。行进时，腹部轻贴地面，头稍微抬起，屈回右腿，伸出左手，用右脚的蹬力和左手的扒力使身体前移，在移动的同时，屈回左腿，伸出右手。用左脚的蹬力和右手的扒力使身体继续前移，依次交替前进，前进速度不小于每秒 0.8 米。徒手的低姿匍匐动作与持枪的动作基本相同，如图 8-3 所示。

图 8-3　低姿匍匐

2. 侧身匍匐

侧身匍匐是在前方遮蔽物高约60厘米时所采用的运动方法，其特点是运动的速度稍快，但姿势偏高。携自动步枪运动时，右手前伸移握护木将枪收回，同时侧身，使身体左大腿外侧着地，左小臂前伸着地，左大臂支撑身体，右脚收回靠近臀部着地，以左小臂的扒力和右脚的蹬力使身体前移，前进速度不小于每秒1.2米。徒手侧身匍匐动作与持枪侧身匍匐动作大体相同，如图8-4所示。

图8-4　侧身匍匐

3. 高姿匍匐

如果前方遮蔽物高80~100厘米时，也可采取高姿侧身匍匐。动作是：左手和左小腿外侧着地，以左手的支撑力和右脚的蹬力使身体前移。持枪前进的动作是，左手握护木，右手握枪颈，将枪横托于胸前，枪口离地，用两肘和两膝支撑身体，然后，依次前移左肘和右膝、右肘和左膝，如此交替前移，前进速度不小于每秒1米。有时，也可采取低姿匍匐的携枪方法。徒手的高姿匍匐动作与持枪高姿动作基本相同，如图8-5所示。

图8-5　高姿匍匐

无论采取哪种匍匐姿势，运动到预定位置或适当的距离，都应迅速卧倒隐蔽，视情况出枪射击。

（四）滚进

在卧姿时，为避开敌人观察、射击而左右移动或通过棱线时采用。首先将枪关上保险，左手握枪表尺上方，右手握枪颈附近或两手握护木，枪面向右，顺置于胸、腹前抱紧，两臂尽量向里合，两脚腕交叉或紧紧并拢，全身用力向移动方向滚进。运动中，也可在卧倒的同时向移动方向滚进。要领为左（右）脚向前一大步，左手在左（右）脚前着地，身体尽量下榻，右手将枪挽于小臂内，枪面向右。身体向右（左）侧，在右（左）肩、臂着地的同时，向右（左）滚动。滚进时，右（左）腿伸直，左（右）腿微屈，滚进距离长时可两腿夹紧，如图8-6所示。

图8-6　滚进

四、利用地形

（一）利用地形的目的和要求

利用地形的目的，在于灵活恰当的运动，发挥火力，隐蔽和掩蔽自己。灵活恰当地运动，是战斗员迅速逼近以至消灭敌人的主要条件；发挥火力，是战斗员消灭敌人的重要手段；隐蔽和掩蔽自己，是战斗员进行防护借以防敌发现和敌火力杀伤的最有效方法。在利用地形时，应首先着眼于消灭敌人，只有消灭敌人，才能有效地保存自己。

利用地形应做到：便于观察、射击和隐蔽身体；便于接近和离开；便于防敌地面和空中火力杀伤。不要妨碍班（组）长指挥、邻兵的动作和火器射击；不要几个人拥挤在一起，以免增大伤亡；不要在一地停留过久，视情况灵活地变换位置。尽量避开独立、明显的物体和难以通行的地段。

（二）对各种地形的利用

利用地形时，应根据敌情和遮蔽物的高低、大小取适当姿势，迅速隐蔽地接近，由下而上地占领，认真细致地观察，不失时机地出枪。对不便于射击的位置，应加以改造。其要领可归纳为：接近、占领、改造、转移。

接近：右手持枪并抓住背带，当地物高约 60 厘米时，在距地物 3～5 步处卧倒，可采取侧身或高姿匍匐接近，视情况也可直接占领。

占领：接近后应由下而上的占领，隐蔽的观察和出枪。双手出枪时，左手握护木，左肘前伸，并调整好位置，右手握握把（打开保险），两手协力将枪送出，迅速指向目标实施射击。单手出枪时，右手将枪向目标方向送出，左手接握表尺下方，右手移握握把，打开保险，瞄准射击。

改造：若占领的地形不便于射击，应对其加以改造。改造时，将枪收回（关上保险），置于身体右侧，取下小锹，由后向前进行。改造时，应将新土放于地物后侧，不要扬起灰尘，以免暴露目标，并不断观察敌情和指挥，随时准备射击和转移。

转移：根据上级的指挥或视情况需要变换位置时，应迅速收枪（关保险），同时身体下移，采取向左（右）移动或滚动的方法迷惑敌人，突然离开。运动中注意抓好枪背带。

1. 对堤坎、田埂的利用

堤坎、田埂有横向、斜向、纵向和高低之分。横向和斜向的，通常利用背敌斜面的顶端、残缺部、弯曲部和右侧末端；纵向的，利用其弯曲部或顶端。根据坎（埂）的高度，取适当姿势。当坎（埂）高于人体时，应挖踏脚孔或阶梯。如利用坎（埂）对空射击，通常利用顶端，并根据其高度取不同姿势。

2. 对土堆的利用

通常利用独立土堆的右侧，必要时也可利用其左侧或顶端。双土堆通常利用其鞍部。对空射击时，通常利用其后侧或顶端。

3. 对土坑、沟渠的利用

通常利用其前沿，纵向沟渠利用弯曲部。根据敌情、坑的大小和深度，以跳、滚、匍匐等方法进入，并取适当姿势。对空射击时，以坑沿作依托或背靠坑壁进行射击。

4. 对树木的利用

通常利用其右侧，根据树的大小取适当姿势。大树（直径50厘米以上）可采取各种姿势，较小的树通常采取卧姿。如取立姿时，应尽量将身体左侧和左大臂（或左小臂和左膝）紧靠树木右后侧，右脚稍向后蹬，进行射击。跪姿时，应将左脚、左小腿的外侧紧靠树木的右后侧，跪下的同时（或跪下后）出枪。取卧姿时，应将左小臂紧靠树木右后侧或者以树的根部做依托，如图8－7所示。

图8－7　利用树木射击

5. 对墙壁、墙角、门窗的利用

墙壁、墙角、门窗易被敌炮火击毁和坦克撞塌，造成间接伤亡，因此，利用时在一地不能停留过久。

按其高度取适当姿势。矮墙可利用顶端或残缺部；墙高于人体时，可将脚垫高或挖射击孔。墙角通常利用右侧，取适当姿势。门通常利用左侧。窗可利用左下角或左侧，如图8－8、图8－9所示。

图8－8　利用墙壁射击

图8－9　利用门窗跪姿射击

思考题

1. 战斗的基本类型和样式有哪些？

2. 我军的战斗基本原则有哪些？

3. 匍匐前进的姿势主要有哪几种？通常在什么情况下采用？

4. 战斗中如何利用地形？

第九章

军事地形学

第一节　地形对军队战斗行动的影响

一、军事地形学概述

军事地形学是军事上研究和利用地形的一门学科，是军事训练的共同科目之一。主要研究地形对战斗行动影响的规律，军用地图和航空、航天相片的识别与应用原理，战场简易测量方法以及调制要图的要领等。简单地说，军事地形学就是军事上研究、利用、识别地形的一门学科。其中识别是基础，研究和利用是最终目的。

军事地形学的内容主要有地形分析、识图用图、判定方位、简易测量、调制要图、相片判读等。

1. 地形分析

地形分析就是分析地貌、水系、道路、居民地和土壤植被等地形要素，判断其对部队运动、观察、射击、隐蔽和伪装的影响，工事构筑条件，以及对核、化学武器袭击的防护性能（见核、化学、生物武器防护）等，从而达到正确利用地形、趋利避害的目的。各种地形要素对作战行动影响程度的大小，取决于它的性质和特点。如地貌，主要是地面起伏程度和山脉走向、斜面坡度、制高点位置和作用；水系，主要是江河宽度、水深、流速、底质、通航能力及障碍程度；道路，主要是铁路、公路的质量、数量、方向和通行能力等。

2. 识图用图

识图用图包括地形图、海图、航空图和影像地图的识别与使用，其中主要是介绍地形图的基本知识和寻求使用地形图的正确方法。识图，侧重研究地形图的测制原理、数学基础和地形要素的表示方法。用图，侧重研究现地应用地图的方法。

3. 判定方位

判定方位是研究在现地如何辨明东西南北方向，明确站立点与周围地形的关系位置。其方法有：利用指北针、北极星、太阳和时表判定，依据地物特征、导向设备判定，还有利用地图和航空相片判定等。掌握这些方法是正确利用地形，保证顺利完成作战任务的前提条件。

4. 简易测量

简易测量是研究快速测定战场目标的距离、高度、地面坡度和角度（水平角和垂直角）的方法。主要有目测、步测和用简便器材（臂长尺、指北针和望远镜）测量。掌握这些方法，对简易制图、确定射击诸元和现地研究地形都有很大帮助。

5. 调制要图

调制要图是研究现地和利用地图调制要图的方法要领，包括测绘地形略图和标绘战术情况。通常利用地图或航空相片，先调制成地形略图，再标绘战术情况；有时在现地将地形和战术情况调制成要图。这是分队指挥员和参谋人员必须具备的一项业务技能。调制要图是为军事目的制作的反映某一地区的地物、地貌，比例尺大于 1∶100 万的正射投影图。它能准确、形象地反映实地的地理景观，为各级指挥员指挥机关研究地形、组织指挥作战、研究军事地理和编纂兵要地志提供资料。

6. 相片判读

相片判读是研究航空，航天相片判读的理论和实际问题。包括航空摄影的方式（如垂直、倾斜摄影），相片的种类（如黑白、彩色或假彩色相片），目标在相片上的影像特征（如目标的形状、大小、颜色、阴影、纹形、相关位置和活动痕迹）以及判读方法（如目视判读、计算机识别）等，为准确识别地形和军事目标提供判读依据。

军事地形学所研究的内容，都是围绕研究利用地形而选定的。现代战争的需要和军事测绘技术及其新成果的不断发展，特别是地图品种的增多，将为军事地形学增添新的内容。

二、地形对军队战斗行动的影响

（一）地形对军队战斗行动的影响概述

在军事地理学中，地形是地貌的同义词。而在军事地形学中，地形就是地物和地貌的统称。地物是指地表面人工或自然形成的固定性物体（如居民地、道路、江河湖泊等），地貌是指地表面平坦起伏的自然状态（如山、丘陵、平原等）。根据地貌的状态可分为平原、丘陵、高原，根据地物的分布和土壤的性质，可分为居民地、水网稻田地、江河湖泊、山林地、石林地、黄土地、沙漠、戈壁、草原、沼泽地等，根据对作战行动的影响可分为开阔地、隐蔽地、断绝地等。

地形对作战行动的影响是多方面的，通常应着眼于对地形基本作战性能的分析，主要包括地形对军队的机动、观察射击、隐蔽伪装、工程构筑、组织指挥、对核化武器袭击的防护和后勤保障等方面的影响进行分析和研究。地形对军队作战行动的影响按其产生的原因，可分为自然的和人工的两种。天然地形构成对战斗行动的影响，称为自然的影响；通过人工改造地形而形成对战斗行动的影响，称为人工的影响。按其作用的形成分为直接的和间接的两种。地形本身对战斗行动直接产生的影响称为直接的影响；一种地形的变化使得另一种地形产生对战斗行动的影响称为间接的影响。按其效果可分为利我类、利敌类和中性类三种。利我类即地形对我之战斗行动的有利方面；利敌类即地形对敌之战斗行动的有利方面，或对我不利的方面；中性类即对敌、我双方利弊相当，或谁利用得当就对谁产生有利的影响。

（二）地形与军队战斗行动的关系

地形是组织指挥作战所依据的重要条件，是影响部队作战行动的基本因素之一，利用地形去打仗为历代军事家所重视。我国春秋末期著名军事家孙武所著的《孙子兵法》中就有一篇文章叫《地形篇》，里面提到："夫地形者，兵之助也。料敌制胜，计险厄远近，上将之道也。知此而用战者必胜，不知此而用战者必败。"其中还列举了作战中经常遇到的通、洼、支、隘、险、远六种地形，指出了利用各类地形的原则。《地形篇》专门阐述为将者如何善于利用地形之利，以达到克敌制胜的问题。孙武的这些论述从不同角度说明了地形与作战的密切关系，强调将帅要重视对地形的研究和利用。另一位战国时期的著名军事家孙膑说："天时、地利、人和，三者不得，虽胜有殃。"孙膑所说得"地利"，主要指的就是地形条件。

毛泽东对地形与作战行动关系的论述也很多，他指出："作战时选择突击方向和突击点要按照当时的敌情、地形和自己兵力的情况去规定。"又说："不得其时，不得其地，不得于部队之情况，都将不能取胜。"这告诉我们：一个指挥员指挥打战的时候，必须熟知敌情、我情和地形三种情况。如果不抓住有利战机，不熟知地形情况，不了解部队情况，是无法打胜仗的。

随着现代战争的突发性增大，战场范围扩大，参战军种、兵种多，部队机动能力提高，利用地形进行研究日益显得重要；加之军事测绘成果日益丰富，军事地形学逐渐发展为一门专门学科，并成为军事训练的一门重要科目。中国人民解放军将军事地形学列为军事院校教育和部队训练（见军事训练）的重要内容，出版有《军事地形学》专著。苏联军队列为军官必修课，多次出版《军事地形学》。美国军队出版有《地形分析》和《识图》，并列入野战教范。

（三）几种主要地形对战斗行动的影响

1. 平原对军队战斗行动的影响

地面平坦宽广，高差在 100 米以下的地区叫平原。平原的高度低于高原，起伏小于丘陵地。我国平原面积约占全国总面积的 12%。主要有东北平原、华北平原、长江中下游平原。平原地面平坦，交通发达，人烟稠密，物产和水源丰富。便于机械化部队行动和大兵团作战；便于军队组织指挥和协同；便于部队宿营和后勤物资的筹措、运输及补给，但不便于物资隐蔽；冬春季节展望良好，视界、射界开阔，但大部队行动容易暴露企图；夏秋季节树木和高秆作物繁茂，便于隐蔽伪装，但视界和射界受到一定限制；遭核化武器袭击危害范围大，但利用土堆、小丘、凸道、凹道、土坑和沟渠等，可起到一定的防护作用；不易选择良好的观察所，直射火器也不便于超越射击；防御时难以找到适于坚守的有利地形，不易选择和构筑各种阵地；进攻时便于实施多路多方向突击和迂回包围，因而利于攻而不利于守。

2. 丘陵地对军队战斗行动的影响

地面起伏较缓，高差一般在 200 米以下的高地叫丘陵。许多丘陵错综连绵的地区叫丘陵地。我国丘陵地分布较广，约占全国总面积的 10%，较大的有东南丘陵地、胶东丘陵地和辽西丘陵地等。丘陵地是介于山地与平原的过渡地形。接近平原的地区，高差较小，丘陵分布较稀；接近山地的地区，高差较大，丘陵分布较密。丘陵地坡度较缓，顶部圆浑，谷宽岭低；人烟较稠密，物产较丰富，交通较方便。丘陵地便于军队机动和隐蔽配置；观察射击条件好；构筑工事和指挥协同方便；对核化武器袭击有较好的防护作用，但山谷和凹地容易滞留毒剂；便于后勤各库所隐蔽配置和补给。防御时可依托高地构筑纵深梯次的支撑点式防御阵地；进攻时便于实施多路、多方向的进攻与迂回。一般来说，丘陵地既利于攻也利于防，适合大兵团作战。

3. 山地对军队战斗行动的影响

地面起伏显著，高差一般在 200 米以上的高地叫山，群山连绵交错的地区叫山地。我国山地面积很广，约占全国总面积的 33%。较大的有：东北的大、小兴安岭和长白山，北部的阿尔泰山、阴山和燕山，西部的天山、昆仑山、唐古拉山和喜马拉雅山，西南的横断山，东南的南岭和武夷山，中部的秦岭、太行山、大别山等。山地坡陡谷深，地形断绝，道路少且质量差，人烟稀少，物资缺乏。山地部队机动受限，坦克等战斗车辆只能沿公路和平坦的谷地机动；便于选择良好的制高点、观察所、指挥所，但观察射击死角较多；隐蔽伪装条件较好，但指挥协同困难；技术兵器的使用受到一定的限制；判定方位困难，容易迷失方向；对核化武器袭击有良好的防护作用，但容易滞留毒剂，洗消困难；便于后勤隐蔽地配置，但物资的筹措和前（后）送困难。防御时，便于凭险固守、重点设防和守备；进攻时，便于隐蔽接敌和实施穿插、迂回、包围。

4. 沙漠与戈壁对军队战斗行动的影响

被松散沙粒所覆盖的广袤地表称为沙漠。而被大小不一的碎砾石所覆盖的广阔地表称为戈壁。我国沙漠与戈壁多分布在西北地区，占全国总面积的 13%。较大的有塔克拉玛干沙漠、古尔班通古特沙漠、巴丹吉林沙漠、腾格里沙漠、科尔沁沙漠、毛乌素沙漠、柴达木沙漠等。戈壁一般多分布在大沙漠的边缘地区，但也有独立分布的。沙漠戈壁气候恶劣，温度变化大，多暴风沙，雨水少，水源缺乏，道路较少，交通不便，人烟稀少。沙漠戈壁视界、射界良好，但不便于军队隐蔽伪装；部队机动困难，且车辆油耗和人员、马匹体力消耗大；缺乏方位物，判定方位困难，容易迷失方向；部队容易中暑和冻伤；水源、物资缺乏，宿营和就地补给困难，后勤保障任务重。对核化武器袭击的防护能力较小，洗消困难。

5. 水网稻田地对军队战斗行动的影响

河渠纵横交错，湖泊、池塘众多，水田遍布的地区叫水网稻田地。我国长江三角洲、珠江三角洲、洞庭湖平原、鄱阳湖平原、江汉平原和成都平原等地区，多是水网稻田地。水网稻田地一般地形平坦，视界射界开阔；但河渠交错，河底多淤泥，形成开阔断绝地；居民地小而密，公路稀少，乡村路狭窄，桥梁不坚固，各兵种的机动和协同不便；地下水位较高，不便构筑坚固的工事；夜间行进容易迷失方向；遭敌核化武器袭击时不易引起火灾，放射性沾染波及范围大，某些毒剂易起水解作用，持续时间缩短，洗消用水方便；但水源易遭污染，不便于后勤库所的开设和物资的储备及运输。

6. 山林地对军队战斗行动的影响

许多树木聚生的山地叫山林地。我国山林地约占全国总面积的10%。面积较大的有云南山区、南岭、武夷山、长白山、大兴安岭、小兴安岭北部、鄂西山区、大别山、吕梁山北部、中条山等山林地。山林地与山地相比较，地形更隐蔽，人烟更稀少，交通更不便。便于隐蔽集结和接敌，容易达成战斗的突然性；便于迂回包围，穿插分割；便于控制要点，据险扼守，节省兵力；便于采集野生食物，克服暂时性的生活困难；大兵团和战斗车辆机动困难，技术兵器的使用受到一定限制；部队行动常需自己开路，体力消耗大，行进速度慢，容易迷失方向；观察射击、组织协同困难；武器、弹药、器材和被服容易受潮、发霉、变质，疾病、毒虫对部队危害大；补给困难，后勤保障任务繁重；对核化武器袭击有良好的防护作用，但容易引起火灾和滞留毒剂。

7. 城市居民地对军队战斗行动的影响

具有一定规模的工商业，并以非农业人口为主的聚居地叫城市。它是人们生产与生活高度集聚的场所，通常是国家或一定地区范围内的政治、经济、科学文化、军事中心与交通枢纽。城市人口集中，经济发达，建筑物坚固、高大、密集，街道纵横交错，交通便利，供电、供水、供气、消防、通信、医疗等公用设施完备。城市的地位使它常成为航空兵、炮兵、核化武器袭击的目标。在城市作战中，观察射击、指挥协同不便，战斗队形常被分割；建筑物的阻障性使地面机动受到较大限制，坦克和战斗车辆只能沿街道机动，不易展开；高大密集的建筑物，便于构成防御支撑点；市区和市郊的高地、隘路、交通枢纽、重要的工业区、桥梁和渡口等，常成为进攻和防御争夺的要点；具有良好的隐蔽条件；城市建筑物和地下室及人防工程对常规和核武器有较好的防护能力，但容易造成间接杀伤、引起火灾和滞留毒剂；便于军队宿营、物资储存和后勤补给。

8. 岛屿和海岸对军队战斗行动的影响

岛屿是散列于海洋、江、湖中的陆地。面积大的通常叫岛，小的叫屿。我国岛屿众多，以台湾岛为最大，海南岛次之，还有崇明岛、长山列岛、庙岛列岛、舟山群岛、万山群岛和南沙群岛等。面积在500平方米以上的有6500多个。海水面与陆地接触的滨海地带叫海岸。海水面与陆地相接触的分界线称海岸线。我国大陆海岸线北自鸭绿江口，南至中越边境的北仑河口，共18400多千米。岛屿四面环水，面积狭小。一般岛上多山，坡度陡峻，地形复杂；岸线弯曲，岸陡滩狭；道路稀少且曲折狭窄；居民少，物产有限，淡水缺乏，多数岛上土壤贫乏，植被较少；气象复杂多变，夏季台风威胁较大。岛屿是国防前哨，是大陆的天然屏障，是海军作战的重要依托。岛屿对战斗行动的影响主要取决于岛屿的位置、形状、大小、岛上地形以及港湾、交通和给水条件等。由于岛上多山，地形险要，登陆地段少，这就便于防御时依托有利地形，组成完善、坚固的防御阵地，凭险固守；岛屿进攻时，由于岛内多险峻山地，沿海岸岸陡滩狭，登陆和发展战斗都受到限制；航渡时，战斗队形暴露于海面，易遭受来自空中、海上和岛屿上的袭击；敌前上陆，背水攻击，增加了进攻战斗的艰巨性。因此岛屿一般来说利于防御而不利于进攻。由于岛屿四面环水，岛与岛之间联络不便，指挥和协同困难；军队的机动受限制；物资筹措、运输和补给困难较大。

海岸是我抗击外军入侵的前沿阵地，也是我国在统一祖国进程中可能出现的登陆作战中首先要克服的障碍。它对军队行动的影响，主要取决于海岸的性质和曲折程度、港湾的大小与设备、滨海地形、近岸岛屿及潮汐情况等。海岸依其性质可分为泥岸、岩岸和沙岸。泥岸多与平原连接，岸滩多淤泥，岸线直、岸坡缓，涨落潮界线距离远，不便于军队登陆；由于泥泞下陷，技术兵器不便于发挥作用，构筑工事亦较困难，有海堤时可作依托；但内陆地形平坦开阔，除水网稻田地外，一般适于诸兵种合成军队登陆后发展进攻。岩岸多为山地延伸入海，岸高且陡，岸线曲折，土质坚硬，近岸多岛屿、礁石，海滨地形起伏大，港湾多。这种海岸的登陆地段，不便于展开和靠岸，技术兵器使用受限制，向纵深发展困难，但便于依托要点组成纵深梯次防御，便于对核化武器袭击的防护。沙岸多由丘陵地延伸入海，岸线较曲折，港湾较多，岸坡短平，地形隐蔽。这种海岸便于登陆的地段较多，舰船易于靠岸，技术兵器使用受限制小，便于向纵深发展；防御时则便于控制要点和隐蔽机动兵力兵器。港湾是舰船抛锚、停靠和装卸货物之处，是海军作战之依托，也是敌我双方争夺的主要目标。海岸突出部、沿岸高地和近岸岛屿是防御的重点。海岸防御时便于物资储存和补给，而登陆作战时后勤物资的运输和补给困难大，后勤保障任务繁重，应特别重视立体保障。

第二节　地形图基本知识

一、地形图概述

（1）地形图定义

将地面的自然地理和社会经济要素，按一定的投影方法和比例关系，用规定的符号、颜色和注记，综合测绘于平面图纸上的图称为地图。展示地形的图就称为地形图，地形图是军队各级指挥员组织指挥战斗行动所必需的工具，也是部队官兵在行军、作战中的向导，有人称它是指挥员的"眼睛"。

（2）分类

①按其内容分：普通地图和专门地图。②按比例尺分：大、中、小比例尺地图。③按测、编的方法分：实测图和编绘图。

（3）地形图的组成要素

这些要素包括：图名、图廓、图例、比例尺、坡度尺、偏角图、经纬度注记、直角坐标系的注记、接表图、出版单位及时间、高程系。

地形图是按照一定的比例关系将实地缩小、投影而制成的，要在地图上研究地形和量读距离，首先要了解地图与实地的关系，这就牵涉到比例尺的表达方式。比例尺的表达方式分为三种：数字式：如 1:50000；文字式：如一百万分之一；图解式。要注意的是，地图比例尺越大，图上显示的地形就越详细，但一幅地图实地范围包含越小，相反，地图比例尺越小，图上显示的地形就越简略，但一幅地图所包含的实地范围就越大。

二、地物符号

地面上的地物，在地图上用规定的符号结合注记表示，因此根据图中地物符号可识别实地地物的种类、形状、分布、性质等情况。地物符号的图形一般是根据地物的平面形状（如居民地、桥梁）或者是侧面形状（如水塔、烟囱），有的是根据有关意义特定（如变电所，气象站）。因此可以根据符号图形联想，易于识别与记忆。地物符号分为如下几类：

1. 依比例尺表示的符号（又称为面状地物符号）

这类符号所表示的地物面积较大（如居民地、森林、大湖、江河等），地物图形可根据实地地物按比例尺缩绘，在图中可了解分布、形状，并直接量（算）取地物的长、宽、面积。

2. 半依比例尺表示的符号

这类地物的特点是呈线状，如道路、通信（电）线路、栅、小河等，其长度可按比例尺缩绘，但宽度不能缩绘，因此不能量算宽和面积，其在图中的准确位置是在符号的中心线或在底线上。

3. 不依比例尺表示的符号

这类地物是面积小，不可能按比例尺表示，只能用规定的符号表示。在实地这类地物多数具有方位意义（如突出的独立树、亭、塔），在图上能了解地物的性质和位置，但不能量取大小。

三、地图的注记与说明

地形图注记是地形图内文字和数字的通称，它是地形图不可缺少的内容，是地形图可识性的基本条件，用注记、配置符号、说明以及线划等相互配合，以表示地形要素名称、意义、数量、属性等情况。

1. 说明与配置符号

说明与配置符号主要用于补充和说明上述各种符号不能表示的内容。

①说明符号是用来说明某种情况的（如江河流向的箭头）。

②配置符号是用来表示某地区的植被及土质特征的，如草地、果园、道旁树木、疏林只能表示其分布，不能表示其真实的位置和数量。

2. 地图注记的分类及含义

地图注记分为地理名称注记、说明注记、数字注记三类。

3. 地图颜色的规定

地图颜色的规定如表9-1所示。

表9-1 地图颜色的规定

颜色	使用范围
黑色	人工物体——居民地、独立地物、管线、垣栅、道路、境界及其名称与数量注记
绿色	植被要素；1978年后出版图的植被符号及注记等
棕色	地貌要素——等高线及其高程注记、地貌符号及其比高注记、公路
蓝色	水系要素——河岸线、单线河及其注记和普染、雪山地貌等

四、图上量取距离

（一）图中量读距离的方法

1. 依据比例尺换算

　　　　实地距离 = 图上长 × 比例尺分母　图上长 = 实地距离 ÷ 比例尺分母

为计算方便，可先将比例尺分母消去两个零。例如：在 1:50000 地图上，甲乙两地的图上距离为 2.4 厘米，则其相应的实地水平距离为 2.4 × 500 = 1200（米）。

2. 直接在图中直线比例尺上量读

用两脚规或直尺量出两点间的长度（间隔），保持其长度不变，先使两脚规的一脚落在尺身的一个整千米数值上，再使另一脚落在尺头上，则整千米数值加上尺头上的数值，就是两点间的实地水平距离。

3. 用里程表量读

先使指北针上里程表的指针对准盘内零分划，然后手持指北针，将里程表的滚轮放在所量线段的起点上，沿线段滚至终点（要使指针顺时针转动），指针在相应比例尺分划圈上所指的千米数，即为所求实地水平距离。

必须指出的是：在地图中量取的距离是实地的水平距离，而实地往往是有起伏的，因此当实地起伏明显，坡度较大时，应依下面表格内的比例加上适当的改正数进行修正，否则会出现错误。

表 9 - 2 为坡度和弯曲改正数表。

表 9 - 2　坡度和弯曲改正数表

坡度/(°)	改正系数/%	坡度/(°)	改正系数/%	坡度/(°)	改正系数/%
0 ~ 5	3	15 ~ 20	30	30 ~ 35	65
5 ~ 10	10	20 ~ 25	40	35 ~ 40	85
10 ~ 15	20	25 ~ 30	50		

4. 目估方法（利用方里网）

在地形图上以整公里的图上的长度为单位，等间隔地作平面直角坐标轴的 X、Y 的平行线构成方格网，这种相互正交的格网称为高斯平面直角坐标网或公里网、方里网。在不同的比例尺地形图中格网的边长不同。

表 9 - 3 为地形图中方里网边长的规定。

表 9 - 3　地形图中方里网边长的规定

比例	1:2.5	1:5	1:10	1:25	1:50
图上长/cm	4	2	2	4	4
实地水平距离/km	1	1	2	10	20
网格颜色	蓝色	黑色	黑色	黑色	紫色

五、地貌判断

地球表面是起伏不平的,有高山和深海,有丘陵和平原,有沙漠和草原,还有江河和湖泊等。而地形图上用来表示地表起伏及变形特征的符号就称为地貌符号,通常用等高线表示。

(一)等高线表示地貌

简单地说,等高线是根据两平面平行则平面间必等距的原理测绘。假设大地水准为高程基准面,现以一组等距彼此平行的水平面与地表面相切,形成水平截口,将各截口线垂直投影到高程基准面,并按比例尺缩绘形成各自闭合的曲线——等高线。

1. 等高线显示地貌的特点

同一条等高线上,各点高程相等;

等高线间的间距越小现地坡度越大;

等高线的形状与现地对应;

同一幅地图上等高线线越多高程越高。

2. 等高距及其规定

等高距是指地形图中相邻等高线间的高差。等高距的选择根据地形图比例尺、地面的坡度和用图的目的而定。基本的公式是:$H = 0.2\,\text{mm} \times M$,其中,$H$ 为等高距;M 为地图比例尺。地形复杂等高线过密地区,经批准可将基本等高距离放大。

注意:等高距决定着地貌显示的详细程度,等高距越小显示地貌越细致,否则越简略。这与比例尺反映现地情况一致。因此在某种地形图中基本等高线如果不能完全有效地反映现地情况,需要局部细致反映,就有了等高线分类的需要。

3. 等高线的分类和作用

首曲线:又叫基本等高线,是根据规定的等高距描绘的由平均海水面起算而测绘的细实线,用以显示地貌的基本形态。

计曲线:又叫加粗等高线,为快速计算高程,从基准面开始每隔4条等高线加粗形成计曲线,用以数计图上的等高线和判断高程。

间曲线:又叫半距等高线,以1/2基本等高距加绘于局部,以长虚线表示,用以显示首曲线不能显示的某段微型地貌。

助曲线:又叫辅助等高线,是以1/4基本等高距加绘于局部的细短虚线,用以描绘间曲线不能说明的地貌。

图9-1所示为等高线的种类。

4. 高程的注记

控制点(三角点、埋石点、水准点):图中表示山的某点高程,通常是山顶,用黑字注记,字头朝北。

等高线的高程:用棕色数字注记,字头朝向上坡方向。

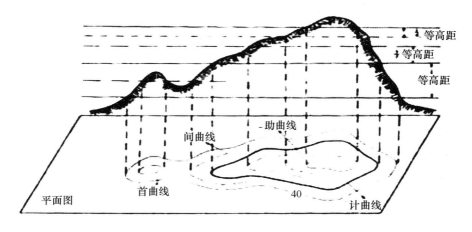

图 9 - 1　等高线的种类

当点处于鞍部时，可利用山谷或山背上的等高线高程注记，采用加或减 1/2 等高距的方法求定。

5. 高程起算与注记

1987 年前我国采用青岛验潮站 1950—1956 年对黄海海平面验潮结果而确定的平均海平面位置作为高程起算的基准面，高于该面为正，低于该面为负，称为 1956 年黄海高程系。为了保证用图的需要，国家又依据 1956—1979 年的资料，计算并确定了黄海的平均海平面，并于 1988 年开始使用，并称为"1985 年国家高程基准"。比原有的基准面提高 29mm。

（二）山体各部分形态的识别

1. 山头的识别

山顶是独立山体的最高部分，可分为尖顶、圆顶、平顶。相应地可从等高线的形状、组合结构特征上反映出来，用图者正是由此来识别山顶的特点，因此用等高线组合特征来识别山顶是关键。圆山顶的等高线环圈浑圆而且间隔均匀，转折和缓与山顶丰满圆润、坡度和缓的特点相应。尖顶的等高线环圈小而且间隔小，特别是转折锋尖与尖山峰尖、坡陡、脊显的特点相应。平山顶的最高一条等高线露空宽大，而以下相邻等高线聚集紧密与平山顶的顶部宽平，四周陡峭之态相应。

2. 山背的识别

山背是从山顶往下外凸伸向山脚的部分山体。山背的突出棱线称为分水线。由山顶的类型可推想出山背分为尖山背、圆山背、平山背。平山背的等高线呈阶梯状分组分布，纵向宽平且组与组间距离较大，但每组内的等高线间距离狭小。圆山背的等高线转折圆滑，纵向间隔距离较横向间距大，等高线协调自然几乎平行。尖山背的等高线纵向延伸较远，转折尖锐，横向等高线间距较小，峰背明显，这种形态与尖山背脊远伸，两坡陡峻的特点完全协调一致。山脊线是同脉上由数个相邻山顶、鞍部交错连接的最高棱线。

3. 山谷的识别

山谷是相邻两山背或两山脊间的谷地。谷地各横断面上最低点的连线即为合水线。根据山谷的形状可分为：尖形谷、圆形谷、槽形谷。

4. 鞍部的识别

鞍部是同脊背上相邻的山头间形如马鞍的低凹部。

5. 山脚的识别

山脚是山体与平缓倾斜地的交线。一般山地与平原交接处易判断，但在山区有时在一幅图上难以判定。

图 9 - 2 所示为山的各部形态及其等高线显示。

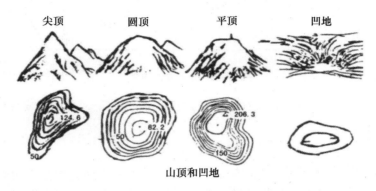

图 9 - 2　山的各部形态及其等高线显示

（三）点间通视的判定

地面起伏的判定是指从地形图上根据等高线的组合特征以及与相关地物、注记判断实地地势起伏或指定方向地面起伏。通常情况下判断运动方向上地面的起伏时范围较窄，呈带状延伸。两点间无障碍影响直视，称为通视。方法一般有目视经验判断法、图解法、计算法、作断面图解法。

1. 目视经验判断法

在地形图上将观察点与目标点连成一线，此线称为展望方向线，然后沿此线分别查出观察点与目标点间可能影响通视的遮蔽点。如果遮蔽点的高程小于目标点则能通视；如果遮蔽点的高程处于观察点和目标点之间，则靠近观察点则可能通视，靠近目标点则不通视。

2. 图解法判定

在图中过观察点、目标点作连线，并算出所有遮蔽点的高程；过所确定的各点作展望方向线的垂线，连接观察点和目标点垂线截点。若遮蔽点的垂线的截点有高于此连线则不通视，否则通视。

第三节　现地使用地形图

学习识别地形图的目的是使用地形图，特别是要会现地使用地形图。地形图的使用是指利用地形图所进行的判读、量算、行进、组织计划等方面。

一、现地判定方位

现地判定方位就是根据现地方向性参照物辩明东、南、西、北各方向。这是确定现地与地图的对应关系和使用地图的前提。现地方向性参照物主要有：制式指北针、自然地貌或地物特征、星座或天体等。

（一）利用指北针判定方位

用指北针判定方位，是一种比较准确的方法。使用时将指北针平放，等磁针静止后，磁针涂有夜光剂的一端（或黑色尖端）所指的方向就是现地的磁北方向。使用指北针前应仔细检查磁针是否灵敏，在使用时应注意避开高压线和有钢铁物体的地方，特别是在磁矿区和磁力异常的地区更应注意。

（二）利用天体判定方位

1. 利用太阳判定方位

利用晴天时太阳东出、西落判定方位最便利。但注意太阳真正出于正东是在"春分"（3月21日）和"秋分"（9月23日）这两天。其余大体上说春秋季太阳出于东方没于西方；夏季太阳出于东偏北落于西偏北；冬季则出于东偏南而落于西偏南，据此可概略判定东南西北方向。

2. 利用太阳和手表判定方位

一般来说，当地时间6时左右太阳在东方，12时左右太阳在正南方，18时左右太阳在西方。根据这一规律便可以利用时间表和太阳结合起来判定概略方位（图9-3）。利用太阳和手表判定方位时，先将手表平放，以表盘中心和时针所指数（每日以24小时计算）折半位置的延长线对向太阳，此时由表中心通过"12"的方向就是北方。利用此法时注意改北京时间为当地时间，地方时间＝北京时间＋（120°－当地经度）/15°。另外，在北纬23°26′以南地区，夏季正午时太阳天顶偏北，因此不宜使用此法。

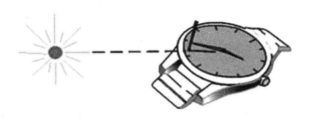

图9-3 利用太阳和手表判定方位

3. 利用阴影方向变化判定方位

太阳随时间推移而移动，对地面某一直立物而言其阴影则随太阳的移动而移动。给定某一时间段观察直立物阴影方向和变动轨迹，即可判定直立物处的方位。

4. 利用北极星判定方位

利用北极星判定方位是晴朗之夜概略判定方位的简便方法。北极星大约位于地轴向北延伸的方向线上，是正北天空一颗较亮的恒星。在北方星空，它的位置可以认为不变，故可用来判断方位。方法如图9-4所示：

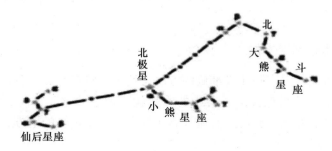

图9-4 夜间利用北极星辨别方向

5. 利用地物特征判定方位

有些地貌和地物，因为长期受到阳光和气候等自然条件的影响，形成了某特征，利用这些特征，你也可以概略地判定出方向。比如，北方地区农村民房正门朝南；古代庙宇、宝塔均座北朝南；南方潮湿地区向阳面的土堤、高坡较干燥无青苔，而背向却生长；独立大树南面枝叶茂密树皮光滑；积雪朝南易化等。

二、地形图与现地对照

现地使用地形图，要能随时确定站立点在图中的准确位置，了解周围地形情况，以保持正确的行进方向。因此必须经常注意与现地对照。通常为了保证对照的准确性，首先必须现地标定，实现地形图与现地地理方向一致。主要原理是利用相似几何学，即只要使两平面上任意一对相应方向线一致即可。

确定站立点在地形图中的位置，是进行地形图与现地对照的根据。确定站立点的主要方法有：

1. 目估比较法——依明显地形点判定

当站立点恰在明显地点上时，则该地形点的符号即是站立点在图上的位置。当在明显地形点附近时，可先标定地点，再进行对照分析，根据站立点与明显地形点的相关位置，确定出站立点在图上的位置。

2. 侧方交会法——利用截线法确定

当站立点位于已知线状地物上时，根据交汇法原理，只需作一条方向线即可确定站立点。先标定地图，在线状地物的侧方选择一个图上与现地都有的明显地形点；将直尺边切准图上地形点符号的定位点，向现地相应的地形点瞄准并画方向线，方向线与线状地物符号的交点，就是站立点在图上的位置。

3. 后方交会法

当站立点附近没有明显地形，远方能找到现地和图上都有的两个以上明显地形点时，可采用后方交会法确定出站立点在图上的位置。使用此法时先标定地形图，在远方选择两个地形图和现地都明显的地形点，分别以图中两地形点的定位点为转轴转动三棱尺使其与目标方向线重合，此时分别画下这两条方向线，其交点就是站立点在图中的位置。注意：为保证精度，两直线的交会角度应保持在30°～150°。

4. 磁方位角交会法

磁方位角交会法是用于隐蔽地区确定站立点的方法，实施方法如下：登高后选择两个已知地形点，利用指北针分别测出站立点至该两点的磁方位角。现地测定方位角的方法是：面向目标点，使指北针反光镜略成45°，手持指北针至眼前，由照门经准星向目标瞄准，待磁针静止后，看反光镜转动方位玻璃使玻璃上的"北"与磁北标识对齐，放下指北针，通过标识读出分划盘上的角度值，即为站立点至该目标点的方位角。再根据测定的磁方位角绘方向线，方法是在地图标定后，选择一已知点，以定位点为转轴转动指北针，使表盘上的读数与测绘的相应磁方位角一致时沿直尺边画出方向线，然后重复工作画出另一条方向线，交点即为站立点。同样可利用第三点进行校核。

三、按地形图行进

按地形图行进，是识图用图中最重要、应用最广泛的课题，也是用图最基本的本领。因为军队行军、作战、穿插迂回经常是在无村庄、无道路、无向导的情况下的地形行动，常要求部队能够按指定的路线、指定的时间，到达指定的地点。按地形图行进，就是利用地图选定行军路线，通过地图选定与现地对照，以保持沿选定的路线到达预定地点的行进方法。

利用地形图行进，分对照行进和按方位角行进两种。按方位角行进是利用地图行进的辅助方法。在定向运动中使用。

（一）对照行进

对照行进就是按照地图中所选定的路线，照着地图边走边对照的一种行进。

1. 行进准备

①选择行进路线：选择路线时，应重点考虑和研究路线上与行动有关的地形因素和敌情。

②在图上标绘行进路线：将选定的行进路线和方位物，用彩色笔醒目地标绘于图上，并按行进方向进行编号，以便行进中对照检查。

③量取里程，计算行进时间：在图上量取行进路线上各段里程和计算行进时间，并标记在图上。

④熟记行进路线，将路线上相应的方位及地形特征等熟记在脑子里，力求做到：脑中有图，未到先知。总之，行进准备就是：一选、二标、三量算、四熟记。

2. 行进要领

行进的形式通常有徒步行进、乘车行进和越野行进。尽管方式各有不同，但其共同的要领是：

①出发前，先标定地图，明确行进的路线和方向，按时间出发。

②行进中，随时标定地图，适时转动地图，做到"路转图也转"。对照方位物及时做判断。

③掌握行进速度和时间，根据行军任务要求、敌情威胁和部队的行进能力，并按照行进计划，把握好行进速度和时间。

另外，夜间行进时，应根据能见度不良的特点，把握行进方向，选择好方位物。行进中力求做到三勤，即勤看、勤对照和勤观察各种征候（如灯光、狗叫声、流水声等）。如果发现走错了应立即停下，重新标定地图，及时调整。

（二）按方位角行进

使用指北针，依图上量得的磁方位角和距离而行进的方法，叫作按（磁）方位角行进。它是按图行进的一种辅助方法，常用于缺少方位物的沙漠、草原、山林地等地形上，以及浓雾、风雪和夜间等不良天候条件下的行进。它要求行进路线上各转折点有明显的方位物；转折点间的距离在1公里左右（平原地区可远一些，山区和夜间则应近些）；行进前绘制"按磁方位角行进路线图"。可直接在地形图上标绘，也可按任意比例尺绘制成略图。具体操作如下：

①在出发点上，依行进路线图准确找到出发点位置，查明到达下一点的磁方位角、距离和时间，并记住沿途重要地形和下一点的地形特征。然后手持指北针，转动身体，使磁针北端指向下一转折点的方位角密位数，这时，由照门至准星的方向，就是行进方向。在该方向线上寻找第二点方位物（如看不见时，可在该方向线下选一辅助方位物），然后按此方向行进。一般是越野照直行进，也可记准方向，选择便于通过的道路走到该点。

②行进中，不断依图或凭记忆对照地形，利用指北针检查行进方向，记清走过的复步数或行进时间。到辅助方位物后，如果看不到第二点方位物，则按原磁方位角再选一辅助方位物，继续前进，直至到达第二点为止。若在起伏较大的地段上行进，要注意调整步幅。

③在转弯点上，当快到达第二点时，应特别注意附近地形特征；当走完预定距离而未见到第二点方位物时，可在这段距离十分之一为半径的范围内寻找。如仍寻找不到，就仔细分析原因，是地形有了变化，还是方向、距离出了差错，或者利用反磁方位角向前一点瞄准进行检查。到转折点后，再按出发点的要领，继续向下一点行进，直到终点。

④遇到障碍物时，若能通视，可在行进方向的对面选一辅助方位物，然后找一迂回路线绕过障碍地段（注意应将该段距离数加到已走过的距离内），到达辅助方位物后，继续按原方向前进；若障碍地段不能通视，可采用走平行四边形（或矩形）的方式绕行。

思考题

1. 为什么军事战斗行动要考虑地形？
2. 试述山地对军队战斗行动的影响。
3. 用等高线表示地貌有哪些规则？
4. 按地形图行进有哪些基本要求？

第十章

综合技能

第一节　行　军

一、行军概述

"深谋远虑，行军用兵之道，非及曩时之士也。"（汉贾谊《过秦论》）古代的行军泛指用兵。行军，是军队徒步或乘车沿指定路线进行的有组织的移动，是军队机动的基本方法。目的在于集结或转移兵力，争取主动，形成有利态势。行军的种类，按行动方式，分为徒步和乘车行军；按时间，分为昼间和夜间行军。按任务，分为正常行军和战备行军，按方式，分为徒步行军、摩托化行军和两者结合的混合行军，按行军强度分为常行军和强行军。其中，徒步行军即步行实施的行军，是军队常用的机动形式之一。徒步行军受天候、地形、道路条件的影响较小，组织简易、迅速，行动轻便、灵活，利于伪装和隐蔽企图，但是徒步行军的机动速度较慢。徒步行军分为常行军、强行军和急行军。常行军是按正常的每日行程和时速实施的行军，通常每小时行程 4～5 千米。强行军是加快行进速度并加大每日行程（日行程按 10 小时计算）的行军，通常每小时行程 7 千米左右，日行程 50 千米以上。急行军是以最快的速度实施的行军，通常是跑步或走、跑交替行进，必要时可轻装。受过良好训练的分队急行军，时速可达 8～9 千米，最大速度可达 10～12 千米。

"不知山林、险阻、沮泽之形者，不能行军。"（《孙子·九地》）部队行军前，要在地图上认真研究行军路线、出发点、大休息地区及到达地区，分析沿途地形特点和熟记明显地形标志，并在行进中随时对照地形；行军速度尽量以匀速运动，以免增加部队的疲劳，造成行军队形拥挤或松散。根据任务、敌情的变化，结合行军时间、行程、行军能力、道路状况、气候变化等情况，也需适时调整行军速度。

为保持体力和持续行军能力，应适时组织大、小休息。行军开始后，每隔约 1 小时小休息 10～15 分钟。休息时一般选择在地形隐蔽、向阳的地方，尽量避开居民地、桥梁、隘路、道路交叉点等。大休息地点，一般选在当日行程的 1/2 或 2/3 地段，大休息地区要地形隐蔽，水源充足。休息时间为 1～2 小时。行军中，由于敌情、任务等发生变化，时常出现改变行军方向、路线和宿营（集结）地域的情况。对此，要立即修改行军计划，迅速调整部署，重新给部（分）队明确行军任务、行军序列、通过调整点和到达宿营（大休息）地域的时间等。

二、行军的组织准备

（一）研究情况，拟定行军计划

指挥员应根据受领的行军命令，在地图上研究敌情、任务和行军路线，确定行军序列，观察组织，制定防护措施和各种情况的处置方案。

（二）做好思想动员

行军前，指挥员应根据本分队所担负的任务，结合分队的思想情况，进行深入的思想动员，保障分队顺利完成行军任务。要教育战士遵守行军纪律，服从命令，听指挥，不得擅自离队，不得丢失装备和食物，不违反群众纪律等。

（三）下达行军命令

下达行军命令时，应着重明确：本部队的任务、行军路线、里程、着装规定，起床、开饭、完成行军准备的时间，集合的时间，到达指定地区的时间，行军序列，休息的地点，行军口令及对口令传递的要求等。

（四）组织战斗保障

一是指定 1～2 名战士为观察员，负责对地、空观察；指定值班分队及火器负责对空防御。二是规定遭敌核、化、生武器袭击时各分队的行动方法。三是规定在遭敌人防空兵或炮火袭击时的行军方法。四是规定伪装方法及伪装纪律。

（五）做好物质装具装备

为了顺利地完成行军任务，保持分队的战斗力，行军前，指挥员必须检查携带的给养以及饮水、武器和弹药情况；检查着装情况，妥善安置伤病员，并根据季节，进行防暑、防冻教育和物品的准备。

三、行军的管理与指挥

①出发时，应按上级的命令，准时加入上级行军序列，在有可能遭遇战斗的情况下行军时，各排长应随连长在先头行进，以便及时受领任务。在公路或乡村路行军时，应沿道路的一侧或两侧行进，乘车时，沿道路的右侧行进。

②行进中听从指挥，应注意保持行进速度和规定的距离，未经上级允许，不得超越前面的分队。通过交叉路口时，要看清路标，防止走错路。经过渡口、桥梁、隘路等难以通行的

地点时，指挥分队有组织地通过，防止拥挤。通过后，先头分队应适当减低速度，避免后面的人跑步追赶。徒步行军的分队应主动给车辆、执行特殊任务的分队和人员让路。夜间行军时，要严格灯火管制。

③按上级的指示组织休息。小休息应靠路边，保持原队形并督促战士整理鞋袜、装具等。大休息时应离开道路，进入指定地区，并派出警戒，必要时，可占领附近有利地形，加强对空观察，保持战斗准备。夜间休息时，人员不准随意离队，武器、装备要随身携带。出发时，应清点人数，检查装备，补充饮用水。在严寒地带行军时的小休息时间不要太长，并禁止躺卧，以免冻伤。在炎热季节行军时，应尽量利用早、晚时间实施。

④遇敌空袭时，应迅速指挥分队向道路的一侧或两侧疏散隐蔽，并指定火器射击低飞敌机。如空袭情况不严重或行军任务紧迫时，分队应疏开队形，增大距离，加快速度前进。

⑤行军中，各连应指定一名军官，带领卫生员和若干体力较好的战士组成收容组，在连队的后尾跟进，负责收容伤病员，组织掉队的人员跟进。

四、行军卫生防护要求

①进行卫生侦察，认真组织准备。

行军前，对行军沿途与宿营点进行卫生流行病学侦察，制订相应的卫生保障计划，报请部队首长批准实施；卫勤领导召开卫生行政会议，传达、学习卫生保障计划；组织卫生人员和卫生战士培训，对部队进行卫生防病知识教育；进行健康摸底，对不宜参加行军的人员或体弱人员，提出安排意见；突击治疗或后送现有伤病员；进入疫区前，要组织部队预防接种和药物预防；组织收容组，做好药品器材准备。

②进行着装检查，注意合理负荷。

卫生人员要协同有关部门，在出发前对部队着装、负荷及防护器材等进行检查，负荷量一般不应超过体重的1/3，对体力较弱者应酌情减少负荷量；负荷的重量应尽可能落在骨盆部分，并力求身体两侧的负荷比较均匀；物品宜平整、牢固地贴在身体表面，但要避免躯干部位绳带过多；急行军时，应尽可能轻装。

③掌握行程速度，适当安排休息。

一日行程中的行军速度应掌握两头慢、途中稍快的原则；徒步常行军时速4～5千米，日行程30～40千米；急行军时速约5千米，减少休息时间；强行军时速可达6千米，昼夜兼程，日行程可达60～70千米以上；摩托化行军时速15～25千米，日行程180～250千米；通常徒步行军，每小时安排10分钟小休息；行军达当天全程3/5时，安排2～3小时的大休息，进餐与补水；进餐宜在休息半小时后进行，饭后休息半小时至一小时再继续行军；长途行军每行军3～5天后休息一天，强行军2～3天后休息一天；一般情况下，每天保证8小时的睡眠时间，夏季酌情增加午休时间。

④讲究饮食卫生，合理补充水、盐。适当地改善伙食，供给足量的热能和营养素；出发前或大休息时要喝足开水，途中饮水应少量多次；每人每日摄盐量应为18～25克，主要是加在菜和汤中补充，必要时也可发给油炒盐。

⑤加强卫生监督，预防过度疲劳。行军中要注意观察战士的体力情况，若发现呼吸表浅、步态不稳，面色特别潮红或苍白、发黄，出汗过多等过度疲劳征象时，应及时采取减轻

负荷或收容治疗等措施；行军中与休息时，加强巡诊，及时发现、诊治伤病员。

五、战伤救护方法

（一）止血

人体的血液流动有一定的路线，要准确地止血，就必须掌握主要动脉的压迫点。常用的止血方法主要有以下几种：

1. 压包扎止血法

用急救包或消毒纱布、棉花、布类做成垫子盖住伤口，再用绷带或三角巾紧紧包扎。多用于静脉、毛细血管或小动脉出血。

2. 指压止血法

用手指或手掌压迫伤口近心端的动脉，阻断血流而达到临时止血的目的。多用于头、颈部及四肢的动脉出血。

3. 止血带止血法

止血带止血法用于四肢大出血，主要采用勒紧止血法。

（二）包扎

伤口包扎是为了压迫止血，保护伤部，防止感染，固定敷料、夹板。包扎的常用材料有三角巾、绷带、四头带。以下只介绍最常用的三角巾包扎法。

1. 头面部包扎

风帽式包扎法：将三角巾顶角和底边中点各打一结，形似风帽，顶用结打在前额，然后将两底角拉紧包绕下颌至枕骨节下方打结。

下颌包扎法：将三角巾叠成四指宽，取三分之一处托住下颌，长端经耳前绕过头顶至对侧耳前下方与另一端交叉，然后绕过前额，再于枕后侧打结。

面部包扎法：将三角巾顶角打结套住下颌，罩住头部、拉紧两底角交叉至前额打结。口、眼、鼻处可剪洞。

2. 肩、胸（背）部包扎

肩部燕尾式包扎法：将燕尾式夹角向上放在伤侧肩上，燕尾底边两角包绕上臂上部打结，然后面燕尾分别绕胸背于对侧腋下打结。胸背部包扎法：将三角巾顶角放在伤侧肩上，把左右两底角拉到背后打结，然后再和顶角相结。

3. 腹臀部包扎

腹部包扎法：将三角巾朝下，底边横放于脐部，拉紧底角至腰部打结，顶角经会阴拉至臀部上方，用底角余头打结。臀部包扎法：将三角巾斜放于伤侧臀部，顶角接近臀裂处，用顶角的带子在大腿根部缠绕打结。将向下的一角反折向上，在对侧髋骨上端与另一角打结。

4．四肢包扎法

手（足）包七法：手放在三角巾中央，手指指向顶角。拉顶角盖住手背，两底角交叉压住顶角绕至手腕打结，包扎足部与手部相同。肘、膝部包扎法：将三角巾叠成适当宽度，将中段斜放于伤部，取带两端分别压住上下两边，包绕肢体一周打结。

（三）骨折临时固定

1．上臂骨折固定法

在上臂外侧放一块木板，用两条布带分别固定骨折上下端，然后用三角巾或腰带将前臂吊于胸前。如无木板，用胶鞋代替也可。无材料时，可用背包带将上臂固定于本人胸部。

2．前臂骨折固定法

用两块木板（或木棒、竹片等）分别放于手掌、背两侧（只有一块木板时，放于手背侧），用手帕或毛巾叠成带状绑扎固定，然后再用三角巾或腰带吊于胸前。

3．大腿骨折固定法

将一块长度相当于伤员从腋下到脚跟的木板用布带分别固定于伤肢外侧。

4．小腿骨折固定法

取长度超过上下两个关节的木板按大腿骨折固定法固定。

对骨折处进行固定时，应注意以下几点：伤口有出血时，应先止血，后包扎，再固定；四肢骨折时，应由上而下固定，固定时要露出指（趾），以便观察血液循环情况；固定材料不应直接接触皮肤，应垫以棉、布等物；离体断肢应包好，随伤员一起送往后方医院，以便再植；固定松紧要适宜。

（四）搬运伤员

搬运伤员，要根据敌情、伤情和地形条件，灵活选用搬运方法。

①单人徒手搬运法。背式、抱式。

②双人徒手搬运法。椅式、拉车式。

③脊椎骨折搬运法。两人用手将伤员平托于硬板（或门板）单架上。严禁抱头、脚和使身体屈曲，以免加重损伤。

④侧身式匍匐搬运法。根据伤员受伤部位决定采用左或右的侧身匍匐前进，搬运者侧身紧靠伤员，将伤员腰部放到搬运者的大腿上，注意使受伤部位朝上，伤员头部和上肢不要着地。

（五）人工呼吸

实践证明口对口呼吸，是在没有任何急救设备时的最有效的方法。具体方法是：将伤员移到空气流通处，解开衣扣，取出口腔内泥土、血块、黏液等异物，保持呼吸道通畅；伤员仰卧，急救者俯于伤员一侧，一手托住伤员下颌的手，掰开伤员口，另一手捏紧伤员的鼻孔，使其不漏气。急救者深吸一口气，对准伤员的口内吹气，直至胸部明显扩张为止。吹气停止后，急救者头稍侧转，立即放开伤员的鼻孔，让气从伤员肺部排出。人工呼吸的频率以每分钟 12 ~ 16 次适宜。

第二节 宿 营

宿营，是军队在行军、输送或战斗后的住宿，其目的是使部队得到休息和调整，以便继续行军或做好战斗准备。野外行动，不可避免地要在荒野中露营。部队在组织宿营前，要与当地政府、武装部门取得联系，认真做好宿营前的准备工作。

一、宿营地区的选择

宿营地域应根据敌情、地形等情况由设营组预先选择或指挥员临时选定。平时组织野营训练应以能够达到训练目的为标准。通常应符合下列条件：避开城镇、集市、车站、渡口、大的桥梁附近；避开疫区、传染病流行村落；有适当的地幅。通常师、团、营的宿营面积分别为 600 平方千米、60 平方千米、6 平方千米；有较好的进出道路，便于疏散、隐蔽，便于机动和迅速投入战斗；露营地域，夏季要尽量选在高处，避开谷地、低地、洪水道和易于坍塌的地方；冬季应选在避风向阳处，土质较黏，便于搭设简易遮棚或挖掘猫耳洞。

露营地点的选择，除考虑敌情之外，首先应考虑靠近水源和燃料，同时还要考虑防避风雨和蚊虫。此外，还应注意防避雪崩、滚石以及突如其来的山洪和涨水等。夏季，露营地点应选择在干燥、地势较高、通风良好、蚊虫较少的地方。通常，湖泊附近和通风的山脊、山顶是夏天较为理想的设营地点。冬季，设营地点应视避风以及距燃料、设营材料、水源的远近等情况而定。一般来说，森林和灌木丛是理想的设营地。应避开易被积雪掩埋的地点，如避开崖壁的背风处，因为在这种地形上，风很快会吹积起大量的雪将帐篷或遮棚埋没。

选择宿营地区时，通常还要考虑以下因素：一是要符合战术要求，从具体位置到配置方式都应以预想的战术背景为基本前提；二是要着眼于训练课目需要，有利于达到训练目的；三是要方便生活，尽量靠近水源，并有进出道路；四是要选择在群众基础较好，或影响群众利益较小的地区。

二、宿营方式

宿营方式分为舍营、露营和舍营与露营相结合三种。舍营是军队在房内宿营。露营是军队在房舍外宿营。通常在不具备舍营条件时采用，是平时部队训练的重点。野外露营的方式分为利用制式器材露营和利用就便器材露营。利用制式器材露营，通常是指利用帐篷、装配式工事等装备的制式器材进行的露营。利用就便器材露营，通常是指利用车辆、坦克、篷布、雨衣、草木等进行的露营。在复杂地形、天候条件下露营主要有以下几种方式：

（一）山地露营

在山地露营时，应避开悬崖、陡坡、峡谷和可能发生山洪的危险区，通常用制式器材和就便材料架设帐篷或搭草棚。搭棚时，通常以班为单位，不得成片砍伐林木，破坏天然伪装。帐篷、草棚周围要挖排水沟，铲除杂草，必要时撒些草木灰，构筑适量工事。警戒要注意控制制高点、山垭口、道路交叉点和隘路，严防敌人突然袭击。

（二）高寒地区露营

高寒地区露营时，应减少人员在外停留的时间，防止冻伤，通常采用搭帐篷、草棚、挖洞、堆雪房、围雪墙等方法露营。做到班排集中，连队分散。睡觉前，多用雨布（衣）、干草等隔潮材料铺设地铺。睡觉时，注意避风和保暖，可绑好裤腿，穿好袜子，戴好棉帽，通常两人一组，共盖大衣、棉被。生火取暖时，应注意防火和预防一氧化碳中毒。加强观察，及时发现雪崩等险情并立即警报。乘车行军宿营时，对车辆还应采取防冻措施。

（三）荒漠、草原地露营

荒漠、草原地露营时，以制式器材和就便器材架设帐篷、搭草棚为主，结合垒石墙、挖土壕（坑）设置露营地点。配置时以班、排为单位，形成环形。严格灯火管制和用水标准。根据不同地形和季节，注意防火灾、防风沙（雪）、防泥石流，避开风口。

（四）热带山岳丛林地露营

热带山岳丛林地露营，通常以班、组为单位搭帐篷或草棚，设吊床或利用山洞组织宿营。利用就便器材搭盖帐篷时，不得破坏天然景致，帐篷周围要挖水沟，铲除杂草，必要时撒些石灰或草木灰，以防毒虫、毒蛇进入。床铺通常用竹条编成，离地面30～50厘米，地铺要铺草，以防潮湿。

三、帐篷、临时遮棚和吊床的搭设方法

（一）帐篷的搭设

架设简易帐篷可使用方块雨衣、军毯、帆布等就便器材。屋顶形帐篷架设的方法是：将绳子拴在两棵树之间，或用随身带的步兵锹等做支柱，用背包带连接，两端固定在地上，然后将方块雨布搭在绳子或背包带一侧，底边用石块压牢即成，这种屋顶形帐篷适合各种地形。一面坡形帐篷适合于在断墙、拐坎等处架设，其方法是：将雨布的一端固定在墙壁或拐坎上，另一端固定在地面，两边用树枝、野草堵塞挡风。在林地搭设时也可用树木固定。

（二）临时遮棚和吊床的搭制

在林里过夜时，最好不要露营，可就地取材搭制临时的遮棚或制作吊床。一面遮棚的搭制方法是：选择两棵树做立柱，然后在距地面一米处绑一横杆，在横杆上斜搭若干后杆，后杆上再绑上两条横杆，在横杆上可铺设许多树枝，以防露水或小雨，遮棚的两侧也用树枝遮堵。同样的方法也可用于搭设岩壁遮棚。吊床在丛林地带搭设非常合适，吊床的制作非常方便，帆布、军毯、伪装网都可以制作吊床，其搭制方法是：吊床的两端拴在两棵树上，上面再拉一根绳子，搭上方块雨布，四角用绳子系牢，便形成一个心形帐篷。

四、宿营的基本要求

部队到达宿营地域后，应立即组织所属指挥员勘察地形，选定紧急集合场，组织部队构筑必要的工事，组织各种保障，保证部队安全宿营。

①派出岗哨和观察员，组织侦察和搜集情况。

②组织所属指挥员勘察地形，划分各排的隐蔽配置位置，规定紧急集合场合防敌空袭的疏散隐蔽地域，明确遭敌袭击时各分队的行动，组织警戒。

③组织对空防御和对核、化学、生物武器的防护。

④组织分队构筑必要的工事并进行伪装，建立通信联络，及时向上级送宿营报告。

⑤炊事员应注意饮食卫生和调剂生活，检查食物是否清洁，防止中毒。

⑥了解当地民情，遵守群众的风俗习惯和三大纪律八项注意，密切军民关系，同驻地民兵协同做好防空及防奸保密工作。

五、宿营中各种情况的处置

①接到空袭警报时，应立即指挥人员疏散隐蔽；指挥对空值班火器射击低空敌机。

②驻地附近发现敌空降时，应与民兵配合将其歼灭。

③当遭地面之敌突然袭击时，应指挥分队迅速抢占有利地形，边战斗边查明情况。并根据上级指示，将敌歼灭或撤出宿营地域。

④宿营结束后，要认真清理文件和武器装备，避免丢失，消除宿营时所留痕迹并做好善后工作。

第三节　野外生存

一、野外生存概述

（一）野外生存及野外生存训练的概念

野外生存是指在野外环境下，人在山野丛林中食宿无着落的条件下求得生存的一种能力。野外生存包括方位的判定、山路丛林的行军、宿营的安排、食物的充饥、迷途的处置、伤病的护理、危险环境下的自救等。概括起来就是衣、食、住、行、救、藏等内容。野外生存训练是指为了适应野外作业，在山区、丛林、荒漠、高山、孤岛等险恶环境中，在没有外部提供生活物质的条件下，依靠集体、个人的努力保存生命、维持生活和进行战斗能力的训练。

（二）国内外野外生存训练的现状

1. 国外野外生存训练的现状

在国外发达国家的大、中、小学的体育课程标准中就有关于野外生存训练的明确规定。国外的体育课程标准指出，参加野外生存训练的学生应发展自身能力，这种能力使其既能迎接挑战，又能享受乐趣。日本把野外生存能力作为青少年必须具备的一种生活技能，建立专门的训练基地，进行与大自然紧密相连的活动作为教学内容；澳大利亚体育学院开设了野外生存训练课，让学生迎新、冒险和挑战，激励、培养学生在处理冒险和安全关系等方面的技能。目前，美国、英国、韩国、瑞典、新西兰等国家的学校都开设了野外生存训练的课程。

2. 国内野外生存训练的现状

我国部分高校已开始野外生存训练课程的实验研究。根据《全国普通高等学校体育课程教学指导纲要》的精神，清华大学、中国地质大学、上海交通大学、华东师范大学、东北林业大学、浙江林学院已作为第一批实验学校，参加了 2002 年 7 月由教育部立项的全国教学科学"十五"规划重点课题。在东北冒儿山、湖北神农架、浙江大明山三地开展了野外生存训练的实践活动。目前，更多的国内大学参加了这项课题的研究，并准备开设定向越野与野外生存训练的课程。

（三）野外生存训练的重要性

生物学上的"应激反应"，是指人的身体在突然受到外界刺激或巨大伤害时，会自动调动起各部分所有的能力，使各器官协调一致，保持最佳状态，以应付外来的打击。但应激反应也有另外一种情况，当受到意外的环境刺激时，身体反应过度，反而制约了人的应付能力，导致出现某种障碍而不能再进行工作。通过野外生存的训练，能够提高军人的身体素质。强健的体魄给人以坚定的信心，使人的身体适应能力得到提高，并使出现的过度应激反应较快消失，进而恢复正常。未来战场上的情况瞬息万变，只有通过严格的训练，保持充沛的体能和良好的心理状态，才能保证完成战时的护理任务。

（四）野外生存训练纳入军事课程的可行性

军事课教学与训练体制，在很大程度上把训练的长期性、连续性和科学性有机地结合在了一起，通过院校的学习和训练，学员在身体素质和身体机能上都有很大的提高。根据教学与训练要求，可把野外生存训练与卫勤演练结合起来，使学员在耐饥渴、耐寒热、自治自救等方面得到全面的锻炼，为战时的需要储备能量。

（五）开展野外生存训练的广阔前景

①开展野外生存训练的群众基础。据调查，许多大学生都喜欢野外生存训练的实践。跋山涉水、风餐露宿的野外生存训练，可使学生在空气新鲜的大自然中得到锻炼，阳光、森林氧浴等会使他们的大脑得到最佳的休息；同时，回归自然、融入自然，把适应野外环境训练的趣味性和集体团结互助精神有机地结合在一起，也使学员的心理健康状况得到加强。

②野外生存训练在军事课程教学中的实际需要。近几年对大学新生的身体素质调查结果表明学生们的身体素质训练有待进一步加强。因此，加强大学生在校期间的学习和训练，是提高他们身体素质的关键。把野外生存训练纳入高校军事课程，同每年的军训合在一起，使专业技术训练同身体素质训练、适应能力训练和心理素质训练有机地结合起来，并使之相互影响、相互渗透、相互提高，具有十分重要的意义。

二、野外判定方位和求救

（一）野外判定方位

判定方位是指在现地辨明站立点的东、南、西、北方向，明确站立点周围的地形地物的位置，以便采取正确的行动。它是利用地图按照预定的前进方向正确行进的基本前提，也是你在迷路后能够重新回到正确路线上的重要保证。

（1）地图识别与使用

结合现地使用地形图，就是要在标定好地形图后，把地形图和现地进行对照，明确自己所在位置，了解周围的地形地物情况，找到所在到达的目标点并确定行进的方向、距离，在此基础上，科学合理地选择一条最佳的行进路线。

（2）利用指北针判定方向

指北针是一种很好的判定方向的工具，它是由我国古代发明的司南改造而成的，在现代各国部队中都有十分广泛的使用。判定方位时，先将指北针平放，待磁针静止后，其涂有夜光剂的一端所指的方向即为磁北方向。需要注意的是，使用指北针前，应该检查磁针是否灵敏，检查的方法是将指北针置平，以铁器多次吸引磁针，每次撤去铁器后，观察磁针能否迅速静止以及各次所指的方向是否一致。如果每次指北针的指针转动都比较缓慢，且长时间不能静止，或者是每次指针所指的分划数之差大于1度，则说明该指北针应该需要修理或者是充磁。

（3）利用指南针判定方向

如果你带有指南针，那么也可以很容易地判定出现地的方位，其使用的方法与指北针大致一样。在没有指南针的情况下，你还可以自己动手制作一个简易的指南针，其效果也会很好。在野外，你可以用以下几种方法制作简易指南针：

①悬挂式指南针。

取一段细铁丝或者是一根缝衣针，反复在同一方向上与丝绸摩擦，细铁丝或者是缝衣针会产生磁性。用一根细绳把细铁丝或者是缝衣针悬挂起来便可以指示北极。如果你有一块小磁石，用它来代替丝绸，效果会更好。由于细铁丝或者是缝衣针的磁性不太强，所以，每隔一段时间要再摩擦一次，以增强其磁性。

②刀片指南针。

很薄的刮胡刀片是由两类金属黏合而成的，用它在手掌上小心地摩擦就可以使之带有磁性，然后再用细线将它吊起来，便制成了指示方向的指南针。但是，这样的指南针只能指向南方或者是北方，并不能明确告诉你到底哪个方向是南，哪个方向是北，还需要你再根据相关的知识确定最终的南北方向。

③漂浮式指南针。

在静止不动时，你可以将一根带有磁性的针放在一片树叶上或者是一块小纸片上，让它自由地漂浮在水面上。当这根磁针静止时，便会指向南北方向。这种方法比较适用于在宿营地休息时使用。

在使用指北针、指南针以及上面这些自制的简易指南针时，你应该注意要尽量避开磁场较强的区域，比如金属矿区、变电所、高压电线附近等地区。在这里，金属指针会因为磁性受到影响而不能正常发挥作用。另外，在使用自制的指南针时，其指针所指示的方向可能只是概略的南北方向，往往会与精确方向有所偏差，这就需要你根据当地的实际情况和自己所掌握的各种知识进行综合的判断，并做出必要的修正。

（4）利用太阳和手表判定方向

有的时候，也许你并不知道在你的四周到底哪里是南，哪里是北，但你却可能会每天都看到太阳升起。其实，太阳就是一种很好的方位指示物。自古以来，就有"日出于东而落于西"的说法，所以，根据太阳出落的位置，你就能概略地判定出东方与西方。如果再辅以一定的器材，你还可以运用其他方法快速而正确地判定出周围的方向。一般地说，在北半球，当地时间为零点时，太阳位于正北下方；6 时左右，太阳位于东方；12 时左右，太阳位于南方；18 时左右，太阳位于西方；24 小时后，太阳又回到正北下方。这就是说，太阳24 小时转一圈，而时表的时针转两圈。若将从 0 算起，按24 小时计时的时针运动角速度折半，取一个"假定的时针"，则该假定时针任意时刻所指方向与表盘中心至"12"字方向的夹角，等于该时刻太阳的方位角。如将假定时针指向太阳，则表盘中心至"12"方向即为实地的正北方向。通俗地来讲，也就是"时间折半对太阳，12 指向是北方"。

（5）其他判定方向方法

有些地貌和地物，因为长期受到阳光和气候等自然条件的影响，形成了某特征，利用这些特征，你也可以概略地判定出方向。

独立的大树：通常是南面枝叶茂密，树皮较光滑；北面枝叶较稀少，树皮粗糙。砍伐后，树桩上的年轮，北面间隔小，而南面间隔大。

突出于地面的物体：如土堆、土堤、田埂、独立岩石和建筑物等，其南面干燥，青草茂密，冬季积雪融化较快；北面潮湿，易生青苔，积雪融化较慢。凹陷入地面的物体，如土坑、沟渠和林中空地等，则正好与这些现象相反。

在内蒙古高原：风在冬季大多向西北方向刮，山的西北坡积雪较少，东南坡积雪较多，树干也略向东南倾斜。另外，蒙古包的门多朝东南方向开。

在沙漠地区：沙垄坡度缓的一端朝向西北方向，坡度陡的一端朝向东南方向。

在我国大部地区，尤其是北方地区：庙宇、宝塔等的正门多朝向南开；农村住房的门窗一般也多朝向南方。

以上这些自然特征只能用以概略地判定方位，有时可能会出现反常现象。为了确保判断正确，你应该根据地区、季节等的不同，同时采用多种判断方法，综合判定，以免误判。

（二）野外求救

当自己和队伍出现需要借助外界的力量救助才能脱险时，应懂得基本的求救、呼救方法。

放烟火：燃放烟火是最常见的求救方法。白天用烟，即在燃火上放一些橡胶片、生树叶、苔藓、蕨类植物等，可以生成燃烟，以便通知外界。夜晚用火应在开阔地上，向可能的居民区方向点三堆明火，用火光传达求救信号。

光信号：白天用镜子借助阳光，向可能的居民区或空中的救援飞机反射间断的光信号，光信号可传 16 公里之远。方法是将一只手指瞄准应传达的地方，另一只手持反光镜调整反射的阳光，并逐渐将反射光射向瞄准的指向即可。夜晚用手电筒，向求救方向不间断地发射求救信号。

国际通用的求救信号是 SOS，即三长三短，不断地循环。

现代求救方法：随着时代的发展，各种现代求救设备逐渐普及，如信标机、无线电通信机、卫星电话等设备，如果有条件可以逐步配备这些现代设备。

三、野外获取食物

（一）野外食物常识

野外生存获取食物的途径主要有两种。一种是猎捕野生动物，另一种是采集野生植物。

猎捕野生动物首先要知道动物的栖息地，掌握动物的生活规律，然后再采取压捕、套猎、捕兽卡以及射杀等方法进行猎捕。这需要在专家指导下经过较长时间的训练和实践后才能真正掌握。下面仅简单介绍一下可食用昆虫和可食野生植物的种类、食用方法。目前，世界上人们食用的昆虫有蜗牛、蚯蚓、蚂蚁、蝉、蟑螂、蝴蝶、飞蛾、蚂蚱、湖蝇、蜘蛛、螳螂等。人们对吃昆虫虽然不习惯，甚至感到厌恶，但在万不得已的情况下，为维持生命，保持战斗力，继而完成任务，不妨一试。但是应注意，一定要煮熟或烤透，以免昆虫体内的寄生虫进入人体，导致中毒或得病。常见的可食昆虫有蝗虫：浸酱油烤着吃，煮或炒也可以；螳螂：去翅后烤或炒，煮也可以；蜻蜓：干炸后可食；蝉：生吃或干炸，幼虫也可食；蜈蚣：干炸，但味道不佳；天牛：幼虫可生食或烤；蚂蚁：炒食，味道好；蜘蛛：除去脚烤食；白蚁：可生食或炒食；松毛虫：烤食。

在自然界中可以食用的植物的种类：①草本类（包括稻谷、燕麦、小麦）。将这些草本堆在布上，然后用棍子敲打，将其籽实谷粒打下来。将谷壳等去掉，然后将籽实放在容器里捣碎。煮熟或烘烤都可以（不要黑色谷粒和扁形谷粒）。秆茎也可以吃。②各处的坚果都可以吃。如有苦味，可将坚果打碎后放在溪水里漂洗一下再食用。③树皮（里层）可以吃，可以煮、烤，也可以嚼。如果苦得难以下咽则不要吃。④草莓类植物应该先测试一下，哪怕鸟类吃的草莓也要检验，因为其中一些对人类可能有毒。⑤蕨类（特别是刚长出来的）是安全的备用品。在水里洗去表皮根须后再吃。⑥象耳植物（在所有潮湿地区）长得比人还高，其根茎、花和新芽都可以吃。⑦竹子有很多部分可以吃：块茎、新芽、根。这种草本植物常常在温湿地带生长。⑧附在岩石上或者浮动的海草如果干净、新鲜、坚硬则可食用（尽管它们会使人口渴）。不要吃黏黏糊糊的、正在腐烂的海草。⑨地衣可以从石头上刮下来，放在水里泡着，然后煮食。

我国地域广大，寒、温、热三带气候俱全，而大部分是属于温暖地带，适合于各种植物生长，其中能食用的就有 2000 种左右。野生植物的营养价值很高，含有多种维生素。数千年来，我国劳动人民积累了丰富的采食野生植物的经验。2000 年前的《诗经》就记载了不少这方面的事例。15 世纪初，我国还产生了世界上第一部论述食用野生植物的专著《救荒本草》，书中论述了 414 种可供灾荒时食用的野生植物，并附木刻图谱。此后姚可成《救荒野谱》还将野菜根、茎、实各可食部分分别详加记述。每年从三月开始到九、十月，在我国辽阔的国土上，各种可食的野生植物生长旺盛，满山遍野，俯拾皆是。仅革命老根据地井冈山就有可食野菜 100 多种，其中苦菜、糯饭菜、猪油菜、马玉兰、和角仁等 30 多种是当年红军战士的重要食品。在西南边疆的广西、云南一带，一年四季都有可食的野果、野菜。春季有压车果、毡帽果、鼻涕果、小杨梅等野果，还有刺脑包、苦巴沟、蕨菜等野菜。夏季有木/R、冷饭果、乌包果、荔枝等野果，野菜有石头菜、飞花菜、马蹄菜、牛舌头菜等。秋季有大树果、算盘果、野石榴、椎梨等野果，还有木耳、白参、齐头菜等野菜。冬季有槟榔、野芭蕉、长蛇果、老熊果等野果，野菜有野山药、芭蕉心等。不但野菜、野果可食，而且树皮也可应急食用，柳树、松树、白杨树新生的树皮或内皮（在硬树皮与树木之间的软皮），都可以吃。战争年代，东北抗日联军，在白山黑水的密林中，总结出三月吃桦树皮，四月吃椴树皮，五月吃松树皮的经验，这些季节里的树皮，不但没毒，而且有一种甜滋滋的味道。

（二）野生食物识别的一般方法

识别野生食物的关键是要善于鉴别有毒野生动植物。

在各种野生动物里，除了海洋中外型奇特的鱼类、贝壳、鲨鱼和少数江河中的河豚有毒，以及野生动物内脏，尤其是肝和卵一般不能食用外，其他均可食用。

在各种野生植物里，有毒植物种类不多，数量有限，大部分野生植物均可食用。可食用的野生植物可分为根茎类、野菜类和野果类。但松树、柳树、杨树和白梓树的内皮也可食用。在鉴别野生植物是否有毒时，可采取如下方法：首先用手仔细触摸，无毒植物通常不会使手上皮肤产生发痒、发红、起风疹块等刺激反应，如折断枝、叶也不会有牛奶样的汁液流出，闻之也无腐败及其他使人感到怪异的气味。而后可将少量食物放入嘴里咀嚼几分钟，无毒植物一般不会有烧灼感，也无辛辣、苦味或滑腻味，此时，就可以将此类植物采集少量食用。如果食用 8 小时后没有特殊感觉，就可较大量地食用。另外，还可以通过观察哺乳类动物所食用的植物种类，以分辨哪些植物能够被人食用。像老鼠、松鼠、兔子、猴子、熊等吃过的植物一般都可以食用。鸟类可以食用的植物，人不一定能够食用。有乳汁状汁液的植物和野果核里的种子，一般不能食用。但面包果、木瓜、杜果和野生无花果则可以食用，白果（银杏）、苦杏仁、毒草莓、毒覃（毒蘑菇）和水芹不能食用。毒蘑菇一般色彩鲜艳，有特殊气味，靠近根部有菌托，茎上有菌环；水芹通常生长在潮湿的地方，空心茎的根部有一空心球茎，根茎的形状像纺锤，有刺鼻的怪味；毒草莓一般生长在山坡上或树木较多的沼泽地。发芽的马铃薯在芽及芽点周围有龙葵素，食用时应削除；木薯不经过处理不能食用。

采食野生植物最大的问题是如何鉴别有毒或无毒。有一个最简单的办法，将采集到的植物割开一个口子，放进一小撮盐，然后仔细观察这个口子是否改变原来的颜色，通常，变色的植物不能食用。《中国野菜图谱》总结了几种较为简便的鉴别方法：

①取植物幼嫩部分少许，在嘴中用前齿嚼碎后以舌尖品尝是否有苦涩、辛辣及其他异味。如果怪味很浓则有可能有毒，应立即吐掉再漱口。涩味表示有单宁，异味则可能含有生物碱、苷等有害物。

②因一些有害物质（单宁、生物碱）可以溶于水，所以可将植物用开水烫后清水浸 5～

6 小时，或煮熟，再品尝是否还有怪味。此时苦涩、怪味依然存在，则切不可食用。

③向煮后的植物汤水中加入浓茶，若产生大量沉淀，则表示内含重金属盐或生物碱，不可食用。

④煮后的汤水经振摇后产生大量泡沫者，则表示含有皂甙类物质，不可食用。

⑤一般牲畜可食用的饲料，人基本都可食用。特别是几种牲畜都喜爱的饲料，肯定无毒。

⑥在缺乏以上一切鉴别工具及手段时，亦可少量试尝某种植物，若 8 ~ 12 小时内身体无头晕、恶心、头痛、腹痛、腹泻等中毒症状，就可大量食用。

鉴别植物是否有毒是复杂的，较可靠的方法是根据有关部门编绘的可食野生植物的图谱进行认真鉴别。符合者方可采食，并须严格遵照图谱介绍的食用部位和食用方法去选取和制作。亦可请当地有经验的群众进行鉴别。为了战时或特殊情况下应急食用，部队，特别是执行特种任务的部（分）队，应在平时就调查掌握驻地和预定战区可食野生植物的种类、分布及采食方法，这也是兵要地志应重视的内容。

（三）野生食物的食用方法

野生食物分为可食用的野生动物和可食用的野生植物。可食用的野生动物一般应去掉其内脏，食用其肉。可食用的根茎类野生植物，应食用根部和嫩茎叶、树的内皮及嫩软的树尖；野菜类野生植物应食用其嫩苗、嫩茎叶、菌体；野果类野生植物应采果食用。食用各种野生食物一般应利用炊具进行煮炒。也可采取烤和石煮的方法进行制作。

烤，即将可食用的动物和根茎类植物块根用木棍等穿挂，放在火焰上或炭火中烤（烧）熟。鱼（不去鳞片）和块根应用泥土包囊，烤熟后剥皮食用。贝壳类动物可放在火堆下烤熟食用：先在地上挖个浅坑，坑的四周衬以树叶或湿布；然后将食物放入坑内，再在食物上面盖上树叶或布，上面再压一层 3 厘米厚的沙子；最后在该坑上面生起火堆，待食物烧熟后取出食用。

石煮，就是先在地上挖个坑，将火堆中烤热的石块先放于坑内，后将食物放在石块上，上面再盖一层湿树叶、草和一层沙土，靠热石块散发的热气将食物煮熟。

四、野外获取饮用水

水对人的生存至关重要。野战条件下，作战人员要对饮水计划使用。同时，组织人员寻找水源或采集、处理用水，以弥补消耗的饮水。

（一）找水

普通水源由以下几部分组成：地下水：凡是高山融雪、溪水、渗入地下的雨水、山谷低凹处积水、岩缝里流出的山泉等，均可视为地下水，此类水源易得，但应注意消毒。地上水：包括泥泞水、雨水、露水等。植物代用水：如果地上、地下水源均枯干，或水源不洁不能饮用时，可在植物上找到代用水。在野外可以根据野生植物的种类、生长的数量和分布范围，动物出没活动规律等寻找地下浅层水源。一般植物茂盛、动物经常出现的地方，是容易找到浅表层水源的。在许多干旱的沙漠、戈壁地区，生长着铃铛刺等灌木丛，其下 6 ~ 7 米深就有地下水；胡杨林生长的地方，地下水距地面 5 ~ 10 米；茂盛的芦苇指示地下水位于地表下一米左右；而在喜湿的金戴戴、马兰花等植物下面，挖掘一米左右就能找到水；在南方雨水充沛、根深叶茂的竹林通常是浅表地下有水的标志。另外，蚂蚁、蜗牛、青蛙、蛇等动物喜欢在泥土潮湿的地方做窝栖身，这些地方向下深挖通常可以找到水。

（二）采水

获取饮用水的途径通常有两条，一条是挖掘地下水，另一条是净化地面水。我们只介绍一下从地表水获取饮用水的方法。通常雨水可以直接饮用。下雨时，可用雨布、塑料布大量收集雨水，也可用空罐头盒、杯子、钢盔等容器收接雨水。当没有可靠的饮用水又无检验设备时，可以根据水的色、味、温度、水迹，概略鉴别水质的好坏。纯净水在水层浅时无色透明，深时呈浅蓝色。可以用玻璃杯或白瓷碗盛水观察。通常水越清水质越好，水越浑则说明杂质越多。一般清洁的水是无味的，而被污染的水则时常带有一些异味。地面水的水温，因气温变化而变化，浅层地下水受气温影响较小，深层地下水水温低而恒定。如果所取样的水不符合这些规律，则水质一般都有问题。此外还可以用一张白纸，将水滴在上面晾干后观察水迹。清洁的水无斑迹，如有斑迹则说明水中有杂质，水质差。

在野外最好不要饮用从杂草中流出的水，而以从断崖或岩石中流出的清水为佳。饮用河流或湖泊中的水时，可在离水边 1～2 米的沙地上挖个小坑，坑里渗出的水较之直接从河湖中提取的水清洁。沙漠、戈壁地区不易寻到地下水，可以在清晨采集植物枝叶上的露珠。白天也可用塑料布蒙在植物的枝叶上，由于枝叶的蒸发作用，塑料布上会蒙上一层水珠；或者在地上挖一个露出湿土层的坑，蒙上塑料布，塑料布上将会凝结一些水珠，将这些水珠收集起来，积少成多，也能够解决一部分饮水问题。某些植物的枝干、茎叶、果实，或块根中含水丰富，可直接食用，给人体补充水分。

（三）净化水

野外水源水质混浊有异味不便直接饮用时，首先应辨别水中是否含有有毒腐烂的物质，一般情况下，有强烈异味的水是不宜饮用的。遇到水质较差的情况，要做净化处理。

1. 药物净化

使用 69－1 型饮水消毒片、漂白粉精片处理浊水，可以起到澄清杀菌的作用，使用明矾可以使浊水变清。

2. 植物净化

将一些含有黏液质的植物如仙人掌、榆树皮等，捣烂成糊加入浊水中，搅拌 3 分钟后，再静止 10 分钟左右，可起到类似明矾的作用。一般 15 千克水可用 4 克植物糊净化。

3. 过滤水

将竹节一端堵节打掉，在另一端堵节上钻一个小孔。竹节内从下向上依次放入石子、沙、土、木炭碎块做成过滤器。将浊水缓缓倒入竹节，小孔中就流出比较洁净的过滤水。

五、野炊

野炊是在野外用制式炊具或就便器材制作热熟食，是野战生存的一个重要方面。

野外生存的行装准备：野炊通常应准备一定数量的粮食、蔬菜、油盐酱醋、野战锅灶和引火柴等。粮食通常以个人携行和运行相结合的方法保障；蔬菜通常以就地购买为主。寒区冬季可冷冻一些便于携带的食品，还可根据条件对肉类、蔬菜、豆制品进行预先加工。

野炊位置的选择：组织野炊的位置通常选择在隐蔽条件好，附近有良好的水源的地方；避开独立明显的物体，卫生状况良好，避开厕所、粪坑和化学沾染地区；有一定的地幅，便于展开和减少敌火力杀伤。

锅灶设置：锅灶设置可采取自备野炊灶、就地挖灶和就地垒灶三种方法。

焖饭：焖饭时，加水量要适当，通常 1 千克大米加水 1.5 ~ 2 千克，严禁超量下米和下米后再加米或添冷水。在没有制式炊具可供使用的情况下，作战人员应利用就便器材和材料热熟食物。没有制式炊具可供使用的情况下，作战人员应利用就便器材和材料热熟食物，其方法有以下几种：

（一）脸盆、罐头盒、钢盔的利用

在野外可以用石头做架，或用铁丝吊挂脸盆、铁盒、钢盔等物，用火加热，烹煮食物、烧开水等。

（二）铁丝、木棍的利用

可将食物穿插缠裹在铁丝或木棍上，放在火边烧烤熟化。

（三）石板或石块的利用

用火将石板烧烫以后，将食物切成薄片放在上面烙熟。将若干拳头大小的石块放在火中烧热，用棍拨到一个 40 厘米深的土坑，石块上铺一层大树叶，放上食物，上面再铺一层树叶，将剩下的热石头块铺在树叶上，然后再铺上厚厚的树叶，三四个小时之后即可取食。

（四）黄泥的利用

用和好的黄泥在地上摊成一个 3 厘米厚的泥饼，上面铺一层树叶，将野鸡、野兔或鱼等物除去内脏，不脱毛不褪鳞，放在泥饼上，用泥饼将食物包裹成团，放在火中烧两个小时即可食用。食用时兽毛或鱼鳞粘在泥块上，随之脱离。

（五）竹节的利用

选粗壮的竹子砍倒，每 2 ~ 3 节竹筒砍成段，将竹节的一端打通，将米和水灌入竹节里，米约占三分之二，然后将竹节放在火中烘烤，约 40 分钟可做成熟饭。

青（湿）柴草是野炊常用的燃料，烧青（湿）柴草时要准备好引火柴、吹火筒、砍柴刀。然后，先点燃引火柴，将湿柴劈细，待引火柴燃烧旺盛后，将湿柴交叉架空放在火上，并要少添、勤添。烧草时，要将草挑松散，勤出灰，并可由多人轮流使用吹火筒吹风助燃。烧火时，可将青（湿）柴草放在烟道上灶口旁，边烤边烧。并留下一些烧干的柴草，为下一餐引火使用。

六、野外取火

对于野外求生者来说，火有着特殊的重要意义。煮烤食物需要火，宿营取暖需要火，发求救信号也需要火。因而，野外生存的能力，在某种程度上说，取决于取火的能力。

火柴在野外生活中是不可缺少的必需品，当一个人迷失了方向，或来不及在天黑之前到达宿营地时，一盒火柴往往可以帮助人摆脱困境，甚至挽救生命。无论是用何种方法取火，首先要准备引火物。杂草、落叶、鸟巢、鼠窝、针叶松的干果、松树的树脂、羽毛、干了的动物烘和苔藓，以及布头，棉花等都可以。倘若火柴受潮，或没有火柴、打火机，仍然有很多办法取火。特殊条件下取火的方法有：

①枪弹取火法。取一枚子弹，将弹丸拔出，倒出三分之二的发射药，撒在干燥易燃的枯草或纸上，把弹壳空出的地方塞上纸和干草，然后推弹壳入膛，用枪口贴近撒了发射物的引火物射击，引火物即可燃烧。

②透镜取火法。用放大镜（凸透镜）透过阳光聚焦照射易燃的引火物（腐木、布中抽出的纱线、撕成薄片的干树皮、干木屑等）取火，为人所熟知。此外，放大镜透过阳光聚焦照射，还可将受潮或被水浸湿后晒干的火柴点燃，由此可见放大镜是一种重要的引火工具。如果没有现成的放大镜，可从望远镜或瞄准镜上取下一块凸透镜来代替。

③击石取火法。击石取火，是人类最早的取火方法，这种方法的使用可能是受到制作石器时迸发出火花的现象的启发。我们可以找一块坚硬的石头作为"火石"，用小刀的背或小片钢铁向下敲击"火石"，使火花落到引火物上。当引火物开始冒烟时，缓缓地吹或扇，使其燃起明火。如果"火石"打不出火来，可另外寻找一块石头再试。当然，并不是任何一块石头都能点燃引火物，石头击出的火花必须有一定的热量和持续时间才能点燃引火物。根据考古资料发现，用黄铁矿打击火燧石而产生的火花可以取火。

④钻木取火法。我们的祖先曾钻木取火，我国古代就有燧人氏钻木取火的传说。直到现在，一些隐居在太平洋岛屿上热带丛林中的原始部族人仍沿用这一方法取火。然而这种钻木取火的方法，对我们这些"现代人"来说是非常困难的，只能作为最后手段试而为之。其方法如下：

弓钻取火：用强韧的树枝或竹片绑上鞋带、绳子或皮带，做成一个弓子。在弓上缠一根干燥的木棍，用它在一小块硬木上迅速地旋转。这样会钻出黑粉末，最后这些黑粉末冒烟而生出火花，点燃引火物。

在平坦的木板上摩擦玻璃片，也能生热发火。待剧烈摩擦时，将引火物吹燃。

藤条取火：找一根干的树干，一头劈开，并用东西将裂缝撑开，塞上引火物，用一根长约两尺的藤条穿在引火物后面，双脚踩紧树干，迅速地左右抽动藤条，使之摩擦发热而将引火物点燃。

还可用两块软质的木头或竹片用力相互摩擦取火，下面垫以棕榈树皮或椰子叶底部的干燥物作引火物。

燃点篝火应选择背风的地方，距离帐篷不得近于 1~2 米，以避火灾。如果必须在湿地或雪地生火，要先用石头或木头垫地。为了便于燃烧，可与风向成直角放置两根枕木，将用作燃料的木柴与枕木成直角并排放在上面和中间，顺着放些被刀斧砍成斜茬的细木头。最后，放上引火材料点火。燃点篝火最好的材料是桦树皮。桦树皮的含油量达 20%~30%，在雨中仍可燃烧，腐木、棕榈叶、枯草、松针、地衣、干畜粪等也都是引火的好材料。为使篝火热量集中，并不受风的影响，可在篝火的背风面斜着打入两根木桩，靠着木桩排放若干潮湿的圆木，做成防风反射墙。为煮烤食物应燃小篝火，夜间取暖的篝火可以燃烧得大一些，而且需储备较多的燃料。因此在选择宿营地时，应考虑这一点，一夜的燃料分配比例为前半夜用三分之一，后半夜三分之二。撤离时，应将篝火彻底熄灭，特别是林区和草原，以免引起火灾。

七、野外常见伤病防治

（一）蚊虫叮咬的防治

发生在森林、草原、河谷、荒漠等偏僻地区的一些自然疫源性疾病，如森林脑炎、新疆出血热、蜱传回归热、恙虫病、北亚蜱传热、野兔热、鼠疫等，主要是老鼠、野兔、旱獭和家畜等动物的疾病。当人们进入这些疾病的流行区之后，由于不慎，可能会感染得病。这些疾病的流行区一般有一定范围。如新疆出血热病，主要发生在半荒漠的胡杨林地区，森林脑炎，仅在森林和草原才有，而且主要是在东北长白山和俄罗斯远东地区的杉树、松树、桦树、杨树等针阔叶混交林地带，又如恙虫病主要发生在云南、广西同越南接壤的山岳丛林地区，以及澜沧江、元江、金沙江、怒江及其支流的河谷地带。这些地方性动物传染病的发病时节也有严格的季节性，如新疆出血热于4月下旬至5月中旬发病较多；蜱传回归热主要在4—8月最多；森林脑炎多在5月底至6月下旬发生，其他季节则很少发病，甚至没有。恙虫病多在夏秋季节发生，在云南以8月为最多；北亚蜱传热也主要在5—6月流行。这些疾病的传染途径主要是由昆虫传播给人类，它们在叮咬发病的动物后，再叮咬人时，就会将病原体注入人的血液。在青藏高原的某些地区，许多人得野兔热和鼠疫主要是因他们在疫区狩猎野兔，因不小心而被感染。因此，在进入上述地区进行军事活动时，应采取措施防蚊虫叮咬，禁止在疫区狩猎。

人们常常听到许多关于热带丛林中毒蛇猛兽的种种恐怖传说，但这些传说大多是夸大其词或完全虚构的，热带丛林中真正的危害是来自昆虫，其中许多昆虫可传播疾病，使人生病：曾长期在热带丛林作战的英军"汉普郡"团上尉菲勃斯在《马来亚丛林中的游击战》一文中写道："马来亚有很多种毒蛇，我亲眼看见过不少，但从未听说谁被蛇咬伤过的事。野兽见了人就逃避，因此我们很难见到它们，但可以听到野兽的叫声。"正是这些夜间动物的吼叫和关于毒蛇猛兽的传说，给军人心理上造成很大影响。1941年6—7月，国民党远征缅甸的军队，在撤退途中，因丛林中蚂蟥、蚊虫的叮咬而引起的破伤风、疟疾、回归热等传染病，使数万名士兵丧命。仅以第5军为例，军直属队、200师、新22师、96师共计4.2万人，战斗伤亡仅7300人，而死于疾病的就达1.4万人。

热带丛林中传播疾病或病原体的昆虫主要有：蚊、蜱、恙虫、蠓、牛虻、蚋等。蜱是一种长相与蜘蛛相似的小虫子，西南边疆的群众叫它马鹿虱、鹿子虱，或称它为竹虱子。蜱专附在动物皮肤上吸食血液，也经常爬在人的皮肤上吸食人血，有些蜱还带有病毒，能将疾病传播于人，在山林中活动要特别注意防蜱，目前尚无有效的化学驱避剂对付蜱，防蜱主要是靠扎紧衣袖、裤管，防止蜱钻入衣裤内。在森林中休息时不要靠在树干上或坐在枯枝落叶亡，以免藏匿在这些地方的蜱爬进衣裤内，应先清理出一块干净的地方再坐下休息。在休息或活动时要随时注意感觉自己身体的皮肤上有无异物蠕动或叮咬。如果察觉蜱已叮在皮肤上，不要慌张，先观察蜱是刚叮上去还是已叮了很久，如果是刚刚叮上去的，应迅速抓住蜱的腹部快往外拉，通常可以将其拔掉。如果蜱已在皮肤上叮了较长时间，则不可快速猛拉，因蜱的头部进入皮肤后，其前部的螯肢便紧紧地钩在皮肤里，用力猛拉的结果便是把螯肢拉断留在里面。螯肢细小，不易察觉，常在皮肤里引起发炎，患处经常化脓红肿。对于在皮肤上叮咬了很长时间的蜱，要拉一下，放一下，反反复复轻轻地往外拉，直到把蜱完整地拉出来为止。如果不小心把蜱的螯肢和假头拉断留在皮肤里，应用消过毒的手术刀片把伤口略微扩大，用镊子或针把蜱的螯肢和假头弄出来，然后用碘酒或消毒酒精对创口进行消毒。

为了防止昆虫的叮咬，人员应穿长袖衣和长裤，扎紧袖口领口，皮肤暴露部位涂搽防蚊药。不要在潮湿的树荫和草地上坐卧。常年驻守边防的战士说得好："不怕蚊虫闹得欢，野艾野蒿一缕烟。"宿营时，烧点艾叶、青蒿、柏树叶、野菊花等驱赶。当被昆虫叮咬后，可用氨水、肥皂水、盐水、小苏打水、氧化锌软膏涂抹患处止痒消毒。

蚂蟥也是危害很大的虫类。蚂蟥的种类很多，有生长在阴湿低凹的林中草地的旱蚂蟥，也有生长在沼泽、池塘中的水蚂蟥，有生长在山溪、崖水中的寄生蚂蟥（幼虫呈白色，肉易发现）。蚂蟥吸血量很大，可吸取相当于它体重 2~10 倍的血液。同时，由于蚂蟥的唾液有麻醉和抗凝作用，在其吸血时，人往往无感觉，当其饱食离去时，伤口仍流血不止，常会造成感染、发炎和溃烂。遇到蚂蟥叮咬，不要硬拔，可用手拍打或用肥皂液、盐水、烟油、酒精滴在其前吸盘处，或用燃烧着的香烟烫，让其自行脱落，然后压迫伤口止血，并用碘酒涂搽伤口，以防感染。部队在行进中，应经常注意查看有无蚂蟥爬到脚上。如在鞋面上涂些肥皂、防蚊油，可以防止蚂蟥上爬。涂一次的有效时间 4~8 小时。此外，蚂蟥和蛇类对生蒜的气味也不敢靠近，将大蒜汁涂抹在鞋袜和裤脚，也能起到驱避蚂蟥的功效。要注意的是，采取单兵、小组的敌后行动，为防敌搜索，应避免在身上涂抹这类气味特殊的药物，以免因气味而暴露。

（二）几种野外伤病的救治

（1）昏厥

野外造成昏厥的原因多是摔伤、疲劳过度、饥饿过度等。主要表现为脸色突然苍白，脉搏微弱而缓慢，失去知觉。遇到这种情况，不必惊慌，一般过一会儿便会苏醒。醒来之后，应喝些热水，并休息。

（2）中毒

其症状是恶心、呕吐、腹泻、胃疼、心脏衰弱等。遇到这种情况，首先要洗胃，快速喝大量的水，用手指触咽部引起呕吐，然后吃蓖麻油等泻药清肠，再吃活性炭等解毒药及其他镇静药，多喝水，以加速排泄。为保证心脏正常跳动，应喝些糖水、浓茶，暖暖脚，立即送医院救治。

（3）中暑

其症状是突然头晕、恶心、昏迷、无汗或湿冷，瞳孔放大，发高烧。发病前，常感口渴头晕，浑身无力，眼前阵阵发黑。此时应立即在阴凉通风处平躺，解开衣裤带，使全身放松，再服十滴水、人丹等药。发烧时，可用凉水浇头，或冷敷散热。如昏迷不醒，可掐人中穴、合谷穴，促其苏醒。

（4）冻伤

如发现皮肤有发红、发白、发凉、发硬等现象，应用手或干燥的绒布摩擦伤处，促进血液循环，减轻冻伤。轻度冻伤用辣椒泡酒涂擦便可见效。如发生身体冻僵的情况，不要立即将伤者抬进温暖的室内，应先摩擦伤者肢体，做人工呼吸，待伤者恢复知觉后再移到较温暖的地方抢救。

（5）蜇伤

被蝎子、蜈蚣、黄蜂等毒虫蜇伤后，伤口红肿、疼痒，并伴有恶心、呕吐、头晕等症状。要先挤出毒液，然后用肥皂水、氨水、烟油、醋等涂擦伤口，或用马齿苋捣碎，汁冲服，渣外敷。也可将蜗牛洗净后捣碎涂在伤口上。此外，蒜汁对蜈蚣咬伤有疗效。

野外生存除了掌握以上基本的生存能力之外，还必须具备强烈的求生欲望和战胜恶劣环境的坚强意志与勇气。没有这个勇气，一切知识和技能都变得毫无意义。而正视灾难的勇气、坚定的求生信心与顽强的毅力则来源于平时的磨炼。

思考题

1. 野外行军中要注意哪些问题？
2. 请说说如何选择宿营地区？
3. 你了解哪些战伤救护方法？
4. 如何在野外判定方位？野外迷失方向应如何求救？
5. 在特殊情况下有哪些取火方法？
6. 在野外如何获取饮用水和食物？